SMITHSONIAN

# WORD SEARCH

# BIRDS OF THE WORLD

## FEATHERS AND FLIGHT

Parragon.

Published 2023 by Parragon Books, Ltd.


5005 Newport Drive, Rolling Meadows, Illinois 60008
www.cottagedoorpress.com

Front cover:
Audubon, John James. *Florida Jay* from *Birds of America*, 1827.
Etched by Robert Havell, 1793-1878. Accessed October 5, 2022,
from commons.wikimedia.org.

Back cover:
Audubon, John James. *White-winged Crossbill* from *Birds of America*, 1827.
Etched by Robert Havell, 1793-1878. Accessed October 5, 2022,
from commons.wikimedia.org.

ISBN: 978-1-64638-676-5

# Bird Anatomy

No. 1

| | | | | | | | | | | | | | | | | | |
|---|---|---|---|---|---|---|---|---|---|---|---|---|---|---|---|---|---|
| H | B | F | R | F | L | W | J | E | R | Y | K | V | Y | L | W | P | Q |
| W | R | C | I | W | C | H | E | S | T | L | Z | Y | J | W | M | Q | X |
| F | E | Z | Y | G | O | D | A | C | T | Y | L | A | I | M | H | X | Z |
| S | O | B | X | M | P | S | E | Q | Q | Z | E | N | U | R | E | D | S |
| Y | L | J | D | U | Z | R | A | E | Y | M | G | R | R | H | T | H | J |
| N | Y | C | D | F | E | Y | A | C | T | J | B | W | H | T | E | Z | G |
| D | P | E | Z | C | F | E | A | T | H | E | R | S | Q | P | R | B | O |
| A | Y | R | A | T | N | E | D | D | J | R | D | M | H | R | O | Y | P |
| C | N | B | E | A | K | R | I | N | O | G | P | Z | P | E | D | Z | O |
| T | P | T | H | O | L | L | O | W | B | O | N | E | S | M | A | N | Q |
| Y | P | J | A | L | T | E | W | U | Q | B | G | X | R | A | C | C | F |
| L | G | V | Y | I | B | F | S | F | L | A | N | K | U | X | T | U | V |
| E | U | W | Z | V | L | C | I | M | N | H | C | T | M | I | Y | V | U |
| G | C | O | V | E | R | T | S | G | I | R | R | K | P | L | L | D | A |
| G | P | A | M | P | R | O | D | A | C | T | Y | L | U | L | R | Q | L |
| K | H | J | T | R | W | Y | L | L | E | B | K | P | W | A | B | H | T |
| Z | V | Z | L | F | K | U | O | B | R | E | A | S | T | K | W | W | Z |
| Y | A | N | I | S | O | D | A | C | T | Y | L | A | I | C | J | S | W |

ANISODACTYL
BEAK
BELLY
BREAST
CHEST
COVERTS
DENTARY
FEATHERS
FLANK
HETERODACTYL
HOLLOW BONES
PAMPRODACTYL
PREMAXILLA
RUMP
SYNDACTYL
TAIL
WING
ZYGODACTYL

A bird's beak is composed of two bones. The upper beak is called the premaxilla. The lower beak is called the dentary.

No. 2

# Avian Ancestors

| | | | | | | | | | | | | | | | | | |
|---|---|---|---|---|---|---|---|---|---|---|---|---|---|---|---|---|---|
| R | P | Q | G | N | T | H | R | E | E | T | O | E | D | S | A | L | E |
| P | R | T | H | E | R | O | P | O | D | P | A | D | I | Q | H | A | N |
| E | O | S | K | X | Z | M | M | P | G | W | Y | N | E | G | M | R | A |
| N | T | O | T | Q | B | P | M | U | V | Z | R | W | G | T | U | C | N |
| N | O | S | V | E | T | H | Q | Y | Q | O | B | D | O | N | H | H | T |
| A | A | R | O | M | E | R | A | L | I | V | T | O | D | B | O | A | I |
| C | V | V | E | L | O | C | I | R | A | P | T | O | R | Z | L | E | O |
| E | I | D | P | W | A | C | E | B | K | H | V | E | S | E | L | O | R |
| O | S | C | A | W | N | T | L | R | E | Q | W | N | P | M | O | P | N |
| U | T | P | Q | C | S | W | N | D | R | H | P | O | P | A | W | T | I |
| S | E | X | I | A | O | T | I | N | G | I | A | B | J | D | B | E | T |
| Y | X | T | Z | R | X | H | Q | X | J | K | Y | H | L | U | O | R | H |
| J | E | O | Y | H | X | G | L | V | C | J | L | S | T | Y | N | Y | I |
| X | N | S | Q | I | C | W | F | R | G | U | U | I | R | Q | E | X | N |
| C | S | H | A | O | U | E | G | Z | S | H | F | W | E | A | S | N | E |
| O | I | T | G | K | E | Z | L | Z | A | X | N | E | X | M | R | X | P |
| B | S | C | O | N | F | U | C | I | U | S | O | R | N | I | S | S | K |
| G | S | Q | U | A | U | R | O | R | N | I | S | X | U | I | Q | H | B |

ARCHAEOPTERYX

ASTERIORNIS maastrichtensis

AURORNIS XUI

CONFUCIUSORNIS

ENANTIORNITHINE

HOLLOW BONES

Iberomesornis ROMERALI

PENNACEOUS Feathers

PROTOAVIS TEXENSIS

T. REX

THEROPOD

THREE-TOED

TOOTHED

VELOCIRAPTOR

WISHBONE

XIAOTINGIA

*Asteriornis maastrichtensis* is the oldest known species of modern bird. Also known as "Wonderchicken," this quail-sized bird shared characteristics with contemporary ducks, chickens, and shorebirds. Paleontologists believe it would have been found in shoreline habitats around 67 million years ago.

## Bird Groups

No. 3

| | | | | | | | | | | | | | | | | | |
|---|---|---|---|---|---|---|---|---|---|---|---|---|---|---|---|---|---|
| P | S | E | O | B | N | Z | P | V | Y | G | K | Q | T | N | U | H | P |
| P | E | M | S | T | I | N | A | M | O | U | R | D | V | Y | X | L | F |
| K | M | L | Z | T | A | I | E | V | Y | C | U | E | P | Q | A | K | P |
| E | P | C | I | S | D | R | I | B | E | M | A | G | B | F | I | W | E |
| J | N | E | Z | C | A | X | R | H | L | T | Z | W | S | E | N | V | N |
| B | F | X | T | Q | A | A | N | R | E | T | T | I | B | C | O | E | G |
| I | L | J | Y | R | O | N | R | Z | U | P | A | U | Z | O | T | N | U |
| K | A | E | W | F | E | J | G | D | H | S | L | I | M | R | Q | X | I |
| S | M | M | Z | A | Q | L | Z | S | H | K | B | T | H | M | C | K | N |
| F | I | C | M | V | T | E | M | E | V | C | A | H | J | O | B | W | U |
| D | N | W | I | U | O | E | A | M | G | U | T | Y | U | R | H | U | O |
| S | G | Q | O | C | A | R | R | V | G | Q | R | H | R | A | T | H | P |
| T | O | F | O | G | W | O | X | F | R | K | O | P | Q | N | S | E | Y |
| O | C | M | F | A | I | L | D | E | O | S | S | F | B | T | Z | R | T |
| R | S | E | T | B | P | X | O | G | T | W | S | B | V | X | E | O | R |
| K | X | E | I | K | N | F | C | O | D | A | L | G | S | L | F | N | J |
| Z | R | S | N | Z | T | U | U | V | N | F | Y | C | N | G | K | E | D |
| Z | Q | D | F | O | W | L | E | R | A | T | I | T | E | P | J | R | W |

ALBATROSS
BITTERN
CORMORANT
FOWL
GAMEBIRDS
GREBE
HERON
IBIS
FLAMINGO
LOON
PELICAN
PENGUIN
PETREL
RATITE
SHEARWATER
STORK
TINAMOU
WATERFOWL

The diversity of birds is reflected in the 40 orders they're divided into. Ratites, like ostriches, can't get off the ground, while albatrosses soar for days without landing. Penguins swim in 32-degree seas, and flamingoes' food turns them pink.

No. 4

# Habitats

| | | | | | | | | | | | | | | | | | | |
|---|---|---|---|---|---|---|---|---|---|---|---|---|---|---|---|---|---|---|
| V | A | S | T | X | K | P | S | B | J | Y | T | U | N | D | R | A | J | P |
| S | G | I | Z | A | R | U | U | K | M | N | A | E | S | C | S | X | J | X |
| G | R | V | K | Q | I | N | C | P | F | E | H | H | P | W | K | W | B | D |
| A | I | W | F | U | Q | H | U | E | R | P | Z | B | A | T | O | J | I | U |
| Q | C | R | M | A | M | D | C | M | Q | O | J | M | D | O | P | M | B | W |
| Y | U | A | D | T | C | R | A | G | G | L | P | R | D | B | A | S | E | G |
| C | L | C | I | I | O | Z | I | Q | H | A | V | L | D | C | H | U | X | R |
| R | T | E | Z | C | N | R | X | O | T | I | A | B | W | O | G | J | F | A |
| B | U | C | N | X | I | M | K | O | F | N | Z | M | R | E | T | M | K | S |
| F | R | E | E | A | F | H | P | P | D | O | A | E | S | N | P | G | R | S |
| Y | A | I | H | C | E | U | D | O | B | W | L | G | U | A | T | S | Y | L |
| E | L | M | H | P | R | G | Y | Z | Z | I | T | J | O | E | H | V | D | A |
| N | F | G | A | A | O | V | V | W | N | A | B | R | U | C | Z | H | G | N |
| F | I | Q | Z | R | U | N | Q | E | K | J | K | N | D | O | O | Y | J | D |
| K | E | J | F | I | S | E | D | B | J | Y | A | O | I | N | M | G | Z | K |
| C | L | J | B | K | R | H | N | I | H | R | J | W | C | E | I | K | G | Q |
| M | D | V | H | W | Q | H | F | O | R | E | S | T | E | P | T | U | X | O |
| V | S | S | U | H | S | W | X | N | K | X | B | H | D | O | Y | T | X | Z |
| Z | S | E | K | A | L | X | B | U | R | H | S | B | U | R | C | S | B | R |

AGRICULTURAL FIELDS
AQUATIC
CONIFEROUS
DECIDUOUS
FOREST
GRASSLAND
LAKES
MARSH
OPEN
OPEN OCEAN
POND
SCRUB SHRUB
SHORELINE
SWAMP
TUNDRA
WOODLAND

A bird's habitat is the place it lives. Noting where a bird is being observed—whether open ocean or a forest canopy—is a key clue to identification. More significantly, identifying and protecting bird habitats is a key component of conservation.

## "Egg" in Other Languages

No. 5

| | | | | | | | | | | | | | | | | | |
|---|---|---|---|---|---|---|---|---|---|---|---|---|---|---|---|---|---|
| N | F | C | R | M | F | Z | G | G | A | T | A | N | E | E | L | V | M |
| D | N | J | Q | E | P | R | A | Z | I | G | Z | U | X | F | O | L | H |
| T | V | Q | N | G | P | T | P | L | R | H | C | J | A | J | E | L | V |
| R | K | K | H | E | N | L | I | G | U | Y | V | C | A | T | N | P | R |
| Q | A | Z | T | U | A | R | R | A | B | S | W | D | D | S | H | K | T |
| T | B | Z | K | T | E | Q | K | A | T | A | M | I | F | E | L | I | R |
| X | U | U | A | T | F | V | Q | T | A | M | A | G | O | D | I | L | U |
| M | F | N | S | J | A | V | O | W | Y | J | E | Z | B | N | J | S | N |
| N | G | B | A | R | V | X | P | L | A | J | F | J | R | L | W | V | G |
| S | U | J | S | M | H | T | S | W | L | U | R | P | F | U | A | D | Y |
| T | L | O | C | T | A | I | P | C | E | R | X | T | N | D | G | P | D |
| J | U | Q | V | Q | L | U | M | O | T | B | G | I | O | R | J | E | H |
| Z | T | K | I | K | H | P | H | E | N | W | X | G | V | H | S | E | R |
| R | K | K | I | P | L | C | Y | J | T | P | M | N | E | E | K | M | A |
| J | K | L | P | Y | N | I | G | D | X | G | L | O | F | N | O | B | W |
| H | Z | W | V | F | N | R | C | T | Y | G | V | C | V | S | W | X | H |
| V | U | O | V | O | F | N | K | W | K | O | O | J | I | K | N | E | R |
| C | Z | N | Y | M | S | R | U | L | E | T | X | T | R | L | X | U | Q |

ARRAUTZA (Basque)

EGG (Icelandic)

EI (German)

ẸYIN (Yoruba)

HÊK (Kurdish)

HUA (Hawaiian)

HUEVO (Spanish)

JAJE (Croatian)

OEUF (French)

OU (Romanian)

OVO (Esperanto)

TAMAGO (Japanese)

TELUR (Indonesian)

TRỨNG (Vietnamese)

UKUN (Somali)

UOVO (Italian)

An English hen named Harriet laid the world's largest-recorded chicken egg in 2010. It was over 9 inches in diameter, and 4.5 inches long. The heaviest chicken egg was laid in New Jersey in 1956, weighing in at 16 ounces.

No. 6

# Tinamous

| | | | | | | | | | | | | | | | | | |
|---|---|---|---|---|---|---|---|---|---|---|---|---|---|---|---|---|---|
| A | K | Y | C | Q | E | Z | F | B | B | B | K | B | X | T | A | B | S |
| W | K | T | A | C | Z | A | N | O | W | S | K | I | S | O | I | T | T |
| Z | K | U | K | J | V | S | M | G | S | W | S | E | U | L | T | M | H |
| C | U | R | V | E | B | I | L | L | E | D | E | Y | W | E | V | Y | I |
| M | I | I | B | A | R | R | E | D | D | K | G | P | L | T | A | F | C |
| G | D | Q | A | N | D | E | A | N | E | R | H | T | C | J | R | S | K |
| C | L | W | F | I | Q | Y | X | X | E | U | R | D | K | P | I | T | E |
| T | I | I | R | O | F | P | F | Y | O | A | X | U | A | H | E | S | T |
| C | N | N | D | L | D | V | L | L | B | C | A | N | T | O | G | T | M |
| Q | H | X | E | K | O | E | B | J | H | P | E | D | N | O | A | M | S |
| D | I | R | J | R | G | G | F | O | U | F | L | U | K | D | T | C | C |
| F | G | U | D | G | E | W | C | A | F | L | H | L | I | E | E | C | S |
| H | H | D | E | A | W | O | T | X | B | N | Z | A | X | D | D | D | U |
| D | L | D | X | I | A | A | U | A | X | C | W | T | H | S | L | E | E |
| X | A | F | H | E | T | U | U | S | T | G | W | E | D | S | F | M | R |
| F | N | A | T | G | L | Y | B | K | I | I | C | D | P | F | I | H | U |
| Y | D | F | C | T | L | R | U | S | T | Y | V | G | A | I | Y | T | M |
| S | O | L | I | T | A | R | Y | U | Q | K | C | J | O | K | Y | W | N |

ANDEAN
BARRED
BARTLETT'S
CHOCO
CINEREOUS
CURVE-BILLED
GRAY-LEGGED
HIGHLAND
HOODED
RUSTY
SOLITARY
TACZANOWSKI'S
TATAUPA
THICKET
UNDULATED
VARIEGATED

Dull brown and gray feather patterns help tinamous stay hidden on the forest floor, but their eggs stand out. The shiny, iridescent shells reflect the environment around them. Colors include bright green, sky blue, or even pink.

## Ratites

No. 7

| | | | | | | | | | | | | | | | | | |
|---|---|---|---|---|---|---|---|---|---|---|---|---|---|---|---|---|---|
| S | B | J | A | L | E | S | S | E | R | R | H | E | A | K | F | P | L |
| S | V | S | O | M | A | L | I | O | S | T | R | I | C | H | A | I | K |
| E | E | T | B | R | O | W | N | K | I | W | I | B | F | E | T | B | Y |
| L | P | L | W | C | I | F | I | I | P | B | F | M | O | T | Z | C | G |
| L | W | J | E | R | Q | B | J | J | H | I | X | I | L | X | L | S | R |
| E | J | W | Y | P | C | D | B | U | W | U | O | E | X | K | K | S | E |
| E | E | O | K | Z | H | D | V | O | P | C | S | S | D | U | Z | E | A |
| K | M | M | V | R | P | A | N | D | Z | P | F | X | E | R | C | L | T |
| U | U | H | J | S | S | Q | N | M | O | F | M | L | Z | O | A | T | E |
| C | O | M | M | O | N | O | S | T | R | I | C | H | W | O | E | H | R |
| Q | J | S | L | D | U | D | T | E | B | N | A | D | D | M | G | G | R |
| U | S | J | O | N | Y | E | W | R | O | I | E | U | O | V | R | I | H |
| T | H | F | F | K | D | V | K | B | O | Z | R | X | A | M | A | L | E |
| O | Z | R | J | K | L | B | T | W | T | R | T | D | Z | S | L | F | A |
| F | T | H | I | N | K | P | S | P | S | B | O | A | S | V | P | G | R |
| G | C | W | O | P | U | N | A | R | H | E | A | A | Z | R | C | F | X |
| B | I | G | R | T | T | W | O | W | A | T | T | L | E | D | X | S | D |
| M | K | V | G | O | L | D | E | N | N | E | C | K | E | D | D | Q | Z |

BROWN KIWI
COMMON OSTRICH
ELEPHANT BIRD
EMU
FLIGHTLESS
GOLDEN-NECKED Cassowary
GREATER RHEA
KEEL-LESS
LARGE
LESSER RHEA
LITTLE SPOTTED KIWI
MOORUK
PUNA RHEA
ROROA
SOMALI OSTRICH
TWO-WATTLED Cassowary

The largest living birds are ratites, and ostriches are the largest of them all. Although flightless, ostriches can run nearly 45 miles per hour. Their wings are used primarily for balance while running, or in courtship displays.

No. 8

## Game Birds and Fowl

| | | | | | | | | | | | | | | | | | |
|---|---|---|---|---|---|---|---|---|---|---|---|---|---|---|---|---|---|
| G | C | H | E | S | T | N | U | T | B | E | L | L | I | E | D | O | B |
| S | N | V | X | H | C | N | A | U | G | A | C | U | A | C | W | S | A |
| P | L | A | O | U | I | H | H | J | M | Y | S | R | S | V | B | S | R |
| Z | L | I | U | Z | Z | G | T | A | U | Y | M | V | K | O | E | F | E |
| K | P | A | A | G | V | T | H | A | F | U | A | N | Q | V | A | Q | F |
| Q | O | A | I | U | D | U | F | L | H | C | L | S | K | E | R | S | A |
| X | V | D | I | N | Q | E | L | X | A | A | E | H | A | B | D | P | C |
| U | Q | T | Z | U | C | N | G | T | B | N | O | Y | I | J | E | I | E |
| H | J | I | N | D | C | H | I | G | U | L | D | N | J | E | D | X | D |
| O | Q | R | H | J | G | F | A | A | E | R | B | G | P | G | G | S | C |
| B | C | U | P | I | E | K | Q | C | T | L | I | R | U | U | U | G | U |
| V | E | P | L | A | S | S | B | J | H | N | Y | N | S | A | A | U | R |
| N | V | S | P | A | C | A | S | J | P | A | U | K | E | J | N | A | A |
| P | I | P | I | N | G | G | U | A | N | K | L | O | S | N | M | N | S |
| B | R | U | S | H | T | U | R | K | E | Y | Z | A | M | U | Z | K | S |
| T | L | W | O | F | E | E | L | L | A | M | T | R | C | Q | D | C | O |
| W | O | S | S | A | R | U | C | T | A | E | R | G | D | A | H | J | W |
| A | D | E | D | A | E | H | Y | A | R | G | M | B | E | K | I | S | E |

BARE-FACED CURASSOW

BEARDED GUAN

Blue-throated PIPING-GUAN

BRUSHTURKEY

CAUCA GUAN

CHESTNUT-BELLIED Guan

DUSKY-LEGGED GUAN

GRAY-HEADED Chachalaca

GREAT CURASSOW

HIGHLAND GUAN

MALEO

MALLEEFOWL

MOUNTAIN QUAIL

PLAIN CHACHALACA

SPIX'S GUAN

VULTURINE Guinea Fowl

Maleos, found on Sulawesi island in Indonesia, have a novel way of nesting. Instead of relying on body heat for egg incubation like most birds, maleos bury their eggs in volcanic sand, and they're incubated by volcanic heat instead.

# More Game Birds and Fowl

**No. 9**

| | | | | | | | | | | | | | | | | | |
|---|---|---|---|---|---|---|---|---|---|---|---|---|---|---|---|---|---|
| J | K | T | N | A | S | A | E | H | P | J | I | L | A | K | E | Y | R |
| C | A | L | I | F | O | R | N | I | A | Q | U | A | I | L | G | O | E |
| E | P | R | A | I | R | I | E | C | H | I | C | K | E | N | M | S | D |
| Z | G | I | N | D | I | A | N | P | E | A | F | O | W | L | K | I | J |
| I | V | D | S | A | T | Y | R | T | R | A | G | O | P | A | N | A | U |
| C | C | N | I | G | A | M | B | E | L | S | Q | U | A | I | L | M | N |
| A | D | Q | F | R | W | I | L | D | T | U | R | K | E | Y | Q | E | G |
| P | Z | C | N | P | T | U | E | T | L | S | H | O | T | L | T | S | L |
| E | G | D | I | R | T | R | A | P | N | A | I | B | A | R | A | E | E |
| R | I | H | I | L | L | P | A | R | T | R | I | D | G | E | V | F | F |
| C | P | E | A | C | O | C | K | P | H | E | A | S | A | N | T | I | O |
| A | A | C | Q | H | N | X | R | C | R | C | U | P | X | C | K | R | W |
| I | E | I | O | Q | R | O | P | T | X | A | F | F | E | S | K | E | L |
| L | C | J | M | Y | C | X | U | F | G | V | K | P | B | X | D | B | I |
| L | I | Z | P | I | M | S | Z | S | A | D | I | U | S | X | J | A | L |
| I | U | I | S | R | K | A | Z | X | H | Y | U | E | H | H | I | C | P |
| E | T | L | A | D | Y | A | M | H | E | R | S | T | S | C | J | K | U |
| V | L | R | R | O | C | K | P | T | A | R | M | I | G | A | N | P | Q |

ARABIAN PARTRIDGE

CALIFORNIA QUAIL

CAPERCAILLIE

CHUKAR PARTRIDGE

GAMBEL'S QUAIL

HILL PARTRIDGE

INDIAN PEAFOWL

KALIJ PHEASANT

LADY AMHERST'S Pheasant

PEACOCK-PHEASANT

PRAIRIE-CHICKEN

RED JUNGLEFOWL

ROCK PTARMIGAN

SATYR TRAGOPAN

SIAMESE FIREBACK

WILD TURKEY

Recent research indicates Charles Darwin was correct in suggesting modern chickens descended from red junglefowl. Around 3,500 years ago, the birds were drawn to dry rice farms in central Thailand. Some of these were captured and domestication began.

No. 10

# Crests and Crowns

| | | | | | | | | | | | | | | | | | |
|---|---|---|---|---|---|---|---|---|---|---|---|---|---|---|---|---|---|
| Z | F | L | V | G | E | I | C | D | A | P | C | W | L | P | V | E | O |
| D | A | Y | O | J | N | D | R | B | Y | P | E | N | A | H | T | N | R |
| T | A | P | O | G | P | I | E | L | C | Y | D | O | N | I | N | A | N |
| U | C | L | Y | R | T | S | S | U | O | S | A | R | O | L | A | R | A |
| F | O | N | M | E | L | P | T | E | C | O | R | T | M | I | S | C | T |
| T | C | O | W | A | H | I | E | J | K | T | W | H | N | P | A | D | E |
| E | K | E | S | T | T | N | D | A | A | P | A | E | A | P | E | E | H |
| D | O | G | A | C | P | I | P | Y | T | C | X | R | Y | I | H | N | A |
| T | F | I | M | U | O | F | A | J | O | A | W | N | A | N | P | W | W |
| I | T | P | R | R | L | E | R | N | O | Q | I | C | L | E | R | O | K |
| T | H | D | I | A | I | X | T | H | P | G | N | A | A | E | E | R | E |
| M | E | E | U | S | S | P | R | P | Y | E | G | R | M | A | V | C | A |
| O | R | N | T | S | H | I | I | Q | F | I | L | D | I | G | L | Y | G |
| U | O | W | O | O | Y | G | D | C | K | Y | I | I | H | L | I | E | L |
| S | C | O | P | W | R | E | G | G | F | M | H | N | C | E | S | R | E |
| E | K | R | A | I | M | O | E | T | Z | R | L | A | E | A | T | G | O |
| X | C | C | O | Y | R | N | Z | K | B | T | L | L | T | Z | N | G | M |
| X | T | E | U | R | A | S | I | A | N | H | O | O | P | O | E | K | G |

BLUE JAY
CEDAR WAXWING
COCKATOO
COCK-OF-THE-ROCK
CRESTED PARTRIDGE
DALMATIAN PELICAN
EURASIAN HOOPOE
GREAT CURASSOW
GRAY CROWNED-CRANE
HIMALAYAN MONAL
NORTHERN CARDINAL
ORNATE HAWK-EAGLE
PHILIPPINE EAGLE
POLISH Crested Chicken
SILVER PHEASANT
SPINIFEX PIGEON
TUFTED TITMOUSE
Victoria CROWNED-PIGEON

Easily distinguished by their sunburst-like crowns, gray crowned-cranes stand out for their moves, too. Known for elaborate routines played out on the African plains, these cranes may dance to attract mates, strengthen partner bonds, or blow off some steam.

## Endemic to Papua New Guinea

No. 11

| | | | | | | | | | | | | | | | | | | |
|---|---|---|---|---|---|---|---|---|---|---|---|---|---|---|---|---|---|---|
| N | S | P | E | S | I | D | A | R | A | P | F | O | D | R | I | B | X | S |
| S | P | A | W | J | G | O | B | R | B | L | P | B | T | M | O | U | P | D |
| N | O | R | A | E | R | Z | E | Q | X | R | N | E | A | Y | D | A | C | B |
| O | T | A | H | W | O | V | F | I | T | U | C | T | G | Y | N | S | R | L |
| W | T | D | N | E | W | D | F | X | K | S | T | C | U | G | K | T | E | U |
| M | E | I | E | L | L | X | L | B | N | T | Y | T | L | C | O | R | S | E |
| O | D | S | S | B | I | C | O | G | V | Y | Q | E | A | V | O | A | T | E |
| U | B | E | S | A | N | P | W | D | U | T | D | L | B | M | B | P | E | Y |
| N | E | K | P | B | G | V | E | R | J | H | E | L | U | D | O | I | D | E |
| T | R | I | A | B | R | G | R | O | O | I | Y | D | T | E | O | A | S | D |
| A | R | N | R | L | I | T | P | N | D | C | V | B | C | N | B | X | A | C |
| I | Y | G | O | E | F | I | E | G | V | K | Q | J | H | A | S | Y | T | O |
| N | P | F | T | R | L | Y | C | O | T | E | B | T | E | M | U | D | I | C |
| M | E | I | I | V | E | S | K | S | H | T | G | Z | R | E | N | D | N | K |
| U | C | S | A | A | B | A | E | Q | O | B | J | J | B | R | A | Z | B | A |
| N | K | H | T | D | I | I | R | X | A | I | Y | P | I | I | M | Y | I | T |
| I | E | E | M | Q | R | I | R | M | C | R | H | L | R | F | Z | K | R | O |
| A | R | R | N | O | D | Z | W | Q | O | D | W | X | D | R | T | D | D | O |
| L | W | O | D | E | K | S | A | M | N | E | D | L | O | G | O | S | J | L |

Black-capped PARADISE-KINGFISHER

BLUE-EYED COCKATOO

CRESTED SATINBIRD

Emperor BIRD-OF-PARADISE

FIRE-MANED Bowerbird

GOLDEN MASKED-OWL

GROWLING RIFLEBIRD

MANUS BOOBOOK

Red-banded FLOWERPECKER

Ribbon-tailed DRONGO

RUSTY THICKETBIRD

SNOW MOUNTAIN MUNIA

SPANGLED HONEYEATER

SPOTTED BERRYPECKER

Spotted JEWEL-BABBLER

Stephanie's ASTRAPIA

TAGULA BUTCHERBIRD

WAHNES'S PAROTIA

Papua New Guinea is most famous for the spectacularly plumaged birds-of-paradise, but it's home to a multitude of unique species, many of which are little known. The golden masked-owl, for example, resides on the island of New Britain and is rarely seen.

No. 12

# Loons

| | | | | | | | | | | | | | | | | | |
|---|---|---|---|---|---|---|---|---|---|---|---|---|---|---|---|---|---|
| S | R | N | M | B | X | I | D | U | C | G | K | I | I | P | X | L | W |
| A | D | Q | L | L | A | R | C | T | I | C | F | S | X | S | S | Y | H |
| C | X | C | R | A | W | O | O | Y | M | S | I | U | W | S | E | G | I |
| I | L | J | E | C | A | Q | U | A | T | I | C | I | O | L | I | A | T |
| H | J | I | D | K | H | V | A | N | W | Z | M | L | L | Z | N | V | E |
| X | N | U | T | T | F | X | D | G | L | M | I | O | W | W | O | I | B |
| P | S | H | H | H | J | G | I | G | E | D | W | R | L | H | O | I | I |
| A | K | S | R | R | K | T | Y | R | B | B | L | J | C | W | L | F | L |
| C | C | Q | O | O | T | O | D | O | I | G | U | Q | O | E | V | O | L |
| I | W | X | A | A | V | I | N | L | S | J | L | G | M | B | H | R | E |
| F | R | E | T | T | C | E | L | W | T | U | C | T | M | B | B | M | D |
| I | A | K | E | E | S | E | H | M | N | L | Z | W | O | E | L | E | L |
| C | F | R | D | D | D | H | I | A | N | Y | C | J | N | D | A | S | O |
| L | Y | R | L | L | C | H | T | O | E | X | H | U | L | T | K | N | O |
| O | S | N | O | O | Q | I | H | F | A | F | D | J | O | O | E | U | N |
| O | O | O | O | O | C | U | F | U | K | S | X | S | O | E | S | C | H |
| N | N | Y | N | N | O | V | S | T | Q | S | X | G | N | S | U | E | Y |
| F | M | L | F | I | S | H | E | A | T | I | N | G | O | N | V | X | R |

AQUATIC

ARCTIC

BLACK-THROATED LOON

COMMON LOON

FISH-EATING

GAVIIFORMES

LAKES

"LOONIE"

"LUNATIC"

PACIFIC LOON

RED-THROATED LOON

SOLID BONES

SWIMMER

WEBBED TOES

WHITE-BILLED LOON

YELLOW-BILLED LOON

Loon movement is limited on land due to their rear-set legs. When the birds are swimming, however, their legs provide exceptional thrust, allowing the loons to glide or dive through the water with ease.

# Penguins

No. 13

| | | | | | | | | | | | | | | | | | |
|---|---|---|---|---|---|---|---|---|---|---|---|---|---|---|---|---|---|
| Z | E | M | P | E | R | O | R | L | L | I | T | T | L | E | T | L | I |
| C | C | H | I | N | S | T | R | A | P | X | R | T | T | V | Z | Q | D |
| A | L | D | A | X | F | B | S | Z | U | N | W | S | E | S | H | D | S |
| K | F | V | R | E | P | P | O | H | K | C | O | R | N | T | K | S | C |
| K | D | R | J | G | N | E | C | W | I | A | E | A | W | M | S | R | B |
| R | B | Q | I | W | T | K | B | N | I | C | R | F | M | F | Y | O | R |
| Z | J | I | R | C | G | R | O | K | T | E | L | I | H | L | E | Y | Y |
| R | M | N | M | J | A | R | S | C | S | H | I | O | B | C | L | A | I |
| D | P | D | M | A | A | N | R | W | S | T | T | R | L | Z | L | L | Q |
| Z | A | V | L | C | G | E | H | V | Y | T | T | D | V | E | O | J | G |
| M | Z | I | A | L | S | E | M | Y | Y | N | L | L | A | X | W | K | E |
| Z | Q | M | S | T | T | T | L | C | Z | Q | E | A | T | J | E | I | N |
| W | G | Q | E | P | Q | Z | M | L | J | P | Z | N | P | F | Y | N | T |
| K | V | D | L | R | J | D | M | Q | A | Z | E | D | D | D | E | G | O |
| H | U | M | B | O | L | D | T | Q | E | N | L | H | Z | T | D | I | O |
| I | V | L | V | R | K | V | A | D | E | L | I | E | K | F | S | B | L |
| C | G | A | L | A | P | A | G | O | S | Q | C | C | M | S | R | G | C |
| M | A | S | E | P | A | A | E | D | C | O | P | Z | Y | C | N | E | H |

ADELIE
AFRICAN
CHINSTRAP
EMPEROR
ERECT-CRESTED
FIORDLAND
GALÁPAGOS
GENTOO
HUMBOLDT
KING
LITTLE
MACARONI
MAGELLANIC
ROCKHOPPER
ROYAL
SNARES
YELLOW-EYED

Most penguins live in the Southern Hemisphere, often on islands or coasts near the Antarctic Circle. Tightly packed, waterproof feathers and a layer of fat underneath keep the birds insulated and dry as they "fly" through the cold southern seas.

No. 14

# Albatrosses

| | | | | | | | | | | | | | | | | | |
|---|---|---|---|---|---|---|---|---|---|---|---|---|---|---|---|---|---|
| L | I | Q | Y | D | U | C | C | A | M | P | B | E | L | L | M | K | W |
| D | W | A | N | D | E | R | I | N | G | Y | I | V | A | K | W | L | B |
| A | F | F | L | S | O | M | X | S | W | A | V | E | D | P | P | C | Q |
| N | R | X | V | I | S | H | O | R | T | T | A | I | L | E | D | F | L |
| T | R | F | E | B | G | L | Y | S | T | S | O | O | T | Y | A | A | F |
| I | L | A | M | R | O | H | H | H | D | R | G | A | N | K | Y | U | B |
| P | I | M | B | O | B | Y | T | T | L | R | M | O | L | S | Y | S | L |
| O | G | S | K | Q | A | T | M | M | E | G | Z | W | A | U | L | G | A |
| D | P | T | E | M | Y | Y | L | Y | A | I | B | N | I | E | M | J | C |
| E | O | E | S | O | U | T | H | E | R | N | R | O | Y | A | L | T | K |
| A | Z | R | W | W | J | E | T | O | U | W | T | S | Y | R | R | R | B |
| N | V | D | O | K | A | S | B | Q | I | I | M | L | Q | Q | B | I | R |
| C | E | A | Z | D | N | O | S | R | B | U | L | L | E | R | S | S | O |
| Z | U | M | E | Y | E | L | L | O | W | N | O | S | E | D | Y | T | W |
| W | W | D | G | C | B | F | L | F | I | H | Q | D | W | B | K | A | E |
| Q | Y | W | S | A | L | V | I | N | S | X | A | O | Q | X | L | N | D |
| Z | A | F | E | B | L | A | C | K | F | O | O | T | E | D | R | Z | W |
| V | G | M | D | K | W | E | E | A | H | G | Z | J | X | T | D | O | U |

AMSTERDAM
ANTIPODEAN
BLACK-BROWED
BLACK-FOOTED
BULLER'S
CAMPBELL
GRAY-HEADED
LAYSAN
LIGHT-MANTLED
SALVIN'S
SHORT-TAILED
SHY
SOOTY
SOUTHERN ROYAL
TRISTAN
WANDERING
WAVED
YELLOW-NOSED

Highly specialized wings allow wandering albatrosses to spend most of their lives in flight above the Southern Ocean. On the rare occasions they return to land, it may be to mate, which they do for life.

## Red Birds

No. 15

| | | | | | | | | | | | | | | | | | | |
|---|---|---|---|---|---|---|---|---|---|---|---|---|---|---|---|---|---|---|
| R | C | R | I | M | S | O | N | S | U | N | B | I | R | D | O | O | M | C |
| E | L | G | P | I | N | E | G | R | O | S | B | E | A | K | V | M | R | O |
| D | Z | A | M | I | Q | H | V | G | N | V | I | I | S | V | E | Y | E | M |
| B | R | V | N | A | D | F | A | D | Y | V | F | A | F | R | R | U | D | M |
| I | S | E | F | I | R | H | P | S | L | H | B | N | I | C | K | N | C | O |
| L | C | S | D | B | D | O | C | I | L | N | H | P | H | I | N | U | A | N |
| L | S | A | S | C | O | R | O | E | F | J | E | C | C | M | Z | X | P | R |
| E | C | B | S | Z | R | W | A | N | N | Y | R | Q | K | N | C | V | P | O |
| D | A | R | R | S | J | O | O | C | O | Q | B | K | L | C | R | J | E | S |
| F | R | E | C | R | I | M | S | O | N | R | O | S | E | L | L | A | D | E |
| I | L | H | Y | H | W | N | I | S | D | R | I | G | M | W | A | X | R | F |
| R | E | C | H | M | T | Z | S | B | B | P | E | O | H | D | F | Z | O | I |
| E | T | T | U | U | J | F | O | F | M | I | E | H | L | Q | T | E | B | N |
| F | I | A | R | H | D | V | N | O | I | Z | L | C | T | E | P | T | I | C |
| I | B | C | N | X | H | E | W | H | U | N | Z | L | K | R | M | W | N | H |
| N | I | Y | K | C | J | D | J | R | V | H | C | R | F | E | O | A | E | C |
| C | S | L | D | R | E | D | M | U | N | I | A | H | K | I | R | N | M | P |
| H | M | F | S | C | A | R | L | E | T | M | A | C | A | W | F | M | U | L |
| J | S | U | M | M | E | R | T | A | N | A | G | E | R | C | A | H | Z | C |

CASSIN'S FINCH

COMMON ROSEFINCH

CRIMSON ROSELLA

CRIMSON SUNBIRD

MAROON ORIOLE

NORTHERN CARDINAL

PINE GROSBEAK

RED-BILLED FIREFINCH

RED-CAPPED ROBIN

RED CROSSBILL

Red-headed WOODPECKER

RED MUNIA

SCARLET IBIS

SCARLET MACAW

SUMMER TANAGER

Vermilion FLYCATCHER

The scarlet ibis has a distinctive curve in its needlelike bill, but its color makes it unmistakable. The bird hunts for red crustaceans in the shallow waters of the American tropics. Eating them is what gives the scarlet ibis its color.

No. 16

# Petrels

| | | | | | | | | | | | | | | | | | |
|---|---|---|---|---|---|---|---|---|---|---|---|---|---|---|---|---|---|
| A | B | E | R | M | U | D | A | F | R | M | N | F | B | D | S | G | F |
| N | C | L | B | N | Z | N | B | Z | P | N | C | C | A | P | E | R | D |
| T | J | P | B | L | O | V | G | F | E | G | F | D | P | Q | B | E | O |
| A | U | A | S | L | A | K | E | R | M | A | D | E | C | M | K | A | S |
| R | B | U | W | T | M | C | F | B | J | P | R | M | J | D | R | T | T |
| C | O | A | O | E | H | I | K | C | E | L | B | G | M | K | G | W | T |
| T | R | U | G | B | S | S | N | O | W | K | A | A | D | R | D | I | R |
| I | P | N | T | V | N | T | Z | C | P | S | S | A | E | U | J | N | I |
| C | C | K | U | Y | I | H | L | Y | T | C | Q | P | L | I | B | G | N |
| J | B | E | F | P | N | E | D | A | A | S | B | G | C | H | A | E | D |
| U | M | U | B | N | O | E | P | R | N | H | I | F | A | A | R | D | A |
| N | K | A | L | E | B | H | E | M | Y | D | C | Q | T | W | A | L | D |
| K | P | B | G | W | T | N | S | P | C | L | D | L | C | A | U | P | E |
| H | N | G | G | Z | E | K | T | F | V | K | P | Y | E | I | S | H | R |
| J | O | Y | R | J | M | R | Q | T | F | M | F | P | P | I | L | Y | E |
| D | B | T | E | P | J | W | S | K | B | M | Y | L | S | A | V | M | C |
| J | X | I | T | I | H | A | T | H | O | O | R | K | P | N | M | Y | H |
| N | X | I | N | Q | H | V | K | M | G | W | L | N | D | F | B | Y | T |

ANTARCTIC
BARAU'S
BERMUDA
BLACK
BONIN
BULWER'S
CAPE
GREAT-WINGED
HAWAIIAN
KERMADEC
MASCARENE
SNOW
SPECTACLED
TAHITI
TRINDADE
WESTLAND

Snow petrels have the southernmost breeding ground of any bird. Few bird species actually breed in the Antarctic, but the snow petrels' range includes the South Pole itself.

## Birds of Madagascar

**No. 17**

| | | | | | | | | | | | | | | | | | | |
|---|---|---|---|---|---|---|---|---|---|---|---|---|---|---|---|---|---|---|
| P | E | Y | C | X | D | I | T | B | H | P | E | Q | M | C | T | M | N | W |
| A | B | S | G | R | R | G | A | R | O | L | K | S | A | U | I | N | I | U |
| U | K | H | F | N | I | R | S | B | O | A | I | P | L | C | A | W | T | J |
| O | G | U | D | U | B | E | K | O | K | X | R | J | A | K | G | X | R | D |
| C | R | M | Z | D | E | A | A | S | B | P | H | G | G | O | M | V | A | O |
| D | O | B | B | A | V | T | A | U | I | Q | S | I | A | O | Q | J | M | E |
| E | U | L | A | R | O | E | B | N | L | F | O | A | S | H | X | I | E | S |
| T | N | O | N | E | L | R | U | B | L | F | O | N | Y | A | I | Q | N | X |
| S | D | T | D | D | D | V | T | I | E | F | K | T | K | W | M | P | E | F |
| E | R | S | E | F | E | A | T | R | D | W | C | C | I | K | I | F | R | I |
| R | O | H | D | O | D | S | O | D | V | E | U | O | N | C | L | L | A | S |
| C | L | E | K | D | A | A | N | A | A | M | C | U | G | C | J | U | C | H |
| D | L | R | E | Y | E | P | Q | S | N | O | Y | A | F | D | U | F | S | E |
| T | E | O | S | G | H | A | U | I | G | D | H | A | I | V | A | F | A | A |
| L | R | N | T | U | Y | R | A | T | A | A | S | D | S | K | V | T | M | G |
| D | D | F | R | F | E | R | I | Y | S | I | A | C | H | H | Z | A | H | L |
| Q | M | Y | E | L | R | O | L | P | P | J | D | B | E | K | L | I | P | E |
| I | K | J | L | X | G | T | S | N | K | C | T | W | R | A | M | L | Y | V |
| D | N | C | R | E | S | T | E | D | D | R | O | N | G | O | V | G | Q | K |

ASHY CUCKOOSHRIKE

BANDED KESTREL

CRESTED COUA

CRESTED DRONGO

GIANT COUA

GREATER VASA PARROT

GRAY-HEADED LOVEBIRD

GROUND ROLLER

HOOK-BILLED VANGA

HUMBLOT'S HERON

Madagascar BUTTONQUAIL

Madagascar CUCKOO-HAWK

Madagascar FISH-EAGLE

MALAGASY KINGFISHER

MASCARENE MARTIN

RED FODY

Slender-billed FLUFFTAIL

SUNBIRD-ASITY

The Madagascar fish-eagle is the largest bird of prey on that island. Found locally near the coastlines and waterways of northwest Madagascar, they often roost above the water, in a place where they can see any food that swims beneath.

No. 18

# North African Birds

| | | | | | | | | | | | | | | | | | |
|---|---|---|---|---|---|---|---|---|---|---|---|---|---|---|---|---|---|
| R | T | M | A | M | A | R | B | L | E | D | D | U | C | K | S | A | F |
| A | G | R | A | C | E | F | U | L | P | R | I | N | I | A | L | F | H |
| J | S | Y | H | J | G | B | O | I | K | Z | K | G | N | G | A | I | B |
| T | P | Y | V | R | L | Y | H | W | S | I | O | D | E | H | M | L | A |
| H | O | N | B | J | Q | Z | B | Q | D | A | G | R | C | W | A | M | R |
| G | T | I | I | S | L | G | D | P | R | R | I | F | K | C | G | M | B |
| I | T | L | Q | G | G | N | C | X | O | A | F | R | K | M | H | I | A |
| N | E | N | E | W | F | R | M | U | N | I | A | W | E | W | R | S | R |
| D | D | U | B | M | Z | L | S | N | H | L | H | A | V | J | E | T | Y |
| E | E | D | Z | F | V | E | U | C | D | E | D | H | A | B | B | L | F |
| K | A | S | P | J | F | T | N | E | A | O | Z | U | B | H | M | E | A |
| C | G | V | J | G | H | A | T | T | W | N | K | S | S | L | A | T | L |
| E | L | X | R | A | I | S | E | P | J | G | G | I | I | G | G | H | C |
| N | E | L | T | R | E | A | I | P | N | B | L | Z | S | L | P | R | O |
| D | I | C | E | R | T | P | H | Z | B | E | D | F | H | M | I | U | N |
| E | H | B | C | E | I | L | W | O | E | L | T | T | I | L | E | S | V |
| R | I | O | R | T | P | M | E | W | B | W | H | Y | D | Q | M | H | W |
| N | O | R | T | H | E | R | N | B | A | L | D | I | B | I | S | I | E |

ALGERIAN NUTHATCH

BARBARY FALCON

BLACK WHEATEATER

CRESTED LARK

DUNLIN

GRACEFUL PRINIA

Greater SPOTTED EAGLE

IBERIAN CHIFFCHAFF

Lichtenstein's SANDGROUSE

LITTLE OWL

MAGHREB MAGPIE

MARBLED DUCK

MEADOW PIPIT

MISTLE THRUSH

NORTHERN BALD IBIS

RED-NECKED NIGHTJAR

Maghreb magpies have a distinctive blue patch beneath each eye. It is actually exposed blue skin. The striking bird is commonly spotted in a variety of habitats across Morocco and parts of Tunisia.

# Shearwaters

No. 19

| | | | | | | | | | | | | | | | | | |
|---|---|---|---|---|---|---|---|---|---|---|---|---|---|---|---|---|---|
| X | K | G | F | N | A | S | T | R | E | A | K | E | D | B | C | D | B |
| B | T | A | L | F | O | K | O | A | D | N | M | Y | A | W | E | M | E |
| A | H | L | U | C | G | X | G | O | Q | L | E | Z | V | T | L | A | G |
| Q | P | A | T | C | X | V | M | T | T | L | D | D | O | Y | U | Q | C |
| L | B | P | T | P | A | A | G | A | K | Y | D | O | Q | D | W | H | V |
| I | E | A | E | O | N | G | B | O | F | E | F | W | U | U | R | Z | E |
| S | W | G | R | X | P | W | U | C | T | K | W | B | N | I | O | T | R |
| H | H | O | I | D | B | A | J | N | N | J | O | C | S | H | X | A | S |
| T | Y | S | N | J | N | X | E | I | T | N | A | T | K | U | S | J | C |
| O | P | L | G | M | C | V | P | P | S | V | M | M | B | Z | N | M | O |
| R | H | M | Z | B | K | V | B | R | W | A | Y | G | A | T | Y | B | P |
| N | Q | N | G | C | K | C | O | U | S | I | Z | Z | L | A | A | Z | O |
| I | E | M | A | Y | W | C | E | O | F | N | C | A | E | E | I | A | L |
| E | Z | L | C | A | P | E | V | E | R | D | E | Q | A | R | U | Z | I |
| H | B | M | O | K | T | Q | Q | Z | N | P | A | C | R | G | X | T | S |
| Q | V | B | A | R | O | L | O | U | Q | P | O | U | I | B | R | W | S |
| Z | W | G | Z | Y | R | T | N | W | L | A | W | I | C | C | D | S | I |
| X | D | Y | K | Y | J | Q | C | J | B | C | G | X | R | D | L | W | E |

AUDUBON'S
BALEARIC
BAROLO
BLACK-VENTED
CAPE VERDE
CHRISTMAS
FLUTTERING
GALAPAGOS
GREAT
HEINROTH'S
MANX
PINK-FOOTED
SCOPOLI'S
SOOTY
STREAKED
YELKOUAN

Shearwaters belong to a group of birds referred to as "tubenoses" due to their odd tube-shaped nasal cavities. This may be what enables them to locate prey on the open ocean by smell, an uncommon ability among birds.

No. 20

# Grebes

| | | | | | | | | | | | | | | | | | |
|---|---|---|---|---|---|---|---|---|---|---|---|---|---|---|---|---|---|
| X | F | W | Z | H | O | R | N | E | D | L | G | G | H | H | R | L | H |
| S | X | D | E | S | Q | T | S | A | M | O | G | P | C | A | W | Y | O |
| K | D | E | D | A | E | H | Y | R | A | O | H | H | C | K | Z | R | O |
| R | J | T | U | X | Y | N | X | Y | V | N | Q | S | M | T | Z | X | D |
| A | Y | S | R | W | R | L | Y | O | B | I | A | X | P | I | B | U | E |
| L | S | E | W | N | E | C | A | X | L | G | W | U | I | T | K | Y | D |
| C | F | R | R | X | V | M | X | K | A | F | H | A | E | I | U | J | I |
| I | Z | C | Y | A | L | N | D | D | C | W | I | B | D | C | W | E | V |
| L | B | T | Z | L | I | X | A | T | K | E | T | D | B | A | L | F | I |
| A | X | A | E | A | S | M | L | N | N | S | E | I | I | C | U | F | A |
| U | X | E | R | O | L | I | J | X | E | T | T | D | L | A | V | L | L |
| Y | S | R | H | T | E | E | E | T | C | E | U | S | L | A | X | S | L |
| Q | U | G | V | R | A | N | Q | Y | K | R | F | Z | E | I | R | I | Z |
| K | F | P | I | A | S | V | X | K | E | N | T | Z | D | Q | T | L | E |
| X | H | C | U | O | T | Z | Z | D | D | L | E | H | V | T | A | Q | K |
| I | Q | R | W | N | H | Q | G | Z | Y | E | D | F | L | J | Y | M | X |
| R | E | D | N | E | C | K | E | D | H | N | X | E | P | Q | S | G | V |
| U | D | X | O | I | W | K | M | J | E | B | K | L | L | J | M | L | V |

ALAOTRA
BLACK-NECKED
CLARK'S
GREAT CRESTED
HOARY-HEADED
HOODED
HORNED
LEAST
LITTLE
MADAGASCAR
PIED-BILLED
RED-NECKED
SILVERY
TITICACA
WESTERN
WHITE-TUFTED

Grebes are diving birds, at home on ponds and lakes. The great crested grebe breeds across Europe and Asia and is known for elaborate courtship displays in which partners present wads of weeds to one another.

## Storks

No. 21

| | | | | | | | | | | | | | | | | | |
|---|---|---|---|---|---|---|---|---|---|---|---|---|---|---|---|---|---|
| L | L | I | B | E | O | H | S | M | W | W | S | D | R | A | X | Z | M |
| Q | Q | V | H | M | A | R | A | B | O | U | A | U | O | B | U | Y | Y |
| J | S | H | T | Z | F | G | G | D | G | Z | E | A | L | D | M | T | D |
| Y | T | X | A | F | U | V | R | Z | E | Z | A | B | L | I | R | Y | F |
| E | P | R | P | A | X | N | G | D | J | V | V | Y | I | M | D | L | W |
| U | G | P | R | A | C | M | O | G | M | H | U | K | B | S | O | Y | O |
| R | Q | I | J | R | I | O | H | D | I | N | Q | Q | N | L | I | I | O |
| O | Y | X | Y | H | W | N | Y | Y | L | I | B | K | E | N | O | G | L |
| P | B | L | A | C | K | F | T | J | K | C | H | H | P | W | Z | H | L |
| E | Q | X | I | V | Y | W | Z | E | Y | S | H | A | O | O | U | K | Y |
| A | E | V | N | G | J | E | K | B | D | D | N | Q | N | O | I | T | N |
| N | G | R | E | A | T | E | R | A | D | J | U | T | A | N | T | B | E |
| W | N | P | L | H | X | Y | Y | L | R | V | R | D | C | O | V | Y | C |
| H | A | H | Z | P | L | S | A | D | D | L | E | B | I | L | L | X | K |
| I | W | V | I | S | A | O | A | A | X | J | Q | F | R | N | V | I | E |
| T | Z | R | S | M | R | O | T | S | G | L | E | J | F | U | M | R | D |
| E | C | N | X | S | X | J | A | B | I | R | U | E | A | W | O | X | V |
| U | Y | Y | E | L | L | O | W | B | I | L | L | E | D | K | O | F | R |

ABDIM'S
AFRICAN OPENBILL
BLACK
EUROPEAN WHITE
GREATER ADJUTANT
JABIRU
MAGUARI
MARABOU
MILKY
PAINTED
SADDLE-BILL
SHOEBILL
STORM'S
WOOD
WOOLLY-NECKED
YELLOW-BILLED

The marabou, an African species of stork, is bald like a vulture, and that is no coincidence. Like vultures, maribous eat carrion. Their smooth heads let them dig into dinner without getting gore on their feathers.

No. 22

# Ibises

| | | | | | | | | | | | | | | | | | |
|---|---|---|---|---|---|---|---|---|---|---|---|---|---|---|---|---|---|
| N | R | X | T | L | K | A | T | Q | I | D | J | K | F | B | Z | H | L |
| W | H | I | T | E | S | H | O | U | L | D | E | R | E | D | C | T | Z |
| V | D | E | K | C | E | N | W | A | R | T | S | O | R | C | N | G | Y |
| A | U | S | T | R | A | L | I | A | N | B | E | Z | F | T | H | J | H |
| J | D | V | S | A | C | R | E | D | L | O | L | I | V | E | L | I | E |
| L | U | X | E | P | P | I | H | A | D | A | D | A | G | T | V | F | K |
| X | E | Q | A | D | A | P | C | I | H | T | G | U | C | Y | I | Y | T |
| E | D | V | Q | C | T | K | M | W | D | N | D | Y | Y | U | T | W | I |
| S | K | Z | S | A | F | C | G | E | Y | A | W | W | P | I | X | S | O |
| C | L | N | Q | A | A | R | P | S | D | I | E | L | O | K | X | A | C |
| A | A | Z | C | J | X | A | N | T | Y | G | U | K | A | P | G | O | W |
| R | G | E | V | E | N | S | J | I | G | M | J | V | A | U | C | T | Y |
| L | D | E | Q | D | F | D | G | L | B | A | L | D | S | Q | P | O | X |
| E | U | C | E | D | N | H | O | E | U | E | S | L | Q | N | T | M | K |
| T | W | R | I | P | I | S | O | O | D | B | Q | E | E | H | D | E | J |
| R | O | G | K | V | S | U | C | L | C | R | E | S | T | E | D | D | Y |
| P | E | J | C | Y | S | J | A | J | L | R | Q | W | Z | W | Y | Y | K |
| O | G | C | E | F | I | W | A | T | T | L | E | D | P | A | Z | A | A |

AUSTRALIAN
BALD
BLACK-FACED
CRESTED
GIANT
GLOSSY
HADADA
OLIVE
PLUMBEOUS
RED-NAPED
SACRED
SÃO TOMÉ
SCARLET
STRAW-NECKED
WATTLED
WHITE-SHOULDERED

The African sacred ibis was mummified by the millions in ancient Egypt. They represented Thoth, the god of writing, wisdom, magic, and the moon. The birds were wild-caught, then cared for in captivity until the time came for their sacrifice.

## Birds of Southern Africa

No. 23

| | | | | | | | | | | | | | | | | | | | | | | | | | | | | | | | | | | | | |
|---|---|---|---|---|---|---|---|---|---|---|---|---|---|---|---|---|---|---|
| H | G | B | L | U | E | C | R | A | N | E | Z | W | A | U | N | S | W | M |
| M | M | A | R | A | B | O | U | S | T | O | R | K | D | P | D | S | A | A |
| P | I | N | K | B | A | C | K | E | D | P | E | L | I | C | A | N | N | F |
| H | L | Y | D | J | U | Z | Y | B | O | O | B | N | W | O | R | B | D | R |
| D | J | Y | Z | R | G | O | L | I | A | T | H | H | E | R | O | N | E | I |
| O | O | A | F | R | I | C | A | N | P | E | N | G | U | I | N | O | R | C |
| D | S | M | T | I | I | B | N | E | O | Y | D | Y | S | G | C | O | I | A |
| J | L | L | X | C | B | S | Y | L | I | E | X | Z | L | G | R | K | N | N |
| G | A | Y | C | W | O | O | G | R | N | A | Z | N | U | T | I | K | G | F |
| Z | T | B | S | R | J | P | G | G | A | O | S | T | R | I | C | H | A | I |
| A | Y | K | K | B | V | K | M | I | A | T | Z | Y | U | V | R | U | L | S |
| U | E | W | U | L | G | H | J | U | Y | B | E | X | R | M | R | L | B | H |
| L | G | I | W | E | N | W | F | X | P | Z | K | R | E | L | F | E | A | E |
| N | R | Z | C | A | P | E | G | A | N | N | E | T | C | J | J | W | T | A |
| I | E | F | D | G | S | T | O | X | Z | Z | M | D | U | E | S | I | R | G |
| W | T | Z | M | S | I | B | I | D | E | R | C | A | S | F | S | L | O | L |
| C | R | E | S | T | E | D | G | U | I | N | E | A | F | O | W | L | S | E |
| A | F | R | I | C | A | N | D | A | R | T | E | R | Z | C | N | F | S | Z |
| A | F | R | I | C | A | N | S | P | O | O | N | B | I | L | L | A | P | N |

AFRICAN DARTER
AFRICAN FISH-EAGLE
AFRICAN PENGUIN
AFRICAN SPOONBILL
BLUE CRANE
BROWN BOOBY
CAPE GANNET
CRESTED GUINEAFOWL
GOLIATH HERON
MARABOU STORK
OSTRICH
PINK-BACKED PELICAN
SACRED IBIS
SECRETARYBIRD
SLATY EGRET
WANDERING ALBATROSS

The largest of all living herons, goliath herons catch large fish and other prey by impaling them on their powerful bills. But the herons are slow eaters. Other big birds, like African fish-eagles, often rob them of their meals.

No. 24

# Birds of India

| | | | | | | | | | | | | | | | | | | |
|---|---|---|---|---|---|---|---|---|---|---|---|---|---|---|---|---|---|---|
| L | D | P | A | I | N | T | E | D | S | P | U | R | F | O | W | L | H | P |
| O | N | I | C | O | B | A | R | S | C | R | U | B | F | O | W | L | A | R |
| A | N | D | A | M | A | N | W | O | O | D | P | E | C | K | E | R | A | E |
| D | P | F | O | R | E | S | T | O | W | L | E | T | Q | X | A | N | Z | D |
| G | C | A | R | N | U | Q | F | J | I | P | Z | S | Y | D | D | G | I | W |
| R | I | N | D | I | A | N | P | I | T | T | A | H | I | A | I | O | N | A |
| E | S | D | N | T | U | P | B | H | U | V | M | S | M | P | N | S | D | T |
| Y | W | A | N | J | D | Y | Q | D | Q | Y | E | A | S | J | D | E | I | T |
| J | N | M | K | H | F | A | T | K | E | F | N | C | A | M | I | R | A | L |
| U | S | A | H | K | L | G | F | B | L | M | E | T | R | L | A | P | N | E |
| N | T | N | M | Y | Y | F | J | Y | A | F | B | P | U | L | N | E | P | D |
| G | K | T | E | B | A | W | C | S | H | J | A | I | S | I | B | N | E | L |
| L | M | E | Q | S | P | A | K | I | T | W | Y | E | C | B | U | T | A | A |
| E | B | A | R | E | T | E | V | B | G | H | P | B | R | N | S | E | F | P |
| F | Y | L | K | C | D | C | V | A | Q | V | I | I | A | R | T | A | O | W |
| O | S | Y | H | O | D | D | U | H | J | Y | O | H | N | O | A | G | W | I |
| W | R | E | W | G | G | C | J | K | R | U | Q | W | E | H | R | L | L | N |
| L | R | L | T | G | T | P | K | B | O | P | K | N | S | J | D | E | Q | G |
| I | N | G | R | E | A | T | E | R | C | O | U | C | A | L | Z | P | O | R |

ANDAMAN MASKED-OWL

ANDAMAN TEAL

ANDAMAN WOODPECKER

FOREST OWLET

GREATER COUCAL

GRAY JUNGLEFOWL

INDIAN BUSTARD

Indian PARADISE-FLYCATCHER

INDIAN PEAFOWL

INDIAN PITTA

Malabar Gray HORNBILL

NICOBAR SCRUBFOWL

Nicobar SERPENT-EAGLE

PAINTED SPURFOWL

RED-WATTLED LAPWING

SARUS CRANE

The remote Andaman and Nicobar Islands are an Indian union territory composed of 572 islands. Only 37 of them are inhabited by humans, but many are home to birds, like the Andaman teal or Nicobar scrubfowl, that are found nowhere else in the world.

# Bitterns

No. 25

| | | | | | | | | | | | | | | | | | |
|---|---|---|---|---|---|---|---|---|---|---|---|---|---|---|---|---|---|
| M | M | U | A | U | S | T | R | A | L | A | S | I | A | N | F | Q | C |
| T | R | B | V | K | L | I | T | T | L | E | L | W | J | R | I | G | A |
| E | A | O | O | U | S | N | O | M | A | N | N | I | C | S | P | G | I |
| C | A | T | N | P | P | C | V | E | A | E | A | D | T | H | D | F | G |
| B | M | A | S | I | Q | X | Y | O | C | F | C | R | M | V | L | Q | G |
| G | E | U | C | N | S | K | U | T | N | Z | I | M | A | Y | Z | I | U |
| I | R | R | H | N | M | L | W | D | Q | P | R | L | S | Q | N | N | W |
| V | I | U | R | A | X | M | A | E | E | Z | E | N | L | I | V | F | W |
| K | C | S | E | T | O | G | Z | B | U | D | M | E | P | W | N | B | F |
| N | A | H | N | E | L | Q | A | Y | R | K | A | W | K | Y | I | R | C |
| S | N | I | C | D | F | C | Q | U | A | Y | H | Z | H | X | A | V | F |
| G | R | B | K | T | K | D | B | B | S | E | T | E | D | W | T | K | H |
| P | R | A | S | E | U | P | R | W | I | L | U | A | D | S | Z | C | O |
| D | O | R | D | V | P | G | M | N | A | L | O | L | A | E | C | A | A |
| S | G | D | D | G | I | X | P | M | N | O | S | A | H | G | D | L | F |
| D | U | I | A | T | L | E | A | S | T | W | U | N | D | S | D | B | V |
| H | D | P | K | B | V | I | Q | C | G | X | M | D | B | W | D | H | P |
| D | A | D | W | I | Y | C | F | G | A | Z | G | I | Z | V | C | C | I |

AMERICAN
AUSTRALASIAN
BLACK
BOTAURUS HIBARDI
CINNAMON
DWARF
EURASIAN
LEAST
LITTLE
NEW ZEALAND
PINNATED
SOUTH AMERICAN
STRIPE-BACKED
VON SCHRENCK'S
YELLOW
ZIGZAG

The Eurasian bittern went extinct in Britain in the 1870s, but huge conservation efforts, including habitat restoration, have encouraged bitterns to return. The loudest birds in Britain, they can now be heard up to three miles away!

No. 26

# Herons

| | | | | | | | | | | | | | | | | | |
|---|---|---|---|---|---|---|---|---|---|---|---|---|---|---|---|---|---|
| V | T | E | B | Q | Q | O | G | O | L | I | A | T | H | M | T | D | P |
| V | T | I | Z | E | Y | E | J | A | Z | L | U | V | A | P | W | L | A |
| V | O | Q | O | Z | T | J | C | U | L | H | E | E | O | V | D | L | C |
| F | C | Q | D | C | T | R | I | C | O | L | O | R | E | D | E | I | I |
| K | B | A | A | W | O | V | W | Z | Q | J | L | T | O | L | U | T | F |
| D | O | K | P | C | V | C | H | L | A | V | A | A | Y | B | L | T | I |
| Q | A | B | W | P | G | G | I | E | M | Y | H | A | K | L | B | L | C |
| F | T | E | R | Z | E | C | T | L | U | A | P | I | M | A | T | E | R |
| U | B | H | W | Z | M | D | E | P | B | R | G | U | R | C | A | B | E |
| Z | I | C | S | J | C | U | N | R | A | P | S | A | Z | K | E | L | E |
| D | L | Y | D | V | F | O | E | U | B | H | R | O | M | F | R | U | F |
| Z | L | S | K | G | E | R | C | P | Y | D | U | D | U | I | G | E | R |
| P | E | W | V | B | D | Q | K | Q | S | M | B | B | T | W | G | M | T |
| Y | D | O | U | P | K | V | E | T | D | J | F | Y | W | E | M | J | U |
| K | O | J | X | L | W | H | D | K | D | P | X | Z | C | N | H | J | J |
| W | Z | D | P | Q | J | G | P | T | N | E | E | R | G | D | T | B | R |
| V | C | L | M | U | T | I | Z | I | G | Z | A | G | T | Q | X | K | A |
| S | V | Y | K | C | T | T | O | J | E | Y | E | R | G | S | N | K | R |

AGAMI
BLACK
BOAT-BILLED
CAPPED
COCOI
GOLIATH
GREAT BLUE
GREEN
GREY
LAVA
LITTLE BLUE
PACIFIC REEF
PURPLE
TRICOLORED
WHITE-NECKED
ZIGZAG

The biggest heron in North America is also the most common: the great blue heron. Often spotted in water habitats across the continent, they can stand up to 4.5 feet tall with a wingspan over 6.5 feet.

# Blue Birds

**No. 27**

| | | | | | | | | | | | | | | | | | | |
|---|---|---|---|---|---|---|---|---|---|---|---|---|---|---|---|---|---|---|
| Q | F | C | G | R | E | A | T | B | L | U | E | H | E | R | O | N | R | B |
| X | I | A | I | O | W | X | G | R | N | A | B | H | C | I | Z | H | L | B |
| D | F | L | N | H | O | N | E | Y | C | R | E | E | P | E | R | U | C | L |
| R | X | F | D | O | O | C | R | U | F | G | K | H | P | S | E | E | X | U |
| I | Q | L | I | T | R | O | D | B | G | F | P | M | U | A | R | O | I | E |
| B | J | O | G | X | A | T | O | K | R | Y | Q | N | N | U | B | G | R | J |
| E | B | R | O | W | A | T | H | B | S | N | D | D | L | L | N | E | R | E |
| U | B | I | B | Y | Z | O | Y | E | A | A | Y | E | U | F | C | Q | T | W |
| L | A | D | U | W | G | A | L | D | R | E | A | E | F | R | F | A | R | E |
| B | R | A | N | U | J | P | Z | O | L | N | G | I | E | T | A | W | E | L |
| N | N | S | T | Q | O | P | B | L | W | R | P | I | Z | T | R | W | E | B |
| I | S | C | I | R | S | I | O | A | O | K | P | A | T | B | S | C | S | A |
| A | W | R | N | Y | N | W | R | S | F | R | X | M | R | L | C | D | W | B |
| T | A | U | G | J | M | B | B | H | E | Y | I | T | J | U | C | X | A | B |
| N | L | B | O | A | L | E | N | W | D | P | F | U | J | E | L | F | L | L |
| U | L | J | C | E | A | M | O | E | G | L | R | N | Z | J | B | A | L | E |
| O | O | A | R | K | D | L | H | O | T | P | M | B | M | A | G | K | O | R |
| M | W | Y | E | Z | F | D | E | S | R | D | D | O | B | Y | Q | Z | W | C |
| K | G | N | I | T | N | U | B | I | L | U | Z | A | L | E | N | U | X | Z |

BARN SWALLOW

BLUE-AND-YELLOW MACAW

BLUE GROSBEAK

BLUE JAY

BLUE JEWEL-BABBLER

CERULEAN WARBLER

Deep-blue FLOWERPIERCER

FLORIDA SCRUB-JAY

GREAT BLUE HERON

INDIGO BUNTING

LAZULI BUNTING

MOUNTAIN BLUEBIRD

NORTHERN PARULA

Shining HONEYCREEPER

SUNDA ROBIN

TREE SWALLOW

Blue feathers develop special protein structures as they grow. When white light hits them, red and yellow light waves are filtered out, but blue ones are reflected back to the literal eye of the beholder. This is called structural color.

No. 28

# Pelicans

| | | | | | | | | | | | | | | | | | |
|---|---|---|---|---|---|---|---|---|---|---|---|---|---|---|---|---|---|
| A | X | G | U | L | A | R | P | O | U | C | H | M | J | E | S | O | U |
| U | A | I | R | S | A | C | F | T | A | P | Q | Q | C | B | K | B | Y |
| S | H | J | R | D | C | Y | E | P | E | R | U | V | I | A | N | M | S |
| T | V | N | Y | X | T | G | R | A | C | I | L | I | S | P | A | C | O |
| R | O | D | E | S | S | A | N | U | S | V | Z | T | A | M | H | S | R |
| A | G | B | W | B | V | P | O | K | G | D | A | K | E | R | B | O | M |
| L | E | D | I | A | C | X | Q | E | L | Y | P | R | E | B | D | B | T |
| I | S | P | O | T | B | I | L | L | E | D | I | I | C | V | G | I | D |
| A | R | H | B | D | H | A | W | M | G | C | B | A | M | R | R | A | O |
| N | A | A | G | L | H | N | N | Y | A | E | D | O | E | A | L | G | L |
| P | O | L | U | S | G | K | N | N | R | I | Z | A | R | M | W | T | D |
| F | O | I | R | A | L | R | W | I | M | D | T | E | A | S | E | H | O |
| D | W | E | O | H | W | H | L | U | B | W | N | T | N | E | T | K | U |
| O | U | U | M | M | I | T | R | F | H | S | I | W | G | H | I | J | B |
| Q | J | S | D | T | K | K | X | I | I | A | O | Q | O | Q | K | I | F |
| Y | R | T | E | T | A | F | T | S | N | Z | Y | P | U | R | G | R | B |
| M | E | G | S | U | N | E | C | P | E | W | A | W | L | N | B | B | W |
| Y | M | Z | P | I | N | K | B | A | C | K | E | D | E | Y | J | L | B |

AIR SAC
AMERICAN WHITE
AUSTRALIAN
BROWN
DALMATIAN
GREAT WHITE
GULAR POUCH
Pelecanus CADIMURKA
Pelecanus GRACILIS
Pelecanus HALIEUS
Pelecanus ODESSANUS
Pelecanus SCHREIBERI
Pelecanus TIRARENSIS
PERUVIAN
PINK-BACKED
SPOT-BILLED

Pelicans, most recognizable by the gular pouch they use for catching fish, have existed in some form for nearly 30 million years. They've evolved a network of air sacs beneath their skin and in their bones that help with buoyancy.

## Cormorants

No. 29

```
U T D A B L N A I D N I P E H U N O
G L D S D T I Z M I C W E Z I G Q E
G B E A B S C T K H C B L F M G K U
U O D V E R T U T A P N A W H C H R
A Z K N P E A G J L Z O G P F P O S
N M Y N R R Y N Z R E H I G Y Q G O
A K C K L E E T D Y D B C A P E V C
Y N I E R H D E K T T J L E E N O O
J J P F S E Y L D N S M T A G C T T
S B O K A T D W E H A F E S C L U R
L S R Z J S U F A G J B D Z N K R A
R Q T D U H L I A C G W D N X I X O
T K O D O U B L E C R E S T E D P T
G R E A T O H L J B E H D N Q W V B
N J N Q R L E S R P T D I C X W A W
E M G Q T T S O P M N Q H G M J X Y
Y A A U S T R A L I A N P I E D A G
S S E L T H G I L F Y K V E N Y Y F
```

AUSTRALIAN PIED
BANK
BRANDT'S
CAPE
DOUBLE-CRESTED
FLIGHTLESS
GREAT
GUANAY
INDIAN
LITTLE BLACK
NEOTROPIC
PELAGIC
RED-FACED
RED-LEGGED
REED
SOCOTRA

On the Li River, in the southern Chinese province of Guangxi, cormorants are used for fishing. Specially trained from the time they hatch, the birds work together to bring in a good haul for the fishermen—as long as they're rewarded.

## No. 30 Birds of the Arabian Peninsula

| | | | | | | | | | | | | | | | | | |
|---|---|---|---|---|---|---|---|---|---|---|---|---|---|---|---|---|---|
| A | T | Y | Y | J | A | A | S | C | G | V | P | T | P | A | Q | G | A |
| R | N | E | E | Y | R | S | Q | Q | R | J | K | P | B | R | O | R | R |
| A | A | M | M | E | A | I | Q | F | E | I | L | H | D | A | A | A | A |
| B | R | E | E | M | B | R | D | W | A | B | M | A | C | B | R | R | B |
| I | O | N | N | E | I | M | F | F | T | G | J | R | I | I | A | A | I |
| A | M | W | T | N | A | A | O | W | E | P | X | A | G | A | B | B | A |
| N | R | A | H | L | N | G | G | K | R | W | N | O | O | N | I | I | N |
| W | O | R | R | I | S | P | B | F | H | W | G | H | L | W | A | A | P |
| H | C | B | U | N | E | I | L | J | O | L | K | E | D | A | N | N | A |
| E | A | L | S | N | R | E | U | O | O | G | T | A | E | X | B | S | R |
| A | R | E | H | E | I | C | D | J | P | G | Z | G | N | B | U | C | T |
| T | T | R | A | T | N | P | N | Q | O | Y | E | L | W | I | S | O | R |
| E | O | Q | D | Z | E | E | X | X | E | J | D | E | I | L | T | P | I |
| A | C | T | A | C | U | Z | C | T | L | W | H | O | N | L | A | S | D |
| T | O | J | K | H | K | U | E | R | A | O | Y | W | G | X | R | O | G |
| E | S | E | P | S | N | M | Z | C | R | B | M | L | E | L | D | W | E |
| R | R | D | V | F | G | Q | Z | N | K | V | H | R | D | E | V | L | U |
| P | H | I | L | B | Y | S | P | A | R | T | R | I | D | G | E | V | O |

ARABIAN BUSTARD

Arabian GOLDEN-WINGED Grosbeak

ARABIAN PARTRIDGE

ARABIAN SCOPS OWL

ARABIAN SERIN

ARABIAN WAXBILL

ARABIAN WHEATEATER

ARABIAN WOODPECKER

ASIR MAGPIE

GREATER HOOPOE-LARK

PHARAOH EAGLE-OWL

PHILBY'S PARTRIDGE

SOCOTRA CORMORANT

YEMEN LINNET

YEMEN THRUSH

YEMEN WARBLER

The bland, sandy-colored greater hoopoe-lark blends in with the desert environment it inhabits—until it flies. When it does, it reveals a remarkable white-and-black design. When courting, males show their wings off in a unique up-and-down flight pattern.

## Japanese Birds

No. 31

| | | | | | | | | | | | | | | | | | |
|---|---|---|---|---|---|---|---|---|---|---|---|---|---|---|---|---|---|
| X | R | Y | E | L | L | O | W | B | U | N | T | I | N | G | N | L | R |
| D | E | Y | K | C | O | C | D | O | O | W | I | M | A | M | A | K | Y |
| B | K | Z | S | W | U | D | Z | Y | H | S | V | E | A | L | S | R | U |
| H | C | N | I | F | N | E | E | R | G | N | I | N | O | B | T | C | K |
| O | E | T | H | W | L | S | S | L | G | T | A | A | E | B | O | O | Y |
| W | P | E | N | T | C | W | O | E | K | E | I | R | P | K | R | P | A |
| S | D | V | U | U | X | F | K | A | E | X | Z | C | L | L | M | P | G |
| T | O | I | L | F | M | L | I | F | K | W | U | D | V | L | P | E | R |
| O | O | N | B | O | N | I | N | W | H | I | T | E | E | Y | E | R | E |
| N | W | I | A | E | Y | D | A | A | Q | A | H | N | S | W | T | P | E |
| S | A | M | H | F | J | T | W | R | B | A | R | W | Q | C | R | H | N |
| T | W | U | Z | N | I | H | A | B | U | C | U | O | M | C | E | E | P |
| I | A | Y | Y | P | O | S | R | L | F | Z | S | R | S | W | L | A | I |
| T | N | K | I | W | P | J | A | E | J | H | H | C | Y | Q | X | S | G |
| A | I | U | T | O | I | A | I | R | F | U | Z | D | G | Y | E | A | E |
| J | K | Y | O | B | A | Y | L | B | A | K | M | E | R | O | I | N | O |
| W | O | R | U | Z | S | Z | D | B | Y | R | X | R | F | K | E | T | N |
| Y | J | A | P | A | N | E | S | E | R | O | B | I | N | Z | U | W | B |

AMAMI WOODCOCK

BONIN GREENFINCH

BONIN WHITE-EYE

COPPER PHEASANT

IZU THRUSH

Japanese LEAF WARBLER

JAPANESE ROBIN

LIDTH'S JAY

Matsudaira's STORM-PETREL

OKINAWA RAIL

OKINAWA WOODPECKER

OWSTON'S TIT

RED-CROWNED CRANE

RYUKYA GREEN-PIGEON

RYUKYU MINIVET

YELLOW BUNTING

Red-crowned cranes are considered sacred in Japan. Symbolizing fidelity in marriage, the birds themselves often mate for life. But even sacred birds need protection. Though still endangered, the cranes are flourishing with the help of exemplary restoration efforts in Hokkaido.

No. 32

# Rhymes with Bird

| | | | | | | | | | | | | | | | | | |
|---|---|---|---|---|---|---|---|---|---|---|---|---|---|---|---|---|---|
| D | T | K | H | G | P | L | V | Y | R | Y | A | U | P | W | Y | Y | T |
| O | N | F | L | O | I | E | W | A | O | A | Y | Q | A | K | K | F | E |
| I | F | F | Z | T | W | L | P | T | D | R | I | H | T | M | V | K | S |
| F | P | E | U | M | P | A | B | S | U | R | D | Q | Q | X | L | L | Q |
| Q | B | L | U | R | R | E | D | D | R | D | R | O | W | J | C | D | E |
| H | D | T | U | Y | T | I | O | N | C | Y | U | M | P | U | H | V | V |
| E | P | D | Z | S | S | C | A | M | U | H | H | N | X | E | V | Y | T |
| A | V | H | R | C | O | N | F | E | R | R | E | D | R | I | C | H | W |
| R | T | J | T | O | I | F | M | N | D | N | O | D | Y | K | H | N | Q |
| D | N | E | R | D | W | N | S | T | C | N | G | P | F | I | L | J | R |
| P | T | W | Y | E | B | S | F | T | S | V | M | F | F | E | A | G | E |
| O | Y | K | F | M | G | H | S | E | I | L | N | M | X | Y | W | I | U |
| O | U | G | M | U | Y | O | R | O | R | R | U | R | L | X | P | R | G |
| W | X | D | K | K | R | U | H | G | R | R | R | R | L | Z | F | D | R |
| U | O | H | B | X | S | R | H | D | J | C | E | E | R | B | I | L | Z |
| P | U | R | R | E | D | N | E | H | P | U | Y | D | D | E | K | S | P |
| J | E | L | K | Q | X | W | G | D | J | O | R | Z | T | I | D | C | F |
| X | D | B | I | S | J | D | F | U | J | K | Y | Y | Z | Q | J | J | I |

ABSURD
BLURRED
CONFERRED
CROSSWORD
CURD
FURRED
GIRD
HEARD
HERD
INFERRED
PURRED
NERD
SLURRED
STIRRED
THIRD
WORD

The word "bird" has been around at least since the Middle English period, but we might not have recognized it. Even Chaucer couldn't settle on a spelling—b-r-i-d or b-y-r-d? It wasn't standardized as b-i-r-d until Elizabethan English took hold.

# Cranes

No. 33

| | | | | | | | | | | | | | | | | | |
|---|---|---|---|---|---|---|---|---|---|---|---|---|---|---|---|---|---|
| D | X | M | H | A | A | V | B | H | R | H | K | C | D | N | T | U | U |
| N | E | P | G | R | E | Y | C | R | O | W | N | E | D | R | R | E | Y |
| Y | S | N | C | O | N | S | E | R | V | A | T | I | O | N | S | K | X |
| N | K | O | W | D | A | S | A | R | U | S | W | J | Q | X | A | I | Y |
| X | Z | R | W | O | E | N | O | I | S | A | R | U | E | Y | N | Y | J |
| H | T | T | V | A | R | N | P | B | S | I | A | M | C | Z | D | X | M |
| B | B | C | Q | G | T | C | W | H | W | R | I | G | C | C | H | F | B |
| H | L | N | Y | C | V | T | K | O | Z | B | Y | N | G | D | I | O | Y |
| J | A | U | O | U | N | A | L | C | R | H | R | J | U | L | L | A | L |
| H | C | G | E | R | L | F | U | E | A | C | E | O | P | Z | L | W | P |
| D | K | F | T | C | A | T | S | M | D | L | D | F | L | K | G | H | R |
| O | N | Y | E | N | D | G | T | F | R | N | B | E | N | G | C | O | H |
| V | E | N | I | F | S | I | B | E | R | I | A | N | R | L | A | O | W |
| Q | C | D | E | M | O | I | S | E | L | L | E | R | Z | L | O | P | I |
| H | K | O | O | H | U | I | S | I | Z | Q | Z | S | X | D | O | I | H |
| B | E | D | H | Q | P | L | U | A | B | W | A | S | E | A | V | N | J |
| T | D | K | C | C | F | O | T | W | A | W | K | D | N | V | P | G | V |
| T | X | C | I | D | W | H | I | T | E | N | A | P | E | D | T | X | Y |

BLACK CROWNED

BLACK-NECKED

BLUE

BROLGA

CONSERVATION

DEMOISELLE

EURASION

GRAY CROWNED

HOODED

RED-CROWNED

SANDHILL

SARUS

SIBERIAN

WATTLED

WHITE-NAPED

WHOOPING

Whooping cranes are one of the rarest birds in all of North America, so it was good news when, in May 2022, a baby hatched at Smithsonian Conservation Biology Institute, a first for the institute.

No. 34

# Pigeon Names

| | | | | | | | | | | | | | | | | | |
|---|---|---|---|---|---|---|---|---|---|---|---|---|---|---|---|---|---|
| F | B | X | G | H | X | M | N | V | B | Y | D | F | H | R | A | I | X |
| D | L | I | X | O | A | O | F | K | U | L | T | H | M | D | V | H | A |
| G | E | K | S | N | D | O | M | E | S | T | I | C | C | Q | V | F | U |
| I | E | X | N | I | I | X | E | F | I | N | I | P | S | I | M | L | W |
| V | D | C | O | L | W | C | K | A | D | P | S | T | C | Y | Y | H | T |
| R | I | R | W | E | X | D | O | Y | T | L | J | T | B | P | S | O | Y |
| B | N | E | I | Q | I | B | Z | B | T | L | O | M | P | J | P | A | N |
| G | G | S | M | D | I | U | R | Z | A | R | X | G | I | K | E | A | C |
| R | H | T | P | P | B | X | E | O | I | R | E | X | N | Z | C | G | T |
| G | E | E | E | E | A | G | N | A | N | A | S | O | K | W | K | Z | F |
| B | A | D | R | O | T | S | C | R | T | Z | T | M | K | S | L | P | G |
| S | R | R | I | H | P | R | S | B | J | M | E | B | X | B | E | N | N |
| J | T | O | A | G | O | N | S | E | A | M | S | W | U | U | D | P | X |
| B | R | C | L | W | S | R | B | D | N | I | T | I | I | P | K | D | Y |
| R | S | K | N | Z | J | X | M | I | L | G | A | N | K | N | M | F | Z |
| F | Q | E | R | H | U | G | V | Q | H | H | E | C | E | C | G | L | S |
| N | D | V | I | T | N | A | S | A | E | H | P | R | K | J | H | I | Y |
| O | M | J | A | F | R | I | C | A | N | G | R | E | E | N | G | W | U |

AFRICAN GREEN
BLEEDING-HEART
BRONZEWING
CRESTED
DOMESTIC
IMPERIAL
NICOBAR
PASSENGER
PHEASANT
PINK
ROCK
SNOW
SPECKLED
SPINIFEX
TOPKNOT
VICTORIA CROWNED

Pigeons are one of the most successful varieties of bird in the world. Although there are hundreds of species, the most well known—those ubiquitous in urban environments—are formerly domesticated, now feral descendants of rock pigeons.

## Dove Names

No. 35

| | | | | | | | | | | | | | | | | | |
|---|---|---|---|---|---|---|---|---|---|---|---|---|---|---|---|---|---|
| Q | D | G | Z | E | B | R | A | X | Q | F | N | U | M | P | S | T | J |
| C | S | N | C | I | F | N | C | Z | M | E | C | Q | S | G | Y | T | L |
| V | U | I | G | S | N | U | K | O | F | K | U | C | B | C | S | U | Q |
| E | L | H | M | I | M | C | U | J | S | A | E | O | F | U | K | R | Z |
| R | A | G | V | A | V | R | A | T | I | I | K | S | W | C | Z | T | A |
| U | W | U | F | D | N | B | K | L | P | A | W | D | O | K | E | L | O |
| U | E | A | C | I | E | F | D | G | R | H | Y | I | M | O | N | E | C |
| S | S | L | N | P | F | O | H | B | I | G | I | A | P | O | A | N | A |
| I | I | G | I | L | V | M | J | T | C | L | W | M | O | D | I | O | V |
| M | G | G | N | E | T | J | E | I | T | I | L | O | O | O | D | F | W |
| T | R | B | S | P | O | T | T | E | D | B | F | N | F | V | A | J | S |
| H | O | I | T | C | I | S | W | G | O | I | N | D | R | E | W | E | X |
| T | U | A | Q | P | J | T | S | R | V | L | I | V | U | C | L | E | Y |
| L | N | Z | P | I | C | O | L | L | A | R | E | D | I | V | P | E | C |
| V | D | E | N | A | M | A | Q | U | A | V | E | J | T | R | G | I | Y |
| O | D | T | D | A | T | S | M | I | R | V | L | M | T | Y | O | K | H |
| X | H | P | R | D | I | S | C | Y | P | Y | D | G | T | R | P | F | O |
| H | F | M | L | U | B | Z | Z | E | M | E | R | A | L | D | I | E | L |

COLLARED
CUCKOO-DOVE
DIAMOND
EMERALD
INCA
LAUGHING
MOURNING
NAMAQUA
QUAIL-DOVE
SPOTTED
SULAWESI GROUND
TURTLE
WHITE-TIPPED
WOMPOO FRUIT
ZEBRA
ZENAIDA

Doves and their relatives have a unique ability among birds: they can drink without tilting their heads back. This means they're able to drink without interruption, which is especially useful in dry habitats.

No. 36

# Buntings

| | | | | | | | | | | | | | | | | | |
|---|---|---|---|---|---|---|---|---|---|---|---|---|---|---|---|---|---|
| D | L | U | F | C | J | C | M | R | F | B | C | D | D | M | P | F | V |
| R | B | A | Z | F | K | I | E | D | E | F | P | P | N | N | O | M | K |
| N | R | W | R | Y | P | L | E | W | G | J | M | Q | F | V | C | B | H |
| J | J | J | I | K | I | C | U | G | L | C | Y | S | Q | K | A | C | Q |
| Q | J | W | R | C | N | I | V | G | O | G | C | B | A | B | S | F | G |
| V | I | R | B | C | E | N | Y | R | G | D | L | Y | R | C | R | W | Y |
| R | H | E | O | Y | Q | E | N | J | A | U | S | P | C | V | R | O | J |
| C | N | E | K | N | S | R | L | X | E | U | L | S | Q | C | M | N | Z |
| J | I | D | A | J | T | E | X | J | G | H | S | U | R | Z | S | S | L |
| X | T | R | W | W | R | O | Q | G | V | O | M | E | G | F | L | J | C |
| C | M | N | L | P | I | U | L | L | I | N | D | I | G | O | D | P | K |
| I | B | S | U | I | O | S | V | E | W | H | E | T | G | F | O | A | T |
| T | L | G | M | L | L | W | B | A | E | N | F | N | X | M | D | N | V |
| S | R | X | G | U | A | O | O | A | R | E | J | M | X | B | T | M | E |
| U | N | P | X | Z | T | G | D | Q | D | I | K | Q | C | L | S | T | R |
| R | H | H | K | A | E | E | U | O | D | P | E | C | W | H | R | M | Q |
| B | A | Q | O | L | D | Q | L | D | E | Y | P | D | P | Q | L | U | H |
| J | Z | V | P | A | I | N | T | E | D | Y | K | P | K | I | B | S | U |

| | | |
|---|---|---|
| BLUE | LARK | REED |
| CINEREOUS | LAZULI | RUSTIC |
| CIRL | MCKAY'S | SNOW |
| CORN | PAINTED | STRIOLATED |
| INDIGO | PINE | VARIED |
| | RED-HEADED | |

Most buntings recognizable to North American birders, like the brilliant painted or indigo bunting, are actually in the Cardinalidae family. "True buntings," like the cinereous bunting, belong to the Emerizidae family and reside primarily in the Old World.

## Birds of Southeast Asia

**No. 37**

| | | | | | | | | | | | | | | | | | |
|---|---|---|---|---|---|---|---|---|---|---|---|---|---|---|---|---|---|
| P | R | M | N | O | R | E | H | D | E | T | A | I | R | T | S | B | R |
| B | E | D | P | J | Q | G | O | L | H | O | E | L | D | V | L | N | T |
| L | T | B | U | P | P | E | G | G | T | X | E | J | L | Y | W | F | E |
| U | N | A | R | R | A | J | B | X | Y | A | D | A | T | F | K | A | R |
| E | U | Y | P | E | S | W | F | N | F | H | R | H | L | B | M | I | G |
| F | H | A | L | L | N | U | U | B | S | G | S | O | D | A | I | R | E |
| L | R | W | E | B | E | E | I | T | E | F | R | Z | I | B | L | Y | F |
| Y | E | E | H | B | O | R | A | N | R | E | G | M | U | F | K | B | E |
| C | D | A | E | A | D | R | I | O | S | W | I | L | U | W | Y | L | E |
| A | I | V | R | B | L | L | G | M | F | B | B | F | W | Q | S | U | R |
| T | P | E | O | I | T | M | I | N | Y | U | K | O | C | B | T | E | C |
| C | S | R | N | A | O | N | U | Y | L | Z | N | R | R | H | O | B | I |
| H | O | G | V | U | I | X | G | D | V | I | B | K | T | R | R | I | F |
| E | Y | A | T | V | N | A | Q | A | Q | W | V | T | H | T | K | R | I |
| R | O | H | E | E | L | Q | F | O | O | S | A | A | F | G | R | D | C |
| S | O | T | V | Y | X | X | V | P | P | N | N | I | D | X | U | N | A |
| D | A | S | I | A | N | O | P | E | N | B | I | L | L | N | H | R | P |
| U | I | X | C | T | R | O | P | I | C | B | I | R | D | E | O | E | K |

Asian FAIRY-BLUEBIRD

ASIAN OPENBILL

BAYA WEAVER

BLYTH'S FROGMOUTH

Chestnut-naped FORKTAIL

Chestnut-tailed STARLING

FLORES MINIVET

Greater Green LEAFBIRD

Hainan BLUE FLYCATCHER

LARGE NILTAVA

MILKY STORK

PACIFIC REEF EGRET

PURPLE HERON

Scaly-crowned BABBLER

Sooty-headed BULBUL

Streaked SPIDERHUNTER

STRIATED HERON

White-tailed TROPICBIRD

Blyth's frogmouth is a mysterious night bird. It remains motionless and resembles a branch. The Asian openbill is a stork easily identified by the namesake opening—a clearly visible gap—it has in the middle of its beak.

No. 38

# Birds of New Zealand

| | | | | | | | | | | | | | | | | | |
|---|---|---|---|---|---|---|---|---|---|---|---|---|---|---|---|---|---|
| O | G | T | Y | D | W | M | W | N | M | W | R | D | Z | N | S | Y | Y |
| B | L | A | D | E | V | G | R | E | D | Z | E | D | J | O | L | E | A |
| S | U | K | K | U | H | U | Y | W | F | O | H | Y | F | C | L | Q | O |
| F | S | A | K | V | C | F | B | Z | F | T | I | L | R | L | K | K | W |
| B | K | H | T | A | E | A | I | E | C | N | T | K | O | A | C | Z | I |
| I | I | E | O | H | K | C | L | A | O | S | E | W | N | F | H | S | M |
| W | W | C | M | H | C | A | L | L | E | O | E | M | I | D | A | J | N |
| S | I | R | T | N | K | N | V | A | C | Y | O | U | B | N | T | U | I |
| I | H | N | I | H | L | M | U | N | E | C | R | X | O | A | H | L | C |
| L | S | O | T | F | T | J | O | D | J | G | R | K | R | L | A | R | Z |
| V | P | L | T | D | C | R | P | R | B | X | B | U | K | A | M | I | K |
| E | F | L | Y | T | U | E | F | O | E | R | O | W | C | E | S | F | A |
| R | U | K | H | K | N | L | S | C | R | P | F | X | A | Z | H | L | C |
| E | J | E | K | G | D | Z | J | K | Q | P | O | N | L | W | A | E | G |
| Y | L | A | U | E | Z | J | B | W | S | C | T | R | B | E | G | M | A |
| E | P | I | S | H | U | S | A | R | U | M | U | S | K | N | O | A | S |
| J | N | P | X | X | Y | U | P | E | E | E | W | A | A | L | V | N | U |
| K | A | K | A | P | O | P | G | N | T | P | K | D | A | B | H | B | O |

BLACK ROBIN

CHATHAM SHAG

KĀKĀ

KĀKĀPŌ

KEA

KIWI

MOREPORK

NEW ZEALAND FALCON

NEW ZEALAND ROCK WREN

RIFLEMAN

SILVEREYE

TAKAHĒ

TOMTIT

WEKA

WRYBILL

YELLOW-EYED PENGUIN

New Zealand's national bird, the kiwi, is actually several species. The North Island brown kiwi lays the largest eggs relative to body size of any bird. They may be up to 22 percent of the mother's body weight.

# Nightjars

**No. 39**

| | | | | | | | | | | | | | | | | | |
|---|---|---|---|---|---|---|---|---|---|---|---|---|---|---|---|---|---|
| R | S | O | M | B | R | E | N | I | G | H | T | J | A | R | O | J | O |
| A | R | Y | W | H | I | P | P | O | O | R | W | I | L | L | U | C | C |
| J | L | U | S | X | Y | A | N | Q | R | M | U | X | E | N | E | H | C |
| T | L | C | T | J | I | U | R | J | R | J | C | M | G | L | U | A | S |
| H | I | A | A | A | W | R | S | Q | V | B | O | L | L | C | Y | P | I |
| G | W | T | R | V | F | A | U | C | D | V | E | A | K | E | A | I | L |
| I | R | A | S | M | T | Q | X | A | W | N | T | W | N | L | G | S | K |
| N | O | N | P | R | E | U | D | P | I | E | I | N | A | P | R | B | Y |
| D | O | P | O | S | M | E | N | G | D | L | E | U | P | W | P | O | T |
| E | P | O | T | I | J | R | H | P | L | N | N | U | P | I | Q | N | A |
| L | D | O | T | A | A | T | O | S | I | I | X | B | Q | V | U | A | I |
| K | E | R | E | T | J | O | W | G | G | V | M | F | C | E | Y | P | L |
| C | R | W | D | A | R | I | H | H | N | C | Q | E | C | U | X | A | E |
| E | A | I | R | W | D | T | T | T | K | H | H | Q | I | P | E | R | D |
| R | E | L | I | O | J | J | P | A | H | E | A | I | F | K | P | T | N |
| F | U | L | W | A | A | Q | Z | R | H | N | K | P | P | E | D | E | I |
| I | L | M | R | R | P | R | I | G | O | G | I | N | E | S | F | S | R |
| T | S | C | H | U | D | I | S | N | I | G | H | T | J | A | R | J | W |

BONAPARTE'S Nightjar

CAYENNE NIGHTJAR

CHUCK-WILL'S-WIDOW

EARED POORWILL

FRECKLED NIGHTJAR

JUNGLE NIGHTJAR

OCELLATED POORWILL

PALAU NIGHTJAR

PAURAQUE

PRIGOGINE'S Nightjar

SILKY-TAILED Nightjar

SOMBRE NIGHTJAR

STAR-SPOTTED Nightjar

TSCHUDI'S NIGHTJAR

WHIP-POOR-WILL

YUCATAN POORWILL

These completely nocturnal birds are very difficult to spot during the day. Their feathers blend in with the forest floor and they barely move. Previously believed to be related to owls, they're actually more closely related to swifts and hummingbirds.

No. 40

# Green Birds

| | | | | | | | | | | | | | | | | | | |
|---|---|---|---|---|---|---|---|---|---|---|---|---|---|---|---|---|---|---|
| O | V | M | L | G | L | F | T | G | V | G | R | E | G | A | M | Q | Y | G |
| F | I | I | H | E | Q | Z | T | G | N | L | M | M | R | N | T | A | K | R |
| Y | O | F | K | S | J | H | V | R | H | I | F | E | E | M | H | C | V | E |
| O | L | F | I | M | I | Y | P | E | U | S | R | R | E | N | A | E | G | E |
| Y | E | O | N | Y | J | G | X | E | M | T | U | A | N | Z | W | B | R | N |
| O | T | X | G | D | H | N | J | N | M | E | I | L | I | Y | A | B | E | B |
| C | G | S | F | Y | Z | K | U | B | I | N | T | D | S | J | I | U | E | R |
| A | R | L | I | X | B | C | R | E | N | I | E | T | H | V | I | D | N | E |
| R | E | S | S | F | K | N | Y | E | G | N | A | O | P | P | A | G | B | A |
| U | E | T | H | G | O | M | P | E | B | G | T | U | U | I | M | E | R | S |
| T | N | S | E | E | E | K | C | A | I | G | E | C | F | Z | A | R | O | T |
| Q | S | M | R | I | T | C | H | T | R | R | R | A | F | W | K | I | A | E |
| W | W | U | N | Q | H | Z | Q | E | D | E | U | N | L | M | I | G | D | D |
| V | A | S | O | Z | B | R | I | R | T | E | R | E | E | Z | H | A | B | M |
| P | L | S | Z | A | P | R | G | K | Y | N | H | T | G | W | I | R | I | A |
| T | L | N | O | R | T | H | E | R | N | L | A | P | W | I | N | G | L | N |
| F | O | R | A | M | A | C | A | J | T | A | E | R | G | C | X | O | L | G |
| Z | W | C | F | C | H | J | M | O | Q | R | N | K | H | R | A | H | Z | O |
| F | M | M | Y | G | P | O | B | G | R | E | E | N | J | A | Y | B | E | N |

BUDGERIGAR

EMERALD TOUCANET

GLISTENING-GREEN Tanager

GREAT JACAMAR

Green-and-black FRUITEATER

Green-and-rufous KINGFISHER

GREEN BEE-EATER

GREEN-BREASTED MANGO

GREEN BROADBILL

GREENISH PUFFLEG

GREEN JAY

HAWAI‘I ‘AMAKIHI

NORTHERN LAPWING

Ruby-throated HUMMINGBIRD

TURACO

VIOLET-GREEN SWALLOW

With one exception, the green we see on birds is a structural color, created by the way light waves interact with their feathers. The turaco, however, is truly green. It gets its color from a rare pigment called turacoverdin.

# Tanagers

No. 41

| | | | | | | | | | | | | | | | | | |
|---|---|---|---|---|---|---|---|---|---|---|---|---|---|---|---|---|---|
| S | R | P | G | R | E | E | N | H | E | A | D | E | D | K | S | C | R |
| F | F | U | L | V | O | U | S | H | E | A | D | E | D | W | Q | O | K |
| T | T | V | E | R | M | I | L | L | I | O | N | X | A | H | W | G | S |
| V | R | H | A | D | E | P | M | U | R | L | A | P | O | N | E | A | H |
| W | S | P | O | T | T | E | D | J | T | V | N | A | Z | D | E | R | R |
| T | G | Q | S | U | M | M | E | R | S | E | R | A | L | V | N | I | P |
| V | A | R | R | U | T | G | O | L | D | E | N | O | I | R | N | S | A |
| O | C | K | V | X | O | O | D | M | S | K | G | Q | G | E | Y | H | R |
| A | Z | U | R | E | S | H | O | U | L | D | E | R | E | D | F | X | A |
| L | F | I | O | P | R | N | D | D | N | O | F | S | Y | N | S | P | D |
| A | G | F | F | C | M | A | E | A | Y | N | R | N | V | E | C | R | I |
| G | E | Z | I | I | Q | L | N | X | Y | K | Q | V | W | C | R | J | S |
| P | Z | Y | O | E | K | E | H | Z | Q | X | K | P | N | K | U | E | E |
| L | I | H | S | C | E | T | U | R | Q | U | O | I | S | E | B | O | F |
| G | D | D | E | R | O | L | M | I | V | N | Z | G | T | D | F | W | F |
| M | S | P | G | G | L | A | U | C | O | U | S | Y | O | W | O | T | V |
| M | S | H | R | I | K | E | L | I | K | E | Z | O | O | D | U | Y | P |
| B | L | U | E | W | H | I | S | K | E | R | E | D | V | C | S | E | G |

AZURE-SHOULDERED
BLUE-WHISKERED
FULVOUS-HEADED
GLAUCOUS
GOLDEN
GREEN-AND-GOLD
GREEN-HEADED
OPAL-RUMPED
PARADISE
RED-NECKED
SCRUB
SHRIKE-LIKE
SIRA
SPECKLED
SPOTTED
SUMMER
TURQUOISE
VERMILLION

Though some species migrate to North America, most tanagers reside in South America. These songbirds come in an astonishing array of colors. They've also evolved to take advantage of the many foods—including fruits, insects, and nectar—available in tropical forests.

No. 42

## More Tanagers

| | | | | | | | | | | | | | | | | | |
|---|---|---|---|---|---|---|---|---|---|---|---|---|---|---|---|---|---|
| I | E | G | V | K | Q | M | A | G | P | I | E | E | O | I | D | S | N |
| D | E | W | O | R | B | E | U | L | B | Y | M | P | T | S | V | F | N |
| S | B | P | A | R | A | D | I | S | E | U | A | H | C | N | L | O | S |
| M | A | C | N | X | V | H | M | S | A | L | J | A | X | A | B | I | B |
| S | M | F | B | S | V | F | R | U | C | C | R | U | M | R | L | Z | L |
| P | Y | T | F | B | O | T | Z | R | K | L | L | E | A | V | Z | S | A |
| A | A | W | Z | R | I | A | O | I | E | G | F | S | E | N | E | S | C |
| L | N | W | M | T | O | W | F | T | M | A | S | R | Y | V | T | F | K |
| M | K | A | Y | W | N | N | L | S | C | Y | T | W | E | X | M | G | G |
| K | J | O | C | E | E | U | C | E | B | H | V | N | M | N | S | I | O |
| H | U | O | D | A | F | M | D | R | R | G | C | Q | S | O | M | L | G |
| D | H | N | D | F | Y | J | E | O | O | O | Q | J | T | M | A | T | G |
| O | A | N | J | U | F | A | A | R | L | W | X | H | A | A | S | E | L |
| T | V | R | K | Y | S | T | S | O | A | P | N | R | Z | N | K | D | E |
| T | Y | I | F | T | E | X | R | P | Z | L | E | E | T | N | E | G | D |
| E | W | E | E | D | F | E | J | Y | L | Y | D | L | D | I | D | E | G |
| D | Q | D | W | Q | D | R | R | S | U | K | S | Z | W | C | Q | D | R |
| I | L | Q | Q | D | I | N | T | D | O | N | B | J | Y | P | Q | A | S |

BLACK-GOGGLED
BLUE-BROWED
BRASSY-BREASTED
CINNAMON
DOTTED
EMERALD
FLAME-FACED
GILT-EDGED
MAGPIE
MASKED
OPAL-CROWNED
PALM
PARADISE
SAFFRON-CROWNED
SAYACANA
SCARLET
SEVEN-COLORED
SILVER-THROATED

Scarlet tanagers migrate between North and South America. They are one of only a handful of tanager species that breed in the United States. The males turn bright red during breeding season, making them easy to identify if spotted.

# Fairywrens

No. 43

| | | | | | | | | | | | | | | | | | |
|---|---|---|---|---|---|---|---|---|---|---|---|---|---|---|---|---|---|
| V | M | V | V | R | E | M | P | E | R | O | R | D | H | Q | L | V | P |
| Y | C | B | L | U | E | B | R | E | A | S | T | E | D | B | B | A | Y |
| W | E | V | P | D | O | D | R | Z | S | O | E | C | N | S | V | R | N |
| H | P | T | Z | U | S | S | W | T | Y | R | T | S | Q | P | B | I | G |
| I | U | K | L | Y | R | D | S | I | E | A | J | C | U | L | R | E | W |
| T | R | Q | G | A | M | P | F | A | N | N | Y | I | O | E | O | G | L |
| E | P | Q | P | H | O | K | L | I | U | G | J | A | H | N | A | A | Y |
| S | L | M | C | D | I | W | S | E | C | E | E | V | G | D | D | T | R |
| H | E | U | A | E | A | Y | P | W | C | C | U | D | X | I | B | E | J |
| O | B | J | M | K | V | O | S | A | S | R | D | L | U | D | I | D | V |
| U | A | Z | P | C | D | J | G | L | N | O | O | A | X | P | L | D | S |
| L | C | A | B | A | X | G | M | L | W | W | P | W | Z | U | L | J | U |
| D | K | V | E | B | D | S | R | A | S | N | L | Q | N | Z | E | W | P |
| E | E | X | L | D | W | T | G | C | X | E | W | T | Y | E | D | T | E |
| R | D | G | L | E | O | J | K | E | X | D | G | G | E | M | D | O | R |
| E | T | Q | S | R | P | Z | I | S | J | Q | N | F | E | T | Y | Z | B |
| D | E | G | N | I | W | E | T | I | H | W | Z | X | A | B | E | I | K |
| C | C | K | U | P | L | O | V | E | L | Y | M | P | V | Z | K | W | N |

BLUE-BREASTED
BROAD-BILLED
CAMPBELL'S
EMPEROR
LOVELY
ORANGE-CROWNED
PURPLE-BACKED
PURPLE-CROWNED
RED-BACKED
RED-WINGED
SPLENDID
SUPERB
VARIEGATED
WALLACE'S
WHITE-SHOULDERED
WHITE-WINGED

Fairywrens are found across Australia. The small songbirds eat insects and resemble wrens found in the Northern Hemisphere. The variegated fairy wren is the most widespread. The young birds of that species stick close to their home nests and help take care of the chicks that hatch after them.

No. 44

# Australian Birds

| | | | | | | | | | | | | | | | | | | |
|---|---|---|---|---|---|---|---|---|---|---|---|---|---|---|---|---|---|---|
| S | D | W | W | W | B | B | R | V | D | U | G | L | V | W | G | A | M | L |
| W | Q | P | V | E | Z | L | E | V | G | Z | B | A | D | D | O | S | E | Z |
| U | W | Y | F | D | Z | A | N | G | M | A | R | U | X | S | U | P | I | A |
| E | K | D | J | G | M | C | I | M | L | U | A | G | C | U | L | L | P | I |
| C | I | P | F | E | H | K | M | O | R | B | I | H | P | P | D | E | G | K |
| C | N | A | B | T | D | S | Y | N | E | A | N | I | Y | E | I | N | A | R |
| A | G | F | C | A | W | W | S | I | E | R | B | N | F | R | A | D | M | A |
| S | P | T | V | I | K | A | I | U | B | K | O | G | R | B | N | I | N | L |
| S | A | K | L | L | Z | N | O | G | V | I | W | K | O | F | F | D | A | E |
| O | R | K | Y | E | M | J | N | N | H | N | L | O | G | A | I | F | I | I |
| W | R | F | R | D | Q | B | S | E | B | G | O | O | M | I | N | A | L | P |
| A | O | O | E | E | R | R | P | P | C | O | R | K | O | R | C | I | A | G |
| R | T | Z | B | A | H | M | Y | E | W | W | I | A | U | Y | H | R | R | A |
| Y | O | W | I | G | H | I | G | L | U | L | K | B | T | W | W | Y | T | M |
| T | C | D | R | L | V | T | Q | T | Y | V | E | U | H | R | D | W | S | D |
| I | W | K | D | E | D | B | R | T | J | M | E | R | G | E | Q | R | U | K |
| K | G | A | L | A | H | H | M | I | U | C | T | R | O | N | M | E | A | K |
| S | P | L | D | G | X | I | O | L | X | W | D | A | B | H | C | N | B | K |
| M | U | A | J | T | O | M | X | M | K | L | R | X | R | O | A | H | R | E |

Australian KING-PARROT
AUSTRALIAN MAGPIE
BARKING OWL
BLACK SWAN
CASSOWARY
EMU
FROGMOUTH
GALAH
GOULDIAN FINCH
LAUGHING KOOKABURRA
LITTLE PENGUIN
LYREBIRD
MAGPIE-LARK
NOISY MINER
RAINBOW LORIKEET
SPLENDID FAIRYWREN
SUPERB FAIRYWREN
WEDGE-TAILED EAGLE

Known for a time as "laughing jackass," the laughing kookaburra can be heard cackling across eastern Australia. The kookaburra is a kind of kingfisher and it hunts like its relatives: waiting patiently on a perch for prey to pass below.

## Birds of the Eastern USA

**No. 45**

| | | | | | | | | | | | | | | | | | | |
|---|---|---|---|---|---|---|---|---|---|---|---|---|---|---|---|---|---|---|
| N | F | V | C | C | B | M | L | O | P | R | G | T | E | U | W | K | C | P |
| K | T | F | B | T | L | G | S | P | I | E | N | U | A | J | H | S | Z | U |
| K | Y | S | S | S | A | E | H | I | L | K | W | R | S | X | I | M | R | R |
| D | W | W | E | M | C | X | U | P | E | K | O | K | T | H | P | A | I | P |
| J | I | W | E | J | K | E | M | I | A | I | O | E | E | N | P | N | N | L |
| L | L | M | H | P | V | E | M | N | T | L | D | Y | R | A | O | G | G | E |
| O | D | C | W | K | U | A | I | G | E | L | D | V | N | W | O | R | B | G |
| F | T | N | O | V | L | H | N | P | D | D | U | U | S | A | R | O | I | A |
| T | U | T | T | F | T | I | G | L | W | E | C | L | C | R | W | V | L | L |
| M | R | W | N | W | U | N | B | O | O | E | K | T | R | B | I | E | L | L |
| C | K | J | R | R | R | G | I | V | O | R | Q | U | E | L | L | C | E | I |
| Q | E | T | E | E | E | A | R | E | D | Y | M | R | E | E | L | U | D | N |
| S | Y | Q | T | Z | M | H | D | R | P | N | W | E | C | R | R | C | G | U |
| R | E | D | S | H | O | U | L | D | E | R | E | D | H | A | W | K | U | L |
| J | H | A | A | Y | L | J | O | W | C | J | X | L | O | H | M | O | L | E |
| Z | C | K | E | G | Z | F | P | J | K | L | H | F | W | R | K | O | L | I |
| O | C | J | T | G | V | X | J | Y | E | E | J | Q | L | N | I | Z | C | N |
| R | T | I | V | R | W | O | V | Y | R | H | P | M | D | B | Z | F | S | B |
| F | E | I | J | R | L | D | P | W | O | O | D | S | T | O | R | K | B | Q |

AHINGA

BLACK VULTURE

EASTERN SCREECH-OWL

EASTERN TOWHEE

KILLDEER

MANGROVE CUCKOO

PILEATED WOODPECKER

PIPING PLOVER

PURPLE GALLINULE

RED-SHOULDERED HAWK

RING-BILLED GULL

Ruby-throated HUMMINGBIRD

TURKEY VULTURE

WHIP-POOR-WILL

WILD TURKEY

WOOD DUCK

WOOD STORK

Yellow-throated WARBLER

Often seen in flowering gardens during summer, the ruby-throated hummingbird is the only one that breeds in the eastern United States. Impressively for a bird 3.5 inches long or less, it migrates nonstop across the Gulf of Mexico every winter.

No. 46

# Honeyeaters

| | | | | | | | | | | | | | | | | | |
|---|---|---|---|---|---|---|---|---|---|---|---|---|---|---|---|---|---|
| D | E | T | N | I | A | P | V | Y | J | A | I | U | R | S | Q | U | A |
| B | A | G | Y | S | F | V | Q | Z | P | A | I | F | P | B | B | O | H |
| D | E | L | L | I | B | G | N | O | R | T | S | I | G | L | F | S | D |
| J | J | O | C | M | S | P | I | D | R | Y | N | C | A | Q | F | Q | C |
| C | Y | W | R | Y | Z | D | Q | J | B | Y | D | C | T | I | W | L | E |
| A | Q | O | E | K | C | S | N | X | C | E | K | Y | A | W | E | E | U |
| A | N | T | S | I | M | Y | N | H | P | C | J | U | W | G | P | O | B |
| R | P | E | C | Q | H | R | E | I | H | S | C | D | N | L | R | B | A |
| E | U | L | E | E | X | E | R | I | W | Q | A | V | Y | I | E | W | N |
| I | N | R | N | O | K | T | N | P | S | E | J | J | C | Z | G | N | D |
| X | U | A | T | E | S | N | T | U | Q | D | L | O | R | H | E | I | E |
| T | P | C | D | J | E | U | C | X | J | E | U | M | O | G | N | C | D |
| H | P | S | V | D | Y | C | E | T | K | H | D | E | W | U | T | C | D |
| I | P | X | A | G | N | E | W | H | O | L | L | A | N | D | E | U | E |
| V | W | H | I | T | E | E | A | R | E | D | I | M | E | D | D | D | I |
| O | S | O | H | A | V | V | E | I | G | M | F | S | D | W | P | C | P |
| Z | Q | X | E | W | D | E | C | A | F | E | U | L | B | K | G | W | P |
| T | E | R | M | Z | T | S | I | N | G | I | N | G | A | C | E | I | S |

BANDED
BLACK-CHINNED
BLUE-FACED
CRESCENT
LEWIN'S
NEW HOLLAND
PAINTED
PIED
REGENT
SCARLET
SINGING
SPINY-CHEEKED
STRIPED
STRONG-BILLED
TAWNY-CROWNED
WHITE-EARED

Found on islands across the southwest Pacific, honeyeaters have long, brush-tipped tongues specialized for reaching plant nectar, and they are important pollinators. The scarlet honeyeater even carries blobs of pollen on its forehead, passing them between flowers as it feeds.

# Chats

No. 47

| | | | | | | | | | | | | | | | | | |
|---|---|---|---|---|---|---|---|---|---|---|---|---|---|---|---|---|---|
| O | I | F | G | J | R | Q | I | B | E | D | U | O | A | X | J | A | E |
| O | S | B | F | A | Y | W | F | O | H | E | A | A | Z | I | N | G | N |
| D | E | C | M | L | E | V | L | U | X | S | W | F | Q | T | N | B | E |
| E | S | G | O | Z | L | X | P | L | O | K | D | E | E | R | W | T | O |
| T | I | O | D | A | L | W | P | D | U | T | F | A | O | Z | A | M | H |
| N | C | O | Y | R | O | G | C | E | J | A | T | E | U | E | I | O | G |
| O | K | R | Z | N | W | G | H | R | M | I | Y | E | X | K | H | O | J |
| R | L | A | B | O | B | C | O | I | N | W | F | R | U | O | E | R | N |
| F | E | N | O | T | R | R | L | G | L | M | L | A | R | A | R | L | G |
| E | W | G | R | S | E | I | A | R | T | P | W | H | H | X | E | A | S |
| T | I | E | Q | M | A | M | K | M | V | S | V | A | O | H | R | N | T |
| I | N | S | P | R | S | S | S | V | N | I | U | P | W | L | O | D | W |
| H | G | C | N | T | T | O | E | H | Y | R | S | C | U | I | J | H | M |
| W | E | Q | Y | V | E | N | I | T | R | A | C | T | R | A | C | M | Y |
| Y | D | T | K | R | D | G | Z | Y | L | S | A | F | F | F | M | D | R |
| N | W | B | D | Q | T | R | Z | P | S | M | T | O | B | L | B | Y | T |
| S | O | O | T | Y | I | U | Q | Y | E | L | L | O | W | K | R | O | O |
| W | Y | C | M | F | U | J | O | K | K | A | R | O | O | I | E | M | F |

ANT-EATING
ARNOTS
BOULDER
CRIMSON
FAMILIAR
HERERO
KAROO
MOORLAND
ORANGE
RUAHA
SICKLE-WINGED
SOOTY
TRACTRAC
WHITE-FRONTED
YELLOW
YELLOW-BREASTED

Often hidden in thick underbrush or scrub, the yellow-breasted chat's unique call—a mash-up of warbles, tweets, chirps, and cackles that sound like they're from several different birds—is usually what gives the bird away.

No. 48

# Flycatchers

| | | | | | | | | | | | | | | | | | | |
|---|---|---|---|---|---|---|---|---|---|---|---|---|---|---|---|---|---|---|
| M | S | Y | N | V | N | U | T | T | I | N | G | S | J | U | L | G | N |
| R | W | P | A | N | A | M | A | N | I | A | N | P | Q | A | X | G | M |
| J | A | S | A | D | H | S | M | Y | R | A | E | V | D | F | R | X | K |
| J | I | F | H | Y | L | Z | H | U | O | F | P | H | Q | E | T | P | L |
| D | N | L | K | O | V | Y | F | T | S | H | J | I | N | V | P | W | A |
| M | S | D | C | S | R | O | U | G | H | P | C | A | C | I | G | L | S |
| O | O | C | U | P | U | T | Q | C | I | R | D | M | H | A | L | H | A |
| B | N | L | L | S | I | E | C | L | A | A | O | H | O | E | L | W | G |
| K | S | H | J | A | K | Y | W | R | C | T | B | A | W | Q | D | M | R |
| Q | H | O | F | C | Y | Y | B | U | E | W | A | Z | T | Q | P | S | A |
| O | U | I | T | U | T | Z | C | P | K | S | Y | N | K | E | S | T | S |
| A | V | W | N | R | B | D | K | A | D | E | T | I | P | W | D | O | A |
| P | A | L | E | E | D | G | E | D | P | R | O | E | X | J | D | L | L |
| Y | J | G | B | M | X | M | C | S | P | P | S | T | D | N | I | I | U |
| S | L | L | V | E | M | Z | I | U | A | X | E | E | T | U | K | D | A |
| R | Q | S | P | C | S | S | V | B | Z | C | D | D | U | D | Y | Q | K |
| P | M | S | O | O | T | Y | C | R | O | W | N | E | D | S | B | M | U |
| C | Q | N | A | C | I | R | O | T | R | E | U | P | D | V | M | W | W |

APICAL

ASH-THROATED

DUSKY-CAPPED

GRENADA

LA SAGRA'S

NUTTING'S

PALE-EDGED

PANAMANIAN

PUERTO RICAN

RUFOUS

SAD

SHORT-CRESTED

SOOTY-CROWNED

STOLID

SWAINSON'S

YUCATAN

Tyrant flycatchers, Tyrannidae, are a large family including over 400 species, more than any other family of birds, that are widespread across the Americas. Indeed, they account for one third of all passerines in South America.

# Passerines

No. 49

| | | | | | | | | | | | | | | | | | |
|---|---|---|---|---|---|---|---|---|---|---|---|---|---|---|---|---|---|
| G | L | C | X | M | D | A | E | J | T | O | Z | A | C | C | P | U | D |
| R | L | A | M | K | I | S | U | B | O | S | C | I | N | E | S | B | L |
| H | U | T | S | R | A | C | M | E | B | F | C | B | R | D | Y | D | K |
| S | F | C | V | Q | L | H | P | S | R | O | K | C | P | U | T | X | C |
| L | C | G | Q | E | E | Q | A | P | O | L | H | E | U | R | N | D | X |
| O | B | O | S | E | C | P | A | A | H | I | R | G | A | I | Y | B | J |
| S | J | O | L | S | T | S | I | F | N | C | E | O | R | Y | R | V | B |
| C | Y | L | T | O | S | P | L | G | H | D | B | Y | J | G | I | I | S |
| I | H | K | U | E | R | H | T | E | B | M | S | K | B | I | M | E | O |
| N | T | S | R | X | K | E | R | Q | O | E | Z | T | D | R | I | P | N |
| E | L | I | B | O | N | S | D | E | A | O | H | O | W | Y | T | Y | G |
| U | X | U | Y | D | K | N | J | E | X | K | E | O | N | N | A | B | B |
| N | Y | M | O | M | G | V | Y | W | G | K | B | L | K | O | T | J | I |
| I | N | N | T | Y | R | A | N | N | I | G | Y | S | C | N | O | S | R |
| A | U | F | O | U | R | T | O | E | D | R | S | M | W | S | R | U | D |
| A | L | T | R | I | C | I | A | L | W | M | H | E | G | J | S | N | J |
| Q | R | I | U | U | A | N | I | S | O | D | A | C | T | Y | L | Q | P |
| E | H | A | L | L | U | X | D | A | L | S | F | J | L | P | M | N | T |

ALTRICIAL

ANISODACTYL

COLORED EGGS

DIALECTS

FOUR-TOED

HALLUX

IMITATORS

OSCINE

PASSERI

PERCHERS

PERCHING TENDON

SONGBIRD

SUBOSCINES

SYRINX

TOOLS

TYRANNI

Passerines, representing roughly 60 percent of all known avian species, are perching birds. When they land, special muscles flex and tighten perching tendons, keeping the birds secure enough to sleep. Passerines include two groups: Suboscines and Oscines, or songbirds.

No. 50

# Wing Words

| | | | | | | | | | | | | | | | | | |
|---|---|---|---|---|---|---|---|---|---|---|---|---|---|---|---|---|---|
| D | F | V | U | V | J | Q | Y | R | A | M | I | R | P | M | E | S | J |
| S | H | F | M | T | R | U | H | T | W | F | C | N | W | F | J | E | W |
| G | O | U | D | U | L | O | D | D | A | F | D | C | C | C | B | W | T |
| M | N | Y | M | N | S | E | C | O | N | D | A | R | Y | A | H | D | N |
| Q | S | I | A | E | B | P | Z | P | T | S | Q | Z | L | R | Z | Z | A |
| W | C | S | M | M | R | P | Z | M | Z | B | Q | D | Y | P | X | A | E |
| X | W | X | S | M | A | A | P | O | I | N | T | E | D | O | S | R | L |
| D | P | T | L | N | I | P | L | H | O | Z | C | M | Q | M | A | U | L |
| I | H | H | Y | C | J | W | L | C | K | M | E | T | L | E | L | J | I |
| W | A | A | W | R | P | N | S | O | L | Y | H | A | K | T | U | D | P |
| E | L | S | S | E | L | Z | L | N | S | K | I | L | O | A | L | E | T |
| L | A | Q | O | S | U | H | U | M | E | R | U | S | R | C | A | T | I |
| I | N | I | A | D | N | T | M | Z | T | O | S | Y | Z | A | N | T | C |
| G | X | G | R | R | G | R | T | E | K | R | U | Y | Z | R | G | O | A |
| A | M | P | I | H | I | R | T | M | E | C | P | L | X | P | S | L | L |
| Q | R | D | N | E | N | S | G | L | I | D | I | N | G | U | K | S | A |
| F | Z | I | G | M | G | C | H | Q | C | P | W | A | U | S | E | U | S |
| C | B | Z | Q | A | C | N | N | I | H | R | A | D | I | U | S | W | D |

AGILE
ALULA
CARPOMETA-
CARPUS
ELLIPTICAL
GLIDING
HUMERAL
HUMERUS
PHALANX
PLUNGING
POINTED
PRIMARY
RADIUS
SECONDARY
SLOTTED
SOARING
SWIMMING
TETRIAL
ULNA

Although thousands of bird species fly, most of them have wings in one of four main shapes: passive soaring, with long primary feathers; active soaring; elliptical; or high speed. Penguin wings are technically considered flippers—they're for swimming.

# European Birds

No. 51

| | | | | | | | | | | | | | | | | | | |
|---|---|---|---|---|---|---|---|---|---|---|---|---|---|---|---|---|---|---|
| Z | C | W | O | O | D | L | A | R | K | S | E | L | V | T | I | X | E | N |
| I | O | O | G | C | K | B | E | Y | M | P | N | Y | K | W | C | U | C | S |
| T | L | T | R | E | H | Q | R | Q | X | O | R | F | W | Z | R | B | O | C |
| T | L | D | E | I | U | T | Z | A | Y | T | T | G | A | A | I | A | R | O |
| I | A | R | Y | P | K | V | E | Y | L | T | X | N | S | R | M | L | S | T |
| N | R | A | H | G | K | U | N | B | E | E | K | I | S | G | P | E | I | T |
| G | E | Z | E | A | H | O | A | N | U | D | A | W | Q | O | E | A | C | I |
| C | D | Z | R | M | B | B | R | E | D | N | C | X | U | L | R | R | A | S |
| I | P | U | O | N | J | V | C | O | S | U | L | A | A | D | I | I | N | H |
| S | R | B | N | A | E | D | N | P | O | T | E | W | C | E | A | C | N | C |
| T | A | Y | X | I | N | M | O | P | Q | C | P | N | C | N | L | W | U | R |
| I | T | E | G | R | V | O | M | K | U | R | E | A | O | O | E | A | T | O |
| C | I | N | T | E | N | N | M | H | Y | A | Y | I | H | R | A | R | H | S |
| O | N | O | Q | B | C | K | O | Q | J | C | A | M | E | I | G | B | A | S |
| L | C | H | I | I | F | J | C | J | T | K | U | E | R | O | L | L | T | B |
| A | O | L | I | V | T | T | K | P | I | E | L | H | O | L | E | E | C | I |
| J | L | V | F | G | F | G | Y | W | D | R | J | O | N | E | X | R | H | L |
| U | E | A | U | K | S | T | A | E | R | G | S | B | C | M | O | V | O | L |
| E | H | G | N | I | L | D | E | E | R | D | E | D | R | A | E | B | M | Z |

BALEARIC WARBLER

BEARDED REEDLING

BOHEMIAN WAXWING

COLLARED PRATINCOLE

COMMON CRANE

CORSICAN NUTHATCH

Eurasian GOLDEN ORIOLE

EURASIAN SPOONBILL

European HONEY-BUZZARD

GREAT SKUA

GRAY HERON

IBERIAN MAGPIE

SCOTTISH CROSSBILL

Spanish IMPERIAL EAGLE

SPOTTED NUTCRACKER

SQUACCO HERON

WOODLARK

ZITTING CISTICOLA

Eurasian spoonbills may be seen in shallow-water habitats across Europe. The long, spoon-shaped bills for which they're named help them locate food. As spoonbills wade, they wave their beaks back and forth through the water, feeling for crustaceans and other morsels.

No. 52

# Yellow Birds

| | | | | | | | | | | | | | | | | | | |
|---|---|---|---|---|---|---|---|---|---|---|---|---|---|---|---|---|---|---|
| P | Z | E | S | G | K | Y | B | O | P | H | C | R | X | E | X | Q | I | G |
| A | H | S | G | R | D | E | I | U | X | S | O | N | A | A | X | F | O | N |
| C | O | W | O | E | H | L | U | V | R | P | M | V | T | S | Y | L | A | W |
| I | O | E | L | A | V | L | A | J | C | E | M | A | B | T | D | E | D | E |
| F | D | X | D | T | M | O | R | L | A | N | O | K | D | E | Q | V | X | S |
| I | E | N | E | K | R | W | L | S | N | S | N | S | N | R | C | E | S | T |
| C | D | E | N | I | Z | H | S | U | A | B | I | B | P | N | O | N | C | E |
| P | W | G | C | S | A | E | P | N | R | O | O | T | R | Y | V | I | U | R |
| A | A | G | O | K | M | A | H | B | Y | W | R | M | O | E | R | N | I | N |
| R | R | O | N | A | F | D | U | I | E | U | A | E | T | L | S | G | N | T |
| R | B | L | U | D | B | E | Y | R | C | T | Z | A | H | L | Y | G | E | A |
| O | L | D | R | E | R | D | B | D | F | U | L | D | O | O | W | R | A | N |
| T | E | F | E | E | Z | I | M | A | J | J | N | O | N | W | O | O | A | A |
| L | R | I | V | W | R | N | K | S | T | A | X | W | O | R | V | S | E | G |
| E | F | N | L | D | I | V | I | I | E | T | O | L | T | O | R | B | O | E |
| T | M | C | M | T | F | X | A | T | T | I | L | A | A | B | O | E | E | R |
| Y | Q | H | W | W | J | S | B | Y | Q | J | Y | R | R | I | V | A | R | H |
| E | Y | X | Y | Q | C | R | Y | P | I | I | V | K | Y | N | B | K | R | M |
| B | L | A | C | K | N | A | P | E | D | O | R | I | O | L | E | E | C | E |

BLACK-NAPED ORIOLE

CANARY

COMMON IORA

EASTERN YELLOW ROBIN

EVENING GROSBEAK

GOLDEN BOWERBIRD

GOLDEN CONURE

GOLDFINCH

GREAT KISKADEE

HOODED WARBLER

MEADOWLARK

PACIFIC PARROTLET

PROTHONOTARY Warbler

SUNBIRD-ASITY

WESTERN TANAGER

YELLOW-HEADED Blackbird

It's now clichéd to refer to a "canary in a coal mine," but the birds saved real lives into the 1980s. Canaries warned miners about dangerous underground carbon monoxide leaks—if the bird seemed sick it was probably time to leave.

## Mediterranean Seabirds

No. 53

| | | | | | | | | | | | | | | | | | | |
|---|---|---|---|---|---|---|---|---|---|---|---|---|---|---|---|---|---|---|
| K | Y | D | Z | N | X | U | B | F | B | N | B | X | T | T | J | C | M | Y |
| L | R | A | W | R | B | C | A | G | F | O | C | N | B | N | Z | K | E | G |
| E | H | U | S | E | G | Y | L | R | X | T | A | D | B | A | L | L | D | A |
| S | Y | D | A | T | N | M | E | Y | K | Z | S | A | U | R | K | B | I | H |
| S | W | O | N | D | V | Q | A | T | E | V | P | L | Z | O | K | L | T | S |
| E | H | U | D | E | M | T | R | S | N | X | I | M | U | M | E | A | E | N |
| R | W | I | W | L | J | Z | I | L | T | Y | A | A | E | R | V | C | R | A |
| C | H | N | I | L | Z | Q | C | E | I | S | N | T | S | O | X | K | R | E |
| R | M | S | C | I | K | V | S | N | S | S | T | I | T | C | B | H | A | N |
| E | B | G | H | B | E | A | H | D | H | R | E | A | O | Y | U | E | N | A |
| S | I | U | T | L | Y | F | E | E | P | Z | R | N | R | M | Z | A | E | R |
| T | Z | L | E | L | U | X | A | R | L | V | N | P | M | G | Y | D | A | R |
| E | R | L | R | U | W | R | R | B | O | U | G | E | P | Y | Y | E | N | E |
| D | X | T | N | G | W | N | W | I | V | W | K | L | E | P | P | D | G | T |
| T | H | H | D | A | L | V | A | L | E | P | X | I | T | N | B | G | U | I |
| E | X | F | T | K | S | O | T | L | R | W | G | C | R | M | W | U | L | D |
| R | V | E | I | A | Y | X | E | E | L | I | Y | A | E | E | I | L | L | E |
| N | R | Q | M | F | A | W | R | D | P | Y | T | N | L | Y | Y | L | N | M |
| S | L | E | N | D | E | R | B | I | L | L | E | D | G | U | L | L | W | A |

AUDOUIN'S GULL

BALEARIC SHEARWATER

BLACK-HEADED GULL

CASPIAN TERN

DALMATIAN PELICAN

GULL-BILLED TERN

KENTISH PLOVER

LESSER CRESTED TERN

MEDITERRANEAN GULL

MEDITERRANEAN SHAG

Mediterranean STORM-PETREL

PYGMY CORMORANT

SANDWICH TERN

SLENDER-BILLED Curlew

SLENDER-BILLED GULL

YELKOUAN SHEARWATER

The Balearic Islands, an archipelago off the eastern coast of Spain, are the breeding ground for the critically endangered Balearic shearwater. The birds nest in cliffside caves or burrows, coming and going only by night to avoid attracting predators like gulls.

No. 54

# More Bird Groups

| | | | | | | | | | | | | | | | | | |
|---|---|---|---|---|---|---|---|---|---|---|---|---|---|---|---|---|---|
| F | P | S | L | C | O | C | K | A | T | O | O | A | J | D | N | H | F |
| Y | B | E | G | V | N | N | C | H | X | L | T | E | P | V | K | M | Z |
| T | P | I | G | E | O | N | R | A | I | L | G | R | B | K | O | M | Y |
| Q | I | T | F | A | L | C | O | N | L | L | U | A | V | N | I | K | D |
| X | Z | Q | D | U | L | P | X | Y | M | F | D | O | V | E | A | W | S |
| D | R | I | B | C | I | P | O | R | T | D | T | R | I | G | W | K | A |
| O | B | F | S | C | T | U | K | S | V | Q | Y | Y | U | K | B | C | N |
| Z | G | A | F | R | D | U | G | J | R | E | Y | R | P | Z | O | R | D |
| A | X | H | N | A | A | V | M | G | R | J | J | A | I | F | K | P | G |
| U | P | X | K | N | A | D | A | P | A | T | R | G | U | L | L | D | R |
| K | D | P | Z | E | E | N | F | B | V | R | C | D | F | U | R | D | O |
| Y | U | U | F | F | N | O | U | F | O | N | H | E | S | A | W | R | U |
| T | P | X | A | E | S | S | I | T | P | P | B | W | L | Z | V | Q | S |
| V | R | V | T | D | T | C | A | R | A | C | A | R | A | E | D | O | E |
| R | Q | D | R | A | E | S | U | N | B | I | T | T | E | R | N | F | K |
| D | D | I | R | M | I | M | W | H | U | N | F | R | N | G | C | M | H |
| L | B | D | V | J | E | S | X | F | D | K | E | C | C | C | L | P | H |
| W | D | W | A | D | E | R | R | K | R | G | P | M | N | M | S | T | D |

| | | |
|---|---|---|
| AUK | DOVE | PIGEON |
| BIRDS OF PREY | FALCON | RAIL |
| BUSTARD | GANNET | SANDGROUSE |
| CARACARA | GULL | SUNBITTERN |
| COCKATOO | KAGU | TROPICBIRD |
| CRANE | PARROT | WADER |

Formerly grouped with cranes and rails, the kagu and sunbittern are such enigmatic birds they've been given an order of their own. Both residents of the tropics, they each display striking designs when they open their wings.

## Prehistoric Species

No. 55

| | | | | | | | | | | | | | | | | | |
|---|---|---|---|---|---|---|---|---|---|---|---|---|---|---|---|---|---|
| M | E | G | A | L | A | P | T | E | R | Y | X | W | F | E | B | S | J |
| E | Z | B | S | F | H | T | L | S | U | T | U | N | I | M | T | U | R |
| R | D | E | D | O | P | A | G | E | M | E | L | B | O | N | I | A | U |
| R | R | U | T | L | U | V | O | T | S | I | E | L | P | L | T | L | Q |
| I | G | C | E | S | O | C | S | B | K | S | T | E | W | H | A | W | L |
| A | A | X | O | A | P | V | O | M | K | A | T | O | A | A | N | E | O |
| M | F | D | X | N | X | Y | H | B | D | E | T | V | E | A | O | L | W |
| S | E | W | S | N | V | F | G | Z | V | N | O | W | C | S | H | E | L |
| T | Q | M | T | B | C | E | E | E | A | G | J | D | Z | T | I | P | A |
| E | I | U | A | G | T | B | X | I | G | L | V | Z | O | S | E | H | N |
| R | J | L | W | Y | I | A | G | B | W | N | J | U | Q | E | R | A | D |
| A | V | X | B | L | H | N | L | X | I | W | I | T | S | A | A | N | K |
| T | C | S | L | K | A | Q | G | M | Q | L | W | W | R | G | X | T | A |
| O | V | E | G | B | E | Q | L | F | P | M | L | Y | L | L | H | B | G |
| R | H | Z | U | L | J | E | R | G | F | F | C | E | M | E | S | I | U |
| N | Y | C | W | X | E | N | I | C | I | B | I | S | D | W | S | R | B |
| S | W | F | N | E | W | Z | E | A | L | A | N | D | M | O | A | D | B |
| C | E | D | E | M | I | H | I | R | U | N | G | Z | Q | B | M | F | D |

ADZEBILL

CONVEX-BILLED Cowbird

CUBAN GIANT OWL

ELEPHANT BIRD

HAAST'S EAGLE

LOWLAND KAGU

MEGALAPTERYX

MERRIAM'S TERATORN

MIHIRUNG

NEW ZEALAND MOA

NOBLE MEGAPODE

Phoenicopterus MINUTUS

PLEISTOVULTUR

TITANOHIERAX

WINGEGYPS

XENICIBIS

The elephant bird laid the largest eggs of any known vertebrate—approximately equivalent to 150 chicken eggs—and may have been the largest bird of all time. But it's actually elephant *birds*. Recent analysis suggests there were four distinct species.

No. 56

# Identifying Color Patterns

| | | | | | | | | | | | | | | | | | |
|---|---|---|---|---|---|---|---|---|---|---|---|---|---|---|---|---|---|
| E | V | U | A | M | K | T | J | B | F | V | S | H | K | J | H | M | Y |
| T | L | K | I | X | X | P | U | H | O | R | C | R | O | W | N | O | G |
| O | F | P | B | R | E | A | S | T | R | D | Z | Q | U | B | O | A | J |
| F | P | H | S | M | Y | N | G | W | M | U | Y | S | W | H | F | N | F |
| W | S | O | M | U | I | L | I | C | R | E | P | U | S | N | R | L | F |
| G | G | P | W | V | L | E | O | H | L | R | B | Q | S | O | I | R | L |
| T | R | A | I | L | I | N | G | E | D | G | E | S | L | G | W | A | A |
| S | U | R | N | C | Y | R | J | V | W | S | X | O | H | M | A | L | S |
| C | B | A | G | G | Y | T | V | L | P | F | C | T | X | A | T | U | H |
| D | N | B | T | U | P | L | T | E | G | N | F | B | K | L | R | C | F |
| G | S | G | I | S | T | A | C | F | I | E | Y | W | E | A | E | I | V |
| Z | P | N | P | Y | I | T | V | A | A | E | D | P | X | R | V | R | H |
| H | X | I | S | L | A | Q | M | T | E | A | N | J | C | Z | O | U | G |
| S | U | W | C | C | Y | P | H | F | C | I | T | I | F | E | C | A | B |
| K | L | L | L | N | N | E | N | I | L | E | Y | E | R | D | R | K | U |
| M | M | E | L | M | R | C | S | Z | X | G | I | R | O | E | A | K | V |
| W | S | Q | I | S | Q | K | H | E | Y | E | R | I | N | G | E | V | Z |
| E | L | I | G | H | T | A | N | D | D | A | R | K | X | M | Y | Y | D |

AURICULAR
BODY
BREAST
CROWN
EAR COVERT
EYELINE
EYERING
FLASH
FLIGHT FEATHERS
LIGHT AND DARK
MAIN COLOR
MALAR
SPECTACLES
SUPERCILIUM
TAIL
TRAILING EDGES
WINGBAR
WINGTIPS

Color pattern is a crucial component of bird identification. Often, birders only get a brief glimpse, so focusing on general patterns first—for example observing the main color or light and dark coloring—is a good idea.

# Gannets and Frigatebirds

No. 57

| | | | | | | | | | | | | | | | | | |
|---|---|---|---|---|---|---|---|---|---|---|---|---|---|---|---|---|---|
| N | D | Q | B | F | T | M | X | L | N | D | K | L | P | P | T | T | L |
| L | R | E | D | F | O | O | T | E | D | B | O | O | B | Y | L | V | G |
| C | B | P | Y | A | N | A | B | S | U | B | R | I | N | Z | W | R | A |
| H | L | E | P | B | A | S | O | S | L | N | R | F | O | O | E | K | U |
| R | U | R | C | B | Z | C | W | E | F | R | A | W | R | A | K | T | S |
| I | E | U | A | O | C | E | Z | R | J | S | L | E | T | B | P | M | T |
| S | F | V | P | T | A | N | Q | F | E | V | F | F | H | R | G | A | R |
| T | O | I | E | T | B | S | L | R | G | Y | R | N | E | O | S | S | A |
| M | O | A | G | S | O | I | Z | I | S | I | N | M | R | W | U | K | L |
| A | T | N | A | B | O | O | U | G | G | S | Q | H | N | N | L | E | A |
| S | E | B | N | O | B | N | W | A | B | U | Q | L | G | B | I | D | S |
| I | D | O | N | O | Y | N | T | T | L | Q | X | E | A | O | F | B | I |
| S | B | O | E | B | V | E | H | E | X | W | F | R | N | O | O | O | A |
| L | O | B | T | Y | B | Q | M | B | W | O | F | O | N | B | R | O | N |
| A | O | Y | G | I | R | K | Z | I | V | D | A | P | E | Y | M | B | J |
| N | B | M | R | W | I | W | H | R | Z | U | P | L | T | K | E | Y | T |
| D | Y | D | T | C | S | U | Q | D | H | F | Q | D | B | Q | S | F | P |
| V | S | O | F | M | A | G | N | I | F | I | C | E | N | T | P | I | H |

ABBOTT'S BOOBY

ASCENSION Frigatebird

AUSTRALASIAN Gannet

BLUE-FOOTED BOOBY

BROWN BOOBY

CAPE GANNET

CHRISTMAS ISLAND Frigatebird

GREAT FRIGATEBIRD

LESSER FRIGATEBIRD

MAGNIFICENT Frigatebird

MASKED BOOBY

NAZCA BOOBY

NORTHERN GANNET

PERUVIAN BOOBY

RED-FOOTED BOOBY

SULIFORMES

Magnificent frigatebirds spend much of their time soaring over the sea, searching for food. That leaves little time for breeding. Given the infrequency of reproduction, they spend more time providing parental care than any other bird.

No. 58

# Raptors

| | | | | | | | | | | | | | | | | | |
|---|---|---|---|---|---|---|---|---|---|---|---|---|---|---|---|---|---|
| D | A | X | Z | G | G | N | E | F | N | D | O | F | I | S | Z | A | S |
| L | R | R | B | C | O | W | K | W | K | N | V | S | E | V | N | M | P |
| I | D | A | A | A | D | L | I | O | M | Q | H | R | F | P | I | E | A |
| Z | P | V | Z | C | L | V | D | W | O | I | P | P | K | P | L | R | R |
| A | D | V | T | Z | A | Z | A | E | K | E | M | G | W | K | R | I | R |
| R | S | R | E | A | U | R | J | R | N | H | U | C | K | I | E | C | O |
| D | S | I | Y | Q | O | B | A | T | C | E | D | W | O | O | M | A | W |
| B | N | X | U | P | R | S | E | C | W | Q | A | X | F | Y | X | N | H |
| U | D | R | H | Q | P | A | P | C | D | H | X | G | K | Q | C | K | A |
| Z | C | Q | T | A | G | B | E | R | S | E | X | E | L | V | M | E | W |
| Z | K | L | A | L | J | J | I | O | E | A | T | Y | U | E | U | S | K |
| A | C | K | E | Z | Z | I | G | F | Z | Y | S | S | R | V | N | T | C |
| R | P | F | S | N | A | I | L | K | I | T | E | Q | E | N | N | R | B |
| D | S | E | C | R | E | T | A | R | Y | B | I | R | D | R | E | E | Y |
| P | E | R | E | G | R | I | N | E | F | A | L | C | O | N | C | L | T |
| R | D | L | I | F | B | H | S | Q | N | J | J | T | L | F | G | V | W |
| P | S | U | Z | E | T | B | A | L | D | E | A | G | L | E | G | J | Z |
| M | P | X | A | M | M | B | A | T | E | L | E | U | R | E | W | D | X |

AMERICAN KESTREL
BALD EAGLE
BATELEUR
BUZZARD
CRESTED CARACARA
GOLDEN EAGLE
GOSHAWK
LIZARD BUZZARD
MERLIN
OSPREY
PEREGRINE FALCON
SECRETARYBIRD
SERPENT-EAGLE
SHIKRA
SNAIL KITE
SPARROWHAWK

The peregrine falcon is the fastest animal to ever be recorded. A highly specialized, aerodynamic body and wings mean it can reach speeds over 240 mph. That's just shy of the top speed ever recorded in an F1 car, 246.9 mph.

# Vultures

No. 59

| | | | | | | | | | | | | | | | | | |
|---|---|---|---|---|---|---|---|---|---|---|---|---|---|---|---|---|---|
| O | B | C | S | P | N | K | G | U | S | C | J | P | I | Z | O | B | S |
| H | O | F | E | J | A | U | O | U | L | Y | C | X | E | W | P | E | Y |
| V | U | T | G | J | N | G | O | F | J | A | L | R | L | A | X | A | E |
| P | B | K | Q | N | O | E | S | E | P | M | A | U | I | B | H | R | K |
| R | F | I | W | A | R | N | L | E | N | W | P | P | C | A | S | D | V |
| T | E | N | E | E | D | W | E | D | R | V | P | P | E | B | E | E | Y |
| X | Z | G | N | K | L | I | N | T | K | Z | E | E | M | T | G | D | E |
| H | T | I | K | A | N | N | D | Z | B | K | T | L | O | U | B | K | L |
| Z | C | J | U | C | A | D | E | K | L | M | F | L | G | R | B | W | L |
| T | H | I | N | H | Y | I | R | H | S | N | A | S | Q | K | P | E | O |
| O | O | C | S | X | A | A | B | R | Q | M | C | A | A | E | A | K | W |
| T | M | X | G | Z | L | N | I | W | C | O | E | L | E | Y | L | R | H |
| B | N | W | F | P | A | T | L | D | S | X | D | P | E | I | M | B | E |
| I | F | R | J | Z | M | S | L | L | G | R | I | F | F | O | N | L | A |
| U | T | K | Y | X | I | S | E | U | R | W | N | L | X | N | U | A | D |
| V | Q | B | Q | S | H | S | D | W | S | E | L | K | Y | P | T | C | E |
| O | L | H | O | O | D | E | D | Q | C | U | J | Z | D | O | H | K | D |
| Q | X | N | A | I | T | P | Y | G | E | T | Z | O | Q | K | V | C | G |

BEARDED
BLACK
CAPE
CINEREOUS
EGYPTIAN
GRIFFON
HIMALAYAN
HOODED
INDIAN
KING
LAPPET-FACED
PALM-NUT
RÜPPELL'S
SLENDER-BILLED
TURKEY
YELLOW-HEADED

A Rüppell's vulture's blood is uniquely adapted for high-altitude flight. It can draw oxygen from high, thin air where most organisms struggle to breath. From that height, its excellent eyes can see dinner from a very long way away.

No. 60

# Eagles

| | | | | | | | | | | | | | | | | | |
|---|---|---|---|---|---|---|---|---|---|---|---|---|---|---|---|---|---|
| J | Z | B | O | O | T | E | D | E | A | G | L | E | W | L | V | E | O |
| B | O | N | E | L | L | I | S | E | A | G | L | E | S | E | N | L | Q |
| I | M | P | E | R | I | A | L | E | A | G | L | E | E | S | Q | G | T |
| O | T | X | X | H | G | O | L | D | E | N | E | A | G | L | E | A | W |
| U | B | J | Q | A | H | T | R | N | F | A | F | J | S | N | A | E | A |
| U | D | V | J | W | L | N | A | Z | I | Q | W | T | M | X | T | D | H |
| K | J | K | V | K | P | E | J | W | Y | V | E | Q | H | K | L | E | L |
| K | K | R | F | E | I | Y | B | B | N | P | Y | H | B | A | S | T | B |
| Y | E | E | H | A | V | B | E | A | P | Y | T | A | S | L | A | T | E |
| J | Q | K | N | G | Y | I | F | E | L | S | E | O | T | Q | O | O | R |
| D | Z | H | C | L | M | S | E | I | Z | D | Q | A | X | E | X | P | G |
| W | H | I | T | E | T | A | I | L | E | D | E | A | G | L | E | S | S |
| Q | M | L | L | G | G | S | N | A | K | E | E | A | G | L | E | N | E |
| S | T | E | L | L | E | R | S | S | E | A | E | A | G | L | E | C | A |
| A | O | M | E | S | E | A | E | A | G | L | E | G | F | L | O | N | G |
| N | G | E | X | E | K | F | Z | R | J | O | G | W | I | O | E | P | L |
| W | O | F | B | L | K | H | A | R | P | Y | E | A | G | L | E | L | E |
| V | K | G | S | E | R | P | E | N | T | E | A | G | L | E | H | M | Y |

BALD EAGLE

Black-breasted SNAKE-EAGLE

BONELLI'S EAGLE

BOOTED EAGLE

Changeable HAWK-EAGLE

Crested SERPENT-EAGLE

Eastern IMPERIAL EAGLE

GOLDEN EAGLE

HARPY EAGLE

Lesser SPOTTED EAGLE

STELLER'S SEA-EAGLE

STEPPE EAGLE

TAWNY EAGLE

WAHLBERG'S EAGLE

White-bellied SEA-EAGLE

WHITE-TAILED EAGLE

That bald eagles are flourishing is evidence that conservation works. In 1963, there were only 417 breeding pairs of the birds. Coordinated restoration efforts and government protections helped them recover. As of 2019, there were 71,400 breeding pairs.

# Birds of the Western USA

No. 61

| | | | | | | | | | | | | | | | | | | |
|---|---|---|---|---|---|---|---|---|---|---|---|---|---|---|---|---|---|---|
| B | L | A | C | K | B | I | L | L | E | D | M | A | G | P | I | E | L | L |
| E | S | U | O | R | G | E | G | A | S | R | E | T | A | E | R | G | W | P |
| L | A | U | D | U | B | O | N | S | W | A | R | B | L | E | R | O | Y | I |
| O | Y | L | E | B | U | O | C | C | V | H | Q | T | F | R | D | E | A | L |
| G | E | R | E | G | A | N | A | T | N | R | E | T | S | E | W | V | J | B |
| G | P | W | M | L | A | Z | U | L | I | B | U | N | T | I | N | G | B | L |
| E | N | A | T | P | R | I | C | E | T | Z | T | T | L | I | J | F | U | A |
| R | O | A | D | R | U | N | N | E | R | U | O | T | Q | A | M | W | R | C |
| H | J | A | Y | L | X | B | H | U | X | P | L | B | F | S | Q | S | C | K |
| E | E | Y | F | E | Y | E | U | D | S | P | T | G | Z | E | H | Y | S | R |
| A | M | O | U | N | T | A | I | N | B | L | U | E | B | I | R | D | D | O |
| D | C | A | L | I | F | O | R | N | I | A | Q | U | A | I | L | G | N | S |
| S | B | T | O | X | U | E | Q | M | T | L | N | Q | A | Z | T | P | A | Y |
| H | I | H | H | W | H | W | D | K | Z | W | U | T | M | L | H | T | L | F |
| R | X | N | P | T | N | A | C | I | L | E | P | E | T | I | H | W | S | I |
| I | M | G | R | V | T | V | V | H | L | I | I | R | S | D | N | E | I | N |
| K | G | O | L | D | E | N | E | A | G | L | E | E | L | Z | T | K | J | C |
| E | N | X | B | U | L | L | O | C | K | S | O | R | I | O | L | E | Q | H |
| C | A | L | I | F | O | R | N | I | A | C | O | N | D | O | R | D | B | B |

AUDUBON'S WARBLER
BLACK-BILLED MAGPIE
BLACK ROSY-FINCH
BULLOCK'S ORIOLE
CALIFORNIA CONDOR
CALIFORNIA QUAIL
GOLDEN EAGLE
GREATER SAGE-GROUSE
ISLAND SCRUB-JAY
LAZULI BUNTING
MOUNTAIN BLUEBIRD
NORTHERN SPOTTED OWL
ROADRUNNER
San Clemente LOGGERHEAD SHRIKE
WESTERN TANAGER
WHITE PELICAN

The island scrub-jay is the only insular endemic landbird in the continental United States. That means it is only found on a single island—Santa Cruz Island, off the coast of California.

## No. 62 Alaskan and Hawaiian Birds

| | | | | | | | | | | | | | | | | | |
|---|---|---|---|---|---|---|---|---|---|---|---|---|---|---|---|---|---|
| K | Y | W | K | Z | F | D | O | E | C | T | Z | T | L | O | G | S | D |
| R | E | D | F | O | O | T | E | D | B | O | O | B | Y | K | L | T | R |
| H | A | W | A | I | I | A | N | H | A | W | K | B | C | X | L | U | I |
| H | R | Y | O | H | D | M | Y | P | P | K | J | B | H | F | E | F | B |
| O | M | A | R | B | L | E | D | M | U | R | R | E | L | E | T | T | G |
| N | Y | V | A | P | Y | R | X | A | K | K | Y | C | X | S | H | E | N |
| E | X | M | S | L | J | I | B | I | U | K | U | L | A | N | S | D | I |
| Y | G | Y | P | R | B | C | G | I | A | O | I | L | P | P | Q | P | M |
| C | Y | D | H | T | P | A | L | Z | H | J | K | Y | A | C | Y | U | M |
| R | F | W | M | I | A | N | T | O | Z | K | I | E | P | A | R | F | U |
| E | W | G | D | V | L | D | H | R | I | Z | W | Z | A | R | V | F | H |
| E | T | M | K | Z | I | I | L | I | O | M | I | S | N | D | I | I | S |
| P | Q | P | S | K | L | P | F | U | O | S | K | T | E | I | Y | N | U |
| E | L | P | X | J | A | P | N | Y | N | Z | S | A | Y | N | J | D | O |
| R | P | O | E | T | I | E | X | A | T | J | H | O | O | A | I | Z | F |
| F | N | A | G | I | M | R | A | T | P | K | C | O | R | L | W | R | U |
| V | A | R | I | E | D | T | H | R | U | S | H | L | Z | Q | P | F | R |
| B | R | T | H | A | W | A | I | I | A | M | A | K | I | H | I | M | G |

AMERICAN DIPPER

AUK

HAWAIIAN HAWK

Hawaiian HONEYCREEPER

HAWAIʻI ʻAMAKIHI

KIWIKIU

MARBLED MURRELET

PALILA

Red-crested CARDINAL

RED-FOOTED BOOBY

ROCK PTARMIGAN

RUFOUS HUMMINGBIRD

Short-tailed ALBATROSS

TUFTED PUFFIN

VARIED THRUSH

ʻAPAPANE

Formerly known as the Maui parrotbill, the kiwikiu was given its current Hawaiian name in 2010. Endemic to the northeastern forests on the island of Maui, the bird uses its distinctive hooked beak to extract insect larvae from tree branches.

# Harriers

**No. 63**

| | | | | | | | | | | | | | | | | | |
|---|---|---|---|---|---|---|---|---|---|---|---|---|---|---|---|---|---|
| E | D | W | W | B | L | A | C | K | R | L | U | V | X | S | P | W | O |
| G | B | P | E | B | N | P | A | L | L | I | D | P | U | S | X | M | B |
| L | X | J | H | S | R | E | U | N | I | O | N | O | X | L | O | F | A |
| J | T | J | A | R | T | Q | K | A | H | V | E | S | S | N | P | F | B |
| Y | L | B | U | D | A | E | A | C | N | R | P | R | T | K | R | W | B |
| D | O | U | U | E | O | Q | R | O | E | O | T | A | M | I | E | W | W |
| C | G | J | O | I | Y | X | R | N | T | E | G | A | C | M | B | Y | Z |
| L | I | N | K | P | D | T | I | T | M | U | L | A | C | W | W | R | L |
| D | M | F | Y | P | H | C | E | J | S | A | N | N | V | S | C | S | P |
| Y | E | R | E | E | K | D | K | L | G | M | R | L | X | W | P | Y | A |
| E | W | Q | R | I | R | K | A | A | A | I | N | S | B | A | F | G | P |
| B | S | N | X | A | D | F | S | R | V | N | A | F | H | M | T | M | U |
| P | V | Q | Q | K | V | Y | S | W | Y | N | C | Y | V | P | R | V | A |
| F | P | Q | Q | Q | X | H | W | V | Z | D | M | M | W | Q | Q | T | N |
| X | A | L | M | D | E | G | N | I | W | G | N | O | L | P | N | L | Q |
| T | B | R | C | U | O | L | U | R | S | G | Z | A | I | R | Q | Z | U |
| H | E | N | Z | M | S | R | Z | L | H | C | F | E | X | Q | W | Q | Z |
| Z | Y | E | A | S | T | E | R | N | M | A | R | S | H | T | L | I | T |

AFRICAN MARSH
BLACK
CINEREOUS
EASTERN MARSH
HEN
LONG-WINGED
MALAGASY
MONTAGU'S
NORTHERN
PALLID
PAPUAN
PIED
RÉUNION
SPOTTED
SWAMP
WESTERN MARSH

Harriers are midsized birds of prey. The narrow tail; thin, tapered wings; and long legs exhibited by northern harriers typify the group. In most species, males are gray and females are brown.

No. 64

# Ways of Crowing

| | | | | | | | | | | | | | | | | | |
|---|---|---|---|---|---|---|---|---|---|---|---|---|---|---|---|---|---|
| T | N | F | X | K | H | C | A | S | K | R | J | V | T | S | L | G | B |
| U | S | W | M | W | Y | I | I | O | O | D | Q | C | B | C | R | A | O |
| Q | W | O | I | I | A | R | S | A | A | U | V | Z | S | P | U | Q | E |
| K | Y | P | O | P | L | O | T | S | L | U | P | P | C | Y | C | T | R |
| O | O | Q | K | G | L | J | Z | Y | I | R | K | V | U | Z | O | R | X |
| C | Q | K | U | O | H | L | M | V | T | U | O | K | C | I | C | D | M |
| F | O | Y | E | U | N | O | B | K | K | U | K | X | U | C | K | J | G |
| X | C | C | S | K | Q | G | O | X | I | U | I | H | R | S | A | Y | H |
| V | O | Z | A | R | O | U | K | R | T | U | O | K | I | D | D | K | O |
| W | C | X | P | D | P | K | U | O | O | M | H | Z | G | L | O | I | O |
| O | O | N | E | P | W | L | K | R | R | O | N | Y | U | J | O | K | G |
| W | R | F | L | D | Q | D | K | O | I | O | G | Y | V | B | D | I | H |
| O | I | C | D | I | Q | J | L | D | K | Q | N | H | A | A | L | R | O |
| W | C | F | Z | B | L | D | Z | D | B | W | U | G | O | W | E | I | O |
| O | O | U | P | Q | O | G | G | J | W | H | E | K | O | O | D | K | L |
| M | G | A | G | G | A | L | A | G | O | F | R | O | P | K | O | I | E |
| I | D | F | D | T | H | Q | J | C | A | H | S | B | H | B | O | Z | E |
| I | H | C | I | R | I | H | C | C | I | H | C | E | E | D | I | E | E |

CHICCHIRICHI (Italian)

COC-A-DWDL-DŴ (Welsh)

COCK-A-DOODLE-DOO (English)

COCORICO (French)

CUCURIGU (Romanian)

GAGGALAGÓ (Icelandic)

GHOOGHOOLEE Ghooghoo (Persian)

KIKIRIKI (Spanish)

KOK-E-KOK-KO (Japanese)

KO-KI-OH (Korean)

KONGKORONGOK (Sundanese)

QUUQUURIQU (Hebrew)

TIK-TILÁ-OK (Tagalog)

TSOO-GHOO-ROO-GHOO (Armenian)

Ü ÜRÜ ÜÜÜ (Turkish)

WO-WO-WO (Chinese)

Whether it's *gaggalagó* or *cock-a-doodle-doo*, how do roosters know when to crow? It's not due to the sun. Roosters have a very reliable, inherent circadian rhythm that keeps them crowing on time, even when they cannot see the sun.

## Kites

No. 65

| | | | | | | | | | | | | | | | | | |
|---|---|---|---|---|---|---|---|---|---|---|---|---|---|---|---|---|---|
| S | D | E | L | I | A | T | W | O | L | L | A | W | S | D | Y | G | F |
| S | C | I | S | S | O | R | T | A | I | L | E | D | M | O | Q | W | K |
| D | E | T | S | U | H | C | K | U | K | X | M | S | I | U | U | M | H |
| L | E | E | U | S | S | N | A | I | L | I | H | S | S | B | H | H | Y |
| H | Z | R | O | V | Q | R | M | O | R | U | N | I | S | L | W | F | L |
| T | T | E | E | P | E | U | B | B | Q | B | V | Y | I | E | E | N | E |
| O | Y | E | B | D | G | F | A | C | J | W | E | N | S | T | Y | K | T |
| D | O | W | M | E | L | O | P | R | A | P | F | J | S | O | N | H | T |
| D | O | C | U | U | U | U | Q | K | E | W | Y | B | I | O | I | O | E |
| F | E | G | L | C | F | S | O | Q | E | T | F | E | P | T | M | O | R |
| X | S | R | P | U | H | T | P | H | O | K | A | E | P | H | H | K | W |
| K | Y | Z | Q | B | S | H | M | A | S | Y | X | I | I | E | A | B | I |
| W | H | I | S | T | L | I | N | G | P | K | W | N | L | D | R | I | N |
| I | M | R | B | K | X | G | P | R | E | C | C | C | A | E | B | L | G |
| A | O | E | T | N | Y | H | T | M | A | D | A | A | A | O | D | L | E |
| Z | G | I | N | G | D | E | G | F | R | T | X | D | L | U | N | E | D |
| I | V | F | U | J | C | D | T | K | L | H | J | J | W | B | Z | D | F |
| K | X | A | B | L | A | C | K | E | A | R | E | D | E | E | V | J | J |

BLACK-EARED
BLACK-SHOULDERED
BRAHMINY
DOUBLE-TOOTHED
HOOK-BILLED
LETTER-WINGED
MISSISSIPPI
PEARL
PLUMBEOUS
RED
RUFOUS-THIGHED
SCISSOR-TAILED
SNAIL
SQUARE-TAILED
SWALLOW-TAILED
WHISTLING

The swallow-tailed kite's V-shaped tail helps it maintain remarkable flight control. It can hover, swoop, or loop-the-loop to catch food on the wing, or unawares in the undergrowth below. Potential partners pursue one another through the air as well.

No. 66

# Black Birds, not Blackbirds

| | | | | | | | | | | | | | | | | | |
|---|---|---|---|---|---|---|---|---|---|---|---|---|---|---|---|---|---|
| F | G | B | L | A | C | K | G | U | I | L | L | E | M | O | T | A | O |
| L | K | G | U | C | T | E | R | G | E | K | C | A | L | B | H | A | J |
| B | S | P | A | C | I | F | I | C | L | O | O | N | I | L | S | N | P |
| L | I | L | M | E | K | C | C | C | R | O | W | Z | P | M | A | D | U |
| A | K | D | S | K | W | R | B | M | L | X | A | Z | O | J | N | E | M |
| C | G | M | S | D | W | H | O | R | H | Y | U | O | G | R | A | A | B |
| K | T | W | R | H | X | A | B | T | A | S | T | J | Z | A | W | N | R |
| W | U | I | W | C | Z | H | H | M | S | H | N | T | M | V | S | T | E |
| O | F | C | X | K | L | O | C | K | B | K | E | K | I | E | K | Y | L |
| O | T | Y | Q | P | I | E | Z | I | C | F | C | R | K | N | C | R | L |
| D | E | U | U | M | M | T | L | Z | Z | A | J | A | O | J | A | A | A |
| P | D | P | F | A | F | L | O | A | C | A | L | T | L | Y | L | N | B |
| E | D | X | N | V | E | U | G | Z | T | F | L | B | J | B | B | T | I |
| C | U | I | N | D | S | E | E | D | F | I | N | C | H | U | D | M | R |
| K | C | H | A | T | U | F | T | E | D | P | U | F | F | I | N | I | D |
| E | K | N | B | L | A | C | K | H | E | R | O | N | M | L | H | Z | W |
| R | I | A | J | B | N | J | C | G | K | T | W | B | J | L | M | B | M |
| S | V | B | L | A | C | K | V | U | L | T | U | R | E | H | M | V | Y |

Amazonian UMBRELLABIRD

ANDEAN TYRANT

AYAM CEMANI

Black-billed SEED-FINCH

BLACK EGRET

BLACK GUILLEMOT

BLACK HAWK

BLACK HERON

BLACK STORK

BLACK SWAN

BLACK VULTURE

BLACK WOODPECKER

CROW

PACIFIC LOON

RAVEN

SMOOTH-BILLED ANI

TUFTED DUCK

TUFTED PUFFIN

The Amazonian umbrellabird has two distinct features. It has a large crest resembling, well, an umbrella, and a weird feathered wattle. The wattle inflates and amplifies the bird's call, which sounds a bit like someone blowing in an empty bottle.

# Hawks

No. 67

| | | | | | | | | | | | | | | | | | |
|---|---|---|---|---|---|---|---|---|---|---|---|---|---|---|---|---|---|
| S | K | K | Z | E | C | Y | C | M | N | E | A | E | X | V | N | M | S |
| D | W | S | W | K | S | H | M | F | W | D | R | G | W | O | C | H | J |
| F | A | A | H | A | Z | E | S | N | F | H | N | I | R | D | A | K | B |
| M | H | V | I | I | H | A | N | Y | K | I | D | T | A | R | O | H | R |
| N | S | F | N | N | K | S | E | A | T | Z | H | U | P | C | H | W | O |
| I | R | E | D | R | S | R | O | N | P | E | M | S | L | A | A | H | A |
| K | E | H | K | S | H | O | A | G | R | A | H | V | R | P | S | I | D |
| K | P | T | A | W | P | H | N | N | D | I | J | R | E | C | C | T | W |
| Y | O | I | F | R | C | A | G | S | N | E | I | U | Z | N | Z | E | I |
| C | O | W | O | K | R | O | R | N | H | E | T | A | T | P | I | H | N |
| S | C | C | R | E | S | I | E | R | R | A | Q | S | R | X | M | A | G |
| D | O | A | C | H | K | D | S | H | O | G | W | L | E | Z | Z | W | E |
| G | D | A | A | U | H | M | A | S | B | W | J | K | K | R | F | K | D |
| J | S | W | T | A | J | W | H | Q | H | E | H | H | U | Y | C | L | H |
| Y | K | L | W | T | K | J | M | D | N | A | S | A | Q | T | Q | W | A |
| X | M | K | T | X | P | V | R | S | X | F | W | R | W | G | G | D | W |
| R | E | D | T | A | I | L | E | D | H | A | W | K | A | K | J | W | K |
| K | W | A | H | D | E | L | I | A | T | E | N | O | Z | X | B | J | G |

African HARRIER-HAWK

BESRA

BROAD-WINGED HAWK

COOPER'S HAWK

CRESTED GOSHAWK

DARK CHANTING-Goshawk

Eurasian SPARROWHAWK

HARRIS'S HAWK

JAPANESE Sparrowhawk

NORTHERN GOSHAWK

RED-TAILED HAWK

SHARP-SHINNED HAWK

SHIKRA

SWAINSON'S HAWK

WHITE HAWK

ZONE-TAILED HAWK

In Arizona, northern goshawks and Cooper's hawks are bodyguards. Black-chinned hummingbirds deliberately build their nests near the hawks for protection. The hummingbirds are too small to feed a hungry hawk, but the jays that would plunder their nests are not.

No. 68

# Antarctic Birds

| | | | | | | | | | | | | | | | | | | | |
|---|---|---|---|---|---|---|---|---|---|---|---|---|---|---|---|---|---|---|---|
| R | O | C | K | H | O | P | P | E | R | P | E | N | G | U | I | N | W | J |
| C | G | M | H | A | N | T | A | R | C | T | I | C | T | E | R | N | A | D |
| F | E | M | P | E | R | O | R | P | E | N | G | U | I | N | R | B | N | A |
| C | F | A | I | R | Y | P | R | I | O | N | S | H | U | X | R | A | D | D |
| S | O | U | T | H | E | R | N | F | U | L | M | A | R | O | C | U | E | E |
| G | O | P | I | N | T | A | I | L | N | T | S | P | A | G | H | K | R | L |
| A | H | J | A | P | Q | Z | D | I | O | Y | G | D | A | U | D | S | I | I |
| P | S | M | T | M | F | X | X | E | C | I | B | H | M | I | O | R | N | E |
| D | N | P | Y | V | G | Y | K | U | A | I | S | N | V | A | T | A | G | P |
| U | O | M | Z | C | R | I | G | N | L | C | S | I | S | L | A | L | A | E |
| S | W | E | B | S | A | M | T | L | I | D | N | L | L | P | R | O | L | N |
| K | P | Z | B | T | O | P | E | T | U | G | R | U | O | J | D | P | B | G |
| O | E | N | E | T | E | D | C | J | P | X | G | O | J | B | Q | H | A | U |
| J | T | V | J | T | P | R | S | E | Y | P | H | P | G | G | I | T | T | I |
| I | R | Q | R | R | A | S | T | F | L | A | P | A | R | R | X | U | R | N |
| W | E | E | I | T | P | R | F | E | Z | G | K | A | M | U | Q | O | O | O |
| B | L | O | N | K | E | D | K | G | Z | H | J | P | U | D | H | S | S | I |
| P | N | A | Q | L | T | K | Q | L | N | W | Y | E | S | S | D | D | S | O |
| L | S | N | O | W | Y | S | H | E | A | T | H | B | I | L | L | H | S | Q |

ADELIE PENGUIN

ANTARCTIC SHAG

ANTARCTIC TERN

BROAD-BILLED PRION

EMPEROR PENGUIN

FAIRY PRION

KELP GULL

ROCKHOPPER PENGUIN

SNOW PETREL

SNOWY SHEATHBILL

SOUTHERN FULMAR

Southern GIANT-PETREL

South-Georgia DIVING-PETREL

SOUTH POLAR SKUA

WANDERING ALBATROSS

Yellow-billed PINTAIL

The Antarctic shag is the only species of cormorant on that continent. Even if it weren't, a distinctive ring of bright blue skin around each eye, and a yellow patch of skin between the eyes, distinguishes the bird from its kin.

# Arctic Birds

No. 69

P V S R S C K Q L A P N B H W Z G S
H N N O P L I S O T E V R A R P L R
R Y O U E A N O N L C N E A S O A D
E A W G C P G I G A T O G R O L U J
D R B H T L E G T N O R E C D O C B
P C U L A A I H A T R T A T T N O V
H T N E C N D B I I A H J I R G U N
A I T G L D E C L C L E C C E T S D
L C I G E L R S E P S R I R E A G K
A W N E D O B L D U A N T E S I U J
R A G D E N Y T J F N F I D P L L T
O R C H I G M N A F D U S P A E L W
P B C A D S J D E I P L A O R D G Q
E L M W E P H Y G N I M R L R D G T
E E P K R U J Q E M P A A L O U P B
N R K L P R X Z R T E R P F W C S T
J J S N O W Y O W L R U M C C K N L
Z R E D T H R O A T E D L O O N P L

American TREE SPARROW

ARCTIC REDPOLL

ARCTIC WARBLER

ATLANTIC PUFFIN

GLAUCOUS GULL

KING EIDER

LAPLAND LONGSPUR

LONG-TAILED DUCK

LONG-TAILED JAEGER

PARASITIC JAEGER

PECTORAL SANDPIPER

RED PHALAROPE

RED-THROATED LOON

ROUGH-LEGGED HAWK

SNOW BUNTING

SNOWY OWL

SPECTACLED EIDER

Instead of building nests, female snowy owls scratch bowls in the treeless Arctic tundra and lay their eggs there. The brown-and-gray-colored chicks blend in with the environment to avoid predators while the parents hunt.

No. 70

# Secretarybird

| | | | | | | | | | | | | | | | | | |
|---|---|---|---|---|---|---|---|---|---|---|---|---|---|---|---|---|---|
| J | J | U | Q | S | E | C | R | E | T | A | R | Y | O | C | M | F | F |
| E | J | O | U | N | D | E | K | B | E | J | Q | S | M | S | C | X | D |
| D | B | G | W | M | S | N | W | W | E | R | X | M | N | S | X | S | L |
| V | N | R | R | W | O | C | G | Y | X | T | O | A | L | V | Z | A | G |
| Q | A | B | G | O | O | N | P | H | Y | O | K | O | S | Y | S | V | O |
| M | T | T | Z | D | U | L | O | Z | B | E | E | E | S | A | T | A | Q |
| U | I | A | J | X | U | N | B | G | H | O | R | G | A | T | A | N | G |
| P | S | T | C | M | C | A | D | U | A | P | F | G | D | W | M | N | I |
| C | P | B | E | A | F | M | N | H | E | M | L | S | L | T | P | A | H |
| A | O | V | O | R | C | T | Y | N | U | O | O | O | K | E | E | N | C |
| Q | H | U | I | L | E | I | T | N | S | N | N | U | C | N | H | G | C |
| M | T | C | R | R | Z | A | A | H | R | G | T | Z | S | D | T | H | H |
| U | A | T | L | T | R | T | S | T | L | N | L | E | I | E | G | O | A |
| C | C | D | K | I | S | I | U | E | R | Z | Y | R | R | M | K | D | S |
| Q | R | S | U | J | O | H | G | X | M | E | C | O | A | I | F | U | E |
| V | D | S | L | V | U | S | I | M | O | Q | E | B | Q | C | Y | A | W |
| R | P | F | G | L | C | G | I | P | G | N | V | P | Q | E | Z | C | B |
| Q | Q | S | R | A | R | C | H | E | R | P | G | O | Z | Z | C | X | P |

ACACIA TREE
AFRICA
ARCHER
CHASE
COURTSHIP
ENDEMIC
GROUND HUNTER
LONG LEGS
MONOGAMOUS
PLUME
ROOST
Sagittarius SERPENTARIUS
SAVANNA
SECRETARY
SNAKE HUNTER
STAMP

Secretarybirds got their scientific name—*Sagittarius serpentarius*, or "archer of snakes"—for their proficiency at hunting that particular prey. Their common name comes from the visual resemblance between their plumage and the outfits worn by English secretaries in the 1800s.

# Osprey

No. 71

| | | | | | | | | | | | | | | | | | |
|---|---|---|---|---|---|---|---|---|---|---|---|---|---|---|---|---|---|
| J | G | E | U | L | Y | O | P | E | N | W | A | T | E | R | W | I | E |
| P | U | P | I | S | C | I | V | O | R | O | U | S | T | K | O | R | K |
| J | A | R | O | M | J | R | M | M | G | X | P | R | E | W | R | N | C |
| D | W | N | E | T | V | M | E | I | P | V | E | B | E | A | L | H | O |
| M | F | M | D | V | N | A | M | C | G | E | S | I | P | H | D | Y | S |
| N | A | S | B | I | E | X | X | V | O | R | I | P | I | A | W | S | M |
| A | E | J | U | S | O | R | T | Z | M | V | A | J | R | E | I | P | O |
| B | V | S | L | B | I | N | S | F | X | R | E | T | W | S | D | I | P |
| U | L | N | T | Y | S | C | H | I | K | G | K | R | O | E | E | C | O |
| N | I | Y | G | P | X | P | Y | A | B | X | J | E | E | R | V | U | L |
| D | S | T | N | S | L | D | E | B | L | L | R | I | T | D | S | L | I |
| A | Q | G | L | N | M | A | I | C | F | I | E | L | B | B | Y | E | T |
| N | M | S | B | J | R | W | T | U | I | U | A | T | Y | F | H | S | A |
| T | B | T | N | Z | F | F | I | F | R | E | K | E | O | H | X | Y | N |
| D | B | Z | Q | I | W | T | X | X | O | N | S | A | T | E | B | W | K |
| U | R | Z | S | N | I | M | F | A | Y | R | A | X | X | U | K | E | T |
| K | H | H | P | P | Q | P | A | W | X | S | M | L | P | B | S | C | M |
| C | L | O | S | A | B | L | E | N | O | S | T | R | I | L | S | L | G |

ABUNDANT

CLOSABLE NOSTRILS

COSMOPOLITAN

DIURNAL

FISH

MIGRATORS

NEST PLATFORM

OPEN WATER

PANDION HALIAETUS

PISCIVOROUS

RECOVERED

REVERSIBLE TOE

SPICULES

SUBSPECIES

WORLDWIDE

"SEA HAWK"

Sometimes erroneously referred to as a "sea hawk," a bird that doesn't actually exist, the osprey can be found on every continent except Antarctica. Proficient fishers, the birds have feet with reversible toes that enable them to keep hold of their slippery meals.

No. 72

# Falcons

| | | | | | | | | | | | | | | | | | |
|---|---|---|---|---|---|---|---|---|---|---|---|---|---|---|---|---|---|
| Y | P | B | A | R | B | A | R | Y | F | A | L | C | O | N | R | H | F |
| X | W | E | X | C | Z | B | L | R | V | O | T | F | F | V | N | U | E |
| D | L | L | R | Y | I | D | O | D | A | M | O | L | P | A | P | L | U |
| S | A | A | U | E | Z | N | C | B | C | P | V | R | H | V | R | E | R |
| P | N | G | G | O | G | F | P | R | J | R | D | W | W | B | A | R | A |
| O | N | G | N | R | O | R | E | A | V | E | F | Y | Y | A | I | T | S |
| T | E | A | I | F | E | K | I | M | Y | O | W | F | M | T | R | S | I |
| T | R | R | K | V | A | O | R | N | X | N | C | U | Z | F | I | E | A |
| E | F | F | Z | S | L | N | Z | K | E | F | R | M | N | A | E | K | N |
| D | A | A | W | R | M | K | E | G | N | F | R | P | D | L | F | N | H |
| K | L | L | K | P | B | S | S | K | A | U | A | U | O | C | A | A | O |
| E | C | C | Z | S | T | B | S | L | A | T | V | L | O | O | L | C | B |
| S | O | O | G | R | O | X | C | Q | G | P | S | U | C | N | C | I | B |
| T | N | N | E | F | X | O | N | I | P | S | Q | D | F | O | O | R | Y |
| R | V | L | T | N | N | D | C | S | D | J | Q | O | F | U | N | E | O |
| E | R | E | D | N | E | C | K | E | D | F | A | L | C | O | N | M | T |
| L | I | N | Z | P | N | O | C | L | A | F | Y | T | O | O | S | A | Y |
| C | F | K | A | G | N | D | D | M | E | R | L | I | N | D | P | Z | Y |

AMERICAN KESTREL
AMUR FALCON
APLOMADO
BARBARY FALCON
BAT FALCON
EURASIAN HOBBY
FOX KESTREL
LAGGAR FALCON
LANNER FALCON
MERLIN
PEREGRINE FALCON
PRAIRIE FALCON
RED-NECKED FALCON
SAKER
SOOTY FALCON
SPOTTED KESTREL

Falcon beaks have a jagged notch, called a tomial tooth, on either side that helps the birds dispatch prey more quickly than other birds of prey. This is useful since many, like the bat falcon, catch their quarry in midair.

# Bustards

**No. 73**

| | | | | | | | | | | | | | | | | | |
|---|---|---|---|---|---|---|---|---|---|---|---|---|---|---|---|---|---|
| H | X | E | E | Q | Z | L | L | U | D | W | I | G | S | N | W | B | T |
| A | E | F | S | A | V | I | L | E | S | P | M | E | R | H | T | M | O |
| I | H | U | Z | R | Y | Q | U | Q | Y | S | Q | A | I | Z | T | A | U |
| N | O | G | G | U | W | L | H | G | R | E | A | T | M | F | J | C | N |
| U | U | N | O | L | Y | K | A | D | G | H | E | U | R | P | R | Q | U |
| B | B | R | A | M | I | F | Y | X | E | B | N | H | E | C | T | U | P |
| I | A | Q | J | I | W | N | O | J | E | N | W | G | L | V | R | E | D |
| A | R | E | O | N | L | V | S | L | C | Z | H | I | V | E | C | E | X |
| N | A | V | P | I | N | A | L | F | W | F | T | A | D | M | T | N | Q |
| T | H | K | D | B | S | I | R | C | E | T | J | C | M | S | Q | S | S |
| R | P | Y | X | I | E | J | K | T | L | F | R | F | E | S | Q | C | P |
| X | O | Q | G | D | E | D | O | E | S | E | D | R | C | E | K | A | I |
| Y | J | F | C | U | F | T | R | B | S | U | C | O | M | M | G | M | L |
| Q | N | R | P | V | Z | A | I | T | F | F | A | V | I | D | O | M | T |
| S | T | G | G | E | J | T | E | S | F | K | Z | S | W | Z | F | V | B |
| R | I | W | C | N | J | D | E | U | D | E | N | H | A | M | S | I | X |
| M | R | E | J | H | Y | O | B | W | Z | G | A | Q | J | O | W | A | D |
| J | S | X | N | A | I | B | A | R | A | C | W | I | N | L | J | Q | A |

ARABIAN
AUSTRALIAN
BUFF-CRESTED
DENHAM'S
GREAT
HEUGLIN'S
HOUBARA
KORI
LITTLE
LUDWIG'S
MACQUEEN'S
NUBIAN
RED-CRESTED
SAVILE'S
WHITE-BELLIED

Weighing as much as 42 pounds, the kori bustard is one of the heaviest birds that is able to fly. Still, it spends most of its time on the ground, where it stands up to 4.5 feet tall.

No. 74

# Birds of Myth and Legend

| | | | | | | | | | | | | | | | | | |
|---|---|---|---|---|---|---|---|---|---|---|---|---|---|---|---|---|---|
| M | I | F | J | C | F | B | I | Z | J | F | Q | C | K | M | I | B | H |
| P | G | W | X | E | O | P | K | O | I | X | D | H | E | U | E | K | U |
| A | E | T | H | O | N | G | A | P | A | N | G | Y | X | F | V | H | G |
| I | R | F | T | H | U | N | D | E | R | B | I | R | D | Z | F | F | I |
| N | Q | W | P | T | E | K | P | H | V | L | I | H | B | H | U | E | N |
| A | W | H | U | C | E | X | G | H | W | K | H | I | F | E | D | N | N |
| T | E | H | O | K | I | O | I | M | O | D | U | Z | Y | N | R | G | A |
| U | A | C | J | V | V | Z | P | B | T | E | C | L | P | N | E | H | N |
| X | Y | A | D | N | U | R | E | B | A | D | N | A | G | I | F | U | D |
| A | W | B | X | V | N | A | M | G | A | X | T | I | H | A | P | A | M |
| G | A | R | U | D | A | K | L | K | I | T | X | Z | X | O | T | N | U |
| H | O | L | A | W | A | K | A | I | A | N | B | I | H | D | S | G | N |
| X | Z | G | U | F | Y | E | K | X | C | O | Z | X | O | T | T | E | I |
| S | R | A | D | A | R | N | A | R | M | A | M | O | V | I | E | S | N |
| Q | Y | I | T | S | U | M | A | D | E | U | N | W | B | B | R | H | N |
| R | Z | O | P | W | K | R | O | C | D | S | T | T | B | J | L | X | S |
| Y | U | H | B | D | P | I | A | S | A | E | X | J | O | P | G | W | W |
| B | A | B | X | G | N | A | C | H | T | K | R | A | P | P | Q | E | R |

ADARNA
AETHON
ALICANTO
FENGHUANG
GANDABERUNDA
GARUDA
HUGINN AND MUNINN
ITSUMADE
NACHTKRAPP
PHOENIX
PIASA
ROC
HOLAWAKA
TE HOKIOI
THUNDERBIRD
ZHENNIAO

Te Hokioi is a bird of Maori legend. Stories say it was a tremendous black-and-white, red-crested bird that preyed on children. Terrifyingly, recent research suggests that it was a real bird: the Haast eagle.

# Rails

No. 75

| | | | | | | | | | | | | | | | | | |
|---|---|---|---|---|---|---|---|---|---|---|---|---|---|---|---|---|---|
| Y | K | S | V | L | L | I | Z | R | C | X | A | I | G | X | A | B | Y |
| Y | I | N | R | E | T | A | W | A | J | U | W | H | J | K | Y | S | Q |
| G | N | O | H | L | M | L | V | T | P | R | Q | Z | O | D | Q | K | K |
| R | G | R | P | W | S | I | Z | K | P | A | H | G | K | D | D | Q | C |
| F | I | I | O | W | F | F | P | C | L | U | T | R | U | W | I | L | O |
| A | I | N | I | G | R | I | V | L | U | A | A | A | X | X | A | O | A |
| Q | V | G | V | X | K | S | J | U | M | Z | U | X | R | P | H | L | X |
| I | R | B | S | I | K | L | P | K | B | T | S | M | P | C | S | I | K |
| R | D | M | B | B | S | R | G | G | E | E | T | E | J | L | I | C | Q |
| W | H | D | A | D | W | I | J | P | O | C | R | A | X | I | K | A | C |
| I | Q | E | O | N | L | B | B | O | U | F | A | P | M | I | C | L | O |
| Z | B | T | O | W | G | Z | O | L | S | I | L | T | R | A | A | A | V |
| T | W | T | D | H | A | R | J | G | E | L | Y | Q | S | M | L | Y | E |
| S | C | O | W | G | X | U | O | L | O | W | O | C | R | X | B | A | H |
| D | E | P | F | H | V | Y | U | V | A | T | A | T | K | B | L | N | H |
| T | J | S | Y | K | P | X | V | S | E | L | A | A | Y | A | C | Z | B |
| U | D | H | N | R | E | U | N | I | O | N | K | Y | L | G | K | N | M |
| K | W | N | L | J | W | K | R | V | S | G | H | M | R | Q | I | V | B |

AUSTRAL
AZTEC
BLACKISH
BOGOTÁ
CALAYAN

CLAPPER
INVISIBLE
KING
MANGROVE
PLUMBEOUS
REUNION

SNORING
SPOTTED
VIRGINIA
WATER
ZAPATA

The snoring rail gets its name from the odd vocalizations it makes—low, humming, snore-like sounds. The enigmatic, flightless bird is only found on the island of Sulawesi in Indonesia and, although fairly large, is rarely seen.

No. 76

## More Rails

| | | | | | | | | | | | | | | | | | | |
|---|---|---|---|---|---|---|---|---|---|---|---|---|---|---|---|---|---|---|
| E | X | T | D | X | O | U | D | U | P | N | C | L | B | I | V | T | N | D |
| K | B | U | C | O | L | S | J | A | C | V | I | Y | I | I | V | D | F | N |
| I | C | O | Z | U | J | N | P | N | G | U | A | M | D | L | P | B | V | A |
| C | T | V | G | G | Q | S | V | E | W | A | K | G | K | A | U | V | N | L |
| K | J | Y | Z | F | X | F | U | Y | C | S | D | O | R | F | L | Q | I | S |
| Z | U | G | X | L | O | T | E | E | L | K | H | Y | F | G | G | T | W | I |
| I | O | S | H | I | K | C | U | E | E | X | L | B | D | K | E | M | B | E |
| S | F | A | W | G | I | X | Q | I | D | Z | A | E | G | I | X | I | U | L |
| W | R | K | G | H | N | W | Y | G | R | N | T | I | D | H | D | P | G | B |
| I | D | A | F | T | A | H | X | G | D | I | L | N | K | V | B | U | Z | I |
| N | M | L | X | L | W | C | H | E | S | T | N | U | T | Y | D | R | T | S |
| H | I | A | E | E | A | Z | D | S | A | Z | B | A | R | R | E | D | Y | S |
| O | F | V | O | S | B | A | R | E | E | Y | E | D | O | F | F | K | E | E |
| E | X | A | U | S | U | V | K | V | O | A | N | A | I | V | O | R | L | C |
| S | H | C | R | J | C | C | S | P | A | Y | O | H | T | S | F | V | L | C |
| Y | G | S | U | G | N | E | L | U | K | N | B | X | G | O | A | O | O | A |
| G | O | Q | N | G | X | X | B | L | A | C | K | M | Z | A | R | E | W | N |
| Y | Q | G | T | P | S | T | P | X | D | U | A | L | A | T | W | N | I | I |
| E | A | Q | F | Y | C | Z | C | B | A | R | C | F | S | W | R | M | G | I |

BARE-EYED
BARRED
BLACK
BUFF-BANDED
CHESTNUT
GUAM
INACCESSIBLE ISLAND
New Guinea FLIGHTLESS
NKULENGU
OKINAWA
ROVIANA
SAKALAVA
SPECKLED
SWINHOE'S
TALAUD
YELLOW

Buff-banded rails rarely fly, but when they do, it gets them places. The species has become widely distributed across Pacific islands large and small, from Indonesia to Samoa, a rarity among their flightless or flight-averse relatives.

# Spectacled Birds

**No. 77**

| | | | | | | | | | | | | | | | | | |
|---|---|---|---|---|---|---|---|---|---|---|---|---|---|---|---|---|---|
| W | A | R | B | L | E | R | L | W | E | A | V | E | R | A | D | O | O |
| Y | K | J | F | V | Y | A | A | A | X | Q | A | X | F | A | J | C | Y |
| B | R | U | S | H | F | I | N | C | H | M | V | J | O | C | O | B | Q |
| B | O | E | R | T | E | T | R | A | K | A | V | B | K | P | U | P | B |
| S | P | I | D | E | R | H | U | N | T | E | R | A | N | L | A | L | L |
| G | V | U | R | V | V | K | R | T | H | R | U | S | H | R | X | R | B |
| F | V | Z | V | E | W | U | R | X | A | J | I | B | R | T | E | L | X |
| Z | P | M | T | Y | D | I | I | Q | Z | T | W | O | T | G | U | S | O |
| K | W | T | M | Y | D | S | B | I | N | E | T | B | A | B | G | M | N |
| Q | S | H | B | A | R | L | T | Q | U | B | O | N | L | P | A | T | K |
| G | J | B | I | I | V | A | Z | A | I | J | A | U | N | T | A | R | T |
| H | Z | A | P | T | B | F | N | L | R | T | B | K | T | U | L | B | N |
| T | F | R | H | F | E | A | L | T | K | T | L | E | K | W | U | J | M |
| S | E | W | K | X | Y | E | U | W | P | J | V | G | V | I | B | Y | W |
| D | Z | I | Z | I | L | A | Y | R | W | L | F | Y | J | V | D | P | E |
| W | Z | N | J | C | C | A | C | E | U | T | C | D | H | I | V | S | Z |
| O | T | G | K | M | N | N | O | F | M | O | N | A | R | C | H | U | P |
| P | Y | E | X | F | L | O | W | E | R | P | E | C | K | E | R | I | T |

BARWING
BRUSHFINCH
BULBUL
FLOWERPECKER
FULVETTA
MONARCH
PARROTBILL
REDSTART
SPIDERHUNTER
TANAGER
TETRAKA
THRUSH
TYRANT
WARBLER
WEAVER
WHITE-EYE

In birding terms, "spectacles" are often subtle, like the thin white rings worn by spectacled fulvettas of the eastern Asian highlands. Or they might be more dramatic, like the garish yellow statement pieces seen on lemon-spectacled tanagers in South America.

No. 78

# Gulls

| | | | | | | | | | | | | | | | | | |
|---|---|---|---|---|---|---|---|---|---|---|---|---|---|---|---|---|---|
| N | E | C | B | B | N | U | D | E | Y | E | E | T | I | H | W | X | V |
| G | G | U | Z | W | W | T | M | A | J | R | I | K | L | J | R | E | Y |
| L | B | L | A | C | K | B | I | L | L | E | D | X | A | E | P | V | N |
| A | Y | Y | R | Q | K | L | Z | E | M | J | L | O | X | K | W | X | G |
| U | Q | V | P | P | V | C | C | P | G | N | A | B | I | Q | I | K | P |
| C | G | X | F | W | B | Z | L | P | Q | I | V | O | R | Y | P | L | C |
| O | D | O | L | P | H | I | N | K | P | N | A | J | S | U | G | J | N |
| U | D | D | E | D | E | D | A | E | H | K | C | A | L | B | M | A | G |
| S | G | R | I | N | G | B | I | L | L | E | D | J | K | P | I | A | F |
| W | K | J | J | D | U | B | S | K | U | V | I | B | J | N | F | Z | X |
| I | C | E | L | A | N | D | O | S | E | O | F | B | E | S | P | O | D |
| N | P | N | A | K | Q | X | Y | G | N | R | Y | M | N | D | R | S | J |
| G | D | L | C | U | Z | D | A | H | D | P | R | O | L | E | L | T | R |
| E | Y | J | E | K | F | Z | W | F | Q | A | F | L | L | Z | J | J | U |
| D | M | O | H | K | B | K | J | Q | W | W | U | I | D | U | B | D | B |
| V | I | P | D | T | P | O | P | A | E | E | C | E | J | L | R | S | D |
| G | X | Z | S | O | O | T | Y | B | L | T | I | V | J | Y | G | W | D |
| F | M | T | S | B | X | P | V | L | A | U | G | H | I | N | G | G | Z |

ARMENIAN
BLACK-BILLED
BLACK-HEADED
DOLPHIN
GLAUCOUS-WINGED
ICELAND
IVORY
KELP
LAUGHING
LAVA
RELICT
RING-BILLED
SOOTY
VEGA
WHITE-EYED

In areas where people and gulls live in close proximity, gulls will sometimes steal people's snacks—they're scavengers so it's in their nature. This is a nuisance, but new research has suggested a solution: as the gull approaches, stare it down.

# Unique Beaks and Bills

No. 79

| | | | | | | | | | | | | | | | | | |
|---|---|---|---|---|---|---|---|---|---|---|---|---|---|---|---|---|---|
| A | I | D | Y | H | B | R | G | F | Q | K | K | N | T | S | B | U | R |
| N | L | E | O | N | K | H | A | X | I | M | R | A | V | M | A | O | T |
| D | E | L | G | V | I | I | F | W | V | R | O | C | T | S | S | B | A |
| E | R | U | S | R | N | N | I | M | W | T | T | U | B | E | L | L | M |
| A | T | O | W | W | G | O | H | X | H | E | S | O | A | P | S | A | E |
| N | E | T | O | S | V | C | L | R | I | Z | D | T | P | R | H | C | R |
| C | P | H | R | C | U | E | E | D | T | H | E | D | E | E | O | K | I |
| O | M | A | D | B | L | R | G | L | E | S | L | E | U | D | E | S | C |
| N | R | O | B | L | T | O | Y | R | P | C | L | L | I | C | B | K | A |
| D | O | Y | I | A | U | S | P | O | E | F | I | L | O | R | I | I | N |
| O | T | Z | L | Z | R | R | O | Q | L | L | B | I | A | O | L | M | A |
| R | S | X | L | Z | E | N | J | N | I | A | E | B | H | S | L | M | V |
| L | T | R | E | K | B | K | R | S | C | M | L | L | I | S | S | E | O |
| D | N | E | D | I | N | Y | H | W | A | I | D | E | A | B | T | R | C |
| J | A | A | L | N | U | C | F | R | N | N | D | E | Y | I | O | T | E |
| I | I | L | O | T | X | J | S | C | N | G | A | K | Z | L | R | B | T |
| K | G | S | Z | M | D | Z | I | S | A | O | S | M | C | L | K | D | V |
| C | O | L | L | A | R | E | D | A | R | A | C | A | R | I | Q | Z | K |

AMERICAN AVOCET

American WHITE PELICAN

ANDEAN CONDOR

BLACK SKIMMER

COLLARED ARACARI

FLAMINGO

GIANT STORM-PETREL

KEEL-BILLED TOUCAN

KING VULTURE

KIWI

RED CROSSBILL

RHINOCEROS Hornbill

ROSEATE SPOONBILL

SADDLE-BILLED STORK

SHOEBILL STORK

SWORD-BILLED Hummingbird

Beaks have evolved in many unique ways. Kiwi beaks have nostrils on the tip, which they use to sniff out snacks. The black skimmer's lower mandible extends beyond the upper. It flies low over water, skimming the surface for fish.

No. 80

# Auks and Relatives

| | | | | | | | | | | | | | | | | | |
|---|---|---|---|---|---|---|---|---|---|---|---|---|---|---|---|---|---|
| M | R | P | R | W | O | B | T | A | T | H | H | F | Z | I | N | L | K |
| B | H | I | Q | U | S | K | E | G | E | E | K | G | M | J | A | E | T |
| B | I | G | N | L | Q | O | L | R | L | U | A | C | A | E | E | A | H |
| L | N | E | A | J | A | H | E | E | K | A | P | Z | R | L | H | N | I |
| A | O | O | C | F | T | F | R | A | U | D | R | K | B | J | O | C | C |
| C | C | N | I | I | L | L | R | T | A | Q | Y | I | L | O | R | I | K |
| K | E | G | L | S | A | T | U | A | T | X | L | L | E | M | N | E | B |
| G | R | U | E | B | N | X | M | U | E | L | H | E | D | S | E | N | I |
| U | O | I | P | G | T | D | S | K | E | I | R | A | M | P | D | T | L |
| I | S | L | E | R | I | F | Z | D | K | T | A | S | U | E | P | M | L |
| L | A | L | T | W | C | X | T | J | A | T | Z | T | R | C | U | U | E |
| L | U | E | I | Y | P | O | I | K | R | L | O | A | R | T | F | R | D |
| E | K | M | H | K | U | F | L | G | A | E | R | U | E | A | F | R | M |
| M | L | O | W | C | F | T | T | D | P | A | B | K | L | C | I | E | U |
| O | E | T | A | N | F | X | T | F | Y | U | I | L | E | L | N | L | R |
| T | T | N | Z | B | I | P | I | T | H | K | L | E | T | E | B | E | R |
| L | B | L | V | N | N | G | K | Z | A | I | L | T | M | D | J | T | E |
| W | H | I | S | K | E | R | E | D | A | U | K | L | E | T | F | D | H |

ANCIENT MURRELET

ATLANTIC PUFFIN

BLACK GUILLEMOT

GREAT AUK

HORNED PUFFIN

KITTLITZ'S MURRELET

LEAST AUKLET

LITTLE AUK

MARBLED MURRELET

PARAKEET AUKLET

PIGEON GUILLEMOT

RAZORBILL

RHINOCEROS AUKLET

SPECTACLED Guillemot

THICK-BILLED MURRE

WHISKERED AUKLET

The great auk became extinct in 1844. The bird was particularly valued for its down feathers, so its demise was a stark demonstration of the impact human activity can have on the environment. Though sad, its story continues to support conservation education efforts.

## Sandgrouse

No. 81

| | | | | | | | | | | | | | | | | | |
|---|---|---|---|---|---|---|---|---|---|---|---|---|---|---|---|---|---|
| B | U | R | C | H | E | L | L | S | U | K | C | A | M | T | O | Y | M |
| X | K | J | S | U | R | H | F | X | H | D | H | Q | W | R | J | E | A |
| Y | H | T | I | B | E | T | A | N | B | X | E | Z | P | F | H | L | D |
| C | K | M | X | X | Z | S | O | N | A | E | S | X | I | O | B | L | A |
| C | I | L | I | B | G | S | H | Q | Q | R | T | F | N | U | L | O | G |
| D | D | X | I | I | S | F | B | R | B | R | N | P | T | R | A | W | A |
| E | O | C | H | C | L | C | E | U | P | Q | U | A | A | B | C | T | S |
| I | U | R | G | H | H | D | W | D | F | F | T | L | I | A | K | H | C |
| L | B | O | U | M | I | T | D | R | P | R | B | L | L | N | F | R | A |
| L | L | W | X | R | P | S | E | K | L | Q | E | A | E | D | A | O | R |
| E | E | N | U | E | S | A | H | N | S | E | L | S | D | E | C | A | A |
| B | B | E | O | X | J | P | I | L | S | Z | L | S | V | D | E | T | X |
| K | A | D | J | D | E | F | O | N | N | T | I | Y | K | Z | D | E | V |
| C | N | C | C | S | W | O | R | T | T | Q | E | B | J | S | L | D | W |
| A | D | F | E | Q | T | D | N | Z | T | E | D | I | Q | J | D | V | T |
| L | E | N | A | M | A | Q | U | A | X | E | D | R | N | L | H | V | X |
| B | D | P | H | A | H | C | E | W | R | V | D | T | D | S | M | E | N |
| X | Y | E | G | F | D | T | Z | K | P | H | R | F | N | P | S | R | B |

BLACK-BELLIED
BLACK-FACED
BURCHELL'S
CHESTNUT-BELLIED
CROWNED
DOUBLE-BANDED
FOUR-BANDED
LICHTENSTEIN'S
MADAGASCAR
NAMAQUA
PAINTED
PALLAS'S
PIN-TAILED
SPOTTED
TIBETAN
YELLOW-THROATED

Sandgrouse are specialized desert birds. Males keep their chicks satiated by absorbing water from a watering hole into their feathers. When they return to the nest, the chicks drink from them. The crowned sandgrouse can even drink brackish water.

No. 82

# Fruit Doves

| | | | | | | | | | | | | | | | | | |
|---|---|---|---|---|---|---|---|---|---|---|---|---|---|---|---|---|---|
| Z | J | W | M | A | N | Y | C | O | L | O | R | E | D | U | B | W | U |
| P | X | E | E | S | Z | A | N | A | Q | E | H | A | U | S | R | B | T |
| I | G | T | B | G | R | C | A | S | T | T | F | W | B | U | G | E | B |
| N | P | A | W | R | N | C | J | G | L | O | I | L | Z | L | N | A | P |
| K | K | N | H | H | D | A | E | X | A | T | L | V | W | A | D | U | O |
| S | K | R | I | G | Z | R | R | J | E | H | I | L | D | H | T | T | R |
| P | N | O | S | X | A | U | A | O | V | Z | W | M | U | N | V | I | V |
| O | Z | W | T | D | E | N | W | O | R | C | C | A | L | I | L | F | V |
| T | M | Y | L | P | A | C | M | P | Z | D | H | W | A | E | K | U | V |
| T | A | M | I | L | L | U | S | R | E | V | E | D | B | R | B | L | R |
| E | K | X | N | S | I | L | B | A | N | D | E | D | N | B | D | W | M |
| D | A | Z | G | M | T | A | Q | O | M | D | D | N | E | C | F | V | S |
| C | T | V | G | W | L | T | R | E | O | G | W | Z | L | I | T | M | U |
| H | E | R | M | X | X | E | L | T | F | P | D | K | C | L | T | O | P |
| E | A | A | N | O | W | D | F | A | H | V | M | E | P | R | Z | O | E |
| M | O | E | R | M | P | G | R | E | J | F | N | O | R | I | C | S | R |
| L | U | X | X | P | G | E | E | L | V | I | N | K | W | A | G | A | B |
| Y | M | Y | D | W | I | J | A | M | B | U | X | X | Q | S | O | F | K |

ATOLL
BANDED
BEAUTIFUL
CARUNCULATED
GEELVINK
JAMBU
LILAC-CROWNED
MAKATEA
MANY-COLORED
ORANGE
ORNATE
PINK-SPOTTED
SULA
SUPERB
WHISTLING
WOMPOO

As suggested by their name, fruit doves eat a variety of fruit. The astonishingly multicolored pigeon relatives can be found in various forest habitats from Southeast Asia to the South Pacific.

## Ducks

No. 83

| | | | | | | | | | | | | | | | | | |
|---|---|---|---|---|---|---|---|---|---|---|---|---|---|---|---|---|---|
| G | C | K | K | W | V | R | M | W | E | X | Z | J | R | J | D | H | W |
| K | U | I | C | O | R | O | E | T | M | C | C | Z | E | V | H | S | Y |
| I | V | T | A | O | I | S | Y | J | S | M | A | L | Y | O | R | R | B |
| N | R | L | B | D | N | Y | S | J | S | D | W | N | O | H | O | U | K |
| G | U | N | S | D | G | B | T | X | Q | W | O | D | X | R | F | O | M |
| E | D | C | A | U | E | I | E | K | D | Z | E | Y | Q | F | Y | I | H |
| I | D | Q | V | C | D | L | L | K | U | D | K | B | L | P | K | N | A |
| D | Y | V | N | K | T | L | L | R | M | A | W | E | U | F | Z | D | R |
| E | D | V | A | U | E | U | E | E | J | A | H | F | S | G | M | I | L |
| R | U | Q | C | C | A | L | R | N | D | E | P | C | H | E | A | A | E |
| E | C | N | S | A | L | G | S | T | A | X | P | H | O | Z | L | N | Q |
| W | K | X | H | X | A | P | E | D | R | Q | F | W | V | G | L | R | U |
| U | L | Y | M | N | I | R | I | N | J | C | U | K | E | G | A | U | I |
| T | U | H | S | O | M | R | D | H | R | J | J | X | L | W | R | N | N |
| W | F | E | Z | N | A | D | E | Q | I | D | D | M | E | L | D | N | F |
| U | R | L | E | R | N | C | R | W | E | M | S | J | R | G | O | E | R |
| S | U | R | F | S | C | O | T | E | R | D | F | H | R | P | H | R | L |
| A | M | E | R | I | C | A | N | W | I | G | E | O | N | W | W | R | T |

AMERICAN WIGEON
BUFFLEHEAD
CANVASBACK
HARLEQUIN
HOODED MERGANSER
INDIAN RUNNER
KING EIDER
MALLARD
RINGED TEAL
ROSYBILL
RUDDY DUCK
SHOVELER
SMEW
STELLER'S EIDER
SURF SCOTER
WOOD DUCK

A vineyard in South Africa has a unique approach to pest control: duck patrols. Every morning since 1984, 1,200 Indian runner ducks have been sent through the vineyard to pick off any pests that might threaten the grapes.

No. 84

# Flightless Birds

| | | | | | | | | | | | | | | | | | | |
|---|---|---|---|---|---|---|---|---|---|---|---|---|---|---|---|---|---|---|
| X | S | M | Z | D | E | J | A | V | Q | U | P | D | Z | F | E | F | L | T |
| J | K | A | K | A | P | O | N | U | C | Z | S | C | A | E | M | U | U | A |
| K | P | G | J | Q | L | A | E | T | L | L | E | B | P | M | A | C | Q | S |
| D | E | E | R | K | T | Y | T | V | S | L | A | L | I | V | E | C | K | M |
| S | N | K | I | I | J | E | Y | R | H | E | A | O | H | R | M | V | H | A |
| U | G | O | U | W | K | B | Q | G | T | T | G | R | U | V | Z | E | E | N |
| Y | U | G | K | I | U | E | W | N | Y | I | L | D | G | E | B | G | N | I |
| C | I | S | D | A | J | R | N | G | A | T | H | H | G | I | G | J | D | A |
| A | N | T | K | R | M | G | J | N | W | F | G | O | I | O | E | M | E | N |
| S | V | E | K | S | T | A | T | D | F | S | O | W | L | S | B | A | R | N |
| S | W | A | V | M | T | C | V | K | Y | P | H | E | N | T | P | N | S | A |
| O | G | M | O | A | O | A | X | L | K | S | O | W | R | R | L | R | O | T |
| W | E | E | N | O | V | C | I | C | I | L | R | O | E | I | S | O | N | I |
| A | R | R | T | M | U | I | N | C | Q | L | Y | O | M | C | O | M | C | V |
| R | V | D | T | E | C | T | K | B | B | W | W | D | D | H | R | X | R | E |
| Y | W | U | A | N | H | I | K | G | M | H | F | H | L | D | Q | V | A | H |
| Q | X | C | G | R | L | T | V | L | H | R | O | E | H | L | H | B | K | E |
| O | B | K | T | N | A | R | O | M | R | O | C | N | B | A | S | P | E | N |
| Y | Z | A | D | L | I | L | N | Q | D | K | P | R | S | C | G | H | P | U |

CAMPBELL TEAL
CASSOWARY
EMU
Flightless CORMORANT
GIANT COOT
HENDERSON CRAKE
KAKAPO
KIWI
LORD HOWE WOODHEN
OSTRICH
PENGUIN
RHEA
STEAMER DUCK
TASMANIAN NATIVEHEN
TITICACA GREBE
WEKA

Just because a bird is flightless doesn't mean its wings are useless. Penguin wings, technically flippers, propel them through the water. When an ostrich runs, it uses its wings to keep its balance; and ostriches use their wings in mating dances, too.

# Sea Ducks

No. 85

| | | | | | | | | | | | | | | | | | |
|---|---|---|---|---|---|---|---|---|---|---|---|---|---|---|---|---|---|
| W | W | P | C | E | Z | S | T | L | Y | H | K | B | I | O | B | K | W |
| H | S | C | Z | Y | N | Z | D | L | O | V | W | A | H | T | K | H | H |
| L | T | O | V | E | R | E | T | O | C | S | F | R | U | S | I | S | O |
| K | E | M | E | N | X | M | J | N | N | H | N | R | N | T | N | P | O |
| O | L | M | L | E | O | N | K | G | W | J | C | O | E | K | H | E | D |
| K | L | O | V | D | M | Z | S | T | P | G | B | W | Q | O | A | C | E |
| I | E | N | E | L | I | G | M | A | T | R | I | S | T | D | R | T | D |
| N | R | E | T | O | N | U | L | I | I | N | F | G | A | L | L | A | M |
| G | S | I | S | G | D | O | S | L | G | C | S | O | N | W | E | C | E |
| E | E | D | C | N | G | Z | W | E | I | X | T | L | K | J | Q | L | R |
| I | I | E | O | O | C | M | D | D | M | K | S | D | O | A | U | E | G |
| D | D | R | T | M | C | S | M | D | T | I | S | E | K | O | I | D | A |
| E | E | W | E | M | C | L | H | U | C | X | M | N | L | J | N | E | N |
| R | R | G | R | O | I | F | W | C | M | Z | E | E | L | B | D | I | S |
| J | T | E | T | C | M | R | O | K | O | H | W | Y | O | H | U | D | E |
| A | M | E | R | I | C | A | N | S | C | O | T | E | R | F | C | E | R |
| U | R | T | B | U | F | F | L | E | H | E | A | D | Q | W | K | R | U |
| B | Z | M | C | O | M | M | O | N | S | C | O | T | E | R | L | N | T |

AMERICAN SCOTER

BARROW'S GOLDENEYE

BUFFLEHEAD

COMMON EIDER

COMMON GOLDENEYE

COMMON SCOTER

HARLEQUIN DUCK

HOODED MERGANSER

KING EIDER

LONG-TAILED DUCK

SMEW

SPECTACLED EIDER

STELLER'S EIDER

SURF SCOTER

VELVET SCOTER

WHITE-WINGED SCOTER

King eiders are likely the deepest of all duck divers. They can reach depths of 180 feet to reach shellfish and other food on the sea floor. They're great migrators, too. A flock of 360,000 has been documented passing by in only ten hours.

No. 86

# Geese

| | | | | | | | | | | | | | | | | | |
|---|---|---|---|---|---|---|---|---|---|---|---|---|---|---|---|---|---|
| O | A | S | H | Y | H | E | A | D | E | D | J | C | A | P | V | M | P |
| R | H | G | W | O | R | I | N | O | C | O | D | Y | A | F | S | Z | Y |
| G | H | A | L | D | B | A | R | H | E | A | D | E | D | N | J | B | G |
| E | D | M | W | Q | E | B | S | S | W | A | E | U | Q | K | J | A | M |
| W | G | I | R | A | S | T | J | E | M | A | G | P | I | E | V | R | Y |
| N | O | Y | E | M | I | V | S | Q | M | D | G | Q | I | B | R | N | G |
| E | O | L | P | I | J | I | D | A | D | P | T | C | R | F | P | A | O |
| T | W | Z | F | T | M | N | A | R | E | P | E | A | L | I | A | C | O |
| S | M | Y | Y | D | I | G | P | N | T | R | N | R | N | M | N | L | S |
| V | J | N | T | M | D | A | V | N | G | T | B | K | O | E | E | E | E |
| F | W | C | L | H | X | K | N | J | R | W | F | D | N | R | O | Q | Z |
| X | G | R | A | L | A | G | M | E | Q | O | U | E | E | O | Q | F | R |
| F | R | B | E | T | R | F | L | O | O | R | I | E | G | R | C | F | O |
| H | O | K | N | X | O | M | L | T | C | P | M | U | H | S | Q | H | M |
| S | N | O | W | L | J | E | E | V | F | F | K | K | C | T | N | O | B |
| Y | Y | F | O | K | F | D | G | N | I | L | K | C | A | C | U | G | B |
| F | T | N | S | C | A | P | E | B | A | R | R | E | N | V | X | F | L |
| J | B | L | G | P | C | J | V | G | L | C | A | N | A | D | A | S | E |

ASHY-HEADED
BAR-HEADED
BARNACLE
BRANT
CACKLING
CANADA
CAPE BARREN
EGYPTIAN
EMPEROR
GRALAG
HAWAIIAN
MAGPIE
NENE
ORINOCO
PINK-FOOTED
PYGMY-GOOSE
RED-BREASTED
SNOW

The sight of Canada geese migrating in a flying V is a common one. The formation reduces drag and conserves energy. However, the leading bird maintains a heart rate 15 percent higher than those trailing, so they often switch spots.

# Coots and Crakes

No. 87

| | | | | | | | | | | | | | | | | | |
|---|---|---|---|---|---|---|---|---|---|---|---|---|---|---|---|---|---|
| D | T | O | O | C | D | E | G | N | I | W | E | T | I | H | W | N | N |
| R | P | P | C | P | A | N | D | E | A | N | C | O | O | T | M | A | A |
| E | W | A | E | A | U | I | R | P | E | Q | E | N | T | C | S | R | U |
| D | C | M | L | I | C | D | L | C | P | K | R | O | M | H | E | E | S |
| G | U | E | L | N | P | O | Y | A | H | V | V | I | T | O | S | D | T |
| A | N | R | A | T | N | T | R | E | W | W | E | H | S | P | Z | F | R |
| R | I | I | T | B | S | W | J | N | C | Z | R | M | O | V | H | R | A |
| T | F | C | E | I | D | I | X | C | C | O | Y | T | Y | B | O | O | L |
| E | O | A | D | L | I | N | T | F | A | R | L | D | N | L | R | N | I |
| R | R | N | C | L | Y | G | M | T | B | E | A | Q | L | A | N | T | A |
| E | M | C | R | E | F | E | E | K | S | Z | T | K | O | C | E | E | N |
| D | C | O | A | D | W | D | L | S | L | K | T | T | E | K | D | D | C |
| C | R | O | K | C | C | C | C | D | V | O | M | O | P | C | C | C | R |
| O | A | T | E | R | N | R | A | M | J | L | Y | X | R | R | O | O | A |
| O | K | X | A | A | A | A | Q | Q | J | Z | K | J | R | A | O | O | K |
| T | E | K | B | K | X | K | Y | K | Y | V | T | T | D | K | T | T | E |
| Y | E | S | E | E | V | E | T | G | I | H | F | D | I | E | A | T | Y |
| S | P | O | T | T | E | D | C | R | A | K | E | C | T | M | P | V | E |

AMERICAN COOT
ANDEAN COOT
ASH-THROATED CRAKE
AUSTRALIAN CRAKE
BLACK CRAKE
CORNCRAKE
DOT-WINGED CRAKE
HORNED COOT
OCELLATED CRAKE
PAINT-BILLED CRAKE
RED-FRONTED COOT
RED-GARTERED COOT
SPOTLESS CRAKE
SPOTTED CRAKE
UNIFORM CRAKE
WHITE-WINGED COOT

Though often seen swimming with ducks, the American coot does it differently. Instead of webbed feet, it has lobed toes—each with collapsible flaps of skin—that propel them through the water but do not impede them when they walk on land.

## No. 88 Rallidae, Moorhens, and Similar

| | | | | | | | | | | | | | | | | | | |
|---|---|---|---|---|---|---|---|---|---|---|---|---|---|---|---|---|---|---|
| J | J | T | G | B | L | A | C | K | B | A | C | K | E | D | O | I | P | O |
| E | U | A | D | A | G | N | L | I | C | W | M | V | U | G | Z | A | W | P |
| L | T | S | D | Z | R | E | H | S | Z | S | M | C | L | J | F | H | A | Y |
| U | P | M | L | U | E | H | M | A | A | P | A | O | B | W | P | L | G | Y |
| N | U | A | O | R | Y | R | R | B | W | S | R | M | R | P | E | T | N | T |
| I | R | N | R | E | H | O | D | E | D | A | T | M | H | V | G | R | E | A |
| L | P | I | D | G | E | O | W | L | X | G | R | O | E | Z | S | I | H | L |
| L | L | A | H | A | A | M | J | L | H | E | O | N | P | H | P | S | R | A |
| A | E | N | O | L | D | H | F | I | A | T | T | M | W | N | O | T | O | U |
| G | G | N | W | L | E | G | S | N | H | E | S | O | T | L | T | A | O | D |
| S | A | A | E | I | D | U | V | E | D | F | R | O | Y | D | F | N | M | B |
| N | L | T | W | N | Q | O | Q | B | S | G | A | R | U | D | L | M | Y | U |
| E | L | I | O | U | Z | G | U | U | M | L | V | H | E | I | A | O | K | S |
| L | I | V | O | L | G | S | A | S | X | P | F | E | S | E | N | O | S | H |
| L | N | E | D | E | H | S | I | H | S | Y | J | N | R | V | K | R | U | H |
| A | U | H | H | H | M | N | F | H | Z | P | U | J | O | C | E | H | D | E |
| V | L | E | E | W | X | F | Q | E | T | U | L | W | D | V | D | E | U | N |
| C | E | N | N | M | A | S | J | N | C | J | S | N | B | B | Q | N | M | X |
| L | M | A | K | I | R | A | W | O | O | D | H | E | N | D | P | C | L | U |

ALLEN'S GALLINULE

AZURE GALLINULE

BLACK-BACKED
Swamphen

COMMON MOORHEN

DUSKY MOORHEN

GOUGH MOORHEN

GRAY-HEADED
Swamphen

ISABELLINE
BUSH-HEN

LORD HOWE
WOODHEN

MAKIRA WOODHEN

PALE-VENTED
BUSH-HEN

PURPLE GALLINULE

SPOT-FLANKED
Gallinule

TALAUD BUSH-HEN

TASMANIAN
NATIVEHEN

TRISTAN MOORHEN

The Tasmanian nativehen is one of twelve species endemic to that island. The flightless birds prefer open habitats near water. During mating season, males and females share nest-building, nest-sitting, and chick-raising responsibilities.

## Pied Birds

No. 89

| | | | | | | | | | | | | | | | | | |
|---|---|---|---|---|---|---|---|---|---|---|---|---|---|---|---|---|---|
| H | X | L | M | O | E | L | H | H | Z | D | S | Q | R | Z | F | L | W |
| P | O | A | E | G | A | E | E | R | Y | Z | V | Z | Q | F | A | G | H |
| E | X | P | L | X | B | R | N | K | P | J | W | H | X | H | L | M | L |
| A | C | W | W | M | O | P | P | B | F | A | R | O | W | I | C | G | J |
| X | J | I | L | N | H | Q | K | F | T | Z | C | R | H | U | O | X | F |
| K | S | N | S | B | G | C | Z | E | U | K | O | N | O | P | N | M | A |
| B | W | G | J | V | H | I | R | U | I | G | R | B | N | U | E | L | R |
| A | A | H | G | N | K | T | K | N | Q | N | M | I | E | F | T | Z | E |
| R | L | F | M | O | Y | P | G | F | C | O | O | L | Y | F | F | V | L |
| B | L | E | F | R | S | F | H | A | D | W | R | L | E | B | C | A | B |
| E | O | H | A | R | I | H | O | E | O | A | A | T | A | I | V | T | B |
| T | W | N | D | S | J | Y | A | Z | E | R | N | S | T | R | H | A | A |
| T | T | Y | H | Q | S | X | L | W | D | R | T | A | E | D | Q | K | B |
| M | I | E | R | X | G | D | Y | A | K | U | E | I | R | O | T | J | B |
| R | R | K | M | D | T | W | M | C | M | C | H | Z | M | M | K | K | S |
| R | J | D | F | I | C | O | Z | W | A | P | M | K | I | T | J | N | K |
| Y | D | B | C | F | E | X | N | B | U | S | H | C | H | A | T | D | P |
| L | R | E | G | A | N | A | T | W | W | H | C | Z | J | D | H | G | Y |

BABBLER
BARBET
BUSHCHAT
CORMORANT
CURRAWONG
FALCONET
GOSHAWK
HERON
HONEYEATER
HORNBILL
KINGFISHER
LAPWING
PUFFBIRD
SWALLOW
TANAGER
WATER-TYRANT

Pied lapwings, currawongs, and goshawks all have another bird to thank for their name. The Middle English word "pie," as in "pied piper," was an abbreviation of "magpie" and has come to describe many things with two or more colors.

No. 90

# Domesticated Birds

| | | | | | | | | | | | | | | | | | |
|---|---|---|---|---|---|---|---|---|---|---|---|---|---|---|---|---|---|
| A | C | A | K | U | W | H | I | T | E | T | U | R | K | E | Y | J | B |
| W | O | B | E | D | S | U | N | E | E | H | R | U | A | L | S | A | V |
| Y | C | O | S | H | O | M | I | N | G | P | I | G | E | O | N | J | B |
| F | K | U | O | J | H | A | E | K | U | M | D | L | R | T | S | A | A |
| J | A | R | O | L | I | W | E | J | L | U | R | J | A | C | Q | P | R |
| F | T | B | G | I | M | I | H | M | B | I | U | M | K | Z | K | A | B |
| C | I | O | E | A | C | V | W | A | U | A | C | H | E | C | C | N | A |
| A | E | N | S | U | E | W | J | M | B | H | B | B | U | G | R | E | R |
| N | L | R | U | Q | P | N | F | I | I | R | R | D | V | U | U | S | Y |
| A | S | E | O | E | A | T | Q | C | O | A | Y | M | U | I | N | E | D |
| R | V | D | L | T | L | G | K | P | F | V | D | C | A | N | N | Q | O |
| Y | N | T | U | I | L | E | O | I | O | H | L | H | U | E | E | U | V |
| A | S | U | O | H | N | F | N | C | O | E | F | I | F | A | R | A | E |
| L | Z | R | T | W | Z | C | S | Y | X | Q | G | C | I | F | D | I | L |
| X | V | K | U | B | H | U | C | O | I | Q | H | K | M | O | U | L | F |
| E | W | E | I | O | M | W | R | H | H | M | Q | E | H | W | C | W | H |
| X | Y | Y | L | B | R | W | O | U | L | D | I | N | V | L | K | P | C |
| G | I | D | C | H | I | N | E | S | E | G | O | O | S | E | V | O | F |

BANTAM CHICKEN
BARBARY DOVE
BOBWHITE QUAIL
BOURBON RED TURKEY

Broad Breasted WHITE TURKEY
CANARY
CHICKEN
CHINESE GOOSE
COCKATIEL
GUINEAFOWL

HOMING PIGEON
JAPANESE QUAIL
MUSCOVY DUCK
RUNNER DUCK
TOULOUSE GOOSE
ZEBRA FINCH

After studying a batch of 232 goose bones discovered at a dig site in east China, researchers concluded the geese had been domesticated around 5000 BCE. Chickens were domesticated around 2,000 years later.

# Pelecaniformes

No. 91

| | | | | | | | | | | | | | | | | | |
|---|---|---|---|---|---|---|---|---|---|---|---|---|---|---|---|---|---|
| T | S | H | O | E | B | I | L | L | A | P | Y | V | V | P | W | T | V |
| A | G | Z | I | S | A | C | R | E | D | I | B | I | S | U | W | R | N |
| C | J | L | T | T | I | H | S | I | N | J | F | T | Y | Z | X | I | V |
| T | H | W | I | S | C | A | R | L | E | T | I | B | I | S | I | C | L |
| E | I | E | T | T | E | R | G | E | E | L | T | T | A | C | D | O | S |
| R | W | J | Z | B | T | G | L | J | W | G | N | O | H | J | J | L | H |
| G | H | G | D | Q | G | L | C | G | V | I | Q | O | U | P | O | O | G |
| E | I | G | X | V | X | E | E | R | R | A | H | R | O | P | H | R | R |
| H | T | F | A | P | Q | B | T | B | C | Q | I | H | V | S | A | E | E |
| S | E | Z | W | U | A | I | W | C | I | G | N | D | W | A | R | D | A |
| I | P | M | N | Y | N | O | R | E | H | T | H | G | I | N | X | H | T |
| D | E | U | R | A | S | I | A | N | B | I | T | T | E | R | N | E | E |
| D | L | B | L | U | E | H | E | R | O | N | K | E | A | V | D | R | G |
| E | I | S | I | B | I | A | D | A | D | A | H | V | R | V | O | O | R |
| R | C | U | F | M | H | B | P | H | X | B | D | Z | Z | N | E | N | E |
| J | A | U | Y | V | P | O | K | R | E | M | M | A | H | E | E | Q | T |
| P | N | U | S | P | O | O | N | B | I | L | L | T | P | G | W | B | N |
| S | B | R | O | W | N | P | E | L | I | C | A | N | A | T | Q | J | Z |

BLUE HERON

BROWN PELICAN

CATTLE EGRET

EURASIAN BITTERN

GREAT EGRET

HADADA IBIS

HAMMERKOP

LITTLE BITTERN

NIGHT-HERON

REDDISH EGRET

SACRED IBIS

SCARLET IBIS

SHOEBILL

SPOONBILL

TRICOLORED HERON

WHITE PELICAN

Despite the name, Pelecaniformes include more than just pelicans. The order is composed of long-legged wetland birds like egrets, herons, and bitterns. Most also have long toes and long beaks. These birds are carnivorous.

No. 92

# Cardinalidae

| | | | | | | | | | | | | | | | | | |
|---|---|---|---|---|---|---|---|---|---|---|---|---|---|---|---|---|---|
| P | I | R | I | F | H | W | A | I | T | X | L | N | H | X | I | L | A |
| A | V | E | N | U | H | S | T | A | N | J | S | Q | Z | C | U | M | J |
| I | A | T | D | X | L | G | A | J | O | R | X | R | O | A | A | H | P |
| N | R | A | I | C | P | R | H | O | R | E | N | M | R | Z | S | S | Y |
| T | I | E | G | Z | X | O | C | B | T | G | N | M | O | I | E | U | R |
| E | E | D | O | G | A | S | D | Q | H | A | V | N | O | N | E | M | R |
| D | D | E | B | L | L | B | E | O | E | N | I | Y | L | D | D | M | H |
| B | B | E | U | A | G | E | T | B | R | A | R | O | I | I | E | E | U |
| U | U | S | N | U | T | A | A | H | N | T | M | T | V | G | A | R | L |
| N | N | S | T | C | J | K | O | G | C | T | X | B | E | O | T | T | O |
| T | T | S | I | O | V | X | R | M | A | N | W | R | T | B | E | A | X |
| I | I | I | N | U | V | O | H | E | R | A | W | Q | A | U | R | N | I |
| N | N | N | G | S | S | P | T | O | D | Y | R | K | N | N | M | A | A |
| G | G | A | N | B | B | U | Y | P | I | T | C | V | A | T | Q | G | X |
| Z | Z | B | E | L | B | I | E | E | N | O | H | T | G | I | O | E | A |
| P | Z | A | Z | U | L | R | R | A | A | O | Q | S | E | N | X | R | P |
| I | K | C | I | E | S | Y | G | I | L | S | W | R | R | G | S | W | N |
| R | E | D | B | R | E | A | S | T | E | D | C | H | A | T | S | V | Y |

AMAZONIAN GROSBEAK
Blackish-blue SEEDEATER
CABANIS'S SEEDEATER
GLAUCOUS-BLUE Grosbeak
GRAY-THROATED CHAT
INDIGO BUNTING
NORTHERN CARDINAL
OLIVE TANAGER
PAINTED BUNTING
PYRRHULOXIA
RED-BREASTED CHAT
Rose-breasted GROSBEAK
SOOTY ANT-TANAGER
SUMMER TANAGER
VARIED BUNTING

Chemicals called carotenoids are responsible for the bright red color of male northern cardinals. Cardinals get carotenoids from the food they eat.

# More Cardinalidae

No. 93

| | | | | | | | | | | | | | | | | | | |
|---|---|---|---|---|---|---|---|---|---|---|---|---|---|---|---|---|---|---|
| C | O | H | E | P | A | T | I | C | T | A | N | A | G | E | R | P | T | R |
| R | R | I | K | J | V | Q | D | J | K | X | V | B | A | T | O | F | Q | O |
| O | S | E | E | D | E | A | T | E | R | O | E | L | R | R | C | L | I | S |
| S | O | W | S | G | O | Q | Y | V | Z | P | R | B | E | E | H | A | Y | E |
| E | L | G | W | T | D | Z | B | G | U | I | M | L | G | D | R | Z | E | B |
| B | Q | U | T | Y | E | A | N | A | L | O | I | S | A | A | E | U | L | E |
| R | C | L | Y | B | R | D | E | Y | P | X | L | V | N | N | B | L | L | L |
| E | P | T | M | K | B | J | A | K | H | D | I | P | A | D | R | I | O | L |
| A | Z | R | F | M | D | X | X | N | I | T | O | D | T | B | E | B | W | I |
| S | P | A | I | F | X | D | T | C | T | M | N | Q | T | L | A | U | G | E |
| T | B | M | U | E | C | D | K | F | Z | T | C | G | E | A | S | N | R | D |
| E | D | A | G | E | Z | C | Q | W | A | X | A | C | L | C | T | T | O | B |
| D | K | R | U | X | I | K | P | L | M | G | R | N | R | K | E | I | S | U |
| C | Q | I | Q | S | C | I | A | F | T | T | D | Q | A | Q | D | N | B | N |
| H | R | N | S | A | O | E | R | C | E | M | I | U | C | G | X | G | E | T |
| A | G | E | N | K | U | Y | N | K | B | E | N | N | S | X | E | B | A | I |
| T | L | E | M | O | N | S | P | E | C | T | A | C | L | E | D | R | K | N |
| B | L | U | E | B | U | N | T | I | N | G | L | Q | D | V | Y | M | E | G |
| R | E | T | A | E | D | E | E | S | L | A | Z | I | R | R | A | C | D | C |

BLUE BUNTING
CARRIZAL SEEDEATER
CRESTED ANT TANAGER
DICKCISSEL
Ecuadorian SEEDEATER
HEPATIC TANAGER
LAZULI BUNTING
LEMON-SPECTACLED Tanager
OCHRE-BREASTED Tanager
RED-AND-BLACK Grosbeak
ROSE-BELLIED BUNTING
ROSE-BREASTED CHAT
SCARLET TANAGER
ULTRAMARINE Grosbeak
VERMILION CARDINAL
YELLOW GROSBEAK

Despite their shared name, North American tanagers, like the hepatic and scarlet tanager, are unrelated to over 300 tanager species in Central and South America. They're more closely related to the ultramarine grosbeak.

No. 94

# "Feather" in Other Languages

| | | | | | | | | | | | | | | | | | |
|---|---|---|---|---|---|---|---|---|---|---|---|---|---|---|---|---|---|
| A | P | X | X | T | R | Y | O | R | X | F | A | M | U | L | P | E | S |
| F | J | J | F | E | Z | A | X | A | L | C | X | G | G | X | V | E | W |
| E | P | N | K | Z | D | B | D | Z | B | F | L | C | U | R | D | T | B |
| U | E | Z | M | R | B | A | A | L | J | O | S | U | H | G | R | Y | A |
| K | R | P | J | L | W | A | C | O | N | X | A | P | B | X | V | Z | P |
| L | R | Z | M | J | N | W | O | G | D | H | P | F | F | Z | Q | I | L |
| X | I | D | Y | A | S | U | V | D | S | I | E | G | Z | X | H | Q | U |
| L | K | H | P | G | R | U | B | C | R | I | Y | F | C | U | Q | A | M |
| C | H | O | I | N | U | F | K | U | M | W | M | F | L | Z | M | B | O |
| B | D | N | L | G | P | F | L | I | Y | H | H | U | O | K | M | Y | I |
| U | B | R | E | T | B | G | K | A | U | J | H | O | I | U | B | U | E |
| L | A | N | J | O | L | E | W | L | U | U | S | T | B | C | B | U | Z |
| U | U | C | Z | Z | U | R | F | I | L | R | Y | B | J | N | P | A | W |
| K | H | T | Y | W | M | L | H | U | L | Y | E | E | Y | I | D | P | A |
| A | Y | B | F | M | A | M | W | C | S | B | D | D | U | Z | G | E | P |
| R | E | K | I | M | S | O | E | N | B | C | K | M | E | J | P | R | E |
| T | W | O | E | V | O | D | L | L | C | R | A | C | X | F | R | O | Z |
| C | M | T | F | P | P | L | U | M | E | G | S | W | E | Z | R | M | N |

BAAL (Somali)

BULU (Indonesian)

FEDER (German)

FEZĀ (Japanese)

FJÖÐUR (Icelandic)

HULUHULU (Hawaiian)

IYE (Yoruba)

LÔNG VŨ (Vietnamese)

LUMA (Basque)

PANĂ (Romanian)

PERO (Croatian)

PERRÎK (Kurdish)

PIUMA (Italian)

PLUMA (Spanish)

PLUME (French)

PLUMO (Esperanto)

What makes a bird a bird? Other animals fly. Other animals lay eggs. No other living animals have feathers. Primary and secondary feathers help flying birds take off. Once a bird is in flight, its tail feathers help it navigate.

# Nuthatches

No. 95

| | | | | | | | | | | | | | | | | | |
|---|---|---|---|---|---|---|---|---|---|---|---|---|---|---|---|---|---|
| C | M | I | B | R | O | W | N | H | E | A | D | E | D | P | M | X | X |
| Q | R | E | G | A | W | S | I | B | E | R | I | A | N | K | J | E | O |
| O | F | S | U | W | C | N | R | Q | C | H | I | N | E | S | E | R | M |
| N | K | F | H | J | K | E | K | J | Y | E | V | D | W | X | W | B | G |
| V | Y | A | X | P | G | F | L | D | B | F | B | V | N | G | R | D | I |
| K | E | V | S | Z | P | R | Z | E | V | A | L | S | K | I | S | P | A |
| G | C | L | W | H | B | N | K | X | A | W | H | X | H | L | L | F | N |
| O | O | Q | V | E | M | E | N | L | Z | Y | J | A | W | D | T | B | T |
| C | R | P | Y | E | N | I | A | T | A | G | X | Y | M | C | D | U | O |
| J | S | Q | B | C | T | C | R | U | J | R | X | E | O | A | G | H | H |
| Y | I | S | I | U | I | F | F | M | T | C | X | U | T | O | F | K | Y |
| U | C | O | L | D | R | Y | R | E | D | I | U | L | H | H | H | Q | R |
| N | A | L | R | I | M | M | X | O | C | I | F | B | B | U | S | Q | R |
| N | N | J | O | G | Z | B | E | J | N | Y | E | U | I | M | G | K | E |
| A | I | N | Y | T | N | U | W | S | R | T | C | O | L | N | V | A | M |
| N | Z | P | K | Y | C | Z | M | Y | E | N | E | M | J | L | M | S | D |
| J | K | R | U | P | E | R | S | K | V | Q | C | D | L | A | O | P | E |
| X | X | C | L | J | Q | E | T | E | U | R | A | S | I | A | N | P | W |

BAHAMA
BEAUTIFUL
BLUE
BROWN-HEADED
BURMESE
CHINESE
CORSICAN
EURASIAN
GIANT
KASHMIR
KRÜPER'S
PRZEVALSKI'S
PYGMY
SIBERIAN
VELVET-FRONTED
YUNNAN

Nuthatches may be seen moving upside down along a tree trunk searching for insects or seeds to eat. Like its relatives, the Eurasion nuthatch wedges nuts in between gaps in the trunk to break their shells open.

No. 96

# Great Migrators

| | | | | | | | | | | | | | | | | | |
|---|---|---|---|---|---|---|---|---|---|---|---|---|---|---|---|---|---|
| R | V | S | A | N | D | H | I | L | L | C | R | A | N | E | S | P | V |
| T | E | E | R | E | D | K | N | O | T | J | E | C | S | O | A | E | A |
| F | F | L | G | R | E | A | T | S | N | I | P | E | O | A | D | C | R |
| I | J | P | B | Z | S | H | I | C | V | S | A | T | X | I | E | T | E |
| W | W | D | N | R | D | E | T | D | H | Q | Y | Y | S | M | L | O | T |
| S | U | W | P | W | A | Y | S | E | D | S | Z | C | G | Q | I | R | A |
| N | Z | E | J | I | N | W | A | A | H | H | A | T | N | P | E | A | E |
| O | R | X | G | N | E | R | L | E | N | N | Y | O | I | P | P | L | T |
| M | K | E | E | I | W | D | A | L | A | Z | Q | O | L | F | E | S | A |
| M | J | G | T | A | F | R | W | D | O | W | L | W | R | Q | N | A | E |
| O | J | O | T | C | W | Z | A | H | O | P | K | L | A | Z | G | N | H |
| C | F | E | N | A | I | G | C | P | E | J | K | C | T | T | U | D | W |
| Q | R | D | T | E | O | T | T | E | B | A | M | C | S | N | I | P | A |
| N | F | E | X | O | Y | X | C | L | W | H | T | U | A | I | N | I | Q |
| K | R | L | S | F | R | G | D | R | K | P | J | E | V | L | Y | P | S |
| J | D | E | A | M | S | E | L | C | A | T | S | M | A | O | B | E | D |
| B | A | R | H | E | A | D | E | D | G | O | O | S | E | R | A | R | O |
| A | B | A | R | T | A | I | L | E | D | G | O | D | W | I | T | Y | I |

ADÉLIE PENGUIN
ARCTIC TERN
BAR-HEADED GOOSE
BAR-TAILED GODWIT
BLACKPOLL WARBLER
CANADA GOOSE
COMMON SWIFT
GREAT SNIPE
Northern WHEATEATER
PECTORAL SANDPIPER
PIED WHEATEAR
RED KNOT
SANDHILL CRANES
Short-tailed SHEARWATER
SOOTY SHEARWATER
STARLINGS

The longest migrator in the animal kingdom is the arctic tern. Each bird migrates about 44,000 miles per year, traveling approximately 1.5 million miles in an average lifetime. That's the distance to the moon and back—three times.

## Suboscine Passerines

**No. 97**

| | | | | | | | | | | | | | | | | | |
|---|---|---|---|---|---|---|---|---|---|---|---|---|---|---|---|---|---|
| Y | F | I | G | M | K | P | I | L | A | L | X | A | H | X | R | J | O |
| Y | A | W | X | Y | G | C | A | N | T | B | I | R | D | W | V | G | R |
| F | D | S | I | V | O | G | N | A | T | P | I | T | T | A | A | L | C |
| T | Y | R | A | N | T | F | L | Y | C | A | T | C | H | E | R | R | Y |
| P | G | I | O | G | S | P | S | T | M | S | B | Y | D | M | E | N | I |
| X | R | C | Y | R | D | C | E | T | I | T | Y | R | A | S | R | U | R |
| O | V | E | N | B | I | R | D | L | L | O | R | X | C | T | E | M | A |
| W | O | O | D | C | R | E | E | P | E | R | F | E | Z | V | A | L | G |
| M | N | D | A | T | N | H | O | W | Q | A | N | U | L | N | I | N | E |
| L | A | N | H | Z | G | O | X | O | N | T | B | L | A | Y | A | C | L |
| S | A | P | A | Y | O | A | F | T | C | A | I | K | O | T | O | S | L |
| E | V | N | M | A | L | Z | T | H | G | B | I | G | E | T | H | U | B |
| P | K | B | K | W | T | H | E | E | D | N | A | A | I | G | W | Y | X |
| I | K | B | D | A | R | S | M | A | S | S | T | N | T | E | L | H | X |
| T | P | K | M | U | T | K | O | S | I | E | G | P | W | A | P | M | G |
| T | E | U | S | R | T | R | P | T | R | A | M | I | T | Z | E | T | N |
| A | N | H | E | G | B | V | Y | T | A | P | A | C | U | L | O | D | C |
| W | Z | B | S | F | Y | P | E | Z | N | V | D | P | X | J | C | X | Y |

ANTBIRD
ANTTHRUSH
ASITY
BROADBILL
COTINGA
CRESCENTCHEST
GNATEATER
GNATPITTA
MANAKIN
OVENBIRD
PITTA
SAPAYOA
TAPACULO
TITYRA
TYRANT FLYCATCHER
WOODCREEPER

Suboscine passerines, approximately one fifth of all passerines, perch like other passerines. However, they lack the sophisticated vocal box of true songbirds. They are most widely distributed in the Americas.

No. 98

# Oscine Passerines

| | | | | | | | | | | | | | | | | | |
|---|---|---|---|---|---|---|---|---|---|---|---|---|---|---|---|---|---|
| O | M | E | N | H | P | F | R | G | O | F | B | N | Y | R | A | T | Q |
| B | E | S | C | R | U | B | B | I | R | D | S | W | E | O | U | L | W |
| U | T | R | W | E | I | W | K | Z | A | O | U | L | M | F | Y | R | F |
| S | E | K | D | H | X | H | N | R | J | G | B | X | Y | K | A | E | B |
| W | T | R | H | P | I | U | X | P | S | B | W | A | S | Q | G | L | O |
| P | K | A | S | P | R | T | O | K | A | Q | U | J | T | R | C | L | W |
| D | S | V | R | Y | E | F | E | B | P | W | O | R | S | E | U | I | E |
| N | H | I | Q | L | C | D | L | H | Q | N | E | F | W | N | C | R | R |
| M | O | L | T | X | I | E | P | Q | E | E | U | X | A | N | K | T | B |
| I | N | Y | B | T | W | N | P | B | C | A | X | N | L | U | O | M | I |
| K | E | R | D | E | E | X | G | R | L | R | D | N | L | R | O | A | R |
| D | Y | E | J | G | R | L | E | F | W | V | M | Q | O | G | S | R | D |
| K | E | B | L | O | P | E | L | W | R | E | N | V | W | O | H | T | S |
| Z | A | I | O | B | P | F | N | A | A | Q | X | K | Y | L | R | I | X |
| T | T | R | V | E | F | N | R | N | T | I | I | Q | Z | A | I | N | Q |
| L | E | D | R | J | S | N | E | R | W | Y | R | I | A | F | K | D | J |
| P | R | S | M | Q | W | A | X | W | I | N | G | Q | U | U | E | D | Q |
| W | O | F | P | S | E | U | D | O | B | A | B | B | L | E | R | V | O |

Australian TREECREEPERS
BOWERBIRDS
CUCKOOSHRIKE
FAIRYWRENS
HONEYEATER
JEWEL-BABBLER
LOGRUNNER
LYREBIRDS
MARTIN
PSEUDO-BABBLER
SCRUB-BIRDS
SITTELLA
STARLING
SWALLOW
TRILLER
WAXWING
WHITEHEAD
WREN

These are the songbirds. A highly specialized vocal box empowers these birds to sing sophisticated songs for courtship or to proclaim territory. Very often, oscine passerines may be identified by their songs alone.

## More Oscine Passerines

**No. 99**

| | | | | | | | | | | | | | | | | | |
|---|---|---|---|---|---|---|---|---|---|---|---|---|---|---|---|---|---|
| Z | O | I | E | M | L | D | U | F | M | F | C | A | C | E | D | C | T |
| G | Q | Z | B | M | S | U | N | B | I | R | D | X | X | B | A | K | V |
| H | Y | A | V | H | D | L | D | E | R | J | L | H | H | F | O | B | I |
| F | L | O | W | E | R | P | E | C | K | E | R | B | Y | L | W | V | R |
| I | A | T | S | Z | S | N | D | X | M | Z | A | W | L | A | E | Y | E |
| F | A | I | R | Y | B | L | U | E | B | I | R | D | I | R | A | F | H |
| A | C | A | R | D | I | N | A | L | F | N | R | Q | A | K | V | I | C |
| R | E | H | E | W | J | B | K | T | N | U | E | M | A | R | E | N | T |
| E | E | A | P | U | M | U | E | H | M | T | G | Q | J | I | R | C | A |
| P | D | O | Z | B | L | L | Y | T | P | H | A | X | L | Y | K | H | C |
| P | A | K | X | H | G | B | K | Y | W | A | N | V | B | K | W | C | T |
| I | K | G | R | N | S | U | K | T | P | T | A | A | Q | Q | E | N | A |
| D | C | V | I | C | Z | L | I | Z | C | C | T | D | Q | N | D | P | N |
| W | I | K | H | I | A | E | J | N | K | H | I | B | F | N | E | D | G |
| Z | H | P | Z | Y | Z | R | E | K | C | E | P | X | O | T | J | R | V |
| W | C | J | U | V | B | D | R | O | N | G | O | M | Y | T | A | Q | E |
| L | U | L | I | K | S | M | B | U | N | T | I | N | G | U | K | D | I |
| S | P | A | F | B | N | D | J | R | U | R | M | W | X | K | M | R | I |

| | | |
|---|---|---|
| BULBUL | FAIRY-BLUEBIRD | LARK |
| BUNTING | FINCH | NUTHATCH |
| CARDINAL | FLOWERPECKER | OXPECKER |
| CHICKADEE | GNATCATCHER | SUNBIRD |
| DIPPER | HYLIA | TANAGER |
| DRONGO | KINGLET | WEAVER |

Fairy-bluebirds are a small oscine passerine genus found in South and Southeast Asia. The males are bright blue, but the females are a jade-like green. The birds eat figs and other fruits found in the forest canopy.

No. 100

# Even More Bird Groups

| | | | | | | | | | | | | | | | | | |
|---|---|---|---|---|---|---|---|---|---|---|---|---|---|---|---|---|---|
| F | K | M | T | P | A | C | U | C | K | O | O | Y | R | A | D | B | G |
| G | N | I | T | S | E | R | I | E | M | A | Z | B | H | O | E | S | E |
| K | X | B | N | R | W | W | R | X | W | W | S | U | Z | L | I | T | Y |
| M | M | Q | A | G | A | I | D | B | U | L | M | R | H | Y | T | D | E |
| G | O | Z | R | O | F | C | F | F | J | M | Z | M | K | G | P | G | A |
| T | U | P | S | E | W | I | Y | T | I | R | I | E | X | N | A | Q | H |
| R | S | M | O | S | L | X | S | N | W | J | Y | S | B | I | S | V | O |
| S | E | R | S | H | I | L | G | H | N | Q | T | I | Q | G | S | P | O |
| E | B | T | E | R | O | B | O | S | E | R | L | T | A | H | E | O | P |
| D | I | R | M | K | I | R | M | R | C | R | U | E | H | T | R | J | O |
| F | R | O | T | R | C | H | N | H | O | Z | M | J | N | J | I | D | E |
| B | D | G | D | T | Y | E | O | B | E | O | K | R | S | A | N | B | R |
| G | E | O | H | H | U | A | P | X | I | O | K | G | L | R | E | B | F |
| Z | R | N | K | F | T | R | A | D | V | L | W | C | K | S | I | O | J |
| Y | Q | C | K | Z | P | L | A | B | O | S | L | L | U | U | Y | V | R |
| O | E | R | I | C | F | F | G | C | E | O | Q | P | Y | C | Z | B | W |
| T | G | N | I | R | L | C | Z | A | O | W | W | S | J | N | T | A | U |
| G | G | Y | K | Q | M | W | A | C | D | N | A | C | U | O | T | S | Y |

| | | |
|---|---|---|
| CUCKOO | KINGFISHER | SERIEMA |
| CUCKOO-ROLLER | MESITE | SWIFT |
| HOATZIN | MOUSEBIRD | TOUCAN |
| HOOPOE | NIGHTJAR | TROGON |
| HORNBILL | OWL | TURACO |
| HUMMINGBIRD | PASSERINE | WOODPECKER |

All three mesite species live in Madagascar. The shy birds spend most of their time on the ground and out of sight. When startled, they often fly into a tree and freeze.

## Turacos and Relatives

No. 101

| | | | | | | | | | | | | | | | | | |
|---|---|---|---|---|---|---|---|---|---|---|---|---|---|---|---|---|---|
| Z | F | R | O | V | I | O | L | E | T | T | U | R | A | C | O | I | O |
| P | I | O | C | A | Z | A | X | L | L | Z | M | Q | L | D | C | C | S |
| U | S | S | A | E | K | Q | S | E | I | R | B | I | N | A | A | Y | M |
| R | C | S | R | R | N | Z | I | J | V | O | I | M | S | R | R | S | P |
| P | H | S | U | L | Y | J | L | C | I | B | D | K | U | Y | U | C | L |
| L | E | T | T | L | S | P | O | Q | N | A | T | T | E | G | T | H | A |
| E | R | U | A | Z | N | U | P | Q | G | R | D | H | Q | O | E | A | N |
| C | S | R | E | V | A | G | S | T | S | E | A | X | Z | A | U | L | T |
| R | T | A | N | I | T | S | U | U | T | F | R | E | H | W | L | O | A |
| E | U | C | I | V | U | J | R | S | O | A | Q | H | I | A | B | W | I |
| S | R | O | U | K | R | B | E | Q | N | C | K | P | H | Y | T | S | N |
| T | A | U | G | Z | A | R | C | X | E | E | B | K | P | B | A | T | E |
| E | C | F | V | J | C | C | N | R | S | D | S | Q | P | I | E | U | A |
| D | O | Z | P | D | O | W | I | H | Q | O | V | K | R | R | R | R | T |
| K | S | H | E | D | E | T | R | X | P | K | Q | Q | S | D | G | A | E |
| O | P | R | W | U | N | F | P | G | P | I | K | N | C | Z | U | C | R |
| P | H | A | R | T | L | A | U | B | S | T | U | R | A | C | O | O | D |
| R | W | E | N | Z | O | R | I | T | U | R | A | C | O | X | K | B | C |

BARE-FACED Go-away-bird

FISCHER'S TURACO

GREAT BLUE TURACO

GUINEA TURACO

HARTLAUB'S TURACO

KNYSNA TURACO

LIVINGSTONE'S Turaco

PRINCE RUSPOLI'S Turaco

PURPLE-CRESTED Turaco

RED-CRESTED TURACO

ROSS'S TURACO

RWENZORI TURACO

SCHALOW'S TURACO

VIOLET TURACO

Western PLANTAIN-EATER

White-bellied GO-AWAY-BIRD

These unique crested birds are only found in Africa. Although turacos tend to be brightly colored, go-away-birds and plantain-eaters tend toward duller shades. Most species eat fruit, and this includes the plantain-eaters, who usually eat figs, not plantains.

No. 102

## Masked Birds

| | | | | | | | | | | | | | | | | | |
|---|---|---|---|---|---|---|---|---|---|---|---|---|---|---|---|---|---|
| H | A | O | B | O | W | E | R | B | I | R | D | T | L | X | I | Y | J |
| E | X | W | M | S | D | W | T | A | R | Y | C | L | Q | E | P | F | H |
| S | I | L | W | B | G | J | N | C | P | O | K | N | C | C | E | P | Y |
| O | O | F | I | N | F | O | O | T | E | A | V | C | U | H | F | T | S |
| L | E | A | F | B | I | R | D | Z | Q | V | L | K | G | F | T | O | O |
| G | N | A | T | C | A | T | C | H | E | R | L | I | N | D | F | R | O |
| B | O | M | M | L | K | E | C | J | R | S | B | W | S | O | R | R | G |
| C | A | I | P | A | P | U | G | B | J | G | A | I | S | T | U | A | M |
| V | V | N | J | T | C | B | R | O | T | A | T | L | A | S | I | P | W |
| M | V | O | T | R | E | V | Y | R | W | F | T | S | H | S | T | G | V |
| V | E | Z | D | P | T | E | Q | Q | Q | Y | L | O | W | H | E | N | A |
| F | J | S | U | T | I | R | K | T | I | I | V | V | E | B | A | I | O |
| E | G | R | C | W | W | T | O | A | U | J | V | M | A | O | T | N | E |
| J | X | H | K | V | B | J | T | G | R | R | Q | X | V | O | E | I | B |
| F | C | Y | A | Y | O | J | K | A | O | A | T | I | E | B | R | H | M |
| M | R | C | O | J | F | N | N | W | A | N | P | A | R | Y | T | S | P |
| K | Q | L | O | Q | B | N | E | K | R | H | E | Z | Y | K | Y | Z | P |
| K | U | Y | J | E | N | U | S | D | R | I | B | T | N | A | C | F | Y |

ANTBIRD
ANTPITTA
APALIS
BOOBY
BOWERBIRD
DUCK
FINFOOT
FRUITEATER
GNATCATCHER
LEAFBIRD
Masked-OWL
PARAKEET
SALTATOR
SHINING-PARROT
TROGON
WEAVER

The blue-masked leafbird is the smallest of all leafbirds. Endemic to the island of Sumatra, both males and females have blue faces and yellow-green bodies. Males have purple throats and a splash of orange on their chests.

# Hoatzin

No. 103

| | | | | | | | | | | | | | | | | | |
|---|---|---|---|---|---|---|---|---|---|---|---|---|---|---|---|---|---|
| D | U | R | O | D | O | R | O | U | S | X | P | B | K | Z | N | W | J |
| P | N | J | P | F | P | Q | W | M | W | A | T | U | P | O | X | E | M |
| G | I | S | I | O | N | H | Q | T | A | D | A | T | I | M | T | I | B |
| L | Q | A | S | T | G | W | X | J | L | Y | A | T | M | U | A | Y | W |
| M | U | U | T | D | C | K | N | L | C | U | A | O | O | D | O | I | D |
| A | E | E | H | N | K | X | X | N | G | T | L | A | Q | R | Y | J | R |
| N | G | G | O | T | N | E | F | R | N | D | A | L | M | I | B | S | I |
| G | U | E | C | P | B | A | A | E | I | A | A | F | O | B | V | F | B |
| R | Y | B | O | J | O | Y | M | S | W | F | P | G | H | K | X | O | E |
| O | A | M | M | Y | N | R | Z | Y | B | R | G | V | A | N | I | L | L |
| V | N | G | U | L | E | C | Y | O | L | T | R | E | W | I | N | I | I |
| E | A | F | S | F | P | C | E | P | U | N | S | Z | K | T | M | V | T |
| S | H | Z | C | K | L | Q | B | S | Z | E | C | Q | G | S | C | O | P |
| T | S | E | R | O | F | N | I | A | R | N | O | Z | A | M | A | R | E |
| Y | K | C | A | N | J | E | P | H | E | A | S | A | N | T | L | E | R |
| Q | E | A | E | H | O | A | T | Z | I | N | Y | Y | N | O | H | R | B |
| S | H | U | S | K | U | N | K | B | I | R | D | D | V | R | O | A | H |
| A | G | N | I | T | S | A | T | D | A | B | E | V | A | Z | Z | F | P |

AMAZON RAINFOREST
Bacterial FERMENTATION
BAD-TASTING
CANJE PHEASANT
FOLIVORE
GUYANA
HOATZIN
MANGROVES
MOHAWK
ODOROUS
OPISTHOCOMUS
REPTILE BIRD
SKUNKBIRD
STINKBIRD
UNIQUE
WING CLAWS

The hoatzin is the national bird of Guyana. Hoatzin chicks hatch with claws on their wings in case they fall from the nest. They're also the only birds to subsist entirely on leaves, a diet dependent on bacterial fermentation in their stomachs.

No. 104

# Cuckoos

| | | | | | | | | | | | | | | | | | |
|---|---|---|---|---|---|---|---|---|---|---|---|---|---|---|---|---|---|
| X | C | K | T | N | U | A | R | E | D | H | M | I | R | O | Y | Q | B |
| Y | H | P | A | L | L | I | D | C | V | W | G | Y | T | L | D | K | E |
| C | B | L | A | C | K | E | A | R | E | D | A | H | Y | Q | O | V | C |
| V | O | T | E | H | C | M | V | D | I | W | F | R | W | A | O | Z | H |
| T | I | M | W | S | P | Q | A | A | B | O | Y | E | F | R | K | Y | B |
| S | R | O | M | V | S | Q | S | D | J | Z | L | X | G | E | E | S | J |
| U | H | Y | L | O | E | E | F | P | A | L | R | N | I | Z | V | Q | F |
| N | T | I | R | E | N | L | R | P | W | G | A | I | P | Y | L | U | X |
| D | N | K | M | M | T | N | X | A | V | M | A | L | B | A | U | I | Y |
| A | A | P | E | A | R | L | Y | B | R | E | A | S | T | E | D | R | T |
| B | I | D | P | P | L | I | H | G | M | I | B | V | C | Z | N | R | Y |
| Z | Y | K | M | W | P | A | L | C | N | W | L | J | W | A | K | E | F |
| U | X | D | P | R | Y | Y | Y | T | Z | H | I | I | Z | I | R | L | R |
| S | K | C | P | J | F | C | I | A | Y | E | M | E | M | K | K | B | F |
| G | B | R | U | S | H | V | M | Z | N | L | S | I | U | J | O | F | F |
| N | H | E | H | B | E | A | E | F | Q | L | P | U | L | S | S | U | X |
| O | G | Z | I | I | V | V | D | I | E | D | E | R | I | K | J | Y | C |
| L | S | U | L | A | W | E | S | I | R | O | T | N | A | R | K | U | D |

BLACK-EARED
BRUSH
COMMON
DIEDERIK
DWARF
HIMALAYAN
LESSER
MADAGASCAR
MANGROVE
PALLID
PEARLY-BREASTED
PLAINTIVE
SQUIRREL
SULAWESI
SUNDA
VIOLET

Cuckoo feet have two front-facing toes and two back-facing toes. Many, like the common and diederik cuckoo, are "brood parasites" which means they lay their eggs in the nests of other birds. The cuckoo chicks then compete with their hosts.

## Swifts

No. 105

| | | | | | | | | | | | | | | | | | |
|---|---|---|---|---|---|---|---|---|---|---|---|---|---|---|---|---|---|
| R | E | C | O | S | T | A | R | I | C | A | N | D | X | L | B | W | L |
| G | A | N | D | E | A | N | C | Z | N | A | E | S | V | H | H | L | X |
| R | F | Q | A | M | E | H | I | A | L | N | Y | V | K | S | K | W | G |
| E | X | V | J | Y | Q | H | M | P | N | T | Y | D | D | P | G | Q | O |
| A | Q | O | H | W | L | L | I | I | O | S | Y | N | Y | O | S | S | I |
| T | R | M | F | V | P | N | H | O | U | W | X | T | M | T | C | I | X |
| D | G | A | O | L | E | C | S | K | V | A | K | H | S | F | A | F | R |
| U | U | D | P | T | E | H | Z | U | B | L | R | P | C | R | R | A | Z |
| S | T | N | A | T | T | Z | T | P | K | L | L | M | H | O | C | L | D |
| K | Z | G | I | R | V | L | N | V | E | O | Y | F | I | N | E | Q | R |
| Y | P | H | D | O | K | K | E | T | S | W | W | X | M | T | S | G | H |
| T | W | I | B | P | J | R | A | D | U | T | V | I | N | E | Y | I | S |
| K | T | X | J | V | S | R | U | O | O | A | S | X | E | D | R | L | J |
| A | U | P | J | K | K | B | W | M | H | I | W | N | Y | Z | C | T | R |
| W | Q | F | C | W | P | G | A | F | P | L | Z | M | X | W | M | F | F |
| Y | S | I | P | A | C | I | F | I | C | E | J | C | H | V | O | L | T |
| R | S | Y | C | X | C | E | T | J | Y | D | D | T | T | T | R | V | D |
| P | A | S | I | A | N | P | A | L | M | Z | C | P | G | D | X | O | B |

ALPINE
ANDEAN
ASIAN PALM
CHIMNEY
COSTA RICAN
DARK-RUMPED
GREAT DUSKY
Greater SWALLOW-TAILED
HOUSE
MOTTLED
PACIFIC
SCARCE
SICK'S
SOOTY
SPOT-FRONTED
WHITE-CHINNED

A swift's feet serve no purpose other than perching. However, the speed with which they fly—hence "swifts"—more than makes up for it. Chimney swifts nest in city chimneys, coming out at night to catch quick insects on the wing.

No. 106

# Seabirds

| | | | | | | | | | | | | | | | | | |
|---|---|---|---|---|---|---|---|---|---|---|---|---|---|---|---|---|---|
| N | G | A | N | N | E | T | G | T | E | F | Q | S | Q | Y | Z | Q | M |
| W | B | D | T | E | R | N | X | B | Y | U | G | V | P | J | D | Y | Z |
| G | W | Z | S | S | G | U | L | L | E | L | L | C | B | I | U | P | I |
| I | A | A | N | H | K | L | L | X | T | M | T | C | V | R | T | V | B |
| S | H | A | L | G | E | U | L | F | F | A | X | I | T | E | R | O | D |
| X | P | J | B | B | H | A | A | H | C | R | N | I | X | M | O | S | Q |
| R | E | S | C | Z | A | O | R | P | J | G | L | U | J | M | P | D | I |
| H | L | H | A | K | F | T | R | W | P | B | D | F | T | I | I | R | Z |
| B | I | F | S | A | A | I | R | E | A | D | M | K | N | K | C | I | R |
| L | C | W | B | O | O | N | T | O | Q | T | Q | E | A | S | B | B | F |
| N | A | M | A | N | G | R | R | M | S | O | E | D | R | Q | I | E | R |
| R | N | A | M | N | E | R | T | Y | Z | S | P | R | O | V | R | T | I |
| I | V | N | U | L | S | D | G | W | I | I | K | Z | M | Y | D | A | W |
| D | D | H | Q | K | B | O | O | B | Y | D | V | F | R | X | T | G | L |
| G | A | D | F | L | Y | H | B | S | P | K | G | P | O | X | W | I | C |
| E | O | S | T | O | R | M | P | E | T | R | E | L | C | L | A | R | R |
| L | B | D | K | J | B | G | Q | S | I | S | T | B | I | D | C | F | F |
| Z | N | L | Z | D | Y | R | E | P | P | N | X | M | R | D | J | A | P |

ALBATROSS
AUK
BOOBY
CORMORANT
DIVING PETREL
FRIGATEBIRD
FULMAR
GADFLY
GANNET
GULL
PELICAN
PRION
SHEARWATER
SKIMMER
SKUA
STORM-PETREL
TERN
TROPICBIRD

Scientists are trying a new way to persuade people that seabirds are worth saving: poop. A recent survey estimates the guano produced by seabirds like gannets and cormorants is worth over $1 billion per year, and that's a low estimate.

# Swiftlets

No. 107

| | | | | | | | | | | | | | | | | | |
|---|---|---|---|---|---|---|---|---|---|---|---|---|---|---|---|---|---|
| Z | I | B | U | A | B | G | S | H | Q | W | F | U | E | O | R | H | Y |
| R | G | K | V | T | V | H | V | O | L | C | A | N | O | X | P | Q | P |
| R | I | E | U | N | I | F | O | R | M | B | V | L | J | X | L | J | J |
| I | A | D | S | X | W | K | P | L | U | M | E | T | O | E | D | Y | J |
| S | N | D | G | D | S | S | E | P | R | W | X | D | E | Q | Q | P | G |
| Z | T | X | G | E | C | P | Y | G | M | Y | C | R | I | B | G | N | V |
| C | H | R | I | S | T | M | A | S | I | S | L | A | N | D | M | Z | O |
| D | Z | Q | A | B | S | O | W | X | B | Q | V | P | W | O | X | S | B |
| P | M | G | B | O | T | E | P | T | Y | A | J | L | U | Z | D | U | D |
| V | Z | V | Z | R | X | X | S | J | P | A | I | N | E | O | G | L | O |
| B | Q | R | M | N | X | B | V | Y | V | Z | T | N | J | P | U | A | Q |
| D | X | Y | F | E | T | E | N | G | G | A | R | A | Q | U | U | W | P |
| Q | P | X | Z | A | Q | J | J | T | I | V | B | N | S | X | X | E | I |
| X | Z | T | A | N | X | Q | A | N | W | G | T | G | Z | N | Y | S | Y |
| N | Q | M | O | S | S | Y | N | E | S | T | I | Q | N | M | T | I | A |
| I | T | P | S | E | D | I | B | L | E | N | E | S | T | C | C | M | J |
| G | R | E | Y | R | U | M | P | E | D | G | L | O | S | S | Y | Z | F |
| S | K | Z | O | T | V | E | R | E | I | D | R | A | B | C | W | Z | V |

BORNEAN

CHRISTMAS ISLAND

DRAB

EDIBLE-NEST

GIANT

GLOSSY

GRAY-RUMPED

MOSSY-NEST

MOUNTAIN

PLUME-TOED

PYGMY

RIDGETOP

SULAWESI

TENGGARA

UNIFORM

VOLCANO

Several species of swiftlets make nests that people eat—they're harvested from cave walls then cooked in soups—but the edible-nest swiftlets make the most desirable ones. That's because their nests are free from sticks or leaves. They're just pure saliva.

No. 108

# Trogons and Quetzals

| | | | | | | | | | | | | | | | | | | |
|---|---|---|---|---|---|---|---|---|---|---|---|---|---|---|---|---|---|---|
| G | M | A | L | A | B | A | R | T | R | O | G | O | N | S | B | R | Q | L |
| B | T | D | E | L | I | A | T | E | C | I | T | T | A | L | M | E | L | X |
| C | I | T | R | E | O | L | I | N | E | T | R | O | G | O | N | S | Q | M |
| P | O | P | C | W | X | Z | M | P | T | K | X | T | R | D | C | P | G | E |
| C | M | R | A | H | H | X | X | Y | R | G | Z | K | E | E | U | L | A | L |
| R | E | A | A | V | O | F | Q | G | D | F | W | J | F | D | B | E | R | E |
| E | A | J | S | N | O | C | I | K | W | Q | D | L | R | A | A | N | T | G |
| S | R | D | O | K | G | N | O | R | X | S | S | T | X | E | N | D | E | A |
| T | E | E | F | F | E | E | I | T | M | I | R | C | C | H | T | E | R | N |
| E | D | R | M | J | O | D | B | N | R | P | J | V | V | N | R | N | E | T |
| D | Q | O | X | A | T | R | T | R | E | O | J | E | R | E | O | T | D | T |
| Q | U | L | I | Y | J | D | K | R | E | Q | G | S | M | D | G | Q | T | R |
| U | E | T | H | L | Q | O | H | E | O | A | U | O | M | L | O | U | R | O |
| E | T | B | B | K | F | F | Y | J | O | G | S | E | N | O | N | E | O | G |
| T | Z | K | O | E | H | P | K | T | L | I | O | T | T | G | N | T | G | O |
| Z | A | R | Q | A | J | V | D | T | H | N | Z | N | E | Z | G | Z | O | N |
| A | L | T | M | I | E | S | A | N | J | L | J | J | Q | D | A | A | N | Q |
| L | Z | C | I | N | N | A | M | O | N | R | U | M | P | E | D | L | D | X |
| I | X | R | E | D | H | E | A | D | E | D | T | R | O | G | O | N | Z | S |

CHOCÓ TROGON
CINNAMON-RUMPED Trogon
CITREOLINE TROGON
CRESTED QUETZAL
CUBAN TROGON
EARED QUETZAL
ELEGANT TROGON
GARTERED TROGON
GOLDEN-HEADED Quetzal
LATTICE-TAILED Trogon
MALABAR TROGON
MASKED TROGON
ORANGE-BREASTED Trogon
PAVONINE QUETZAL
RED-HEADED TROGON
RESPLENDENT QUETZAL

Despite their often ostentatious coloring, Trogoniformes are usually difficult to spot in their tropical forest homes. The male resplendent quetzal's tail accounts for half of the bird's total length.

# Kingfishers

No. 109

| | | | | | | | | | | | | | | | | | |
|---|---|---|---|---|---|---|---|---|---|---|---|---|---|---|---|---|---|
| S | A | K | K | X | Q | L | W | D | M | Y | L | D | H | Q | J | P | L |
| V | Z | U | D | R | B | L | A | C | K | C | A | P | P | E | D | U | I |
| O | C | L | H | L | I | T | T | L | E | H | F | V | C | Y | D | N | H |
| V | H | K | H | A | F | R | C | E | C | L | B | D | D | V | A | P | N |
| Z | E | W | N | W | Z | C | N | W | M | I | Z | P | J | R | Q | S | Q |
| U | O | T | D | H | B | R | O | W | N | W | I | N | G | E | D | L | T |
| Q | M | S | E | I | G | P | I | E | D | M | Y | O | N | K | Y | T | K |
| V | A | T | D | T | C | E | Y | P | O | D | L | B | J | M | N | F | S |
| D | M | O | A | E | W | H | P | E | Q | F | M | C | Y | A | W | N | D |
| E | H | R | E | T | K | E | W | A | C | A | O | D | I | X | G | M | N |
| R | K | K | H | H | D | U | V | D | R | M | U | G | K | R | R | M | H |
| A | E | B | Y | R | V | F | F | D | M | A | Y | R | T | C | E | B | O |
| L | S | I | A | O | U | D | K | O | A | A | D | B | N | L | E | E | Q |
| L | J | L | R | A | L | G | N | R | Z | X | A | I | Q | E | N | L | Y |
| O | P | L | G | T | T | E | V | U | U | U | B | C | S | M | Q | T | T |
| C | K | E | O | E | B | G | V | L | R | R | I | N | G | E | D | E | J |
| X | T | D | Z | D | C | W | X | H | E | F | E | T | Q | D | H | D | U |
| J | X | K | Y | E | L | L | O | W | B | I | L | L | E | D | D | L | I |

AZURE
BELTED
BLACK-CAPPED
BROWN-WINGED
Buff-breasted PARADISE
COLLARED
COMMON
GIANT
GRAY-HEADED
GREEN
LITTLE
PIED
RINGED
STORK-BILLED
WHITE-THROATED
YELLOW-BILLED

The common kingfisher is a short-tailed kingfisher and occurs in Eurasia and North Africa, often along rivers. The gray-headed kingfisher is a tree kingfisher—a group of primarily insectivorous kingfishers—found in Africa. It sometimes eats fish.

No. 110

# More Kingfishers

| | | | | | | | | | | | | | | | | | |
|---|---|---|---|---|---|---|---|---|---|---|---|---|---|---|---|---|---|
| W | A | Z | Q | T | U | K | Q | E | F | Q | N | I | D | Q | U | O | A |
| H | S | K | W | A | M | A | Z | O | N | T | B | T | E | Z | M | G | Z |
| B | O | A | D | Y | D | D | U | R | M | D | L | N | D | O | N | U | P |
| N | F | O | R | E | S | T | C | L | A | N | U | F | N | N | I | A | W |
| Q | S | A | K | S | K | U | G | I | N | A | E | A | A | B | E | M | D |
| B | R | C | D | B | W | A | E | C | G | L | E | E | B | Q | J | E | O |
| Z | W | U | I | E | I | D | W | W | R | D | A | P | V | J | D | N | G |
| T | K | H | F | F | P | L | Q | O | O | O | R | A | D | N | B | L | L |
| V | N | C | Q | W | R | P | L | N | V | O | E | N | A | M | I | S | M |
| Z | A | Y | G | Y | G | F | A | E | E | W | D | B | A | T | T | O | A |
| S | T | R | I | P | E | D | Y | C | D | F | O | A | T | Z | Y | U | L |
| X | J | O | M | Z | X | O | G | I | Y | G | I | E | S | D | Z | C | A |
| H | I | D | O | Z | Y | O | G | Y | I | T | R | P | Q | Y | A | C | C |
| F | A | V | Q | S | W | F | Z | D | M | I | S | R | D | E | S | P | H |
| J | K | N | R | D | W | J | N | Y | N | R | L | U | M | J | J | L | I |
| N | P | R | S | M | D | I | G | G | D | Z | R | L | R | B | T | X | T |
| R | U | F | O | U | S | C | O | L | L | A | R | E | D | A | X | U | E |
| Z | O | B | L | X | C | V | I | J | S | A | C | R | E | D | N | K | I |

AMAZON
BANDED
BLUE-EARED
FOREST
GLITTERING
GUAM
HOOK-BILLED
INDIGO-BANDED
MALACHITE
MANGROVE
RUDDY
RUFOUS-COLLARED
RUSTY-CAPPED
SACRED
STRIPED
WOODLAND

Common across the South Pacific, from Indonesia to New Zealand, the sacred kingfisher is so named because it was considered holy by Polynesian sailors. Called kotare by the Māori, it was believed to control the waves.

# Unique Nesters

No. 111

| | | | | | | | | | | | | | | | | | | |
|---|---|---|---|---|---|---|---|---|---|---|---|---|---|---|---|---|---|---|
| U | A | P | Q | S | E | V | H | A | E | G | D | S | O | M | U | B | I | D |
| E | E | T | D | P | D | G | B | B | R | Q | E | O | R | I | H | A | D | U |
| R | U | C | B | I | I | X | A | Q | U | D | G | C | E | H | A | R | G | L |
| S | R | O | P | H | B | X | U | X | G | F | I | I | N | B | M | N | B | F |
| P | O | M | H | O | L | O | T | P | B | M | L | A | R | D | E | S | R | X |
| E | P | M | X | N | E | P | B | Z | R | A | A | B | O | O | R | W | U | B |
| N | E | E | C | T | N | F | O | P | D | L | W | L | H | R | K | A | S | L |
| D | A | L | G | P | E | C | W | B | U | L | O | E | S | O | O | L | H | A |
| U | N | G | B | O | S | I | E | H | F | E | O | W | U | P | P | L | T | C |
| L | B | A | G | Q | T | S | R | S | G | E | D | E | O | E | O | O | U | K |
| I | E | E | N | R | S | T | B | N | S | F | P | A | F | N | M | W | R | K |
| N | E | D | O | W | W | I | I | I | D | O | E | V | U | D | O | V | K | I |
| E | E | L | T | S | I | C | R | K | W | W | C | E | R | O | P | H | E | T |
| T | A | A | X | J | F | O | D | Y | T | L | K | R | W | L | D | Q | Y | E |
| I | T | B | Y | H | T | L | L | J | Y | P | E | T | Z | A | D | U | X | U |
| T | E | I | N | Z | L | A | L | P | X | Z | R | L | B | U | X | D | Z | P |
| X | R | R | Q | M | E | J | V | G | F | T | J | J | S | Q | I | H | N | Y |
| R | U | D | F | S | T | W | S | G | E | F | F | S | Z | Y | U | C | Q | B |
| K | C | O | M | M | O | N | T | A | I | L | O | R | B | I | R | D | I | M |

Australian BRUSHTURKEY

Australian MALLEEFOWL

BALD EAGLE

BARN SWALLOW

BLACK KITE

BOWERBIRD

COMMON TAILORBIRD

EDIBLE-NEST SWIFTLET

Eurasian PENDULINE TIT

EUROPEAN BEE-EATER

GILA WOODPECKER

Golden-headed CISTICOLA

HAMERKOP

Montezuma's OROPENDOLA

RUFOUS HORNERO

SOCIABLE WEAVER

Bald eagles build some of the biggest bird nests—up to 6 feet across—but it may take them three months to do so. The golden-headed cisticola's nest is smaller, but no less impressive. It's intricately woven from living grass and reeds.

No. 112

# Bee-eaters

| | | | | | | | | | | | | | | | | | |
|---|---|---|---|---|---|---|---|---|---|---|---|---|---|---|---|---|---|
| B | T | O | N | C | F | H | B | N | T | S | T | L | E | O | J | V | R |
| S | L | H | S | R | A | I | N | B | O | W | J | W | L | L | V | V | I |
| U | N | U | W | B | L | J | A | T | C | D | D | C | D | Y | H | B | W |
| D | D | W | E | U | R | O | P | E | A | N | V | I | G | V | N | L | H |
| E | E | S | C | M | D | A | D | C | G | E | L | N | J | C | O | U | I |
| K | D | W | S | S | O | A | P | R | K | C | K | N | P | O | R | E | T |
| E | A | A | G | R | T | U | E | Q | E | O | E | A | C | S | T | B | E |
| E | E | L | N | E | P | E | S | J | H | H | L | M | F | O | H | E | F |
| H | H | L | U | D | N | H | L | T | P | L | G | O | I | M | E | A | R |
| C | T | O | O | B | F | A | H | A | A | G | N | N | L | A | R | R | O |
| E | U | W | F | E | G | H | L | Y | Q | C | W | C | Z | L | N | D | N |
| U | N | T | G | A | O | T | T | R | D | M | H | H | H | I | C | E | T |
| L | T | A | J | R | B | E | O | S | K | B | R | E | G | Z | A | D | E |
| B | S | I | C | D | M | S | W | C | M | O | P | S | D | G | R | G | D |
| D | E | L | I | E | Y | S | A | O | R | H | E | T | A | J | M | U | O |
| L | H | E | B | D | B | L | L | B | Y | M | I | E | G | A | I | Q | Z |
| V | C | D | T | N | B | D | G | C | E | S | P | D | S | N | N | H | L |
| R | P | L | I | I | P | I | H | T | B | K | C | M | J | R | G | D | A |

BLACK
BLUE-BEARDED
BLUE-CHEEKED
BLUE-MOUSTACHED
BÖHM'S
CHESTNUT-HEADED
CINNAMON-CHESTED
EUROPEAN
GREEN
NORTHERN CARMIN
RAINBOW
RED-BEARDED
ROSY
SOMALI
SWALLOW-TAILED
WHITE-FRONTED

White-fronted bee-eaters live in large colonies, so they work together. When they aren't raising their own young, males and females of the species serve as "helpers." Helpers defend the nest, feed the new moms, and take care of young ones.

# Rollers and Motmots

No. 113

| | | | | | | | | | | | | | | | | | | |
|---|---|---|---|---|---|---|---|---|---|---|---|---|---|---|---|---|---|---|
| B | L | U | E | B | E | L | L | I | E | D | R | O | L | L | E | R | R | P |
| P | B | Y | W | H | O | O | P | I | N | G | M | O | T | M | O | T | U | U |
| B | R | A | C | Q | U | E | T | T | A | I | L | E | D | R | H | R | S | B |
| K | O | I | H | B | D | Q | U | L | X | Q | Z | N | O | Q | P | J | S | T |
| I | A | B | Y | S | S | I | N | I | A | N | R | O | L | L | E | R | E | U |
| N | D | L | C | O | D | Q | C | W | P | O | Z | A | E | M | X | Y | T | R |
| D | B | H | Y | Z | T | C | L | K | O | W | Y | W | U | T | H | G | C | Q |
| I | I | Y | F | K | C | P | C | W | H | B | I | C | T | K | I | C | R | U |
| A | L | P | E | U | R | O | P | E | A | N | R | O | L | L | E | R | O | O |
| N | L | M | F | Q | W | N | Q | V | G | F | I | A | B | A | Y | O | W | I |
| R | E | L | L | O | R | E | S | E | N | I | H | C | O | D | N | I | N | S |
| O | D | E | M | P | B | G | D | B | C | B | C | B | H | K | V | S | E | E |
| L | R | F | H | N | T | R | T | O | D | Y | M | O | T | M | O | T | D | B |
| L | O | E | Q | T | O | M | T | O | M | N | A | E | D | N | A | Z | M | R |
| E | L | R | L | L | L | J | C | T | M | D | A | Y | M | I | Z | F | O | O |
| R | L | R | L | I | L | A | C | B | R | E | A | S | T | E | D | S | T | W |
| O | E | E | R | P | N | Z | K | J | W | M | H | O | W | V | I | Z | M | E |
| V | R | W | L | R | U | F | O | U | S | C | R | O | W | N | E | D | O | D |
| K | E | E | L | B | I | L | L | E | D | M | O | T | M | O | T | S | T | J |

ABYSSINIAN ROLLER

ANDEAN MOTMOT

BLUE-BELLIED ROLLER

BROAD-BILLED ROLLER

EUROPEAN ROLLER

INDIAN ROLLER

INDOCHINESE ROLLER

KEEL-BILLED MOTMOT

LILAC-BREASTED Roller

PURPLE-WINGED ROLLER

RACQUET-TAILED Roller

RUFOUS-CROWNED Roller

RUSSET-CROWNED MOTMOT

TODY MOTMOT

TURQUOISE-BROWED Motmot

WHOOPING MOTMOT

The lilac-breasted roller grows up to 14 inches long and hunts by air. Sometimes it "rolls" when it flies, giving it its name, but when it sees a rodent or lizard for dinner, it swoops down on it.

No. 114

# Hornbills, Hoopoes, and Related

| | | | | | | | | | | | | | | | | | | |
|---|---|---|---|---|---|---|---|---|---|---|---|---|---|---|---|---|---|---|
| U | N | G | G | R | C | C | L | F | J | M | R | N | F | G | B | Z | M | Z |
| G | C | S | R | E | G | O | A | F | N | T | X | C | V | V | T | M | O | H |
| R | R | I | O | D | N | M | V | D | C | R | A | C | Y | Q | R | A | N | U |
| E | N | L | U | B | M | M | O | O | L | C | P | N | C | E | U | D | T | A |
| E | V | V | N | I | U | O | N | G | L | A | I | J | H | E | M | A | E | K |
| N | N | E | D | L | U | N | D | P | I | S | P | B | U | O | P | G | I | Z |
| W | P | R | H | L | P | S | E | A | B | Q | I | A | O | P | E | A | R | D |
| O | I | Y | O | E | E | C | R | B | N | U | N | Q | A | O | T | S | O | X |
| O | E | C | R | D | B | I | D | Y | R | E | G | W | Q | O | E | C | S | N |
| D | D | H | N | H | N | M | E | S | O | D | H | H | K | H | R | A | H | K |
| H | H | E | B | O | E | I | C | S | H | H | O | Z | K | J | H | R | O | P |
| O | O | E | I | R | S | T | K | I | F | O | R | Q | W | D | O | H | R | I |
| O | R | K | L | N | A | A | E | N | R | R | N | V | S | S | R | O | N | Y |
| P | N | E | L | B | D | R | N | I | A | N | B | C | H | S | N | O | B | S |
| O | B | D | Q | I | E | B | S | A | W | B | I | I | B | W | B | P | I | N |
| E | I | R | W | L | V | I | I | N | D | I | L | N | V | E | I | O | L | M |
| E | L | J | X | L | Z | L | R | R | S | L | L | B | O | N | L | E | L | F |
| I | L | Y | N | U | H | L | D | S | F | L | F | E | Z | S | L | A | F | P |
| F | O | R | E | S | T | W | O | O | D | H | O | O | P | O | E | Y | Q | J |

ABYSSINIAN Scimitarbill

Black-and-white CASQUED HORNBILL

COMMON SCIMITARBILL

FOREST WOODHOOPOE

GREEN WOODHOOPOE

HOOPOE

MADAGASCAR HOOPOE

Malabar PIED-HORNBILL

MONTEIRO'S HORNBILL

Northern GROUND-HORNBILL

PIPING HORNBILL

Red-billed DWARF HORNBILL

RED-BILLED HORNBILL

SILVERY-CHEEKED Hornbill

TRUMPETER HORNBILL

VON DER DECKEN’S Hornbill

Hornbills and hoopoes have sickle-shaped bills, but hornbills' are considerably thicker, often with a large, hornlike embellishment. The hoopoe nests in holes dug into trees but feeds by using its beak to dig in the dirt for invertebrates.

# Chinese Birds

No. 115

X G L H Y S X X M C D C F S R C K T V
F I I Y D P M Z T I C Y S I F H G V A
B N N A H E J U X E G S P C N I P E U
T M A J N C F R O Q Y Y O H R N E L R
I N L L I T K D T X S H O U E E R G I
K X A W J A G S T Z T J N A T S E A E
M A U S N C N R S N C T B N D E D E S
H C G O A L C G E B X M I P E M A A N
O R H K J E M O G Y W X L A T O V E I
O E I I X D H W G R S U L R S N I S G
D S N B C F U P W X O H E T E A D S H
E T G I U U A M K G G U R R R L S R T
D E T S R L J L O C Q B N I C A O E J
C D H B M V O G I Q O O A D K H W L A
R I R I W E S A D V M C G G J E L L R
A B U L V T N U F R M T A E J A S E K
N I S L V T K F R X B V Y E L G Y T O
E S H L F A J S C O Q Y S S P M O S Y
C J C A B O T S T R A G O P A N W H Z

CABOT'S TRAGOPAN

CHINESE MONAL

CRESTED IBIS

CRESTED TERN

GIANT GRAY SHRIKE

HOODED CRANE

IBISBILL

LAUGHINGTHRUSH

PEACOCK-PHEASANT

PÈRE DAVID'S OWL

SICHUAN PARTRIDGE

SPECTACLED FULVETTA

SPOONBILL

STELLER'S SEA-EAGLE

VAURIE'S NIGHTJAR

XINJIANG GROUND-JAY

Unlike most birds, who abandon their nests soon after fledging, the Sichuan partridge and its young continue spending nights there. It's speculated that, despite an increased predation risk, the dome-like nest is the best place to keep chicks warm enough.

No. 116

# Spotted Birds

| | | | | | | | | | | | | | | | | | |
|---|---|---|---|---|---|---|---|---|---|---|---|---|---|---|---|---|---|
| R | Q | V | O | K | I | W | L | Y | B | O | K | Y | D | K | M | F | L |
| D | D | F | M | W | C | R | S | I | L | A | E | E | Y | S | D | Q | G |
| N | I | N | K | R | A | B | R | W | A | M | R | N | W | P | R | F | V |
| F | G | E | O | I | H | F | A | M | L | T | I | B | X | L | I | T | Q |
| K | N | J | L | G | F | T | E | M | E | E | K | I | E | M | B | H | L |
| W | O | O | D | D | O | V | E | P | B | A | R | R | O | T | F | L | P |
| D | O | C | H | P | G | Q | R | G | S | O | G | T | O | R | F | B | S |
| F | Q | F | T | L | T | M | R | C | N | D | O | L | S | F | U | M | X |
| C | V | W | G | P | V | M | M | Y | D | C | A | W | E | E | P | O | H |
| R | W | O | O | D | P | E | C | K | E | R | Q | Q | R | T | K | N | X |
| O | D | A | D | M | E | M | E | V | Y | Z | Z | O | D | E | N | G | Z |
| C | V | Z | S | V | Y | O | W | L | E | T | T | Y | I | R | N | O | V |
| I | O | T | B | J | E | W | E | L | B | A | B | B | L | E | R | Q | I |
| A | B | U | Q | H | V | F | R | U | I | T | D | O | V | E | X | R | E |
| S | H | H | D | A | R | U | H | T | O | N | C | I | O | D | J | A | Z |
| S | H | E | L | A | C | H | U | R | A | M | U | U | B | O | N | U | F |
| Y | R | L | V | Q | N | I | G | H | T | J | A | R | Q | D | Q | T | P |
| B | M | J | Q | H | O | N | E | Y | G | U | I | D | E | J | N | U | Y |

BAMBOOWREN
BARBET
CROCIAS
EAGLE
ELACHURA
FORKTAIL
FRUIT-DOVE
HONEYGUIDE
JEWEL-BABBLER
KESTREL
NIGHTJAR
NOTHURA
OWLET
PUFFBIRD
RAIL
WOOD-DOVE
WOODPECKER

The pearl-spotted owlet is a small owl found across sub-Saharan Africa. The "earless" bird primarily feeds on invertebrates, but sometimes eats small rodents or other birds. Unlike most owls, it's often active during the day.

# Owls

No. 117

| | | | | | | | | | | | | | | | | | |
|---|---|---|---|---|---|---|---|---|---|---|---|---|---|---|---|---|---|
| X | G | W | J | L | S | C | X | F | K | W | O | Q | E | C | Y | S | U |
| F | R | H | D | B | A | R | K | I | N | G | Z | W | E | C | J | U | Y |
| K | E | O | Z | H | D | E | C | A | F | Y | H | S | A | K | O | U | M |
| P | A | E | R | C | R | Y | E | E | A | G | L | E | O | W | L | H | H |
| B | T | X | O | E | W | A | L | S | J | T | X | I | S | T | Z | S | D |
| Q | H | N | D | E | N | B | S | P | B | N | A | I | M | C | D | C | F |
| S | O | E | W | R | S | E | G | E | Y | F | X | W | B | P | A | O | P |
| Y | R | W | E | C | H | V | M | C | G | G | S | X | N | D | G | P | T |
| M | N | U | Q | S | L | Y | H | T | S | J | M | G | U | Y | F | S | C |
| O | E | X | T | S | I | B | P | A | T | M | W | Y | O | C | D | E | N |
| R | D | T | A | P | K | A | J | C | N | O | E | G | M | Q | N | Y | E |
| E | F | C | P | O | B | R | V | L | Y | Z | M | L | D | Y | C | A | K |
| P | F | H | B | T | K | R | R | E | M | W | J | G | F | W | R | I | A |
| O | B | J | P | T | Q | E | B | D | P | R | K | L | E | O | R | X | V |
| R | A | H | Z | E | G | D | L | N | D | V | C | M | V | N | A | B | X |
| K | R | Q | Q | D | A | L | F | K | J | G | A | A | M | S | N | H | B |
| L | N | M | S | L | T | X | V | U | R | A | L | Q | O | I | C | S | B |
| F | D | C | Z | J | J | Q | W | V | I | L | R | M | K | H | D | G | H |

ASHY-FACED
BARKING
BARN
BARRED
EAGLE-OWL
ELF
GREAT HORNED
MOREPORK
PYGMY
SCOPS
SCREECH
SNOWY
SPECTACLED
SPOTTED
TAWNY
URAL

Owls are highly specialized nighttime hunters. Large, forward-facing eyes enhance vision, and a uniquely shaped facial disk enhances hearing. Many species also have one ear higher than the other which improves hearing on a vertical axis. Most fly in near-silence.

No. 118

# Famous Birds

| | | | | | | | | | | | | | | | | | |
|---|---|---|---|---|---|---|---|---|---|---|---|---|---|---|---|---|---|
| J | G | U | K | O | D | J | I | U | N | K | U | F | G | J | M | Q | Z |
| K | F | S | P | Z | K | H | W | B | M | H | L | T | T | O | H | Y | K |
| J | I | M | M | Y | T | H | E | R | A | V | E | N | Z | O | G | O | P |
| A | K | O | D | A | F | A | Q | D | G | O | W | A | C | M | X | U | X |
| Q | G | L | H | B | I | N | M | M | M | T | R | A | B | I | B | G | I |
| E | F | D | I | P | U | M | V | S | Y | T | N | V | M | D | J | Q | K |
| Q | V | A | E | O | M | W | O | Y | S | U | G | L | K | C | C | R | F |
| Y | Q | B | W | L | I | C | F | S | C | X | M | E | T | F | M | L | H |
| K | O | E | Y | L | R | Z | T | K | A | W | N | S | R | A | I | F | X |
| Z | D | V | J | C | M | A | H | F | H | H | N | T | R | Z | K | N | W |
| Y | H | N | B | U | R | Z | J | A | N | O | T | I | Z | D | E | L | V |
| F | S | W | A | L | L | E | W | M | W | K | O | R | D | W | G | V | G |
| I | E | I | I | B | F | U | U | B | A | C | C | J | A | Z | I | H | R |
| H | B | N | N | D | D | A | A | H | E | R | B | I | E | M | J | J | E |
| F | G | U | Y | Z | V | L | E | Q | X | K | W | V | J | O | O | U | C |
| M | B | A | B | X | L | V | F | E | R | G | G | B | Z | T | E | R | I |
| D | T | K | M | U | Q | C | F | H | G | M | G | D | V | L | Z | U | A |
| T | U | Q | Y | X | F | O | L | I | S | D | N | A | Y | O | R | E | A |

BUBI, Eagle-Owl

CANUCK, Crow

COSMO, Gray Parrot

G.I. JOE, Pigeon

GRECIA, Toucan

HERBIE, Duck

JIMMY THE RAVEN

MARIO, Goose

MARTHA, the Last Passenger Pigeon

MIKE the Headless Chicken

MOZART'S STARLING

OLD ABE, Bald Eagle

OMID, Siberian Crane

POLL, Andrew Jackson's Parrot

ROY AND SILO, Penguins

SNOWBALL, Cockatoo

When researchers saw the cockatoo Snowball dancing in his viral YouTube videos, they realized he wasn't just dancing—he was demonstrating beat perception and synchronization. That means he was actively anticipating and adapting to the music, an ability presumed to be uniquely human.

# Parrots

No. 119

```
Z H H T E L T O R R A P O L L E H C
P K S N F S W Y Q P G T S M A A T G
K I S S F Q M T D P J H S G R S X F
E G M N L M G F U O P O E V G T E E
A E U A G E A X W R I G E V E E M P
A D C S S G M H Y R Q R D Z F R O G
T T S L B K H Y E Z N U G X I N B D
P W S N E D E D A A L E O T G R Y I
B D E L U C F D L Z R A V I R O M L
M T C I T A T H S I L P L E S S I D
J T N Q N L A U L H G W G B S E Z R
A V I B W N J P S C I I Q M K L O A
R K R R G G Q V D G T N Q Q M L W C
H X P I K A K A P O I Q I R X A O U
D I N O A Q N W E M C D F N V A R L
Q G S U P E R B E E L T I A G Y L A
F Q L G R A Y L O V E B I R D O A M
Q V T E O F U Y Y Q A K C Q O X D O
```

DRACULA
EASTERN ROSELLA
ECLECTUS
GRAY
KAKAPO
KEA
LARGE FIG
LOVEBIRD
MASKED SHINING
PARROTLET
PRINCESS
RED-FAN
SUPERB
TIGER
TURQUOISE
VERNAL HANGING

Kakapos, endemic to New Zealand, are the world's heaviest parrots—growing to over 8 pounds—and they are flightless. They use their strong beaks and feet to climb trees for their favorite foods. These unique birds may live up to 100 years.

No. 120

# Cockatoos

| | | | | | | | | | | | | | | | | | |
|---|---|---|---|---|---|---|---|---|---|---|---|---|---|---|---|---|---|
| A | L | L | E | R | O | C | E | L | T | T | I | L | G | E | X | X | M |
| M | O | L | U | C | C | A | N | N | D | C | S | Y | F | S | Y | M | K |
| H | C | F | Z | X | L | W | W | P | O | A | G | U | L | X | E | J | C |
| C | Z | G | A | P | D | B | B | C | K | J | X | L | M | S | L | A | A |
| Y | Z | H | Q | Y | I | W | K | U | X | G | E | Z | U | P | L | A | L |
| M | L | A | P | K | C | A | L | B | J | H | Y | L | O | H | O | X | B |
| Z | B | O | A | R | T | N | A | W | C | R | P | U | G | S | W | U | D |
| F | B | A | N | I | N | G | O | T | A | H | T | X | A | N | C | M | E |
| K | K | L | E | G | Z | Z | I | R | U | K | Q | Z | N | R | R | Y | L |
| K | G | L | A | P | B | M | V | R | T | R | V | S | G | E | E | W | I |
| X | Q | B | T | Y | R | I | C | O | T | I | O | F | G | D | S | F | A |
| H | C | A | S | O | H | R | L | C | L | L | C | Y | A | V | T | F | T |
| X | B | C | J | A | E | B | N | L | O | Y | S | I | N | E | E | R | D |
| N | U | A | T | S | X | D | X | M | E | H | G | N | G | N | D | D | E |
| J | M | D | T | R | W | Q | O | L | Y | D | V | G | W | T | J | L | R |
| M | U | E | D | X | C | N | G | A | L | A | H | T | F | E | A | F | P |
| Q | D | Y | V | H | S | U | M | B | R | E | L | L | A | D | J | T | K |
| Y | M | S | B | L | U | E | E | Y | E | D | X | D | N | Z | Z | I | M |

BLACK PALM
BLUE-EYED
CITRON
COCKATIEL
GALAH
GANG-GANG
LITTLE CORELLA
LONG-BILLED
MAJOR MITCHEL'S
MOLUCCAN
RED-TAILED BLACK
RED-VENTED
SOLOMONS
SULPHUR-CRESTED
UMBRELLA
YELLOW-CRESTED

In some Australian suburbs, sulphur-crested cockatoos have learned a trick: they can open trash can lids and get the goodies inside. Once the skill has been acquired, it's shared among social groups, so the birds learn it from each other.

# Parakeets

No. 121

| | | | | | | | | | | | | | | | | | |
|---|---|---|---|---|---|---|---|---|---|---|---|---|---|---|---|---|---|
| A | I | J | W | G | T | P | L | U | M | H | E | A | D | E | D | G | I |
| D | I | X | C | V | E | P | N | F | G | I | F | O | D | T | Y | Q | S |
| E | O | V | A | C | X | S | I | R | E | G | O | T | O | R | B | Y | A |
| T | G | U | L | A | A | Y | D | E | R | B | Y | A | N | Y | Q | T | D |
| S | N | B | E | P | S | R | Y | J | A | N | D | A | Y | A | R | N | D |
| E | I | F | X | H | C | D | I | M | J | A | L | S | P | E | J | B | L |
| H | W | X | A | D | L | J | L | N | W | H | R | N | D | K | E | U | E |
| C | O | I | N | S | E | U | V | Z | G | K | S | B | S | V | H | D | B |
| T | R | Y | R | P | A | M | C | I | C | N | R | C | W | X | R | G | A |
| E | R | Z | I | A | R | T | T | U | R | E | E | M | M | O | Q | E | C |
| L | U | K | N | N | B | A | B | Y | A | H | D | C | O | N | D | R | K |
| R | B | R | E | G | O | A | E | S | A | X | D | N | K | N | U | I | G |
| A | S | X | K | L | D | D | T | Q | D | S | T | I | V | E | K | G | D |
| C | F | P | K | E | Y | E | G | I | M | V | M | M | G | R | D | A | M |
| S | E | F | P | P | D | E | C | A | F | N | E | D | L | O | G | R | H |
| E | N | G | L | I | S | H | B | U | D | G | I | E | W | K | G | Z | H |
| J | G | O | U | O | P | A | L | I | N | E | Z | D | I | W | P | Z | B |
| C | A | R | O | L | I | N | A | E | E | D | Z | J | B | H | B | H | P |

ALEXANRINE
BROTOGERIS
BUDGERIGAR
BURROWING
CAROLINA
DERBYAN
ENGLISH BUDGIE
GOLDENFACE
JANDAYA
MONK
OPALINE
PLUM-HEADED
RED-BREASTED
RING-NECKED
SADDLEBACK
SCARLET-CHESTED
SPANGLE
TEXAS CLEARBODY

North America's only native parrot species, the Carolina parakeet, officially became extinct in 1918. But all may not be lost. The bird is on a short list of species considered candidates for "de-extinction," a process by which scientists use preserved genetic material to recreate a species.

No. 122

# Macaws

| | | | | | | | | | | | | | | | | | |
|---|---|---|---|---|---|---|---|---|---|---|---|---|---|---|---|---|---|
| B | L | U | E | A | N | D | Y | E | L | L | O | W | Z | H | V | G | X |
| R | X | J | D | I | U | X | Z | J | F | D | F | O | M | W | O | R | C |
| Z | D | L | E | B | C | J | W | M | X | S | I | D | E | L | C | E | F |
| T | W | E | T | L | V | P | M | P | T | L | J | V | D | H | V | D | E |
| Y | M | A | A | U | R | R | H | L | Q | Y | L | E | E | W | Y | S | Y |
| S | I | R | O | E | Z | D | M | V | V | I | N | S | U | D | W | H | P |
| O | L | S | R | W | P | W | N | G | C | C | T | L | Q | B | Z | O | N |
| G | I | R | H | I | Z | O | C | U | O | N | A | D | L | E | K | U | W |
| L | T | E | T | N | J | M | V | L | U | X | W | U | L | H | P | L | R |
| A | A | D | E | G | K | L | L | T | S | W | E | J | S | T | O | D | E |
| U | R | B | U | E | I | A | F | M | A | H | V | P | N | N | U | E | M |
| C | Y | E | L | D | R | R | K | M | E | Q | I | N | S | I | I | R | W |
| O | L | L | B | E | O | R | I | A | H | X | J | G | Z | C | F | E | A |
| U | P | L | D | N | J | Q | D | Y | S | L | X | Z | M | A | V | D | J |
| S | O | I | T | C | F | E | L | J | I | R | B | M | E | Y | P | Q | Q |
| P | S | E | R | E | D | A | N | D | G | R | E | E | N | H | M | D | K |
| I | D | D | M | G | R | E | A | T | G | R | E | E | N | T | C | U | K |
| U | C | A | S | F | Y | W | F | T | E | L | R | A | C | S | P | M | M |

BLUE-AND-YELLOW
BLUE-HEADED
BLUE-THROATED
BLUE-WINGED
CHESTNUT-FRONTED
GLAUCOUS
GOLDEN-COLLARED
GREAT GREEN
HYACINTH
LEAR'S
MILITARY
RED-AND-GREEN
RED-BELLIED
RED-SHOULDERED
SCARLET
SPIX'S

Generally, macaws can be distinguished from other parrots by their size and bare facial patches—like the white ones seen on blue-and-yellow or scarlet macaws. However, the hyacinth macaw, which grows over 3 feet long, only has a bare, yellow eye-ring.

# Talkers and Mimics

**No. 123**

| | | | | | | | | | | | | | | | | | | |
|---|---|---|---|---|---|---|---|---|---|---|---|---|---|---|---|---|---|---|
| Z | R | A | V | E | N | A | N | J | Z | K | A | M | R | A | T | Y | A | L |
| T | W | K | D | S | D | N | O | W | G | A | L | A | H | B | P | C | U | O |
| O | G | A | M | A | K | X | Z | P | H | D | I | U | G | Y | W | E | S | N |
| R | S | E | O | U | A | F | A | H | Z | J | M | J | S | S | W | U | T | G |
| R | M | M | M | C | S | P | M | F | T | W | O | R | C | S | F | N | R | B |
| A | T | O | O | H | C | K | A | P | Z | Q | K | T | F | I | M | V | A | I |
| P | F | H | M | N | V | N | D | W | W | Z | J | T | C | N | O | D | L | L |
| Y | D | O | E | Y | K | F | E | U | C | L | I | F | O | I | C | W | I | L |
| E | C | Z | E | A | N | P | D | L | C | V | M | J | C | A | K | V | A | E |
| R | Q | N | I | A | E | A | A | Y | D | K | J | E | K | N | I | L | N | D |
| G | L | N | B | U | D | G | E | R | I | G | A | R | A | L | N | L | M | C |
| N | G | Z | O | Y | P | Y | H | E | A | B | D | T | T | O | G | F | A | O |
| A | D | N | Z | C | A | S | W | B | P | K | H | X | O | V | B | J | G | R |
| C | T | T | A | P | X | E | O | I | Y | Y | E | C | O | E | I | Z | P | E |
| I | P | G | S | A | E | R | L | R | I | M | L | E | Q | B | R | N | I | L |
| R | J | L | O | J | V | G | L | D | L | F | D | L | T | I | D | E | E | L |
| F | B | O | W | J | L | T | E | B | D | R | O | U | R | R | M | A | D | A |
| A | W | V | T | S | A | J | Y | O | G | Z | I | G | F | D | L | M | D | Y |
| F | J | R | I | S | M | M | A | C | A | W | R | P | I | U | X | C | K | M |

ABYSSINIAN LOVEBIRD

AFRICAN GRAY PARROT

AUSTRALIAN MAGPIE

BUDGERIGAR

CROW

GALAH

LONG-BILLED CORELLA

LYREBIRD

MACAW

MOCKINGBIRD

MONK PARAKEET

MUSK DUCK

MYNA

RAVEN

Yellow-crested COCKATOO

YELLOW-HEADED AMAZON

Lyrebirds incorporate a variety of sounds from their environment—including human-generated sounds like camera shutters and chain saws—into their courtship displays. And some cry wolf, emulating the sound a mixed-species flock makes when predators approach. Apparently, this persuades mates to stick around.

No. 124

# Hummingbirds

| | | | | | | | | | | | | | | | | | |
|---|---|---|---|---|---|---|---|---|---|---|---|---|---|---|---|---|---|
| A | W | R | E | R | A | E | B | R | O | S | I | V | B | C | L | U | E |
| N | L | A | N | C | E | B | I | L | L | G | X | R | O | W | U | C | T |
| S | T | A | R | T | H | R | O | A | T | M | A | R | M | R | C | V | P |
| E | R | I | H | P | P | A | S | R | G | Z | O | X | K | T | I | Z | P |
| T | H | N | Y | F | M | D | Q | T | I | N | I | B | J | O | F | R | C |
| R | H | P | A | O | Q | V | L | L | E | H | M | M | L | P | E | U | O |
| L | K | O | M | J | V | H | I | T | D | E | G | E | H | L | R | B | L |
| Q | Q | H | A | Y | D | A | T | D | G | I | T | Z | U | O | I | Y | L |
| A | N | D | E | A | N | H | I | L | L | S | T | A | R | V | R | T | A |
| T | Q | R | L | R | S | D | D | N | A | H | O | L | N | E | A | H | R |
| J | J | L | U | V | M | C | O | B | B | D | G | I | Z | R | E | R | E |
| X | G | B | V | N | X | I | R | O | G | T | X | X | D | C | T | O | D |
| T | Y | U | T | N | B | E | T | X | W | G | T | T | S | R | E | A | I |
| Z | N | U | B | S | W | W | S | G | X | H | I | T | K | E | L | T | N |
| Y | A | N | U | I | X | Z | S | E | P | T | R | I | Q | S | O | E | C |
| G | M | L | N | G | E | L | F | F | U | P | X | Q | N | T | I | D | A |
| Q | O | G | Z | O | L | S | U | N | A | N | G | E | L | U | V | M | O |
| H | B | R | U | B | Y | T | O | P | A | Z | S | T | D | U | Q | A | P |

ANDEAN HILLSTAR
BRAZILIAN RUBY
COLLARED INCA
CORONET
HERMIT
LANCEBILL
LUCIFER
PLOVERCREST
PUFFLEG
RUBY-THROATED
RUBY TOPAZ
SAPPHIRE
STARTHROAT
SUNANGEL
VIOLET-EAR
VIOLET SABREWING
VISORBEARER
WOODNYMPH

Hummingbirds are unique in their ability to fly backward and hover on wings beating faster than 70 beats per second. The Andean hillstar, however, lives at higher altitude than any of the others. When it feeds, it moves through air so thin it's impossible to hover.

# Toucans

No. 125

| | | | | | | | | | | | | | | | | | |
|---|---|---|---|---|---|---|---|---|---|---|---|---|---|---|---|---|---|
| M | O | W | H | I | T | E | T | H | R | O | A | T | E | D | B | Z | D |
| O | B | X | D | E | D | N | A | B | Y | N | A | M | T | T | V | T | W |
| I | N | C | J | O | S | D | H | Z | Q | H | W | X | E | B | E | J | C |
| B | R | E | H | Y | T | Q | L | S | A | O | P | B | D | N | A | O | U |
| Q | D | A | Y | A | O | X | R | A | X | S | R | V | A | N | L | M | C |
| X | E | E | C | F | N | E | U | U | R | A | J | C | F | L | O | O | H |
| K | P | D | P | A | I | N | D | G | B | E | U | O | A | C | K | U | O |
| T | M | L | E | V | R | M | E | N | U | O | M | R | R | N | C | N | C |
| O | U | T | U | T | G | A | A | L | T | M | E | E | A | L | M | T | O |
| U | R | C | I | S | S | C | D | N | B | D | L | C | Z | F | W | A | J |
| C | N | A | H | C | U | E | O | E | A | I | U | Y | L | Z | Z | I | I |
| A | O | X | P | O | S | R | R | R | R | O | L | R | W | E | T | N | H |
| N | S | N | T | N | F | X | A | C | T | E | L | L | A | H | Y | B | C |
| E | M | P | Z | F | T | C | S | O | L | I | T | P | E | G | V | K | J |
| T | I | D | A | T | A | U | C | E | R | R | Y | T | M | D | N | N | J |
| Q | R | S | U | R | E | O | G | V | S | M | U | F | E | W | G | H | Z |
| V | C | Q | I | S | T | E | V | G | A | M | X | C | K | L | L | P | D |
| M | X | J | R | E | D | B | R | E | A | S | T | E | D | Z | B | Z | D |

CHANNEL-BILLED
CHOCO
COLLARED ARACARI
CRIMSON-RUMPED
CURL-CRESTED
CUVIER'S
EMERALD
LETTERED ARACARI
MANY-BANDED
MOUNTAIN
RED-BREASTED
SAFFRON TOUCANET
TOCO TOUCAN
TOUCAN BARBET
TOUCANET
WHITE-THROATED

Toucans are in the same order as woodpeckers, the Piciformes. Like woodpeckers, they have zygodactyl feet, meaning each foot has two toes to the front and two to the back. White-throated toucans frequently take abandoned woodpecker nests as their own.

No. 126

# Woodpeckers

| | | | | | | | | | | | | | | | | | |
|---|---|---|---|---|---|---|---|---|---|---|---|---|---|---|---|---|---|
| J | K | G | R | O | U | N | D | B | X | S | D | R | Z | T | C | L | F |
| A | H | G | E | L | S | A | P | S | U | C | K | E | R | D | U | L | E |
| C | T | P | C | C | F | W | I | O | H | L | Y | W | I | D | I | N | U |
| O | P | A | B | Q | R | H | O | B | K | K | I | P | U | C | U | G | H |
| R | O | L | G | C | X | E | K | T | L | K | Y | V | K | B | T | I | H |
| N | E | R | E | P | H | A | I | C | E | Q | U | E | I | P | V | I | G |
| V | O | E | O | L | A | R | N | V | S | K | R | A | Z | O | H | H | O |
| Z | V | D | K | N | J | T | A | M | H | S | N | T | R | D | W | H | L |
| U | L | H | M | X | E | S | W | O | J | R | E | Y | E | C | B | X | D |
| V | W | E | Y | L | S | P | A | C | K | R | B | T | T | R | T | I | E |
| G | V | A | M | T | M | O | Q | H | Y | I | A | G | O | C | P | C | N |
| X | B | D | M | X | R | T | Q | N | L | E | M | B | J | G | W | E | G |
| N | K | E | H | X | P | T | B | L | L | N | U | Q | J | B | H | X | R |
| S | N | D | Y | G | W | E | E | I | J | S | M | B | O | Y | Y | A | E |
| A | D | A | I | R | C | D | P | C | T | J | Y | R | I | A | H | E | E |
| B | J | V | Y | E | L | L | O | W | F | R | O | N | T | E | D | B | N |
| M | B | L | A | C | K | Q | P | P | O | A | F | N | X | Z | I | D | M |
| E | E | M | I | Y | O | D | O | W | N | Y | F | V | X | N | Q | O | Y |

ACORN
BLACK
DOWNY
FLICKERS
GOLDEN-GREEN
GROUND
HAIRY
HEART-SPOTTED
IVORY-BILLED
NUBIAN
OKINAWA
PILEATED
RED-HEADED
ROBUST
SAPSUCKER
YELLOW-FRONTED

A woodpecker pecks a tree approximately 12,000 times per day. It's long been assumed that shock-absorbing skulls enable this activity, but recent observations show otherwise. Woodpecker brains, in relation to their skulls, just aren't big enough to get concussed.

# Chicken Varieties

No. 127

| | | | | | | | | | | | | | | | | |
|---|---|---|---|---|---|---|---|---|---|---|---|---|---|---|---|---|
| B | U | F | F | O | R | P | I | N | G | T | O | N | N | O | J | F | E |
| M | B | C | T | K | E | X | S | R | M | S | W | N | S | E | B | O | U |
| O | D | Z | N | N | H | S | N | E | W | O | A | R | I | Y | J | P | B |
| D | L | A | Z | X | A | G | T | Y | B | K | V | L | B | E | P | P | U |
| E | V | E | R | T | G | M | A | Z | E | R | A | J | R | E | L | W | T |
| R | V | A | Y | E | Y | N | E | D | H | Y | I | S | S | Y | S | V | T |
| N | D | S | M | Y | D | M | N | R | A | R | E | G | M | O | F | L | E |
| G | E | A | S | O | O | E | Q | M | I | Y | T | O | H | N | D | E | R |
| A | K | L | T | I | C | K | C | Y | G | C | U | U | I | T | W | G | C |
| M | P | T | Z | K | L | E | O | I | P | T | A | H | E | Y | K | H | U |
| E | E | R | E | Z | M | K | A | H | H | O | C | N | I | Q | D | O | P |
| X | T | W | C | A | I | N | I | R | A | O | L | K | A | R | J | R | N |
| Y | B | I | N | G | T | R | O | E | C | M | D | I | B | B | P | N | Z |
| I | K | I | D | A | B | C | F | A | Q | V | A | K | S | E | T | V | E |
| H | O | A | A | N | K | H | V | Q | E | X | V | V | U | H | Z | M | A |
| U | R | H | O | D | E | I | S | L | A | N | D | R | E | D | W | P | E |
| X | B | T | A | P | X | T | K | N | V | I | J | P | A | N | U | A | U |
| H | D | O | M | I | N | I | Q | U | E | K | L | M | T | C | C | D | X |

AMERICANA
AYAM CEMANI
BUFF ORPINGTON
BUTTERCUP
COCHIN
DOMINIQUE
FRIZZLE
JERSEY GIANT
LEGHORN
MODERN GAME
NAKED NECK
PLYMOUTH ROCK
POLISH
RHODE ISLAND RED
SEBRIGHT
SILKIE
WYANDOTTE
YOKOHAMA

Since domestication over 10,000 years ago, an astonishing array of chicken varieties have been developed. Silkies, named for their soft feathers, have black skin. Ayam cemanis do, too. Buttercups, on the other hand, are named for their comb shape.

No. 128

# Soaring Birds

| | | | | | | | | | | | | | | | | | | |
|---|---|---|---|---|---|---|---|---|---|---|---|---|---|---|---|---|---|---|
| H | U | K | U | S | H | I | A | C | R | N | E | F | S | P | R | P | G | C |
| L | W | P | G | S | T | M | I | I | E | O | J | R | I | E | O | T | R | Z |
| B | Q | S | E | O | S | R | N | C | D | B | O | I | J | R | D | C | A | P |
| F | S | H | O | R | Y | U | C | E | T | M | A | G | T | E | N | Z | S | V |
| N | Z | E | V | T | D | R | A | P | A | T | N | A | M | G | O | G | S | Z |
| T | Z | A | G | A | S | O | T | C | I | X | T | T | K | R | C | M | H | B |
| U | W | R | Y | B | P | Y | E | G | L | M | A | E | S | I | N | G | O | A |
| R | U | W | P | L | R | V | R | E | E | F | R | B | D | N | A | B | P | L |
| K | H | A | B | A | A | P | N | L | D | I | C | I | U | E | E | G | P | D |
| E | A | T | B | G | V | O | Q | M | H | N | T | R | V | F | D | Z | E | E |
| Y | R | E | V | N | E | K | W | Z | A | U | I | D | E | A | N | W | R | A |
| V | P | R | M | I | N | J | B | D | W | J | C | X | G | L | A | S | B | G |
| U | Y | P | P | R | E | H | Q | V | K | O | P | Z | A | C | C | O | U | L |
| L | E | B | L | E | R | T | S | E | K | D | E | T | T | O | P | S | Z | E |
| T | A | P | L | D | L | W | A | D | K | B | T | U | H | N | N | P | Z | Q |
| U | G | A | L | N | I | C | V | Y | A | X | R | C | W | B | P | R | A | O |
| R | L | P | Q | A | Z | N | S | Z | P | Z | E | Y | X | K | R | E | R | O |
| E | E | J | V | W | S | U | X | H | K | K | L | H | I | P | G | Y | D | F |
| U | S | S | A | N | D | H | I | L | L | C | R | A | N | E | T | J | R | W |

ANDEAN CONDOR

ANTARCTIC PETREL

BALD EAGLE

Christmas SHEARWATER

GRASSHOPPER BUZZARD

HARPY EAGLE

INCA TERN

Magnificent FRIGATEBIRD

OSPREY

PEREGRINE FALCON

RAVEN

RED-TAILED HAWK

SANDHILL CRANE

SPOTTED KESTREL

TURKEY VULTURE

WANDERING ALBATROSS

The Andean condor is the world's heaviest soaring bird, coming in at around 33 pounds, but it also can do something remarkable. It can soar for over 100 miles without flapping once.

## Plain ____________ No. 129

| | | | | | | | | | | | | | | | | | |
|---|---|---|---|---|---|---|---|---|---|---|---|---|---|---|---|---|---|
| N | K | X | I | O | I | A | E | B | U | S | H | H | E | N | N | E | N |
| H | N | R | L | L | U | B | N | E | E | R | G | O | U | F | U | I | X |
| T | A | O | E | U | J | E | C | Z | B | V | T | T | V | M | G | H | P |
| R | F | X | E | K | L | P | U | C | Q | K | F | X | O | H | O | L | Y |
| W | U | K | T | G | C | G | Z | I | K | T | S | U | T | N | B | C | Y |
| I | K | X | A | Y | I | E | U | P | Y | G | N | J | E | T | H | Y | Y |
| X | E | A | N | K | M | P | P | P | X | T | A | Y | T | A | L | W | A |
| E | E | D | O | I | J | M | A | R | A | R | E | F | C | G | A | P | I |
| P | N | S | X | E | T | R | I | I | E | A | I | H | U | S | N | J | N |
| D | J | O | X | N | A | R | N | V | T | W | A | W | G | U | T | U | I |
| X | O | G | G | K | H | F | A | E | S | L | O | K | W | N | V | D | R |
| K | K | O | E | Y | I | M | R | M | A | Z | I | L | Z | B | I | Z | P |
| B | C | E | H | N | R | Z | C | C | B | D | N | X | F | I | R | I | X |
| V | T | A | C | Q | M | E | A | Y | Y | V | I | O | T | R | E | A | F |
| D | T | H | O | H | J | U | G | T | H | K | R | A | A | D | O | A | E |
| Z | A | Z | R | E | L | B | R | A | W | F | A | E | L | N | D | Y | I |
| I | F | E | Q | T | W | S | G | T | Q | D | U | M | T | J | S | B | S |
| Q | B | H | V | F | V | R | D | K | H | Q | B | V | D | I | D | J | Y |

ANTVIREO
BUSH-HEN
CHACHALACA
FLOWERPECKER
GERYGONE
GREENBUL
HONEYEATER
LEAF WARBLER
MARTIN
MOUNTAIN FINCH
NIGHTJAR
PARAKEET
PIGEON
PRINIA
SUNBIRD
SWIFT

The word "gerygone" comes from Greek and means "children of song." Like its relatives, the plain gerygone is notable for its warbleresque song. It lives exclusively on the eastern Lesser Sunda Islands, between Australia and Indonesia.

No. 130

# Condors

| | | | | | | | | | | | | | | | | | |
|---|---|---|---|---|---|---|---|---|---|---|---|---|---|---|---|---|---|
| G | V | U | L | T | U | R | G | R | Y | P | H | U | S | X | F | L | P |
| N | C | A | S | U | N | A | I | N | R | O | F | I | L | A | C | A | S |
| I | A | B | I | L | W | P | D | C | X | H | V | Z | M | I | R | M | R |
| V | L | M | Z | C | I | I | G | I | O | N | K | Q | A | T | G | R | M |
| I | I | O | Q | J | N | B | G | J | M | U | O | N | H | R | J | O | O |
| L | F | N | G | O | G | W | Z | R | N | M | D | E | A | W | N | C | S |
| G | O | O | R | Q | S | A | O | T | B | E | N | N | G | O | H | A | G |
| N | R | G | A | I | P | G | U | E | A | O | D | X | T | K | D | T | M |
| O | N | A | E | Y | A | R | T | N | G | C | V | Y | R | C | A | H | P |
| L | I | M | J | M | N | Q | C | E | A | X | P | E | P | I | P | A | W |
| J | A | O | A | X | C | O | N | N | F | A | C | P | Y | P | N | R | Y |
| I | C | U | P | L | N | E | Y | M | U | O | C | E | J | Y | I | T | X |
| E | O | S | H | D | S | O | A | H | V | Y | W | U | D | T | J | I | H |
| Y | N | G | O | I | N | S | C | E | M | C | O | L | O | O | K | D | E |
| L | D | R | S | Q | P | E | R | O | J | S | O | A | R | N | B | A | E |
| Y | O | L | H | J | U | Y | M | I | F | T | H | Z | T | O | W | E | A |
| J | R | T | Z | Q | E | I | G | N | U | B | T | H | U | M | H | M | R |
| O | Y | C | O | L | C | A | C | A | N | Y | O | N | G | T | U | R | C |

ANDEAN CONDOR

CALIFORNIA CONDOR

CATHARTIDAE

COLCA CANYON

GRAND CANYON

Gymnogyps CALIFORNIANUS

KUNTUR

LONG-LIVING

MONOGAMOUS

MONOTYPIC Genus

PARTHENOGENESIS

QUECHUA

RECOVERY

SOAR

VULTUR GRYPHUS

WINGSPAN

In the 1980s, only twenty two California condors remained. Concerted conservation work saw that number pass 500. And, thanks to efforts by the Yurok Tribe, the bird will soon return to Northern California for the first time in over 100 years.

# Finches

No. 131

| | | | | | | | | | | | | | | | | | |
|---|---|---|---|---|---|---|---|---|---|---|---|---|---|---|---|---|---|
| Z | D | N | S | P | E | C | T | A | C | L | E | D | I | W | N | P | X |
| S | Y | B | O | L | P | U | R | P | L | E | C | D | B | L | A | O | R |
| U | B | R | G | O | L | D | F | I | N | C | H | L | B | S | I | V | E |
| L | T | L | Y | V | J | G | G | V | K | Q | A | U | S | C | D | K | T |
| M | U | R | A | Z | S | Y | I | A | I | C | T | T | A | H | L | U | E |
| O | Y | D | E | C | V | L | A | H | K | C | V | S | N | N | U | W | P |
| N | O | N | L | E | K | D | H | T | I | J | S | U | T | C | O | U | M |
| G | O | U | D | C | J | R | H | L | U | I | H | O | R | Y | G | B | U |
| O | D | O | G | S | I | R | O | I | N | W | D | I | E | A | D | P | R |
| L | Z | R | X | Z | O | N | B | S | G | R | J | U | O | G | H | M | T |
| I | O | G | X | A | P | N | A | P | Y | W | R | S | Q | B | R | U | F |
| A | A | M | T | V | K | D | G | E | K | O | Z | I | V | X | S | L | E |
| N | O | E | O | A | P | S | U | Q | P | M | U | U | N | Q | M | S | A |
| Y | D | D | W | O | O | D | P | E | C | K | E | R | I | D | U | J | O |
| F | X | M | I | P | L | A | A | G | M | P | Z | O | A | O | V | E | Q |
| F | M | V | A | V | X | N | S | N | R | H | J | X | H | N | E | C | L |
| Y | Y | D | S | C | A | R | L | E | T | Q | I | V | X | L | A | O | M |
| R | O | X | M | M | A | S | T | A | R | M | O | B | C | N | X | S | Q |

American GOLDFINCH
BLACK ROSY-Finch
BLACK-THROATED Finch
CASSIN'S Finch
EUROPEAN Goldfinch
GOULDIAN Finch
GROUND Finch
HOUSE Finch
MONGOLIAN Finch
PURPLE Finch
SCARLET Finch
SPECTACLED Finch
STAR Finch
TREE Finch
TRUMPETER Finch
WOODPECKER Finch

The male European goldfinch only has a slash of yellow on its wing, as opposed to the mostly yellow body of the American goldfinch, but it's no less striking. It's also distinguished by a bright-red face and cream-colored cowl.

No. 132

# Old World Warblers and Related

| | | | | | | | | | | | | | | | | | |
|---|---|---|---|---|---|---|---|---|---|---|---|---|---|---|---|---|---|
| S | H | I | L | L | B | A | B | B | L | E | R | A | E | Y | N | R | B |
| U | W | X | M | Q | F | U | L | V | E | T | T | A | D | I | E | C | V |
| B | U | O | T | I | D | K | I | E | J | M | Y | Z | J | L | U | I | I |
| A | P | A | R | R | O | T | B | I | L | L | B | K | B | S | R | C | N |
| L | H | T | W | S | G | A | T | I | Z | Y | E | R | N | P | A | T | O |
| P | H | D | D | A | X | Z | P | Z | R | B | A | G | V | E | S | E | U |
| I | K | R | A | L | G | N | O | S | N | W | O | R | B | C | I | R | S |
| N | B | G | V | L | Y | P | V | V | C | F | E | Q | X | T | A | I | T |
| E | L | M | C | C | Q | K | C | I | M | B | P | W | U | A | N | N | H |
| W | A | E | G | Z | S | W | R | E | N | T | I | T | N | C | B | E | R |
| A | C | A | O | H | Y | A | W | H | O | D | O | R | U | L | L | W | O |
| R | K | Y | M | Q | E | V | E | D | D | R | Q | Y | T | E | A | A | A |
| B | C | T | L | L | W | F | S | D | Y | K | K | X | W | D | C | R | T |
| L | A | C | A | Z | O | S | R | W | E | N | Z | O | R | I | K | B | E |
| E | P | B | Y | J | Y | M | H | V | Q | H | E | P | N | X | C | L | D |
| R | S | B | A | N | D | E | D | P | A | R | I | S | O | M | A | E | H |
| S | E | D | G | E | W | A | R | B | L | E | R | G | V | E | P | R | I |
| C | A | P | E | G | R | A | S | S | B | I | R | D | W | E | N | K | H |

African HILL BABBLER

BALEARIC WARBLER

BANDED PARISOMA

BLACKCAP

BROWN SONGLARK

CAPE GRASSBIRD

EURASIAN BLACKCAP

Golden-breasted FULVETTA

Great PARROTBILL

ICTERINE WARBLER

RWENZORI Hill Babbler

SEDGE WARBLER

SPECTACLED Fulvetta

SUBALPINE WARBLER

VINOUS-THROATED Parrotbill

WRENTIT

Although most of its relatives eat insects, the vinous-throated parrotbill uses its diminutive beak to crack and eat seeds.

# American Warblers

No. 133

| | | | | | | | | | | | | | | | | | |
|---|---|---|---|---|---|---|---|---|---|---|---|---|---|---|---|---|---|
| O | A | R | H | O | O | D | E | D | W | A | R | B | L | E | R | V | B |
| E | M | L | M | B | F | Z | V | E | H | S | H | Y | G | G | P | L | Y |
| R | Y | O | Y | U | U | W | T | J | S | I | E | K | O | N | A | K | P |
| I | W | F | U | A | W | S | O | D | F | L | C | L | I | C | D | Y | G |
| V | R | A | P | R | H | A | Z | R | L | G | D | H | K | O | E | B | R |
| A | H | L | R | P | N | E | T | O | M | E | M | T | A | L | B | L | E |
| I | Y | A | X | B | T | I | W | E | N | E | H | C | L | T | Q | A | L |
| H | G | F | I | Q | L | T | N | W | R | R | A | O | D | I | Z | C | B |
| P | K | A | E | X | H | I | I | G | O | T | W | T | Y | Z | O | K | R |
| L | L | W | N | R | X | N | N | A | W | W | H | J | I | F | D | A | A |
| E | I | I | O | S | G | G | T | G | A | A | A | R | Z | N | A | N | W |
| D | G | A | O | E | M | E | O | R | V | Y | R | I | U | C | G | D | C |
| A | T | P | D | U | D | N | B | Q | H | I | C | B | I | S | H | W | I |
| L | C | S | F | B | W | L | O | A | Q | F | R | Q | L | B | H | H | T |
| I | R | V | L | B | E | L | L | S | V | I | R | E | O | E | D | I | C |
| H | Q | U | J | R | G | A | F | C | N | N | V | J | O | T | R | T | R |
| P | E | W | P | R | O | T | H | O | N | O | T | A | R | Y | E | E | A |
| T | R | A | T | S | D | E | R | N | A | C | I | R | E | M | A | G | E |

AMERICAN REDSTART

ARCTIC WARBLER

BELL'S VIREO

BLACK-AND-WHITE Warbler

BLACK-THROATED BLUE Warbler

Common YELLOWTHROAT

GOLDEN-WINGED Warbler

HOODED WARBLER

MOURNING WARBLER

Northern WATERTHRUSH

PHILADELPHIA VIREO

PROTHONOTARY Warbler

WARBLING VIREO

WORM-EATING Warbler

Yellow-breasted CHAT

YELLOW WARBLER

Named for the robes traditionally worn by prothonotaries, high-ranking members in the Roman Catholic Church, the bright-yellow prothonotary warbler breeds in the southeastern United States. Sometimes referred to as "the swamp warbler," it winters in Central and South America.

No. 134

## Swimmers and Divers

| | | | | | | | | | | | | | | | | | |
|---|---|---|---|---|---|---|---|---|---|---|---|---|---|---|---|---|---|
| T | R | E | S | O | O | G | A | D | A | N | A | C | A | C | X | N | C |
| E | E | T | N | I | U | G | N | E | P | O | O | T | N | E | G | V | V |
| Z | D | H | I | S | X | S | M | U | T | E | S | W | A | N | T | I | L |
| E | H | I | F | A | N | I | H | I | N | G | A | Z | T | U | E | N | B |
| C | E | C | F | P | X | L | F | S | T | M | G | K | F | S | N | E | R |
| Z | A | K | R | X | Z | G | C | O | N | A | D | T | Q | G | N | J | O |
| V | D | B | F | H | X | K | P | W | G | F | E | Q | H | Q | A | L | W |
| P | K | I | R | F | E | Z | Z | J | C | D | K | W | X | K | G | C | N |
| G | A | L | A | P | A | G | O | S | P | E | N | G | U | I | N | A | P |
| H | R | L | W | J | Z | O | S | U | E | B | S | O | K | X | R | N | E |
| G | R | E | G | D | P | M | F | N | K | P | N | H | H | I | E | V | L |
| S | L | D | N | R | X | F | O | K | F | O | V | Z | Q | C | H | A | I |
| M | M | M | T | C | I | A | F | J | A | E | K | K | U | Q | T | S | C |
| A | H | U | P | N | N | E | X | E | M | U | M | U | K | T | R | B | A |
| K | U | R | A | M | E | R | I | C | A | N | C | O | O | T | O | A | N |
| P | G | R | H | O | O | D | E | D | G | R | E | B | E | Z | N | C | Q |
| G | R | E | A | T | C | O | R | M | O | R | A | N | T | B | G | K | J |
| V | P | T | K | Z | H | C | O | M | M | O | N | L | O | O | N | S | P |

AMERICAN COOT
ANIHINGA
BROWN PELICAN
CANADA GOOSE
CANVASBACK
COMMON LOON
GALAPAGOS PENGUIN
GENTOO PENGUIN
GREAT CORMORANT
HOODED GREBE
MUTE SWAN
NORTHERN GANNET
REDHEAD
THICK-BILLED MURRE
TUFTED PUFFIN

Gentoo penguins are the fastest swimmers of all penguins. They've been clocked swimming up to 22 miles per hour, more than three times the penguin average!

# Birds-of-Paradise

No. 135

| | | | | | | | | | | | | | | | | | |
|---|---|---|---|---|---|---|---|---|---|---|---|---|---|---|---|---|---|
| P | Q | B | G | X | I | F | Y | Q | L | D | J | W | X | O | H | V | C |
| A | U | C | R | K | T | A | X | Y | S | I | I | J | F | T | M | O | N |
| I | V | X | A | O | X | N | X | Z | G | P | U | U | W | W | A | T | E |
| T | S | F | C | G | N | D | E | R | U | O | S | E | J | D | N | T | D |
| O | R | P | H | R | T | Z | E | C | E | E | L | K | E | R | U | Y | O |
| R | A | O | A | D | E | A | E | P | I | V | X | L | F | C | C | K | C |
| A | G | P | K | R | T | S | B | P | E | F | L | K | B | M | O | I | U |
| P | G | E | G | E | A | W | C | W | A | I | I | Z | X | H | D | U | N |
| N | I | R | R | O | U | D | I | E | B | R | K | N | V | D | E | I | A |
| R | A | R | G | M | L | R | I | E | N | Z | O | E | G | U | O | P | M |
| E | N | S | N | H | E | D | L | G | R | T | X | T | V | A | L | P | T |
| T | A | C | A | D | P | A | I | S | A | U | C | K | I | K | M | G | E |
| S | K | N | A | N | P | K | Y | E | J | L | P | A | G | A | R | X | P |
| E | W | E | F | L | S | O | L | L | S | V | L | V | P | U | O | N | M |
| W | O | R | C | E | S | I | D | A | R | A | P | A | W | E | O | M | U |
| R | I | F | L | E | B | I | R | D | J | Z | R | C | D | A | D | T | R |
| S | P | L | E | N | D | I | D | A | S | T | R | A | P | I | A | K | T |
| N | K | I | N | G | O | F | S | A | X | O | N | Y | E | P | E | W | G |

BRONZE PAROTIA

CRESCENT-CAPED Lophorina

Glossy-mantled MANUCODE

GOLDIE'S Bird-of-Paradise

GREATER Bird-of-Paradise

Halmahera PARADISE-CROW

KING-OF-SAXONY Bird-of-Paradise

Long-tailed PARADIGALLA

MAGNIFICENT Bird-of-Paradise

PALE-BILLED Sicklebill

RAGGIANA Bird-of-Paradise

SPLENDID ASTRAPIA

TRUMPET MANUCODE

TWELVE-WIRED Bird-of-Paradise

Victoria's RIFLEBIRD

WESTERN PAROTIA

The father of modern taxonomy, Carl Linnaeus, made a blunder when he dubbed the greater bird-of-paradise *Paradisaea apoda*—"legless bird-of-paradise." This is because the legs had been removed from the specimens he received before they were shipped to Europe.

No. 136

# Critically Endangered

| | | | | | | | | | | | | | | | | | |
|---|---|---|---|---|---|---|---|---|---|---|---|---|---|---|---|---|---|
| N | H | F | F | F | R | I | G | A | T | E | B | I | R | D | Q | O | R |
| I | E | L | S | I | B | E | R | I | A | N | C | R | A | N | E | E | T |
| L | L | O | Z | I | E | A | Q | T | E | X | W | X | S | I | D | P | R |
| O | M | R | D | R | A | Z | T | J | L | A | X | W | W | V | W | S | I |
| C | E | E | Y | R | T | U | X | Z | U | M | I | O | E | M | O | I | S |
| N | T | S | T | Z | A | R | S | K | O | F | T | N | Z | G | S | L | T |
| A | E | H | W | U | C | H | J | C | T | P | T | G | I | S | S | V | A |
| R | D | A | C | Z | B | T | C | P | O | E | A | A | R | N | A | E | N |
| F | H | W | S | Q | D | G | A | O | D | P | N | K | Z | J | R | R | A |
| I | O | K | M | Q | Q | R | D | C | P | T | S | W | A | X | U | Y | L |
| T | R | E | W | G | R | G | O | Q | I | S | J | O | L | K | C | P | B |
| U | N | A | R | O | S | C | F | B | M | X | R | K | W | I | D | I | A |
| O | B | G | T | G | K | K | I | R | U | N | J | E | Y | L | E | G | T |
| B | I | L | U | A | Z | S | W | B | R | A | E | B | A | B | N | E | R |
| I | L | E | T | A | S | A | N | D | P | I | P | E | R | B | R | O | O |
| J | L | O | R | S | T | O | R | M | P | E | T | R | E | L | O | N | S |
| D | O | H | O | O | D | E | D | V | U | L | T | U | R | E | H | P | S |
| O | X | I | M | P | E | R | I | A | L | A | M | A | Z | O | N | C | N |

BAER'S POCHARD

Christmas Island FRIGATEBIRD

DJIBOUTI FRANCOLIN

FLORES HAWK-EAGLE

GIANT IBIS

HELMETED HORNBILL

HOODED VULTURE

HORNED CURASSOW

IMPERIAL AMAZON

KAKAPO

New Zealand STORM-PETREL

RED-VENTED COCKATOO

SIAU SCOPS OWL

SIBERIAN CRANE

SILVERY PIGEON

Spoon-billed SANDPIPER

SWIFT PARROT

TRISTAN ALBATROSS

The spoon-billed sandpiper is singular among sandpipers thanks to its namesake bill. In fact, it has its own genus, *Eurynorhynchus*. The birds breed in Russia and winter in Southeast Asia. As with many species, habitat destruction is their most significant threat.

# What Does the Duck Say?

No. 137

| | | | | | | | | | | | | | | | | | |
|---|---|---|---|---|---|---|---|---|---|---|---|---|---|---|---|---|---|
| V | A | K | B | N | Z | V | X | Z | G | O | N | W | Q | B | A | B | F |
| P | K | X | R | J | Y | S | F | X | V | K | X | J | U | X | R | D | W |
| Z | P | L | A | G | J | M | Y | L | A | M | X | R | J | A | I | X | L |
| J | E | I | B | T | Z | X | N | C | C | F | H | B | A | C | N | R | E |
| W | K | M | R | S | W | Q | T | B | P | C | K | A | N | P | I | N | H |
| F | P | U | A | W | A | C | M | S | O | H | Q | Y | I | K | U | C | L |
| G | E | Q | I | H | B | A | Z | I | S | C | U | Y | X | V | L | H | A |
| Z | K | J | E | M | C | A | N | W | A | I | R | U | R | Y | G | N | L |
| B | R | P | X | B | S | F | H | A | V | U | J | A | Z | X | E | Z | O |
| L | L | Q | A | D | Q | F | Q | T | F | I | K | G | P | Z | K | J | S |
| G | J | Y | L | R | Q | K | W | K | K | Y | L | T | A | X | V | A | B |
| I | S | X | O | A | P | L | U | C | L | S | M | G | U | A | A | V | C |
| F | P | V | O | K | J | A | I | A | C | D | Z | Q | E | X | K | C | N |
| K | O | M | C | K | S | E | R | U | F | Z | M | L | W | J | K | V | O |
| H | U | I | M | W | S | T | F | Q | S | O | N | L | X | U | Y | W | U |
| A | U | U | L | A | A | U | Q | A | U | Q | K | A | J | P | D | R | L |
| P | V | A | V | K | P | Z | B | F | U | I | U | X | I | L | D | U | N |
| O | Q | W | S | P | R | A | A | K | S | W | P | H | V | V | I | Z | B |

BRAAAQ CAAQ (Nepali)
BRA BRA (Icelandic)
COIN (French)
HÁP (Hungarian)
KÁČ (Czech)
KVA (Croatian)
KVAKK (Norwegian)
KWAK (Tagalog)
MAC (Romanian)
PAR-PAR (Basque)
PĒK PĒK (Latvian)
PRÄÄKS (Estonian)
QUACK (English)
QUÁ QUÁ (Portuguese)
RAP (Danish)
VAK (Turkish)

You wouldn't want a duck for a doctor, nor would you want a *quack*. That nickname doesn't come from ducks, though. It comes from Dutch. In the 17th century, a *quacksalver* was someone selling home remedies of dubious efficacy.

No. 138

# Blackbirds and Relatives

| | | | | | | | | | | | | | | | | | | |
|---|---|---|---|---|---|---|---|---|---|---|---|---|---|---|---|---|---|---|
| I | A | B | R | S | Z | C | M | S | B | F | I | P | D | O | N | P | C | S |
| J | A | E | E | P | B | R | E | P | U | T | V | E | A | R | E | K | O | C |
| J | J | S | D | A | O | D | L | O | K | S | N | R | Y | C | R | I | L | A |
| I | T | C | W | M | A | R | O | T | H | A | X | U | E | H | U | B | O | R |
| F | Y | R | I | P | T | I | D | B | U | F | S | V | L | A | S | A | M | L |
| C | K | E | N | A | T | B | I | R | P | F | F | I | L | R | T | L | B | E |
| O | Z | A | G | S | A | K | O | E | P | R | X | A | O | D | Y | T | I | T |
| M | B | M | E | M | I | C | U | A | M | O | P | N | W | O | B | I | A | H |
| M | C | I | D | E | L | A | S | S | S | N | S | M | R | R | L | M | N | E |
| O | U | N | B | A | E | L | B | T | B | C | T | E | U | I | A | O | M | A |
| N | F | G | L | D | D | B | L | E | O | O | F | A | M | O | C | R | U | D |
| G | R | C | A | O | G | E | A | D | B | W | I | D | P | L | K | E | W | E |
| R | U | O | C | W | R | L | C | O | O | L | V | O | E | E | B | O | J | D |
| A | Q | W | K | L | A | O | K | R | L | E | V | W | D | K | I | R | J | D |
| C | U | B | B | A | C | I | B | I | I | D | K | L | J | B | R | I | J | Y |
| K | Z | I | I | R | K | R | I | O | N | J | Q | A | O | I | D | O | L | U |
| L | V | R | R | K | L | O | R | L | K | T | V | R | U | R | K | L | V | C |
| E | N | D | D | X | E | R | D | E | N | O | A | K | C | D | Q | E | X | J |
| S | Y | D | T | K | F | L | D | U | S | K | Y | G | R | E | E | N | G | K |

BALTIMORE ORIOLE

BOAT-TAILED GRACKLE

BOBOLINK

COLOMBIAN Mountain Grackle

COMMON GRACKLE

DUSKY-GREEN Oropendola

MELODIOUS BLACKBIRD

ORCHARD ORIOLE

ORIOLE BLACKBIRD

PAMPAS MEADOWLARK

PERUVIAN MEADOWLARK

RED-WINGED BLACKBIRD

RUSTY BLACKBIRD

SAFFRON-COWLED Blackbird

SCARLET-HEADED Blackbird

SCREAMING COWBIRD

SPOT-BREASTED ORIOLE

YELLOW-RUMPED Cacique

The bobolink is named for the song it sings in flight. Although it builds its nests on the ground, it gets plenty of time to sing when it migrates to South America for the winter.

# Corvids

No. 139

| | | | | | | | | | | | | | | | | | | |
|---|---|---|---|---|---|---|---|---|---|---|---|---|---|---|---|---|---|---|
| H | A | M | I | I | A | V | R | O | I | A | Z | A | Q | C | W | E | B | Q |
| H | G | U | O | H | C | E | N | I | P | L | A | N | K | S | R | H | O | E |
| N | V | K | G | V | T | P | D | B | L | U | E | J | A | Y | G | M | R | I |
| N | F | S | C | R | L | K | M | A | I | S | H | P | E | Y | P | N | N | P |
| R | E | S | A | W | I | O | L | J | B | O | C | X | G | S | B | Z | E | G |
| S | E | U | R | A | S | I | A | N | J | A | C | K | D | A | W | Z | A | A |
| A | Z | U | R | E | W | I | N | G | E | D | M | A | G | P | I | E | N | M |
| L | D | O | I | D | A | L | Y | S | J | P | W | G | M | C | N | E | G | E |
| B | B | M | O | H | O | O | D | E | D | T | R | E | E | P | I | E | R | U |
| W | M | I | N | Z | A | S | G | R | E | E | N | J | A | Y | U | K | E | L |
| F | T | G | C | E | M | W | N | A | K | N | A | L | I | R | S | P | E | B |
| W | R | P | R | Y | T | H | U | L | S | H | V | R | T | G | J | A | N | I |
| T | E | K | O | T | C | O | M | M | O | N | M | A | G | P | I | E | M | U |
| E | E | Y | W | E | U | R | A | S | I | A | N | J | A | Y | V | W | A | C |
| P | P | G | R | O | O | K | F | M | V | S | F | O | E | S | A | U | G | D |
| X | I | Q | G | V | E | O | S | F | E | D | E | M | K | F | S | R | P | I |
| G | E | B | U | W | H | W | K | G | I | Q | C | K | W | Q | B | Y | I | B |
| P | I | E | D | C | R | O | W | Z | Z | S | U | D | Q | A | B | J | E | J |
| R | V | R | C | O | M | M | O | N | R | A | V | E | N | H | H | E | H | R |

ALPINE CHOUGH
AZURE-WINGED MAGPIE
BLUE JAY
BORNEAN GREEN-MAGPIE
CARRION CROW
COMMON MAGPIE
COMMON RAVEN
EURASIAN JACKDAW
EURASIAN JAY
GREEN JAY
HOODED TREEPIE
PIED CROW
Ratchet-tailed TREEPIE
Red-billed BLUE-MAGPIE
ROOK
SRI LANKAN Blue-Magpie

The common raven is the largest of all passerines, and the most widely distributed member of the Corvidae family. It is able to use tools, capable of mimicking human speech, and, like other corvids, shows signs of self-awareness.

No. 140

## More Corvids

| | | | | | | | | | | | | | | | | | |
|---|---|---|---|---|---|---|---|---|---|---|---|---|---|---|---|---|---|
| Q | T | Z | Z | S | V | B | Z | A | W | Z | V | O | H | G | P | X | N |
| R | J | P | F | P | Q | C | E | L | T | U | K | E | C | A | E | T | Z |
| E | D | I | Y | O | F | V | O | A | H | N | M | Y | H | N | R | J | E |
| D | A | A | W | T | S | V | O | L | I | I | P | A | R | A | V | R | I |
| B | U | P | S | T | D | L | T | A | C | C | F | J | N | N | A | T | P |
| I | R | I | B | E | Y | A | I | S | K | O | I | S | X | R | R | W | G |
| L | I | A | E | D | G | B | Q | R | B | L | V | R | C | H | A | Q | A |
| L | A | C | A | N | S | Z | U | H | I | O | H | E | A | O | C | M | M |
| E | N | U | U | U | E | F | I | D | L | R | K | L | Y | O | K | A | N |
| D | J | O | T | T | W | G | C | C | L | E | T | L | E | D | E | G | A |
| C | A | R | I | C | E | K | A | V | E | D | Q | E | N | E | T | P | I |
| H | C | N | F | R | A | N | X | D | D | J | I | T | N | D | T | I | R |
| O | K | D | U | A | I | Q | O | K | R | A | J | S | E | C | A | E | E |
| U | D | M | L | C | F | O | H | O | A | Y | L | G | J | R | I | J | B |
| G | A | U | J | K | Y | Q | Y | W | V | B | D | Y | A | O | L | A | I |
| H | W | A | A | E | L | P | G | K | E | W | D | O | Y | W | E | Y | R |
| U | Y | C | Y | R | B | H | O | W | N | J | N | E | Q | T | D | E | B |
| Q | C | O | L | L | A | R | E | D | T | R | E | E | P | I | E | X | E |

'ALALĀ

BEAUTIFUL JAY

Black-throated MAGPIE-JAY

CAYENNE JAY

COLLARED TREEPIE

DAURIAN JACKDAW

HOODED CROW

IBERIAN MAGPIE

PIAPIAC

RACKET-TAILED Treepie

RED-BILLED CHOUGH

SPOTTED NUTCRACKER

STELLER'S JAY

THICK-BILLED RAVEN

TRANSVOLCANIC JAY

UNICOLORED JAY

The 'alalā, or Hawaiian crow, is revered by native Hawaiians and the only Corvid found on those islands. In 2016, the species was reintroduced to the Big Island after having become extinct in the wild in 2002.

## Waders and Wading Birds

No. 141

| | | | | | | | | | | | | | | | | | |
|---|---|---|---|---|---|---|---|---|---|---|---|---|---|---|---|---|---|
| Y | E | C | W | W | Y | F | G | C | H | Q | Q | Q | R | Z | P | O | B |
| F | Y | C | T | F | A | O | K | I | B | I | S | B | I | L | L | I | J |
| P | L | O | D | W | U | K | R | X | B | K | L | L | S | H | S | E | T |
| A | O | A | U | D | I | T | O | F | I | C | S | S | A | X | P | P | J |
| M | B | O | M | I | T | R | T | G | T | F | H | F | N | C | O | V | M |
| N | E | Y | J | I | D | X | S | A | L | K | E | I | D | X | O | O | K |
| Q | Q | S | I | A | N | C | E | U | I | U | A | H | P | V | N | Z | P |
| Q | O | T | M | B | C | G | X | I | T | T | T | D | I | N | B | Z | D |
| V | J | E | M | V | G | A | O | W | S | R | H | F | P | W | I | Z | D |
| R | A | R | W | M | E | T | N | D | D | A | B | G | E | Y | L | K | H |
| H | N | C | H | C | E | J | N | A | J | I | I | G | R | O | L | T | H |
| W | E | A | K | A | M | W | J | R | T | L | L | V | P | R | M | C | Y |
| T | G | T | H | M | M | D | F | H | H | I | L | F | F | R | T | R | S |
| B | R | C | T | Z | M | T | E | X | I | Y | Y | D | B | V | E | A | N |
| X | E | H | L | I | K | R | A | L | F | B | F | V | E | E | B | N | I |
| K | T | E | O | Q | O | D | Y | F | T | P | I | R | Q | R | S | E | P |
| B | A | R | U | N | R | L | P | J | O | C | P | S | D | R | I | O | E |
| Y | W | D | G | B | C | W | Y | E | O | P | L | O | V | E | R | E | Z |

CRANE
EGRET
FLAMINGO
HERON
IBIS
IBISBILL
JACANA
OYSTERCATCHER
PLOVER
RAIL
SANDPIPER
SHEATHBILL
SNIPE
SPOONBILL
STILT
STORK

Like most wading birds, jacanas have long legs, but they also have extraordinarily long toes. This gives them massive feet that help them walk across floating plants like lily pads.

No. 142

# Yellow-Bellied ____________

| | | | | | | | | | | | | | | | | | | |
|---|---|---|---|---|---|---|---|---|---|---|---|---|---|---|---|---|---|---|
| T | R | G | N | Q | Z | E | A | O | C | C | O | F | S | C | M | Z | C |
| N | I | B | O | R | S | E | E | D | E | A | T | E | R | I | H | D | H |
| Y | D | F | H | T | L | S | W | A | X | B | I | L | L | G | G | M | A |
| S | J | T | I | Q | O | G | I | S | Y | M | H | E | K | H | W | E | T |
| R | V | T | F | I | E | X | Y | S | K | F | O | D | K | F | N | R | T |
| I | R | Y | K | E | X | C | Q | A | K | I | O | D | S | I | A | E | Y |
| U | Y | Y | B | V | S | F | R | C | J | I | F | U | S | R | T | M | R |
| T | E | L | U | N | N | A | R | Y | T | R | N | C | A | W | O | O | A |
| P | Y | E | H | L | N | Q | F | K | W | B | I | D | P | N | I | M | N |
| B | Z | Z | Q | A | T | O | C | A | I | T | H | S | S | K | L | E | T |
| P | R | I | N | I | A | L | T | R | L | H | I | I | U | D | Y | L | D |
| M | I | D | Z | A | G | T | D | D | O | N | R | N | C | I | H | A | U |
| L | Z | H | I | F | L | A | W | L | E | C | Q | C | K | C | C | B | Z |
| W | P | L | P | E | S | F | A | A | U | I | Y | A | E | Y | Y | U | F |
| L | T | C | E | I | J | V | L | L | T | K | S | D | R | R | C | I | W |
| Z | H | Y | T | G | M | E | N | K | B | V | O | B | U | T | R | H | T |
| Z | E | Y | F | B | T | G | E | R | Y | G | O | N | E | P | P | V | P |
| F | A | I | R | Y | F | A | N | T | A | I | L | C | S | T | I | D | E |

CHAT-TYRANT
DACNIS
ELAENIS
EREMOMELA
FAIRY-FANTAIL
GERYGONE
HYLIOTA
PRINIA
ROBIN
SAPSUCKER
SEEDEATER
SISKIN
SUNBIRD-ASITY
TYRANNULET
WATTLE-EYE
WAXBILL

Asities, like the yellow-bellied sunbird-asity, are small birds from Madagascar. They have long, decurved bills and special tongues for eating nectar. They grow no more than 3.5 inches long.

# Feather Words

No. 143

| | | | | | | | | | | | | | | | | | |
|---|---|---|---|---|---|---|---|---|---|---|---|---|---|---|---|---|---|
| T | E | V | I | T | A | R | O | C | E | D | O | T | A | X | T | P | I |
| T | M | S | A | T | K | E | V | O | T | R | D | E | X | E | R | M | K |
| P | G | R | G | F | F | A | D | N | A | R | T | M | U | I | N | U | X |
| X | L | I | I | E | N | O | M | T | I | U | G | S | M | F | G | S | J |
| L | F | L | N | P | X | Y | W | O | L | O | K | A | X | E | V | I | S |
| O | I | R | S | I | R | E | Z | U | F | D | R | N | G | Y | C | E | Q |
| S | N | W | U | D | A | G | P | R | E | Y | D | T | W | T | C | E | U |
| E | X | I | L | E | C | A | L | D | A | O | R | S | B | O | K | U | I |
| M | B | N | A | R | H | M | U | L | T | R | H | K | N | D | Y | I | L |
| I | A | G | T | M | I | U | M | M | H | I | E | D | R | N | Z | F | L |
| P | T | F | I | A | S | L | E | N | E | V | A | R | Z | G | V | L | K |
| L | H | E | O | L | I | P | C | W | R | R | E | I | I | W | Y | I | D |
| U | D | A | N | M | V | L | D | O | Y | H | O | J | P | B | N | G | A |
| M | Q | T | D | B | A | R | B | D | T | Z | O | L | P | E | H | H | G |
| E | A | H | G | C | W | A | D | A | R | E | F | L | I | U | L | T | U |
| O | R | E | Q | S | D | Y | E | F | T | C | T | F | N | T | C | F | S |
| F | J | R | A | W | G | F | M | Q | X | H | Z | K | G | Y | A | O | Z |
| F | C | K | Y | W | R | Y | O | W | G | K | X | O | F | N | J | T | C |

BARB
CONTOUR
DECORATIVE
DOWN
EPIDERMAL
FEATHER
FLIGHT
INSULATION
PLUMAGE
PLUME
PRIMARY
QUILL
RACHIS
SECONDARY
SEMIPLUME
TAIL FEATHER
WING FEATHER
ZIPPING

Feathers are unique in the animal kingdom. Birds are the only living animals that have them, but there may have been some others in the past. Birds evolved from dinosaurs like Tyrannosaurus, which very likely had feathers, too.

No. 144

# Eggs

| | | | | | | | | | | | | | | | | | | | |
|---|---|---|---|---|---|---|---|---|---|---|---|---|---|---|---|---|---|---|---|
| C | H | W | I | Y | B | M | P | O | W | P | D | W | P | R | G | L | W | E |
| V | I | T | E | L | L | I | N | E | M | E | M | B | R | A | N | E | R | J |
| N | D | X | O | L | S | E | M | B | R | Y | O | O | G | K | M | V | O | D |
| E | Q | O | S | H | E | L | L | M | E | M | B | R | A | N | E | P | I | B |
| M | M | O | K | U | H | L | F | D | B | S | Y | S | S | G | D | U | H | L |
| U | P | I | A | I | R | C | E | L | L | E | M | M | E | G | L | P | T | A |
| B | M | A | O | U | L | V | C | W | A | W | M | R | V | F | V | D | H | S |
| L | U | Z | U | Z | N | G | U | O | Y | B | M | Z | C | A | N | S | I | T |
| A | O | A | I | H | C | Y | F | B | D | I | T | I | P | F | K | J | C | O |
| N | S | L | H | Y | T | U | A | A | N | Q | T | L | Q | J | J | N | K | D |
| I | H | A | L | K | E | T | T | A | W | O | C | X | A | J | F | D | A | E |
| H | M | H | H | Q | X | Z | L | I | I | Q | P | Y | L | L | X | O | L | R |
| T | Y | C | J | I | E | D | U | N | C | W | O | S | H | E | L | L | B | M |
| X | E | C | B | Q | I | H | M | C | D | L | E | X | V | E | B | D | U | R |
| Z | K | W | F | S | O | A | I | S | K | O | E | A | P | P | V | A | M | W |
| D | N | U | C | L | E | U | S | O | F | P | A | N | D | E | R | P | E | H |
| Q | K | I | C | U | J | X | P | E | F | Z | N | M | Q | R | T | W | N | G |
| Z | V | E | F | P | E | D | X | N | O | Y | F | K | Q | J | R | E | Y | V |
| Y | F | B | A | L | L | A | N | T | O | I | C | F | L | U | I | D | U | I |

AIR CELL

ALLANTOIC FLUID

AMNIOTIC FLUID

BLASTODERM

BLOOM

CHALAZA

CUTICLE

EMBRYO

GERMINAL DISC

NUCLEUS OF PANDER

SHELL

SHELL MEMBRANE

THICK ALBUMEN

THIN ALBUMEN

VITELLINE MEMBRANE

YOLK

An egg white is composed of thin and thick albumen, which protects the yolk and provides additional nutrients to the embryo. However, most of the nutrients come from the yolk.

## Darwin's Finches

No. 145

| | | | | | | | | | | | | | | | | | |
|---|---|---|---|---|---|---|---|---|---|---|---|---|---|---|---|---|---|
| M | S | V | V | I | A | L | U | C | A | T | T | I | S | P | A | P | T |
| Z | Q | E | X | A | Q | D | D | T | T | C | P | N | H | K | A | T | B |
| F | C | C | P | X | N | Q | I | S | E | A | V | S | M | L | K | E | Y |
| R | O | Q | Z | T | J | M | V | F | U | Q | V | G | L | J | S | J | C |
| S | N | K | L | A | E | I | P | P | F | G | H | I | Y | R | C | R | P |
| E | I | W | R | C | Z | N | E | R | T | I | D | H | C | U | A | W | M |
| T | R | V | M | U | P | R | T | Q | O | U | C | Q | X | S | N | X | A |
| A | O | L | R | T | Z | K | Y | R | S | P | T | I | S | O | D | O | G |
| B | S | I | Z | I | M | Z | A | I | I | O | I | I | L | B | E | H | N |
| O | T | N | W | R | V | P | Y | O | J | O | R | N | O | I | N | Y | I |
| I | R | O | O | O | R | N | D | D | F | O | N | Q | Q | J | S | N | R |
| L | I | R | U | S | U | M | A | O | S | P | D | A | C | U | R | X | O |
| E | S | N | M | T | K | F | R | T | E | S | J | O | L | Y | A | O | S |
| H | V | A | G | R | J | T | R | A | S | F | L | Z | F | I | J | K | T |
| I | F | T | G | I | I | I | Y | U | X | F | V | U | A | J | S | W | R |
| X | B | A | W | S | S | P | A | R | V | U | L | U | S | K | X | Q | I |
| W | Z | A | S | O | N | I | G | I | L | U | F | J | E | H | E | F | S |
| J | O | L | I | V | A | C | E | A | F | N | F | U | S | C | A | H | K |

Camarhynchus HELIOBATES

Camarhynchus PALLIDUS

Camarhynchus PARVULUS

Camarhynchus PAUPER

Camarhynchus PSITTACULA

Certhidea FUSCA

Certhidea OLIVACEA

Geospiza ACUTIROSTRIS

Geospiza CONIROSTRIS

Geospiza DIFFICILIS

Geospiza FORTIS

Geospiza FULIGINOSA

Geospiza MAGNIROSTRIS

Geospiza PROPINQUA

Geospiza SCANDENS

Geospiza SEPTENTRIONALIS

Pinaroloxias INORNATA

Platyspiza CRASSIROSTRIS

The finches Charles Darwin observed on the Galápagos Islands helped him formulate his theory of evolution. The species of birds each adapted to a specific niche—and kept adapting. First observed in 1965, the vampire finch (*Geospiza septentrionalis*) feeds on the blood of seabirds.

No. 146

# Birds of the Amazon

| | | | | | | | | | | | | | | | | | |
|---|---|---|---|---|---|---|---|---|---|---|---|---|---|---|---|---|---|
| E | N | Z | J | I | Z | O | N | G | Z | L | W | R | E | K | F | N | S |
| F | H | O | A | X | N | O | A | O | I | E | G | S | Y | U | W | P | L |
| S | A | H | B | R | J | T | C | G | V | T | T | C | T | Z | A | H | A |
| U | R | O | I | W | D | O | U | R | Q | T | U | U | B | N | U | V | U |
| N | P | R | R | W | R | P | O | E | U | E | E | A | G | A | M | S | G |
| B | Y | N | U | N | E | T | T | E | F | R | K | L | W | C | B | P | H |
| I | E | E | S | C | X | A | O | N | W | E | E | S | W | R | R | E | I |
| T | A | D | T | F | G | E | C | O | L | D | M | E | O | I | E | C | N |
| T | G | S | O | I | A | R | O | R | C | A | G | U | O | M | L | T | G |
| E | L | C | R | P | T | G | T | O | H | R | W | Q | D | S | L | A | F |
| R | E | R | K | M | S | D | T | P | O | A | J | I | P | O | A | C | A |
| N | B | E | V | Y | M | I | B | E | A | C | Z | C | E | N | B | L | L |
| F | R | A | A | D | N | I | S | N | T | A | Z | A | C | T | I | E | C |
| I | D | M | J | G | Q | Y | W | D | Z | R | L | C | K | O | R | D | O |
| F | B | E | A | L | Q | Y | H | O | I | I | L | Z | E | P | D | O | N |
| R | S | R | Z | B | R | L | S | L | N | L | B | S | R | A | N | W | Y |
| T | A | N | A | G | E | R | O | A | H | N | M | J | R | Z | Y | L | L |
| C | Y | J | S | C | A | R | L | E | T | M | A | C | A | W | D | P | G |

Amazonian UMBRELLABIRD

CRIMSON TOPAZ

GREAT POTOO

GREEN OROPENDOLA

HARPY EAGLE

HOATZIN

HORNED SCREAMER

JABIRU STORK

LAUGHING FALCON

LETTERED ARACARI

Red-stained WOODPECKER

SCARLET MACAW

Silver-beaked TANAGER

SPANGLED COTINGA

SPECTACLED OWL

SUNBITTERN

TOCO TOUCAN

Yellow-rumped CACIQUE

The largest and arguably most recognizable of the toucans, the toco toucan, grows more than two feet long, with much of that length coming from the bill. Another bird with a notable attribute, the horned screamer, grows a unicorn-like horn from its forehead.

## Desert Birds

No. 147

| | | | | | | | | | | | | | | | | | |
|---|---|---|---|---|---|---|---|---|---|---|---|---|---|---|---|---|---|
| C | L | S | E | A | G | I | W | I | R | M | F | Y | M | N | U | O | G |
| O | G | U | B | V | R | C | Z | K | O | Q | T | M | Z | A | O | R | G |
| S | W | B | U | U | O | L | O | I | G | N | F | R | F | M | E | E | I |
| T | R | L | R | Z | U | L | S | S | V | Z | J | P | U | A | V | V | L |
| A | Y | W | R | L | N | J | T | C | Z | R | B | P | T | Q | J | A | A |
| S | M | O | O | R | D | H | R | R | Q | U | Y | E | S | U | G | E | W |
| H | A | F | W | S | J | C | I | J | W | R | R | A | E | A | A | W | O |
| U | M | L | I | N | A | R | C | F | R | R | G | L | J | S | M | W | O |
| M | U | E | N | J | Y | I | H | H | O | B | Z | P | U | A | B | O | D |
| M | R | D | G | U | X | H | U | A | U | F | A | E | F | N | E | R | P |
| I | F | K | O | R | X | L | D | S | T | Q | M | P | I | D | L | R | E |
| N | A | O | W | H | O | R | T | G | V | D | J | O | K | G | S | A | C |
| G | L | J | L | X | U | A | B | E | J | R | R | N | M | R | Q | P | K |
| B | C | B | I | N | R | W | R | K | E | W | E | I | C | O | U | S | E |
| I | O | A | N | D | D | D | Z | E | W | H | Z | A | L | U | A | C | R |
| R | N | E | O | U | I | A | Y | C | Q | Q | F | H | L | S | I | O | I |
| D | R | F | Z | N | F | C | L | K | A | B | E | P | T | E | L | X | P |
| A | C | J | A | G | N | E | R | W | S | U | T | C | A | C | C | R | T |

AMUR FALCON
BURROWING OWL
BUSTARD
CACTUS WREN
COSTA'S HUMMINGBIRD
ELF OWL
GAMBEL'S QUAIL
GILA WOODPECKER
GREATER ROADRUNNER
Mongolian GROUND-JAY
NAMAQUA SANDGROUSE
OSTRICH
PHAINOPEPLA
PYRRHULOXIA
VERDIN
White-browed SPARROW-WEAVER

Penduline tits are small birds that build complex hanging nests, many weaving them from cobwebs and other fibrous items. The verdin is the only one that occurs in North America, and the only one to weave a spherical nest.

No. 148

# Audubon

| | | | | | | | | | | | | | | | | | |
|---|---|---|---|---|---|---|---|---|---|---|---|---|---|---|---|---|---|
| C | A | K | G | C | U | N | A | E | R | U | C | I | P | E | C | R | J |
| C | Q | D | A | O | S | C | Z | H | G | V | I | X | Z | L | G | J | E |
| C | U | X | C | N | X | E | P | D | T | E | X | L | J | W | O | S | A |
| O | A | O | I | A | A | W | L | H | O | O | H | Z | X | H | Q | G | N |
| N | T | S | R | B | U | M | E | F | T | G | X | A | N | B | Q | D | R |
| S | I | V | E | K | P | G | S | S | T | O | Z | J | I | B | P | Y | A |
| E | N | O | M | E | G | X | W | R | H | A | A | E | U | T | K | F | B |
| R | T | Z | A | N | U | V | N | G | E | M | U | Z | S | C | I | R | I |
| V | P | W | F | G | C | J | E | U | E | I | Y | G | U | I | Z | M | N |
| A | E | A | O | L | X | N | K | S | G | W | T | T | H | Z | H | S | E |
| T | X | R | S | A | Y | Q | A | P | H | I | N | N | P | T | Z | I | X |
| I | K | T | D | N | Q | U | V | V | A | E | D | C | O | R | F | L | I |
| O | I | I | R | D | D | U | R | R | K | U | H | F | Z | R | P | D | G |
| N | P | S | I | U | G | N | I | D | N | A | B | R | I | B | F | C | S |
| I | L | T | B | U | X | A | A | J | Y | O | U | H | S | B | O | M | B |
| S | C | O | M | P | L | I | C | A | T | E | D | E | Z | Z | F | B | V |
| T | N | B | O | T | D | T | S | I | L | A | R | U | T | A | N | D | G |
| T | I | V | S | L | A | V | E | O | W | N | E | R | B | K | G | X | H |

AQUATINT
ARTIST
BANDING
*BIRDS OF AMERICA*
COMPLICATED
CONSERVATIONIST
ENGLAND
EPICUREAN
FRONTIERSMAN
HAITI
JEAN RABIN
JOHN JAMES AUDUBON
KENTUCKY
NATURALIST
SELF-TAUGHT
SLAVE OWNER

A problematic individual who owned and sold slaves, Haitian-born John James Audubon has been remembered by history for his work as a pioneering conservationist and wildlife artist. He identified and illustrated nearly 500 bird species, culminating in his seminal four-volume work, *Birds of America*.

## Field Marks

No. 149

| | | | | | | | | | | | | | | | | | | |
|---|---|---|---|---|---|---|---|---|---|---|---|---|---|---|---|---|---|---|
| U | A | G | L | P | D | D | C | X | F | X | S | V | O | F | J | Y | S | C |
| N | D | R | A | R | P | L | S | E | W | Z | F | E | R | E | N | I | E | S |
| G | T | T | T | I | B | T | U | V | R | Z | K | Y | B | D | U | F | C | P |
| C | Q | Z | E | M | T | K | P | I | E | E | S | T | I | T | C | G | O | I |
| R | Z | Z | R | A | X | D | E | U | Y | W | T | J | T | S | H | I | N | T |
| J | F | T | A | R | L | G | R | V | E | Q | X | T | A | E | A | K | D | L |
| X | R | P | L | Y | D | A | C | M | L | S | L | Y | L | R | L | O | A | A |
| I | X | C | C | C | S | C | I | A | I | O | L | E | S | J | C | M | R | I |
| G | O | R | R | O | N | O | L | N | N | P | J | N | K | O | O | A | Y | T |
| C | E | H | O | V | F | K | I | D | E | D | Y | O | I | V | L | X | C | R |
| D | G | N | W | E | N | E | A | I | W | Q | G | O | N | U | L | I | O | E |
| F | Q | S | N | R | W | L | R | B | I | R | K | G | L | O | A | L | V | T |
| E | Q | T | S | T | L | B | Y | L | V | M | Z | A | X | K | R | L | E | L |
| X | C | R | T | S | K | Q | Z | E | L | O | F | D | C | E | U | A | R | Z |
| V | Q | S | R | S | P | E | C | U | L | U | M | J | P | T | C | H | T | U |
| M | E | D | I | A | N | C | R | O | W | N | S | T | R | I | P | E | S | K |
| K | B | L | P | O | C | N | C | M | J | T | K | C | Z | R | R | F | O | U |
| B | J | U | E | Y | E | R | I | N | G | T | V | I | A | T | R | Q | Y | G |
| S | A | K | B | B | S | R | A | B | G | N | I | W | Z | Y | R | A | J | S |

ALULA
CERE
EYELINE
EYERING
LATERAL CROWN STRIPE
MANDIBLE
MAXILLA
MEDIAN CROWN STRIPE
NUCHAL COLLAR
ORBITAL SKIN
PRIMARY COVERTS
SECONDARY COVERTS
SPECULUM
SUPERCILIARY
TERTIAL TIPS
WINGBARS

Birders often divide a bird's body into regions: beak, head, back, throat, breast, wings, tail, and legs. Each region has field marks associated with it. Eyerings and crown stripes are on the head. The alula is on the wings.

No. 150

# Edge, Hemenway, and Hall

| | | | | | | | | | | | | | | | | | |
|---|---|---|---|---|---|---|---|---|---|---|---|---|---|---|---|---|---|
| M | W | T | H | V | P | O | S | B | G | L | D | P | Q | T | W | H | U |
| P | X | S | U | C | Y | U | C | B | I | R | D | H | A | T | P | M | H |
| T | A | S | N | O | W | Y | E | G | R | E | T | B | T | E | I | H | H |
| F | U | O | C | F | O | D | C | Z | J | B | M | E | L | G | A | P | L |
| U | D | W | T | T | M | B | B | C | A | B | A | I | R | R | H | H | M |
| N | U | K | M | I | N | N | A | D | O | P | C | A | R | A | R | A | A |
| D | B | V | A | Y | S | D | V | Y | A | A | T | I | W | C | S | J | Y |
| R | O | U | C | A | C | O | C | R | N | O | E | K | Z | S | F | M | M |
| A | N | S | C | G | C | O | T | I | R | T | M | F | A | C | J | N | I |
| I | S | Z | R | A | T | I | S | Y | O | O | O | C | M | A | Z | Z | L |
| S | O | I | T | T | E | L | B | H | U | Y | H | C | J | V | H | J | L |
| E | C | E | R | S | A | I | B | N | W | U | J | G | E | X | N | K | I |
| R | I | Z | F | N | R | W | T | B | S | A | P | C | O | K | N | I | N |
| Y | E | V | D | D | M | A | P | E | K | H | G | G | Y | Y | G | P | E |
| W | T | K | A | R | I | S | T | K | B | M | A | T | Y | A | O | H | R |
| Z | Y | C | U | N | D | T | D | A | X | S | U | U | V | Z | W | B | W |
| L | T | X | O | J | S | W | R | R | K | O | R | E | D | G | E | Y | P |
| V | P | X | P | L | U | M | E | J | B | Z | C | B | K | J | Y | O | U |

ADVOCATE

BIRD-HAT

BOYCOTT

EDGE

FUNDRAISER

HARRIET

HAWK MOUNTAIN

MASSACHUSETTS

MIGRATORY BIRD ACT

MILLINER

MINNA

National AUDUBON SOCIETY

PELICAN ISLAND

PLUME

SNOWY EGRET

TEA PARTIES

Rosalie Edge, Harriet Hemenway, and Minna Hall were fundamental in establishing an enduring American conservation movement. Among many accomplishments, they and their allies persuaded Congress to pass some of the first meaningful conservation legislation and establish sanctuaries like Hawk Mountain.

# Recently Extinct

No. 151

A O I V O R Y B I L L E D P R S F Q C
S D O O H G O O T R U X S O Q B R A A
H C N R U I P O B E L L S L N E U T R
R H P L I R N L M T O C D O D O I B O
I R A L A Q F K M N R T S C R L T L L
O I S Q G A O L J U D V R F C Y D U I
X S S N M P S W U H H D R M V P O E N
V T E O F Z P O V E O Z E D U F V M A
Z M N R X L E G R E W G U S L I E A P
F A G F X D C N C R E G N L U S L C A
G S E O Q L T I B T S W I U T A V A R
M P R L V Z A H C C W N O Z Z G S W A
A U P K W P C G H I A R N P C V U H K
M G I K F T L U Q T M T I O J V X D E
W A G A R I E A E P P K B O C I K G E
W P E K H A D L T Y H V I U J F K P T
M T O A P D D L V R E Z S L Y H Q G S
Y P N K X S I P B C N L H I W S P O H
Y M H K W A B I G K U A T A E R G F D

BLUE MACAW

CAROLINA PARAKEET

CHRISTMAS Sandpiper

CRYPTIC TREEHUNTER

DODO

GREAT AUK

HUIA

IVORY-BILLED Woodpecker?

LAUGHING OWL

LORD HOWE SWAMPHEN

NORFOLK KAKA

PASSENGER PIGEON

PO'OULI

Red-moustached FRUIT-DOVE

RÉUNION IBIS

SPECTACLED Cormorant

Although officially extinct since the 1940s, rumors of the ivory-billed woodpecker persist. Recently, researchers have claimed it's more than rumor. Despite little definitive evidence, everyone involved in a three-year hunt through Louisiana swampland reports having seen or heard one.

No. 152

# Dodo

| | | | | | | | | | | | | | | | | | |
|---|---|---|---|---|---|---|---|---|---|---|---|---|---|---|---|---|---|
| M | A | U | R | I | T | I | U | S | V | A | Y | Y | U | U | X | D | I |
| O | F | L | I | G | H | T | L | E | S | S | G | G | Y | A | O | N | O |
| Q | H | B | Y | P | I | G | S | H | J | U | H | U | Z | O | V | W | N |
| Z | T | C | P | O | O | W | E | M | K | U | D | L | T | A | M | E | K |
| M | D | V | T | Q | H | X | M | R | M | Y | K | S | S | X | A | X | N |
| A | E | I | F | U | E | S | T | A | R | Q | R | I | A | O | R | T | I |
| L | T | V | B | X | D | J | N | S | H | E | V | H | J | S | E | I | C |
| I | N | J | N | W | B | I | A | Y | D | E | C | B | S | P | A | N | O |
| G | U | T | G | H | M | I | G | N | S | C | W | T | C | E | U | C | B |
| N | H | S | G | P | L | O | U | P | W | S | A | D | M | C | X | T | A |
| E | G | Z | A | O | H | S | E | U | Q | I | Y | F | R | I | S | I | R |
| D | W | C | R | K | I | C | I | O | X | Q | S | I | J | A | O | O | P |
| T | T | S | X | M | I | S | O | L | A | T | I | O | N | L | N | N | I |
| E | V | H | J | E | U | U | M | M | P | I | J | F | R | I | G | D | G |
| L | S | M | S | S | M | C | I | C | F | N | U | J | F | Z | E | X | E |
| Z | W | G | Z | K | P | V | U | S | M | F | J | E | M | E | S | A | O |
| L | V | Q | F | V | O | P | T | Q | C | O | E | Q | I | D | T | X | N |
| I | Z | S | X | T | K | C | O | T | S | E | V | I | L | F | S | Q | H |

DUTCH
EXTINCTION
FLIGHTLESS
HUMAN IMPACT
HUNTED
INVASIVE SPECIES
ISOLATION
LIVESTOCK
MALIGNED
MARE AUX SONGES
MAURITIUS
MISUNDERSTOOD
NICOBAR PIGEON
PIGS
SAILORS
SPECIALIZED

Typically depicted as, well, dodos, ever-growing evidence suggests these birds deserve a new image. For a long time, the only studied specimens were captives, overfed on unnatural diets and confined. In the wild, dodos were quite agile and well adapted.

# Birders and Birding

**No. 153**

| | | | | | | | | | | | | | | | | | |
|---|---|---|---|---|---|---|---|---|---|---|---|---|---|---|---|---|---|
| G | F | G | A | B | Z | M | D | P | L | T | S | T | K | E | P | C | H |
| E | G | N | I | H | C | T | A | W | D | R | I | B | Y | W | G | X | F |
| K | C | I | T | I | Z | E | N | S | C | I | E | N | C | E | H | H | M |
| I | L | A | N | L | W | F | Y | A | G | T | V | P | Z | Q | P | Q | C |
| B | I | N | O | C | U | L | A | R | S | S | K | S | J | G | E | B | B |
| U | K | H | Q | G | K | Y | D | C | A | M | E | R | A | A | R | I | A |
| G | F | P | C | C | X | Y | D | Z | C | E | S | Y | Y | N | U | G | C |
| T | D | F | F | I | E | L | D | G | U | I | D | E | O | O | Y | Y | K |
| E | E | B | D | N | E | T | S | I | L | T | P | I | B | B | B | E | Y |
| L | I | N | R | O | T | I | N | O | M | W | T | S | Q | I | Q | A | A |
| E | H | W | X | K | R | Q | D | D | M | A | E | M | O | D | V | R | R |
| S | C | E | N | S | U | S | P | B | E | R | O | Y | W | B | R | A | D |
| C | B | A | M | A | T | E | U | R | V | R | R | W | G | H | L | F | G |
| O | K | W | F | N | G | X | C | E | L | W | W | B | R | O | J | C | A |
| P | K | A | R | R | P | E | G | U | I | D | E | B | O | O | K | N | S |
| E | Z | E | M | O | R | D | W | Q | D | J | G | Q | U | U | B | B | D |
| K | S | B | V | G | D | V | R | V | U | J | T | Y | F | N | G | V | N |
| T | C | O | U | N | T | K | W | H | H | W | I | F | P | U | D | P | N |

AMATEUR
BACKYARD
BIG YEAR
BINOCULARS
BIRD-WATCHING
CAMERA
CENSUS
CITIZEN SCIENCE
COUNT
FIELD GUIDE
GUIDE BOOK
LISTEN
MONITOR
OBSERVE
RECREATION
TELESCOPE

Many people picked up birding for the first time during the COVID-19 pandemic. Birdseed and birding-accessory sales increased 50 percent or more, but there's potential for a greater impact. Ornithologists are optimistic that expanding interest will lead to expanding conservation efforts.

No. 154

# Rufous ________

| | | | | | | | | | | | | | | | | | |
|---|---|---|---|---|---|---|---|---|---|---|---|---|---|---|---|---|---|
| J | H | J | D | A | C | O | U | C | A | L | R | Z | C | M | S | F | X |
| G | V | K | Y | H | C | C | B | M | O | W | L | A | Y | N | Z | A | A |
| N | W | T | P | I | Y | H | F | R | Q | G | H | L | S | C | P | D | D |
| A | M | W | G | P | U | F | M | O | T | M | O | T | P | X | B | E | R |
| T | F | Q | S | P | I | N | E | T | A | I | L | K | U | I | M | R | I |
| E | T | B | C | X | J | N | M | U | C | E | D | R | C | K | M | B | B |
| A | C | W | K | A | L | V | B | N | I | G | H | T | J | A | R | C | G |
| T | J | X | W | M | F | M | O | K | X | Q | E | R | D | M | W | B | N |
| E | I | H | A | R | I | R | X | Z | S | O | F | P | R | K | X | S | I |
| R | C | P | H | B | S | P | X | H | G | J | N | I | M | S | Y | A | M |
| E | T | O | B | X | H | M | O | F | W | Z | B | C | B | A | G | B | M |
| Q | E | T | A | E | I | R | B | F | U | S | W | U | F | I | O | R | U |
| G | X | O | R | T | N | K | V | K | V | X | W | L | J | Z | I | E | H |
| T | F | O | C | B | G | T | I | P | Y | R | F | E | V | F | V | W | Z |
| S | J | A | I | L | O | O | T | G | O | R | S | T | I | L | G | I | H |
| K | T | L | K | M | W | T | W | I | S | T | W | I | N | G | I | N | U |
| V | L | S | N | H | L | G | S | J | Y | H | I | Q | U | Y | Q | G | H |
| B | G | R | C | A | C | H | O | L | O | T | E | A | H | L | K | M | Q |

CACHOLOTE
COUCAL
CRAB HAWK
FISHING-OWL
GNATEATER
HORNBILL
HUMMINGBIRD
MOTMOT
NIGHTJAR
OWL
PICULET
PIHA
POTOO
SABREWING
SPINETAIL
TWISTWING

The rufous cacholote is one of four species in its genus, the rufous twistwing one of two. The former, with a gray crest and intense yellow eyes, lives in Bolivia, Brazil, and Paraguay. The latter, uniformly rufous, or reddish-brown, lives mainly in Peru.

# Keys to Identification

No. 155

| | | | | | | | | | | | | | | | | | |
|---|---|---|---|---|---|---|---|---|---|---|---|---|---|---|---|---|---|
| O | X | R | F | K | C | T | H | I | A | U | R | U | U | K | V | I | I |
| V | B | S | H | A | P | E | Q | H | H | N | C | B | F | I | V | U | D |
| E | S | I | Z | E | J | D | F | C | C | C | Q | M | O | B | N | A | I |
| R | C | O | L | O | R | P | A | T | T | E | R | N | R | M | O | O | U |
| A | I | P | P | P | M | A | D | Z | P | W | D | H | A | S | S | F | B |
| L | P | Y | R | L | P | T | Z | X | L | U | A | E | G | O | I | L | T |
| L | B | F | H | O | U | C | U | G | G | A | E | R | I | N | R | I | O |
| I | D | E | V | C | P | M | C | U | B | P | H | M | N | G | A | G | R |
| M | S | Z | H | F | S | O | A | C | Z | I | Q | A | G | A | P | H | F |
| P | A | K | L | A | D | E | R | G | C | A | L | L | P | I | M | T | X |
| R | T | O | R | M | V | B | A | T | E | B | H | L | C | Q | O | S | X |
| E | D | G | H | V | B | I | B | S | I | D | F | P | R | W | C | T | I |
| S | P | V | A | T | W | K | O | X | O | O | E | S | J | A | U | Y | W |
| S | M | V | X | Z | P | C | T | R | G | N | N | T | G | N | O | L | C |
| I | S | C | B | F | I | E | L | D | M | A | R | K | A | E | D | E | M |
| O | Y | I | N | E | R | U | T | S | O | P | A | D | J | I | D | V | E |
| N | Z | Q | E | M | X | V | X | J | S | N | P | J | B | Y | L | N | H |
| V | Z | F | A | W | Q | Y | V | H | A | B | I | T | A | T | R | K | B |

BEHAVIOR
BILL
CALL
COLOR PATTERN
COMPARISON
FIELD MARK
FLIGHT STYLE
FORAGING
HABITAT
HEAD
OVERALL IMPRESSION
PLUMAGE DETAIL
POSTURE
PROPORTION
SEASON
SHAPE
SIZE
SONG

With approximately 18,000 bird species in the world, more than 800 in the United States and Canada alone, identification can seem daunting. Luckily, a few high-level keys can help. The big ones are: size and shape, color pattern, behavior, and habitat.

## No. 156 Kingbirds and Vermilion Flycatchers

| | | | | | | | | | | | | | | | | | |
|---|---|---|---|---|---|---|---|---|---|---|---|---|---|---|---|---|---|
| S | X | E | S | G | F | D | I | S | H | P | Q | L | T | V | D | F | D |
| C | E | X | C | I | P | F | B | X | Y | D | Q | E | R | I | Z | A | J |
| A | L | A | I | A | C | R | O | K | V | E | P | D | O | V | R | W | C |
| R | D | W | S | N | L | H | Q | J | E | X | U | R | P | W | T | E | A |
| L | E | B | S | T | I | M | I | K | R | C | J | X | I | G | H | S | S |
| E | T | F | O | K | E | U | V | W | M | Y | E | N | C | R | I | T | S |
| T | A | O | R | I | A | R | E | F | I | L | S | Z | A | A | C | E | I |
| F | O | R | T | N | H | C | N | P | L | F | L | U | L | Y | K | R | N |
| L | R | K | A | G | T | G | B | K | L | B | H | X | K | K | B | N | S |
| Y | H | T | I | B | Y | R | E | Y | I | S | L | Z | I | I | I | K | K |
| C | T | A | L | I | O | J | C | T | O | N | E | A | N | N | L | I | I |
| A | Y | I | E | R | T | A | U | W | N | D | G | V | G | G | L | N | N |
| T | W | L | D | D | T | V | C | N | K | K | F | B | B | B | E | G | G |
| C | O | E | U | C | R | T | A | S | E | J | O | Z | I | I | D | B | B |
| H | N | D | H | X | N | G | E | K | P | I | H | D | R | R | P | I | I |
| E | S | E | Y | L | O | G | G | E | R | H | E | A | D | D | D | R | R |
| R | R | W | H | I | T | E | T | H | R | O | A | T | E | D | S | D | D |
| C | L | C | O | U | C | H | S | K | I | N | G | B | I | R | D | O | H |

CASSIN'S KINGBIRD
COUCH'S KINGBIRD
DARWIN'S FLYCATCHER
EASTERN KINGBIRD
FORK-TAILED Flycatcher
GIANT KINGBIRD
GRAY KINGBIRD
LOGGERHEAD Kingbird
SCARLET FLYCATCHER
SCISSOR-TAILED Flycatcher
SNOWY-THROATED Kingbird
THICK-BILLED Kingbird
TROPICAL KINGBIRD
VERMILLION Flycatcher
WESTERN KINGBIRD
WHITE-THROATED Kingbird

Vermilion flycatchers, so named for the brilliant color of the males, can be seen in desert areas of the American Southwest and Mexico. The males bring the females eye-catching objects, like butterflies or shiny insects, during courtship.

## Tody-Tyrants

No. 157

| | | | | | | | | | | | | | | | | | |
|---|---|---|---|---|---|---|---|---|---|---|---|---|---|---|---|---|---|
| H | B | S | T | R | I | P | E | N | E | C | K | E | D | I | L | B | P |
| M | N | Z | W | S | N | G | W | V | J | S | T | M | T | G | A | Y | C |
| S | O | C | Y | Y | G | E | T | H | N | S | O | F | P | A | N | H | I |
| P | F | R | Z | I | Q | K | Y | E | I | K | F | O | D | Z | N | R | N |
| B | F | O | C | E | N | S | T | B | L | T | M | I | P | F | I | M | N |
| L | E | Y | R | J | F | H | Y | W | G | J | E | E | R | H | F | G | A |
| A | W | Y | R | K | L | F | Z | F | A | U | A | E | A | J | U | B | M |
| C | D | C | E | A | T | I | B | W | Y | R | Y | N | Y | J | T | O | O |
| K | O | U | G | R | M | A | Z | S | L | N | G | H | H | E | D | A | N |
| T | C | E | C | M | I | J | I | Y | Q | N | J | S | S | A | D | T | B |
| H | S | B | E | T | O | N | V | L | E | Y | O | E | Y | R | V | B | R |
| R | V | R | Z | Y | X | E | G | S | E | X | H | V | N | S | J | I | E |
| O | S | Q | C | Q | N | H | T | E | K | D | A | X | G | Q | N | L | A |
| A | E | Y | D | T | H | M | E | L | D | U | N | T | A | X | P | L | S |
| T | A | P | E | L | Z | E | L | N | S | T | N | Q | S | I | S | E | T |
| E | C | D | Y | L | A | C | R | E | U | U | E | B | U | E | I | D | E |
| D | S | R | E | F | P | M | E | A | K | M | S | G | V | W | W | T | D |
| O | K | Y | Q | V | V | N | Z | O | F | Z | D | U | Y | A | W | C | R |

ACRE
BLACK-THROATED
BOAT-BILLED
CINNAMON-BREASTED
EYE-RINGED
FORK-TAILED
HANGNEST
JOHANNE'S
KAEMPFER'S
PEARLY-VENTED
PELZELN'S
SNETHLAGE'S
STRIPE-NECKED
WHITE-EYED
YNGAS
ZIMMER'S

The tiny tody-tyrants are small flycatchers found in South America. They often have feathers that blend in with foliage, like those of the green and yellow white-eyed tody-tyrant. Typically, they wait for insects to fly overhead, then strike from below.

No. 158

# Larks

| | | | | | | | | | | | | | | | | | |
|---|---|---|---|---|---|---|---|---|---|---|---|---|---|---|---|---|---|
| Z | I | U | N | Q | S | S | D | Q | Y | A | X | D | D | J | Z | I | A |
| R | X | S | F | W | A | P | Z | V | F | D | T | G | U | S | M | W | N |
| P | Z | R | R | F | B | I | R | I | V | N | P | E | S | B | W | D | M |
| D | N | U | N | X | O | K | B | V | P | S | H | G | K | B | E | A | Z |
| E | T | D | E | P | T | E | I | S | I | Y | T | T | Y | S | D | E | Z |
| L | J | D | C | F | A | H | G | U | N | I | H | S | E | A | Z | I | T |
| L | P | S | H | U | F | E | N | Z | K | S | H | R | G | R | I | A | C |
| I | Q | Q | N | O | K | E | G | G | B | O | T | A | R | E | B | X | I |
| B | D | N | X | A | R | L | J | P | R | X | S | J | F | D | I | L | F |
| K | A | Y | Z | I | T | E | C | T | E | C | D | P | C | W | B | B | E |
| C | J | U | V | B | V | D | C | B | A | H | B | J | O | I | H | E | D |
| I | W | D | Q | M | V | L | C | R | S | D | M | C | B | N | Y | E | U |
| H | R | N | F | H | A | G | I | K | T | X | H | F | A | G | C | S | N |
| T | U | C | N | W | Y | J | J | Q | E | B | Y | L | J | E | T | L | E |
| Z | R | A | E | K | A | R | O | O | D | V | K | N | V | D | J | E | K |
| A | Q | D | D | B | P | E | S | R | C | W | S | R | O | X | F | Y | C |
| M | A | Y | S | B | A | R | T | A | I | L | E | D | B | W | M | S | I |
| I | N | F | Y | F | F | A | W | N | C | O | L | O | R | E | D | N | Z |

BAR-TAILED
BEESLEY'S
DESERT
DUNE
DUSKY
FAWN-COLORED
FOXY
KAROO
MADAGASCAR
PINK-BREASTED
RED-WINGED
RUDD'S
SABOTA
SHORT-CLAWED
SPIKE-HEELED
THICK-BILLED

Most larks have a long hind claw that offers extra support during long stints on the ground. The foxy and karoo lark, like many species, have sandy brown feathers that blend in with their environment.

## More Larks

No. 159

| | | | | | | | | | | | | | | | | | |
|---|---|---|---|---|---|---|---|---|---|---|---|---|---|---|---|---|---|
| M | G | Y | I | Z | O | J | D | A | N | G | O | L | A | N | D | H | K |
| O | M | R | S | R | H | L | C | V | A | Y | Y | G | E | E | G | F | J |
| N | F | A | X | K | K | V | C | Y | I | T | C | T | T | W | R | M | T |
| O | C | O | S | O | T | N | R | R | O | H | Y | I | N | A | F | Q | P |
| T | R | Z | M | K | B | U | U | Y | C | U | P | J | S | R | H | A | C |
| O | C | K | P | E | E | B | S | S | C | L | C | O | W | U | G | R | Y |
| N | O | X | I | U | L | D | I | I | R | O | R | F | G | F | D | D | Z |
| O | T | I | N | N | S | O | Q | A | X | S | E | X | I | O | D | N | C |
| U | U | L | K | S | F | U | D | C | J | A | S | R | O | U | S | A | F |
| S | C | F | B | W | R | B | R | I | F | N | T | G | G | S | F | L | R |
| B | W | O | I | F | T | E | A | U | O | D | E | M | Q | N | H | A | R |
| V | Z | B | L | H | L | M | T | X | M | U | D | L | C | A | H | C | Q |
| H | J | U | L | L | A | A | O | A | D | H | S | V | F | P | R | E | F |
| S | F | E | E | J | A | G | P | Q | L | U | P | R | I | E | K | D | U |
| V | M | O | D | M | B | R | R | P | U | C | C | C | C | D | Y | N | Q |
| N | I | I | U | T | F | N | E | X | E | M | S | K | Q | T | D | F | E |
| P | T | X | T | H | A | S | D | D | S | T | Q | H | J | V | P | O | N |
| R | D | F | H | O | R | N | E | D | K | E | L | A | C | V | X | J | I |

ANGOLAN
CALANDRA
COLLARED
CRESTED
FLAPPET

HORNED
MASKED
MELODIOUS
MONOTONOUS
OBBIA
PINK-BILLED

RASO
RUFOUS-NAPED
SAND
SCLATER'S
SUN

Once a male monotonous lark starts singing, don't expect him to stop anytime soon. These residents of southern Africa are known to sing the same musical phrase over and over, and over and over, for astonishing amounts of time.

No. 160

# Nocturnal Birds

| | | | | | | | | | | | | | | | | | |
|---|---|---|---|---|---|---|---|---|---|---|---|---|---|---|---|---|---|
| H | L | Z | Y | T | W | N | I | G | H | T | H | E | R | O | N | W | O |
| K | N | U | R | K | F | K | K | K | K | Z | R | C | A | X | B | T | W |
| E | J | B | M | B | H | G | W | S | P | A | X | R | L | J | B | N | L |
| F | R | W | D | G | S | C | U | J | W | O | K | O | E | Q | R | I | E |
| D | P | O | E | R | E | F | R | W | N | B | T | A | D | U | K | G | T |
| S | T | O | N | E | C | U | R | L | E | W | B | O | P | F | S | H | N |
| R | D | D | M | K | U | U | I | T | U | C | S | W | O | O | X | T | I |
| H | I | C | E | I | V | O | C | P | K | D | G | D | T | J | N | P | G |
| X | U | O | C | W | F | R | O | G | M | O | U | T | H | Y | J | A | H |
| P | I | C | H | I | X | E | Y | D | Q | D | V | S | G | L | Y | R | T |
| L | Z | K | L | I | T | T | L | E | P | E | N | G | U | I | N | R | J |
| N | I | G | H | T | J | A | R | K | J | I | I | C | B | Z | L | O | A |
| G | L | E | R | T | E | P | M | R | O | T | S | Y | H | S | A | T | R |
| U | B | H | Y | A | E | D | F | V | O | W | L | T | G | J | G | X | H |
| J | G | J | H | Y | P | M | X | W | J | U | I | H | E | N | L | G | I |
| C | C | Q | F | Q | N | V | R | P | O | O | R | W | I | L | L | M | W |
| V | Y | C | T | J | A | I | D | S | E | Y | B | W | Z | L | C | E | I |
| F | V | P | V | P | A | U | R | A | Q | U | E | E | P | E | Q | A | I |

ASHY STORM-PETREL
FROGMOUTH
KAKAPO
KIWI
LITTLE PENGUIN
NIGHT-HERON
NIGHTJAR
NIGHT PARROT
OWL
OWLET-NIGHTJAR
PAURAQUE
POORWILL
POTOO
STONE-CURLEW
WOODCOCK

Resembling a pile of dry leaves, the common poorwill is difficult to spot, but nighttime calls announce its presence. The Hopi call it hölchoko, “the sleeping one,” because it rarely moves. It only ventures out when conditions are exactly right.

# Thrushes

No. 161

| | | | | | | | | | | | | | | | | | |
|---|---|---|---|---|---|---|---|---|---|---|---|---|---|---|---|---|---|
| K | I | Q | F | K | Z | I | R | V | N | T | K | Q | Z | G | D | C | M |
| K | N | D | K | F | I | E | X | M | L | S | V | V | Q | Y | A | B | A |
| J | D | X | A | I | A | A | S | A | J | O | K | E | H | E | R | H | K |
| R | K | F | B | S | R | O | L | W | G | P | Q | E | C | D | K | T | I |
| N | J | H | W | W | S | L | L | T | Y | I | R | P | U | G | S | K | R |
| M | S | Y | X | A | L | S | E | D | Y | M | X | W | R | M | I | C | A |
| P | I | E | D | I | I | X | N | V | I | X | O | E | J | B | D | O | P |
| X | R | Q | V | N | Q | L | K | T | F | O | Y | K | B | Z | E | T | V |
| J | R | B | X | S | G | K | C | J | D | C | N | P | G | S | D | B | R |
| E | I | A | K | O | D | I | I | O | H | T | A | A | J | N | U | E | L |
| H | T | S | Q | N | G | A | B | E | Q | L | Y | M | L | I | A | N | F |
| Y | D | S | A | S | C | P | E | E | X | T | A | A | S | L | H | I | K |
| L | H | I | B | X | C | K | K | Y | D | B | L | M | D | G | Y | P | O |
| N | V | A | S | A | E | A | Z | L | P | V | A | I | B | I | C | L | G |
| K | D | N | U | D | M | V | L | R | I | Q | M | A | Y | R | L | A | Y |
| O | B | V | S | N | S | B | Y | Y | U | J | I | V | W | I | T | Y | E |
| N | X | Z | S | I | C | H | U | A | N | P | H | R | I | Q | Y | I | W |
| Y | S | U | N | D | A | W | Q | U | J | T | B | L | G | T | J | F | Z |

ALPINE
AMAMI
BASSIAN
BICKNELL'S
DARK-SIDED
GRAY-CHEEKED
HERMIT
HIMALAYAN
MAKIRA
NILGIRI
PIED
SCALY
SICHUAN
SUNDA
SWAINSON'S
WOOD

Thrushes eat invertebrates like worms, slugs, or snails they find foraging, often among woodland underbrush. Typically mellifluous singers, they inhabit many parts of the globe. The Himalayan thrush breeds in Himalayan forests, sometimes at altitudes over 13,000 feet.

**No. 162**

# More Thrushes

| | | | | | | | | | | | | | | | | | |
|---|---|---|---|---|---|---|---|---|---|---|---|---|---|---|---|---|---|
| Y | R | Q | N | P | E | A | F | T | F | V | R | E | W | I | N | T | Q |
| H | S | N | T | N | W | F | Z | N | Z | F | B | U | R | U | W | A | G |
| N | H | C | H | E | S | T | N | U | T | C | A | P | P | E | D | C | R |
| K | Q | U | M | T | O | W | M | A | R | E | S | O | A | M | R | Q | O |
| C | U | F | I | F | R | E | D | B | A | C | K | E | D | O | O | T | U |
| J | Q | R | M | E | M | G | U | D | K | H | O | G | R | N | P | H | N |
| S | H | H | R | T | J | Z | H | N | V | S | F | A | E | G | J | B | D |
| M | T | F | S | I | N | O | F | F | P | E | N | V | S | K | X | J | S |
| I | B | G | S | U | C | N | N | K | F | G | T | D | W | V | C | T | C |
| S | W | F | L | O | M | H | T | A | E | A | G | N | O | S | G | M | R |
| T | A | G | M | S | R | P | A | S | G | I | H | O | A | W | S | B | A |
| L | Q | P | H | E | S | O | I | N | M | G | K | D | X | U | R | Q | P |
| E | V | X | F | D | A | D | M | I | E | X | N | W | A | P | O | Y | E |
| W | Z | W | B | S | E | G | W | O | A | D | N | E | G | I | L | X | R |
| J | Q | R | H | D | C | M | R | A | C | T | S | P | Z | L | I | E | H |
| P | I | Y | X | S | P | O | T | W | I | N | G | E | D | N | V | Y | Z |
| G | Y | T | K | D | E | K | C | A | B | Y | T | A | L | S | E | U | E |
| U | S | A | M | B | A | R | A | F | G | M | P | Y | T | F | Z | P | I |

ASHY

BURU

CHESTNUT-CAPPED

COMOROS

ENGGANO

GROUNDSCRAPER

KURRICHANE

MISTLE

OLIVE

ORANGE-SIDED

RED-BACKED

SERAM

SLATY-BACKED

SONG

SPOT-WINGED

USAMBARA

The song thrush does sing—it has a variety of songs and calls—but when it's hungry, it makes a different kind of sound. The thrush thwacks snail shells against sidewalks or rocks until they break, exposing the meat inside.

# Thrush Relatives

**No. 163**

| | | | | | | | | | | | | | | | | | |
|---|---|---|---|---|---|---|---|---|---|---|---|---|---|---|---|---|---|
| N | J | I | Q | O | J | A | V | A | N | C | O | C | H | O | A | A | G |
| C | O | M | M | O | N | B | L | A | C | K | B | I | R | D | N | D | A |
| F | B | O | U | L | D | E | R | C | H | A | T | E | W | D | Q | R | M |
| A | G | D | U | F | R | U | I | T | H | U | N | T | E | R | O | I | E |
| C | R | B | F | P | U | A | I | O | H | I | Y | A | Z | M | V | B | R |
| U | A | P | U | T | A | F | P | S | K | H | N | D | A | X | U | E | I |
| N | N | H | D | T | S | F | I | Z | F | S | C | O | A | G | J | U | C |
| A | D | R | H | W | O | M | J | E | O | W | T | F | I | S | M | L | A |
| O | A | N | E | Z | N | G | N | L | L | D | I | A | E | A | D | B | N |
| W | L | K | E | D | R | Y | I | Z | V | D | H | W | S | T | L | N | R |
| L | A | T | W | S | W | T | H | L | I | E | F | L | P | N | C | R | O |
| U | N | L | I | J | A | I | X | I | Y | L | E | A | J | D | Q | E | B |
| J | H | G | I | I | W | G | N | K | O | U | O | R | R | O | Y | T | I |
| N | R | Q | R | T | S | A | F | G | Z | D | B | G | Y | E | I | S | N |
| E | W | E | P | P | U | R | P | L | E | C | O | C | H | O | A | A | U |
| D | X | G | R | I | Q | N | S | B | D | W | O | O | C | G | W | E | J |
| A | O | H | C | O | C | N | E | E | R | G | U | C | B | C | H | V | O |
| V | A | R | I | E | D | S | O | L | I | T | A | I | R | E | V | F | R |

AMERICAN ROBIN
ANDEAN SOLITAIRE
BOULDER CHAT
COMMON BLACKBIRD
EASTERN BLUEBIRD
FIELDFARE
FRUIT-HUNTER
GRANDALA
GREEN COCHOA
JAVAN COCHOA
OMAO
PUAIOHI
PURPLE COCHOA
REDWING
VARIED SOLITAIRE
VEERY

When grandalas flock, the trees seem strewn with sapphires. These jewel-blue thrushes spend most of their time high in the Himalayas, but when snowfall buries everything to eat at that altitude, they move down the mountains to eat buckthorn fruit.

No. 164

# Starlings

| | | | | | | | | | | | | | | | | | |
|---|---|---|---|---|---|---|---|---|---|---|---|---|---|---|---|---|---|
| E | S | P | O | T | L | E | S | S | Z | F | C | B | I | N | Q | B | H |
| Y | V | S | F | J | S | E | D | A | O | E | J | B | M | T | N | G | I |
| E | I | N | V | M | H | J | W | W | U | V | D | A | D | S | K | R | L |
| M | O | M | Q | S | E | H | U | R | X | Z | D | J | P | W | I | E | D |
| E | L | I | F | Y | L | G | O | J | Q | A | E | L | A | H | O | A | E |
| R | E | T | Z | T | L | P | G | Z | G | S | E | I | T | I | A | T | B |
| A | T | M | R | J | E | I | A | A | Z | N | X | E | C | T | M | E | R |
| L | B | R | R | A | Y | R | S | H | D | J | F | O | A | E | D | R | A |
| D | A | O | N | C | S | C | V | I | W | M | T | I | P | B | K | B | N |
| Y | C | S | P | A | A | A | D | D | T | T | B | G | E | I | E | L | D |
| G | K | Y | S | R | I | G | Z | K | H | V | L | B | T | L | S | U | T |
| S | E | A | Q | U | L | D | T | Z | C | C | P | S | E | L | R | E | S |
| Y | D | O | F | O | X | F | Z | A | S | H | Y | I | L | E | X | E | F |
| R | N | Q | S | B | U | R | C | H | E | L | L | S | E | D | T | A | K |
| V | Z | S | L | Q | E | F | N | J | S | Z | C | R | M | D | P | R | F |
| D | Y | Z | D | A | Y | F | W | A | Q | U | G | X | X | K | R | E | K |
| Z | Y | Q | T | P | B | B | P | X | A | W | J | N | O | M | Y | D | D |
| P | F | S | U | P | E | R | B | B | N | V | S | W | B | H | M | O | N |

ASHY
BURCHELL'S
CAPE
EMERALD
EUROPEAN
GREATER BLUE-EARED
HILDEBRANDT'S
MADAGASCAR
PIED
ROSY
SHELLEY'S
SPLENDID GLOSSY
SPOTLESS
SUPERB
VIOLET-BACKED
WHITE-BILLED

Of the approximately 50 billion birds on Earth, around 1.3 billion are European starlings. Twice per year in Denmark, they're so numerous they cause sort sol—black sun—when murmations of migrating birds gather so thickly they block out the sun.

# Heavy Birds

No. 165

| | | | | | | | | | | | | | | | | | | |
|---|---|---|---|---|---|---|---|---|---|---|---|---|---|---|---|---|---|---|
| D | X | I | O | H | U | K | L | S | N | A | T | X | F | P | E | C | Q | S |
| A | K | Y | X | Q | N | N | H | S | Y | V | P | A | Y | Q | D | S | S | N |
| L | X | H | C | I | R | T | S | O | N | O | M | M | O | C | O | Z | O | O |
| M | L | G | K | Y | V | K | S | R | N | E | R | A | H | D | M | H | U | R |
| A | A | K | L | F | E | D | E | T | A | B | M | V | C | B | E | B | T | T |
| T | L | I | W | A | M | S | B | A | W | Y | P | U | R | K | S | H | H | H |
| I | Q | N | L | G | P | W | T | B | S | T | A | F | O | D | T | C | E | E |
| A | R | G | E | R | E | H | F | L | R | R | E | Q | F | R | I | I | R | R |
| N | X | P | S | E | R | O | R | A | E | G | H | V | R | A | C | R | N | N |
| P | S | E | S | A | O | O | I | G | T | A | R | D | M | T | T | T | C | C |
| E | O | N | E | T | R | P | W | N | E | N | R | J | H | S | U | S | A | A |
| L | N | G | R | B | P | E | F | I | P | A | E | O | U | U | R | O | S | S |
| I | G | U | R | U | E | R | J | R | M | W | T | W | I | B | K | I | S | S |
| C | Q | I | H | S | N | S | I | E | U | S | A | S | W | I | E | L | O | O |
| A | L | N | E | T | G | W | R | D | R | E | E | B | K | R | Y | A | W | W |
| N | A | Z | A | A | U | A | Q | N | T | T | R | D | O | O | T | M | A | A |
| U | L | C | R | R | I | N | Z | A | A | U | G | M | J | K | K | O | R | R |
| G | J | U | Z | D | N | S | Z | W | N | M | V | D | P | F | L | S | Y | Y |
| O | O | Y | R | A | W | O | S | S | A | C | F | R | A | W | D | V | P | K |

COMMON OSTRICH
DALMATIAN PELICAN
DOMESTIC TURKEY
DWARF CASSOWARY
EMPEROR PENGUIN
EMU
GREAT BUSTARD
GREATER RHEA
KING PENGUIN
KORI BUSTARD
LESSER RHEA
MUTE SWAN
NORTHERN CASSOWARY
SOMALI OSTRICH
SOUTHERN CASSOWARY
TRUMPETER SWAN
WANDERING ALBATROSS
WHOOPER SWAN

The common ostrich is the heaviest of any bird, weighing up to 350 pounds. The heaviest bird that can fly, weighing up to 46 pounds, is the great bustard.

No. 166

## Cinnamon ___________

| | | | | | | | | | | | | | | | | | |
|---|---|---|---|---|---|---|---|---|---|---|---|---|---|---|---|---|---|
| N | R | D | T | U | I | B | Y | J | N | R | Z | B | W | P | X | Z | H |
| C | T | H | Q | W | E | O | F | Z | O | H | M | E | G | C | U | Z | X |
| M | D | R | A | C | E | B | V | E | B | R | A | W | G | K | R | H | L |
| J | F | T | O | Z | F | D | U | K | I | V | N | A | Z | W | E | M | F |
| R | L | C | C | A | D | M | B | S | E | Z | A | R | C | O | G | B | L |
| P | L | V | Y | Q | F | I | Z | R | Q | Q | K | B | L | O | A | Q | Y |
| Q | U | A | I | L | T | H | R | U | S | H | I | L | P | D | N | D | C |
| P | P | E | R | T | Q | L | O | T | U | W | N | I | T | P | A | O | A |
| X | U | R | E | Q | B | T | O | M | S | Z | T | N | P | E | T | B | T |
| M | L | R | R | E | P | D | M | S | A | K | Y | G | K | C | H | W | C |
| B | N | I | W | I | C | I | L | A | E | T | R | F | L | K | L | K | H |
| E | J | L | K | T | N | X | H | Q | I | J | A | I | M | E | I | U | E |
| A | B | J | C | B | K | L | G | Z | V | D | N | N | I | R | I | Z | R |
| Q | D | K | I | O | E | X | N | Y | V | G | T | C | A | B | K | V | M |
| U | K | R | A | Y | U | M | W | R | G | J | G | H | P | O | T | S | Q |
| F | D | E | X | A | T | T | I | L | A | G | N | S | A | N | B | X | Z |
| G | A | G | R | O | U | N | D | D | O | V | E | Z | C | B | R | G | Q |
| R | U | S | C | R | E | E | C | H | O | W | L | V | Y | E | V | G | R |

ATTILA
BECARD
BITTERN
FLYCATCHER
GROUND DOVE
HUMMINGBIRD
IBON
MANAKIN-TYRANT
QUAIL-THRUSH
SCREECH-OWL
TANAGER
TEAL
WARBLING FINCH
WEAVER
WOODPECKER

The island of Mindanao, the second largest in the Philippines, is the only place to see a cinnamon ibon. It lives in mountainous forests, typically above 3,000 feet, and is monotypic within its genus—meaning it's the only one.

# Mynas

No. 167

| | | | | | | | | | | | | | | | | | |
|---|---|---|---|---|---|---|---|---|---|---|---|---|---|---|---|---|---|
| V | M | P | I | E | D | A | Z | A | D | I | D | J | Y | A | F | X | Y |
| E | L | P | F | Z | E | V | Z | I | K | L | L | D | S | I | C | C | J |
| W | P | O | X | D | E | T | S | E | R | C | E | P | N | O | B | M | U |
| G | A | A | N | W | S | V | B | U | N | K | C | C | T | A | A | U | N |
| G | S | H | L | G | C | D | Z | W | C | I | H | W | L | M | R | F | G |
| O | F | G | W | E | C | X | D | E | V | B | J | I | B | R | E | A | L |
| L | G | G | F | W | B | R | N | P | I | E | R | D | Z | H | E | T | E |
| D | M | R | F | U | F | E | E | L | N | X | C | K | E | H | Y | A | I |
| E | R | Z | C | K | T | A | L | S | O | V | R | L | D | E | E | M | Y |
| N | H | X | J | I | W | E | W | L | T | K | M | N | L | B | D | B | M |
| R | F | D | H | A | D | X | I | R | I | E | M | A | Y | I | I | T | Y |
| Q | W | W | A | B | I | E | E | V | T | E | D | U | T | H | H | I | R |
| Y | D | P | B | H | B | Z | O | E | Y | U | D | Q | J | M | Y | V | U |
| C | O | I | J | M | I | I | D | E | G | G | B | F | Y | A | B | I | Q |
| E | R | K | H | U | J | B | V | G | R | E | A | T | X | F | U | K | E |
| P | P | D | D | S | U | C | O | L | L | A | R | E | D | P | V | H | P |
| Y | E | L | L | O | W | F | A | C | E | D | C | Y | U | G | W | C | B |
| P | M | I | O | K | G | L | V | Z | S | W | B | T | T | Z | L | H | N |

APO
BALI
BARE-EYED
COLLARED
CRESTED
FINCH-BILLED
GOLDEN
GREAT
HELMETED
HILL
JUNGLE
LONG-CRESTED
PALE-BELLIED
PIED
WHITE-NECKED
YELLOW-FACED

Mynas are in the same family as starlings, Sturnidae. They are often distinguished by unique head or facial features—like the Bali myna's exposed blue skin or the hill myna's yellow wattle. Some also show proficiency with mimicry.

No. 168

# Sunbirds

| | | | | | | | | | | | | | | | | | |
|---|---|---|---|---|---|---|---|---|---|---|---|---|---|---|---|---|---|
| B | M | L | D | P | U | R | P | L | E | N | Y | K | B | G | V | W | N |
| V | F | C | R | I | M | S | O | N | V | N | A | L | O | I | X | P | B |
| Y | S | D | L | U | O | G | S | R | M | G | G | H | M | S | L | L | I |
| M | B | J | D | E | P | M | U | R | E | L | P | R | U | P | I | A | F |
| H | D | U | M | W | K | T | W | W | C | N | D | I | I | W | C | I | L |
| N | N | D | F | S | E | T | I | H | C | A | L | A | M | F | R | N | O |
| G | R | G | F | F | V | O | K | S | R | P | L | A | I | N | I | B | T |
| B | R | O | W | N | T | H | R | O | A | T | E | D | X | I | M | A | E |
| U | Q | B | R | Y | G | H | T | H | H | S | Y | O | N | G | S | C | N |
| H | N | P | V | L | I | R | R | U | C | J | E | M | U | O | O | K | S |
| Q | D | X | Q | K | A | A | S | O | I | G | G | O | Q | O | N | E | B |
| A | J | G | Q | Z | N | L | L | D | A | Y | C | T | Z | I | B | D | V |
| P | I | P | D | U | T | Y | W | S | V | T | O | T | W | J | A | M | G |
| H | C | O | L | L | A | R | E | D | F | L | E | S | W | D | C | A | F |
| X | A | D | F | P | S | Q | H | X | Y | E | J | D | C | J | K | E | M |
| D | E | D | T | B | E | A | U | T | I | F | U | L | Q | Q | E | P | D |
| F | I | R | E | T | A | I | L | E | D | O | C | W | X | T | D | O | E |
| E | B | O | L | I | V | E | B | A | C | K | E | D | D | F | T | U | H |

BEAUTIFUL
BROWN-THROATED
BUFF-THROATED
COLLARED
CRIMSON
CRIMSON-BACKED
FIRE-TAILED
GIANT
LOTEN'S
MALACHITE
MRS. GOULD'S
OLIVE-BACKED
PLAIN
PLAIN-BACKED
PURPLE
PURPLE-RUMPED

Sunbirds are similar to hummingbirds but live in different places. Found primarily in the Eastern Hemisphere, they have long, curved beaks for eating nectar, and the males have lustrous feathers. Some, like the purple sunbird, lose their luster after breeding.

## More Sunbirds

No. 169

| | | | | | | | | | | | | | | | | | |
|---|---|---|---|---|---|---|---|---|---|---|---|---|---|---|---|---|---|
| H | G | L | B | J | F | V | Y | J | D | J | D | R | X | Z | F | H | N |
| S | R | D | L | V | C | R | M | A | N | G | R | O | V | E | O | F | T |
| E | E | F | U | C | I | E | E | S | T | O | N | H | C | R | U | H | A |
| L | E | I | E | W | H | O | Z | O | G | L | O | R | A | D | Y | R | R |
| E | N | K | H | E | K | X | L | U | M | I | W | N | O | U | F | A | E |
| G | T | P | E | M | P | O | N | E | O | V | G | P | F | K | V | M | D |
| A | A | A | A | S | G | O | S | Y | T | E | E | S | M | A | N | E | T |
| N | I | L | D | R | B | A | E | I | T | B | N | Y | G | N | V | T | H |
| T | L | E | E | Y | G | F | Q | U | W | E | A | L | V | C | A | H | R |
| J | E | S | D | D | K | X | F | S | O | L | Y | C | R | H | Z | Y | O |
| N | D | T | G | B | F | T | L | Q | Q | L | B | W | K | I | B | S | A |
| E | V | I | X | R | E | P | P | O | C | I | C | X | O | E | F | T | T |
| N | B | N | R | D | U | I | V | A | C | E | Q | J | F | T | D | V | E |
| F | S | E | H | U | Z | R | Q | U | H | D | S | V | Q | A | Q | X | D |
| H | F | O | R | K | T | A | I | L | E | D | D | K | W | S | O | S | V |
| B | A | P | U | R | P | L | E | N | A | P | E | D | T | V | X | G | U |
| M | B | H | B | R | O | N | Z | Y | H | D | G | E | I | O | T | T | B |
| N | K | N | E | L | B | A | I | R | A | V | G | H | Q | L | D | W | R |

AMETHYST
ANCHIETA'S
BLUE-HEADED
BRONZY
COPPER
ELEGANT
FORK-TAILED
GREEN-TAILED
MANGROVE
OLIVE-BELLIED
ORANGE-TUFTED
PALESTINE
PURPLE-NAPED
RED-THROATED
Uluguru VIOLET-BACKED
VARIABLE

Compared to its relatives, the Uluguru violet-backed sunbird has a short beak. Still, it feeds on flowers growing in the eastern Tanzanian mountains, including the Uluguru range it calls home.

No. 170

# Rhymes with Tweet

| | | | | | | | | | | | | | | | | | |
|---|---|---|---|---|---|---|---|---|---|---|---|---|---|---|---|---|---|
| D | L | R | O | I | G | A | R | C | S | Z | V | I | S | I | P | E | X |
| W | C | I | T | Y | R | K | B | J | C | I | S | T | I | A | E | C | R |
| H | N | L | N | D | E | Z | U | N | L | U | D | U | A | W | A | X | J |
| E | T | E | E | B | E | E | R | P | I | S | T | R | E | E | T | M | F |
| A | T | E | S | A | T | Q | T | T | E | C | C | T | X | J | R | F | E |
| T | Z | N | I | Y | T | K | E | T | T | A | E | H | C | J | I | D | E |
| L | B | G | E | F | O | O | M | C | U | L | C | B | S | E | A | T | T |
| Q | E | T | A | B | J | U | S | P | R | Y | H | W | H | M | S | U | T |
| A | S | U | T | T | W | R | W | P | B | P | G | C | A | G | N | A | A |
| F | X | H | R | D | J | D | U | P | R | C | I | H | M | U | Q | L | Z |
| K | T | Z | C | X | V | L | D | F | Q | S | E | B | D | O | U | I | E |
| A | E | C | T | B | P | G | D | V | M | A | S | L | T | M | Q | R | Q |
| J | E | X | A | L | E | C | G | H | T | G | N | E | R | E | I | A | E |
| Y | W | W | E | B | K | X | L | V | M | R | U | A | E | E | F | W | O |
| F | S | A | M | T | F | P | S | F | V | B | E | T | A | N | T | J | Q |
| X | T | E | A | E | N | E | A | T | G | M | G | Z | T | S | B | J | M |
| Z | J | X | G | H | Z | A | J | F | E | R | M | G | D | W | P | H | V |
| W | A | F | W | S | W | C | W | V | T | Q | I | Q | S | L | T | L | D |

BEET
BLEAT
CHEAT
CLEAT
EAT
FEET
GREET
HEAT
MEAT
NEAT
PLEAT
STREET
SUITE
SWEET
TREAT
WHEAT

It's easy to take for granted that birds naturally *tweet* and sing. However, songbird research has begun revealing that their songs are not inherent. In fact, birds learn to sing very much as humans learn to speak, including with rules of grammar.

# Flowerpeckers

No. 171

| | | | | | | | | | | | | | | | | | |
|---|---|---|---|---|---|---|---|---|---|---|---|---|---|---|---|---|---|
| A | R | E | H | A | M | L | A | H | L | F | K | A | F | R | E | W | M |
| P | G | Z | S | V | W | V | N | H | M | H | R | X | Z | E | W | Z | K |
| I | D | B | D | M | F | J | D | V | J | V | C | N | O | D | L | H | K |
| Q | L | Q | L | B | U | Z | Z | I | N | G | V | C | Z | K | B | P | S |
| O | O | W | L | O | M | O | T | T | L | E | D | G | I | E | D | H | U |
| T | U | W | O | P | O | S | T | R | I | P | E | D | U | E | E | Q | H |
| G | I | C | T | K | L | D | R | E | W | B | U | R | U | L | R | K | G |
| E | S | N | I | A | L | P | B | C | J | Y | P | Z | U | E | O | Y | N |
| X | I | P | H | T | N | Q | E | R | Y | R | E | X | Y | D | L | G | B |
| X | A | R | M | S | F | B | S | Y | E | C | N | C | H | S | O | A | X |
| H | D | K | D | R | U | Q | X | S | X | A | G | E | S | L | C | Y | F |
| Q | E | Y | V | P | F | F | G | S | P | J | S | T | A | V | I | R | E |
| F | D | S | R | E | L | N | Y | H | Z | F | D | T | Y | E | B | M | T |
| M | I | S | T | L | E | T | O | E | B | I | R | D | E | M | O | E | E |
| X | W | H | I | S | K | E | R | E | D | I | H | D | L | D | J | O | O |
| U | P | Z | F | E | X | K | F | G | Q | I | U | M | J | V | E | A | I |
| F | I | R | E | B | R | E | A | S | T | E | D | L | P | G | X | H | N |
| G | L | Z | S | P | E | C | T | A | C | L | E | D | X | Q | L | R | J |

ASHY

BICOLORED

BLOOD-BREASTED

BURU

BUZZING

CEBU

FIRE-BREASTED

HALMAHERA

LOUISIADE

MISTLETOEBIRD

MOTTLED

PLAIN

RED-KEELED

SPECTACLED

STRIPED

WHISKERED

As their name suggests, flowerpeckers feed on flower nectar, but they often eat fruit, too. The mistletoebird, native to Australia, eats berries from the mistletoe bush. The parasitic plant relies on the birds to distribute its seeds.

No. 172

# Wide Wingspans

| | | | | | | | | | | | | | | | | | | | | | | | |
|---|---|---|---|---|---|---|---|---|---|---|---|---|---|---|---|---|---|---|
| D | A | L | M | A | T | I | A | N | P | E | L | I | C | A | N | H | C | W |
| N | Y | B | W | M | P | A | G | F | N | D | J | Y | S | F | I | A | A | D |
| C | A | K | E | K | N | K | N | N | R | O | E | O | D | M | U | N | L | R |
| I | D | C | A | A | Y | M | T | T | T | H | U | W | A | X | D | M | I | E |
| N | R | A | I | P | R | T | N | A | I | T | Q | L | Y | E | D | A | F | A |
| E | S | O | X | L | R | D | K | V | H | P | A | E | R | E | M | R | O | T |
| R | F | G | D | Q | E | A | E | E | B | Y | O | I | D | S | K | A | R | W |
| E | F | F | W | N | G | P | R | D | A | E | N | D | T | L | S | B | N | A |
| O | M | C | H | F | O | N | E | N | V | G | I | E | E | L | B | O | I | I |
| U | X | J | I | L | R | C | V | T | A | U | R | Q | D | A | I | U | A | T |
| S | I | Z | A | O | P | U | N | L | I | D | L | S | T | P | N | S | C | E |
| V | K | F | Y | T | L | R | B | A | A | H | A | T | H | C | F | T | O | P |
| U | J | A | O | T | O | A | R | M | E | U | W | G | U | M | Q | O | N | E |
| L | L | C | U | C | T | S | H | C | V | D | Z | T | U | R | O | R | D | C |
| T | D | R | N | R | Q | Y | F | R | U | J | N | Y | A | E | E | K | O | I |
| U | E | P | O | X | X | W | Z | B | Z | J | N | A | D | E | S | X | R | C |
| R | H | S | M | N | A | W | S | R | E | T | E | P | M | U | R | T | W | A |
| E | S | N | O | R | T | H | E | R | N | R | O | Y | A | L | R | G | K | E |
| T | R | I | S | T | A | N | A | L | B | A | T | R | O | S | S | E | Y | Q |

AMSTERDAM Albatross
ANDEAN CONDOR
ANTIPODEAN Albatross
BEARDED VULTURE
CALIFORNIA CONDOR
CINEREOUS VULTURE
DALMATIAN PELICAN
GREAT WHITE PELICAN
HIMALAYAN VULTURE
MARABOU STORK
NORTHERN ROYAL Albatross
SOUTHERN ROYAL Albatross
TRISTAN ALBATROSS
TRUMPETER SWAN
WANDERING ALBATROSS

Considered the "great albatrosses," the wandering and royal albatrosses have the widest wingspans of any living bird. On wings stretching over ten feet, the long-lived birds often spend their first six years at sea without once returning to land.

# Waxbills and Relatives

No. 173

| | | | | | | | | | | | | | | | | | | |
|---|---|---|---|---|---|---|---|---|---|---|---|---|---|---|---|---|---|---|
| S | F | G | C | R | H | C | N | I | F | T | O | R | R | A | P | F | X | G |
| C | R | O | I | O | L | J | J | A | S | J | V | D | A | E | W | G | R | B |
| A | E | U | N | C | R | A | S | K | Y | O | J | G | F | W | M | E | R | E |
| L | D | L | D | K | E | V | B | W | L | G | E | C | V | Y | E | L | E | A |
| Y | E | D | E | F | E | A | F | M | A | Y | Q | A | B | N | C | I | I | U |
| B | A | I | R | I | E | S | S | E | V | K | C | E | W | C | O | A | D | T |
| R | R | A | E | R | C | P | C | Y | E | I | S | I | U | R | M | T | A | I |
| E | E | N | L | E | S | A | P | X | N | J | N | T | B | H | M | E | N | F |
| A | D | F | L | F | H | R | Z | V | D | G | T | P | C | T | O | R | E | U |
| S | F | I | A | I | I | R | I | E | E | H | D | N | N | L | N | I | R | L |
| T | I | N | W | N | B | O | L | D | R | F | I | M | D | B | W | F | G | F |
| E | R | C | A | C | T | W | P | O | W | F | T | H | J | T | A | D | E | I |
| D | E | H | X | H | K | Y | A | X | A | K | I | C | H | U | X | N | L | R |
| M | T | U | B | T | T | T | X | R | X | B | H | Y | O | P | B | O | P | E |
| U | A | C | I | I | T | U | B | V | B | U | R | C | D | R | I | M | R | T |
| N | I | I | L | M | J | E | G | I | I | D | P | S | W | H | L | A | U | A |
| I | L | I | L | Y | Z | W | H | W | L | V | L | Y | P | X | L | I | P | I |
| A | A | N | S | P | H | O | T | E | L | F | U | L | R | M | B | D | S | L |
| G | R | E | E | N | B | A | C | K | E | D | T | W | I | N | S | P | O | T |

BEAUTIFUL FIRETAIL
CINDERELLA WAXBILL
COMMON WAXBILL
CUT-THROAT
DIAMOND FIRETAIL
GOULDIAN FINCH
GREEN-BACKED TWINSPOT
GREEN-WINGED PYTILIA
JAVA SPARROW
LAVENDER WAXBILL
PURPLE GRENADIER
RED-EARED FIRETAIL
Red-throated PARROTFINCH
ROCK FIREFINCH
SCALY-BREASTED MUNIA
ZEBRA FINCH

These sociable songbirds are often kept as pets. Indeed, many, like the java sparrow, are considered vulnerable due in part to the pet trade. In the wild, they gather in colorful flocks. Look for groups of Gouldian finches near Australian water holes.

No. 174

# Weavers

| | | | | | | | | | | | | | | | | | |
|---|---|---|---|---|---|---|---|---|---|---|---|---|---|---|---|---|---|
| M | A | U | R | I | T | I | U | S | F | O | D | Y | J | Z | S | R | H |
| P | R | I | N | C | I | P | E | W | E | A | V | E | R | A | O | G | G |
| V | V | O | C | B | A | M | W | O | T | G | X | K | C | N | C | B | O |
| C | J | G | J | E | P | A | M | E | B | W | B | U | S | Z | I | Z | L |
| B | R | X | D | V | N | R | M | N | C | I | L | J | P | I | A | V | D |
| U | E | E | A | J | C | S | F | Q | Y | D | A | U | A | B | B | I | E |
| F | V | E | S | I | W | H | Z | Z | H | O | C | O | R | A | L | L | N |
| F | A | B | K | T | R | W | N | H | J | W | K | Q | R | R | E | L | P |
| A | E | M | P | J | E | I | E | K | R | B | B | B | O | R | W | A | A |
| L | W | I | Y | P | B | D | D | M | N | I | I | G | W | E | E | G | L |
| O | E | L | D | V | Q | O | M | B | X | R | S | M | W | D | A | E | M |
| W | G | A | O | Q | N | W | Z | A | S | D | H | I | E | B | V | W | W |
| E | N | M | F | U | I | B | T | I | L | M | O | B | A | I | E | E | E |
| A | A | A | D | U | D | I | P | M | K | I | P | I | V | S | R | A | A |
| V | R | L | E | X | M | R | W | N | L | I | M | E | E | H | Z | V | V |
| E | O | O | R | V | L | D | X | Q | B | U | J | B | R | O | J | E | E |
| R | W | G | B | Y | E | L | Z | G | W | D | L | E | E | P | S | R | R |
| H | U | C | A | R | D | I | N | A | L | Q | U | E | L | E | A | A | U |

BLACK BISHOP
CARDINAL QUELEA
CRESTED MALIMBE
Donaldson Smith's SPARROW-WEAVER
GOLA MALIMBE
GOLDEN PALM WEAVER
Long-tailed WIDOWBIRD
MARSH WIDOWBIRD
MAURITIUS FODY
ORANGE WEAVER
PRÍNCIPE WEAVER
Red-billed BUFFALO-WEAVER
RED FODY
SOCIABLE WEAVER
VILLAGE WEAVER
ZANZIBAR RED BISHOP

Sociable weavers weave incredible nests—they weigh several tons!—so up to 100 families can live in them together. Their nests are the largest tree nests to be built by any bird, and some have been occupied for a century.

# More Weavers

No. 175

| | | | | | | | | | | | | | | | | | | |
|---|---|---|---|---|---|---|---|---|---|---|---|---|---|---|---|---|---|---|
| W | N | E | L | I | C | O | U | R | V | I | W | E | A | V | E | R | B | P |
| M | O | N | T | A | N | E | W | I | D | O | W | B | I | R | D | L | O | R |
| I | S | H | S | J | Q | C | E | B | H | K | M | N | K | E | U | H | N | E |
| B | A | T | D | C | D | F | X | U | T | O | Z | X | N | E | S | S | K | V |
| A | O | G | R | S | A | A | K | C | O | F | V | A | B | I | M | P | C | A |
| D | T | G | K | E | G | L | G | N | A | U | L | I | B | N | O | F | I | E |
| A | O | R | K | E | A | V | Y | V | G | D | L | D | H | H | D | O | N | W |
| N | M | Z | J | T | S | K | K | F | A | L | E | A | S | U | K | R | N | D |
| M | E | C | N | O | U | G | E | B | E | K | L | I | U | Q | G | E | A | E |
| A | W | V | V | V | M | E | R | D | C | A | B | P | X | V | A | S | M | D |
| L | E | S | G | S | X | A | M | A | W | W | T | K | V | W | B | T | O | A |
| I | A | Y | F | E | F | A | B | D | O | E | O | H | D | C | X | F | N | E |
| M | V | O | B | O | L | N | R | L | R | D | A | G | E | K | H | O | W | H |
| B | E | G | D | I | E | Y | L | P | Y | L | N | V | Y | R | B | D | E | D |
| E | R | Y | M | D | S | E | B | J | O | C | N | D | E | R | E | Y | A | E |
| J | D | B | L | X | Y | Z | D | G | G | L | Y | Y | U | R | F | D | V | R |
| M | E | O | C | C | O | M | P | A | C | T | W | E | A | V | E | R | E | X |
| T | G | C | H | E | S | T | N | U | T | W | E | A | V | E | R | N | R | U |
| G | R | E | D | B | I | L | L | E | D | Q | U | E | L | E | A | L | I | B |

ALDABRA FODY
BLUE-BILLED MALIMBE
CHESTNUT WEAVER
CINNAMON WEAVER
COMPACT WEAVER
FOREST FODY
GOLDEN-BACKED BISHOP
IBADAN MALIMBE
MONTANE WIDOWBIRD
NELICOURVI WEAVER
RED-BILLED QUELEA
RED-HEADED WEAVER
SÃO TOMÉ WEAVER
SCALY-FEATHERED Weaver
STREAKED WEAVER
YELLOW BISHOP

The red-billed quelea, *Quelea quelea*, is the world's most ubiquitous wild bird, numbering around 1.5 billion. Swarming flocks in southern Africa can be so damaging to crops they've earned a nickname: feathered locusts.

No. 176

# Wrens

| | | | | | | | | | | | | | | | | | |
|---|---|---|---|---|---|---|---|---|---|---|---|---|---|---|---|---|---|
| L | S | H | T | Z | R | K | T | M | C | H | N | N | B | X | J | O | G |
| U | L | E | B | L | B | V | A | K | U | B | P | X | K | K | E | B | S |
| H | O | H | D | C | Y | R | B | N | F | A | Y | C | S | Q | Y | C | V |
| A | W | N | O | G | C | C | V | M | D | N | Q | A | T | C | A | U | G |
| O | W | H | R | H | E | F | R | B | O | X | X | A | S | R | T | U | X |
| Q | Y | J | O | B | I | C | O | L | O | R | E | D | O | Z | C | Z | N |
| F | A | S | C | I | A | T | E | D | W | I | X | L | M | U | I | O | N |
| Q | X | J | K | Z | C | A | N | Y | O | N | I | J | S | S | G | A | Q |
| A | A | X | X | H | X | H | L | K | Y | N | D | D | R | Q | W | R | C |
| W | G | P | A | O | L | D | O | H | A | M | N | S | X | B | C | A | P |
| J | R | D | W | B | G | S | S | U | O | V | L | U | F | Z | C | G | W |
| R | J | W | U | R | Y | D | R | J | S | A | K | S | A | T | C | I | F |
| S | H | P | A | T | G | V | T | O | V | E | P | O | U | T | N | Z | K |
| E | O | S | A | N | N | B | L | V | F | K | K | S | T | T | W | R | I |
| K | S | N | G | C | G | K | X | V | U | M | Y | H | E | W | S | Q | H |
| F | L | Y | G | M | O | U | N | T | A | I | N | R | K | G | K | S | Z |
| F | C | L | S | M | Y | Q | P | A | C | I | F | I | C | N | V | G | A |
| H | D | O | Q | D | K | F | G | D | E | T | T | O | P | S | W | W | C |

BICOLORED
CACTUS
CANYON
CAROLINA
FASCIATED
FULVOUS
GRASS
HOUSE
MARCH
MOUNTAIN
PACIFIC
ROCK
SEDGE
SONG
SPOTTED
WINTER

Nearly all wren species live in the Americas. The largest, the cactus wren, is found in Californian and Mexican deserts. The smallest, the Pacific wren, is found along the Pacific coast, as far north as the Aleutian Islands in Alaska.

# Little Birds

No. 177

| | | | | | | | | | | | | | | | | | | |
|---|---|---|---|---|---|---|---|---|---|---|---|---|---|---|---|---|---|---|
| G | H | C | N | I | F | D | L | O | G | R | E | S | S | E | L | G | R | E |
| P | X | F | I | R | E | C | R | E | S | T | C | O | F | W | V | C | A | T |
| E | T | K | H | U | D | V | T | C | R | D | N | Y | P | T | L | N | T | S |
| T | R | B | P | F | L | O | W | E | R | P | E | C | K | E | R | C | S | L |
| W | H | N | U | T | H | A | T | C | H | F | W | M | R | P | K | F | D | N |
| T | I | T | H | S | U | B | N | A | C | I | R | E | M | A | W | K | O | I |
| C | A | P | E | P | E | N | D | U | L | I | N | E | T | I | T | V | O | D |
| O | U | R | B | E | E | H | U | M | M | I | N | G | B | I | R | D | W | R |
| S | P | O | T | T | E | D | P | A | R | D | A | L | O | T | E | A | S | E |
| G | O | R | U | K | C | O | S | T | A | S | S | V | M | M | T | Z | A | V |
| C | C | O | R | D | O | N | B | L | E | U | E | O | Y | S | O | N | D | Z |
| M | R | N | T | Y | A | P | H | P | E | L | P | W | E | U | Q | A | L | Y |
| S | T | O | R | M | P | E | T | R | E | L | B | R | S | O | P | V | A | O |
| A | F | C | E | A | L | K | X | L | O | N | C | E | K | C | Q | B | R | N |
| H | G | R | N | A | R | Y | A | F | J | D | R | H | V | E | A | I | E | X |
| N | U | Z | T | Z | F | C | A | L | L | I | O | P | E | M | U | M | M | W |
| I | U | U | H | C | M | H | L | O | U | W | E | E | B | I | L | L | S | C |
| U | C | N | M | Z | H | E | G | Q | D | A | C | C | G | K | K | D | E | L |
| K | Q | B | X | L | Q | C | Y | A | M | D | J | I | Y | Y | V | E | P | B |

AMERICAN BUSHTIT

BEE HUMMINGBIRD

Brown-headed NUTHATCH

CALLIOPE Hummingbird

CAPE PENDULINE TIT

COSTA'S Hummingbird

ESMERALDAS WOODSTAR

FIRECREST

GOLDCREST

LESSER GOLDFINCH

Pale-billed FLOWERPECKER

Red-cheeked CORDONBLEU

SPOTTED PARDALOTE

VERDIN

WEEBILL

Wilson's STORM-PETREL

The bee hummingbird is the smallest bird of all. Endemic to Cuba, it weighs less than a dime and builds nests the size of a quarter. It lays eggs the size of jelly beans.

## No. 178 Greenbuls, Brownbuls, and Similar

| | | | | | | | | | | | | | | | | | |
|---|---|---|---|---|---|---|---|---|---|---|---|---|---|---|---|---|---|
| R | Q | O | I | L | L | Q | F | P | C | L | Q | A | T | V | Y | N | T |
| E | Z | N | D | A | Y | T | C | A | I | Z | D | A | J | L | A | O | F |
| D | T | O | E | I | W | Y | A | L | C | N | D | F | W | C | R | I | X |
| T | I | R | T | R | P | S | B | E | T | A | R | Z | L | O | S | A | R |
| A | N | T | A | T | L | G | A | O | E | Y | E | A | O | C | V | M | L |
| I | Y | H | O | S | A | D | N | L | R | M | U | L | H | I | O | F | U |
| L | G | E | R | E | C | I | I | I | I | X | I | E | E | N | K | H | B |
| E | R | R | H | R | I | B | S | V | N | V | R | R | T | Q | V | E | N |
| D | E | N | T | R | D | E | S | E | E | S | S | A | T | X | C | V | E |
| L | E | B | E | E | G | A | G | G | G | G | N | A | D | J | U | Z | E |
| E | N | R | T | T | R | R | R | R | R | E | V | F | W | T | L | K | R |
| A | B | O | I | C | E | E | E | E | E | Y | D | A | U | S | Z | D | G |
| F | U | W | H | J | E | E | E | E | E | I | J | T | G | I | U | L | E |
| L | L | N | W | N | N | N | N | N | N | C | P | J | U | S | L | G | V |
| O | E | B | B | B | B | K | B | B | B | M | K | G | S | S | V | X | I |
| V | F | U | U | U | U | V | U | U | U | Q | S | E | C | A | O | X | L |
| E | L | L | L | S | L | V | L | L | L | M | D | I | Y | S | Y | J | O |
| L | U | B | N | E | E | R | G | S | E | P | R | A | H | S | R | D | B |

CABANIS'S GREENBUL

Cameroon OLIVE-GREENBUL

FISCHER'S GREENBUL

ICTERINE GREENBUL

Lowland TINY GREENBUL

MONTANE Tiny Greenbul

NORTHERN BROWNBUL

PALE-OLIVE GREENBUL

PLACID GREENBUL

RED-TAILED LEAF-LOVE

SASSI'S Greenbul

SHARPE'S GREENBUL

TERRESTRIAL Brownbul

TORO OLIVE-GREENBUL

WHITE-THROATED Greenbul

XAVIER'S GREENBUL

On a trip to Liberia in the 1980s, an ornithologist believed he'd identified a new species. Geopolitics prevented further study for a long time, but eventual DNA analysis offered some insight: his specimen was just an abnormally colored icterine greenbul.

## Cinereous ___________ No. 179

| | | | | | | | | | | | | | | | | | |
|---|---|---|---|---|---|---|---|---|---|---|---|---|---|---|---|---|---|
| F | T | I | B | Z | W | D | N | H | A | Y | E | N | M | F | R | M | W |
| V | T | Y | R | H | A | B | H | Y | A | Y | V | S | F | Q | T | U | U |
| M | Y | V | E | N | R | Z | Z | D | X | R | P | W | D | H | S | J | C |
| O | R | T | A | J | B | H | C | N | I | F | R | U | D | E | D | N | O |
| U | A | A | S | F | L | D | F | Z | G | E | N | I | N | K | J | Y | N |
| R | N | N | T | L | I | N | T | K | R | O | A | K | E | Y | I | G | E |
| N | T | T | E | V | N | K | G | A | O | N | U | D | V | R | A | J | B |
| E | N | S | D | T | G | X | I | B | U | N | T | I | N | G | V | T | I |
| R | U | H | S | T | F | D | J | Q | N | R | Y | T | N | O | U | I | L |
| Y | E | R | P | I | I | F | T | G | D | W | L | T | T | M | L | N | L |
| G | E | I | I | T | N | U | J | K | T | K | U | H | T | W | T | A | F |
| E | P | K | N | U | C | B | L | U | Y | M | B | Y | B | C | U | M | T |
| G | L | E | E | D | H | L | W | O | R | U | L | I | E | G | R | O | L |
| I | H | X | T | A | G | U | Z | A | A | Q | U | H | C | E | E | U | S |
| X | M | C | A | W | J | I | W | X | N | X | B | Q | A | R | X | V | C |
| R | W | X | I | I | C | E | T | G | T | U | W | X | R | P | E | U | G |
| B | M | C | L | L | F | P | S | H | W | K | P | U | D | Y | P | P | K |
| L | L | Z | U | R | G | L | F | U | D | D | P | R | R | P | S | V | R |

ANTSHRIKE
BECARD
BREASTED SPINETAIL
BULBUL
BUNTING
CONEBILL
FINCH
GROUND-TYRANT
HARRIER
MOURNER
OWL
TINAMOU
TIT
TYRANT
VULTURE
WARBLING FINCH

The cinereous mourner is an average-sized perching bird of the Amazon. Nest predators abound there, but the bird has a unique defense mechanism. Each chick resembles and moves like a noxious hairy caterpillar, so predators avoid them.

No. 180

## Bulbuls

| | | | | | | | | | | | | | | | | | |
|---|---|---|---|---|---|---|---|---|---|---|---|---|---|---|---|---|---|
| P | W | A | F | M | A | L | A | G | A | S | Y | M | C | V | J | L | B |
| J | H | Y | K | K | H | S | Q | W | R | H | S | A | G | I | N | Y | R |
| X | E | I | Q | S | X | R | Y | O | P | G | T | U | R | S | B | I | O |
| F | V | S | L | B | E | T | K | U | D | R | R | R | A | A | R | Q | W |
| M | U | Q | T | I | G | N | A | I | I | L | E | I | N | Y | A | E | N |
| P | S | U | V | V | P | K | J | I | P | A | A | T | D | A | W | O | E |
| H | E | A | S | R | F | P | I | E | O | V | K | I | C | N | Q | U | A |
| M | Y | R | G | K | Q | N | I | H | R | X | B | U | O | J | Z | N | R |
| O | C | E | Z | A | M | F | V | N | V | K | R | S | M | U | A | O | E |
| H | H | T | A | G | I | Y | O | T | E | O | E | V | O | U | M | I | D |
| E | E | A | D | E | N | A | W | R | Y | A | A | S | R | B | B | N | W |
| L | L | I | W | C | D | V | S | K | N | I | S | G | O | T | O | U | B |
| I | L | L | U | H | O | B | L | A | C | K | T | D | W | L | A | E | X |
| Y | E | E | N | A | R | O | T | Y | D | T | E | V | K | E | N | R | L |
| E | S | D | L | U | O | R | M | Z | L | T | D | D | Q | K | G | U | I |
| P | A | K | H | S | I | W | O | L | L | E | Y | W | A | U | A | O | U |
| Q | N | Q | I | H | V | C | V | V | N | E | N | T | H | O | U | A | F |
| N | I | U | G | I | M | A | C | R | I | D | Y | D | M | Q | J | E | L |

BLACK
BROWN-EARED
CAMIGUIN
GRAND COMORO
MALAGASY
MAURITIUS
MINDORO
MOHELI
PHILIPPINE
REUNION
SEYCHELLES
SQUARE-TAILED
STREAK-BREASTED
VISAYAN
YELLOWISH
ZAMBOANGA

Bulbus tend to be sociable fruit-eaters. They may be found in the warmer climes of Europe, Asia, and Africa. Despite its name, the boisterous black bulbul may sometimes be white-headed.

## Laughingthrushes

**No. 181**

| | | | | | | | | | | | | | | | | | |
|---|---|---|---|---|---|---|---|---|---|---|---|---|---|---|---|---|---|
| Y | C | R | S | S | N | M | U | K | Y | R | N | U | J | J | W | N | G |
| U | L | D | B | L | A | C | K | F | A | C | E | D | Q | H | Q | M | A |
| E | G | O | F | S | A | I | N | A | T | U | H | B | I | A | A | B | C |
| D | N | N | S | F | U | R | J | C | I | F | D | T | T | L | L | D | P |
| E | P | A | D | E | R | A | L | L | O | C | E | F | A | U | H | S | G |
| R | K | B | V | U | M | H | F | U | S | W | V | Y | E | M | V | C | K |
| A | S | V | B | D | O | M | S | N | H | R | A | W | U | Q | A | A | Q |
| E | G | F | S | W | E | X | O | I | F | N | I | S | P | L | R | L | N |
| R | Z | D | O | L | U | K | S | Z | F | N | T | Z | N | E | I | Y | B |
| E | F | F | E | V | O | K | A | I | G | O | S | I | U | D | E | H | T |
| V | J | C | N | T | E | W | E | E | I | W | M | K | G | M | G | Y | V |
| L | L | F | M | R | J | B | D | L | R | B | C | H | P | A | A | H | U |
| I | Y | A | E | N | F | D | L | E | U | T | G | X | T | H | T | T | H |
| S | T | D | A | T | U | E | C | K | I | B | S | O | C | I | E | L | J |
| C | H | E | S | T | N | U | T | C | R | O | W | N | E | D | D | D | F |
| G | I | Z | T | S | T | R | I | P | E | D | D | C | E | O | L | R | E |
| L | D | E | K | E | E | H | C | N | W | O | R | B | H | W | P | Y | M |
| C | J | D | B | X | R | E | D | T | A | I | L | E | D | Y | K | S | S |

ASSAM
BHUTAN
BLACK-FACED
BLUE-WINGED
BROWN-CHEEKED
CHESTNUT-CROWNED
COLLARED
ELLIOT'S
MALAYAN
RED-TAILED
SCALY
SILVER-EARED
STREAKED
STRIPED
VARIEGATED
WHITE-WHISKERED

Like most laughingthrushes, the white-whiskered laughingthrush is a babbler. The bird tends to travel two by two or in big groups, and is often spotted along roads cutting through the forest. Radiant gold wing feathers make it easy to identify.

No. 182

# Paridae

| | | | | | | | | | | | | | | | | | |
|---|---|---|---|---|---|---|---|---|---|---|---|---|---|---|---|---|---|
| E | B | J | F | M | O | A | K | T | I | T | M | O | U | S | E | Y | C |
| S | R | U | S | O | E | E | D | A | I | Z | U | I | D | H | V | A | M |
| U | I | N | D | U | L | T | B | B | S | H | Y | C | U | D | R | E | G |
| O | D | I | P | N | S | I | A | O | L | M | J | K | J | O | X | B | B |
| M | L | P | V | T | U | T | Z | R | L | A | G | N | L | I | T | L | D |
| T | E | E | E | A | L | O | H | E | M | R | R | I | C | I | F | A | J |
| I | D | R | G | I | T | B | U | A | Y | B | N | A | E | P | X | C | C |
| T | T | T | Q | N | A | M | C | L | N | A | N | G | L | A | U | K | O |
| D | I | I | Z | C | N | O | J | C | C | C | D | R | E | L | Y | L | A |
| E | T | T | R | H | T | I | D | H | H | T | U | O | G | A | E | O | L |
| T | M | M | P | I | I | M | I | I | N | F | S | U | A | W | L | R | T |
| F | O | O | Y | C | T | C | C | C | A | R | K | N | N | A | L | E | I |
| U | U | U | M | K | K | K | D | K | Z | F | Y | D | T | N | O | D | T |
| T | S | S | S | A | A | I | N | A | D | K | T | T | T | T | W | T | V |
| Z | E | E | D | D | P | H | M | D | R | M | I | I | I | I | T | I | R |
| Q | P | E | E | E | C | U | V | E | V | G | T | T | T | T | I | T | G |
| D | E | E | A | E | X | U | J | E | J | M | W | A | U | N | T | B | Q |
| A | N | B | C | I | N | E | R | E | O | U | S | T | I | T | N | J | O |

BOREAL CHICKADEE
BRIDLED TITMOUSE
CAROLINA CHICKADEE
CINEREOUS TIT
COAL TIT
DUSKY TIT
ELEGANT TIT
GROUND TIT
Indian BLACK-LORED TIT
JUNIPER TITMOUSE
MEXICAN CHICKADEE
MIOMBO TIT
MOUNTAIN CHICKADEE
OAK TITMOUSE
PALAWAN TIT
SULTAN TIT
TUFTED TITMOUSE
YELLOW TIT

Birds in the Paridae family are small, tend to nest in holes, and usually live in woodlands. The tufted titmouse, common in the eastern United States, eats insects and seeds broken open by the bird's small but strong bill.

# Superlative Birds

**No. 183**

| | | | | | | | | | | | | | | | | | | |
|---|---|---|---|---|---|---|---|---|---|---|---|---|---|---|---|---|---|---|
| D | U | H | L | I | I | O | N | R | J | Q | Q | C | F | K | Z | X | Y | W |
| R | B | C | K | L | B | O | R | N | A | X | I | M | E | D | K | Z | A | N |
| I | L | N | G | I | T | H | E | C | S | C | H | I | C | K | E | N | C | A |
| B | A | I | E | C | I | S | T | E | T | K | L | W | I | T | D | N | V | C |
| G | C | F | N | C | W | O | C | F | R | E | O | G | H | E | H | O | E | I |
| N | K | R | T | B | D | O | I | M | A | P | K | R | R | Y | C | C | M | L |
| I | W | O | O | S | O | I | T | E | P | M | S | I | N | K | I | L | P | E |
| M | I | J | O | A | G | D | C | L | I | K | N | F | S | I | R | A | E | P |
| M | N | A | P | M | D | L | R | S | A | G | L | F | W | W | T | F | R | N |
| U | G | M | E | C | E | O | A | W | A | I | B | O | O | I | S | E | O | A |
| H | E | E | N | I | L | A | J | L | I | W | Q | N | R | D | O | N | R | I |
| N | D | N | G | B | I | T | B | I | H | I | K | V | D | N | N | I | P | L |
| I | S | H | U | K | A | A | M | Q | L | K | Y | U | B | D | O | R | E | A |
| A | T | P | I | T | T | Z | W | H | R | N | D | L | I | P | M | G | N | R |
| V | I | A | N | R | R | E | L | L | N | W | H | T | L | K | M | E | G | T |
| R | L | D | O | I | A | W | M | L | K | O | B | U | L | J | O | R | U | S |
| E | T | S | N | G | B | N | U | L | P | R | A | R | E | R | C | E | I | U |
| V | S | P | C | M | Z | K | I | V | T | B | G | E | D | J | J | P | N | A |
| J | G | D | R | I | B | G | N | I | M | M | U | H | E | E | B | Q | V | G |

ARCTIC TERN[1]

AUSTRALIAN PELICAN[2]

BAR-TAILED GODWIT[3]

BEE HUMMINGBIRD[4]

BLACK-WINGED STILT[5]

CHICKEN[6]

COMMON OSTRICH[7]

DAPHNE MAJOR FINCH[8]

EMPEROR PENGUIN[9]

GENTOO PENGUIN[10]

KIWI[11]

North Island BROWN KIWI[12]

PEREGRINE FALCON[13]

Ribbon-tailed ASTRAPIA[14]

Ruppell's GRIFFON VULTURE[15]

SWORD-BILLED Hummingbird[16]

VERVAIN HUMMINGBIRD[17]

WANDERING ALBATROSS[18]

[1]Longest migrator; [2]Longest beak, actual; [3]Longest nonstop flight; [4]Smallest; [5]Longest legs, proportionally; [6]Most populous; [7]Heaviest; [8]Most recently evolved; [9]Deepest diver; [10]Fastest swimmer; [11]Shortest beak, technically; [12]Largest egg, proportionally; [13]Fastest flier; [14]Longest tail, proportionally; [15]Highest flier; [16]Longest beak, proportionally; [17]Smallest egg; [18]Largest wingspan

No. 184

# Bird Idioms and Phrases

| | | | | | | | | | | | | | | | | | |
|---|---|---|---|---|---|---|---|---|---|---|---|---|---|---|---|---|---|
| A | C | R | A | Z | Y | A | S | A | L | O | O | N | K | N | S | B | B |
| R | Y | S | E | I | L | F | W | O | R | C | E | H | T | S | A | M | L |
| P | R | O | U | D | A | S | A | P | E | A | C | O | C | K | M | R | J |
| O | D | D | E | L | O | H | N | O | E | G | I | P | H | L | E | S | B |
| H | A | W | F | R | E | E | A | S | A | B | I | R | D | H | D | S | Z |
| U | S | X | Y | Z | E | L | O | N | D | V | C | H | T | L | U | Z | H |
| O | E | A | R | L | Y | B | I | R | D | R | D | A | L | O | G | P | A |
| H | E | I | S | N | W | Q | M | B | J | E | E | P | F | F | L | Z | D |
| H | A | O | R | W | L | G | Y | I | A | F | L | P | A | T | Y | W | U |
| E | G | J | F | E | Q | X | Q | D | A | K | T | Y | L | C | D | T | C |
| N | L | T | G | Y | L | B | A | F | S | T | D | A | B | R | U | W | K |
| S | E | W | U | L | K | S | O | U | L | W | V | S | A | J | C | O | S |
| T | E | V | T | Y | A | S | E | S | F | W | C | A | T | Z | K | B | B |
| E | Y | L | U | D | D | L | K | S | W | J | J | L | R | E | L | I | A |
| E | E | W | O | R | I | Q | F | N | G | E | W | A | O | V | I | R | C |
| T | D | D | I | Q | N | B | A | D | E | G | G | R | S | U | N | D | K |
| H | O | B | N | I | G | H | T | O | W | L | A | K | S | Q | G | S | W |
| I | Y | H | U | N | D | E | R | Y | O | U | R | W | I | N | G | E | Q |

ALBATROSS around the Neck
AS THE CROW FLIES
BAD EGG
BIRDS OF A FEATHER
CRAZY AS A LOON
DEAD AS A DODO
EAGLE-EYED
EARLY BIRD Gets the Worm
FREE AS A BIRD
HAPPY AS A LARK
NIGHT OWL
PIGEON-HOLED
PROUD AS A PEACOCK
Scarce as HENS' TEETH
Take UNDER YOUR WING
TWO BIRDS with One Stone
UGLY DUCKLING
Water Off A DUCK'S BACK

It's been speculated that the notion of killing two birds with one stone comes from Greek mythology. Daedalus did just that, then used the feathers to make the wings he and Icarus wore during their infamous flight from Crete.

## Swallows

No. 185

| | | | | | | | | | | | | | | | | | |
|---|---|---|---|---|---|---|---|---|---|---|---|---|---|---|---|---|---|
| L | C | X | J | C | N | V | D | Y | Z | W | X | E | F | G | E | Q | Q |
| N | E | W | M | P | T | F | A | K | Q | M | M | T | R | E | E | F | P |
| E | L | E | N | B | J | X | E | A | E | S | J | E | C | F | P | X | B |
| G | W | L | T | Q | W | P | N | C | Z | W | A | V | O | S | F | A | D |
| U | K | C | K | D | F | G | U | G | T | T | H | N | K | D | R | T | G |
| Q | N | O | R | Q | O | Q | L | Z | E | E | D | A | R | N | E | J | U |
| X | A | M | O | L | J | C | U | R | V | L | G | I | D | E | O | D | B |
| Y | B | E | A | D | O | Z | S | A | I | F | M | P | U | R | B | D | L |
| Q | C | N | Y | B | F | T | C | M | O | A | A | O | M | I | H | L | U |
| S | S | L | X | F | R | B | H | E | L | N | N | I | K | G | B | L | E |
| Q | G | R | I | I | I | A | J | N | E | D | G | H | K | P | F | F | I |
| L | N | O | P | F | X | H | F | E | T | E | R | T | T | A | K | F | I |
| X | V | E | L | N | F | A | U | H | G | A | O | E | U | C | W | O | P |
| L | D | X | X | D | U | M | E | A | R | N | V | P | M | I | D | R | F |
| Z | E | Y | U | A | E | A | C | Z | E | B | E | I | B | F | Q | E | A |
| G | M | X | X | I | C | N | I | X | E | C | L | X | E | I | F | S | U |
| J | K | Q | E | Q | K | V | D | H | N | E | E | Y | S | C | O | T | B |
| P | J | I | Y | U | H | W | I | W | J | X | H | A | F | C | S | G | M |

ANDEAN
ANGOLAN
BAHAMA
BANK
BARN
BLUE
CAVE
CLIFF
ETHIOPIAN
FOREST
GOLDEN
GREATER STRIPED
MANGROVE
PACIFIC
TREE
TUMBES
VIOLET-GREEN
WELCOME

Swallows are often seen at sunset, feeding on insects. The barn swallow is the most common, found all across the world, and is an opportunistic nester. It is comfortable in caves, trees, burrows, or buildings.

No. 186

# Martins

| | | | | | | | | | | | | | | | | | |
|---|---|---|---|---|---|---|---|---|---|---|---|---|---|---|---|---|---|
| S | C | G | N | B | R | O | W | N | C | H | E | S | T | E | D | D | N |
| Z | K | E | B | P | H | S | I | N | A | L | O | A | A | M | S | E | E |
| C | D | B | F | D | W | M | Z | Q | L | X | O | M | M | P | O | D | I |
| Y | A | S | O | U | T | H | E | R | N | C | X | Z | W | A | G | N | Q |
| K | O | R | L | F | L | N | G | Y | T | O | V | Z | I | L | A | A | W |
| Z | P | W | I | T | P | D | B | I | D | M | D | D | M | E | P | B | R |
| G | R | E | Y | B | R | E | A | S | T | E | D | D | Z | C | A | A | V |
| G | H | H | J | S | B | N | V | U | L | Q | L | W | Q | R | L | K | P |
| L | M | T | P | R | R | E | C | S | U | T | A | E | X | A | A | H | F |
| U | W | R | J | E | G | Y | A | A | E | W | N | N | Q | G | G | L | Z |
| M | D | M | E | S | U | O | H | N | A | I | R | E | B | I | S | Z | P |
| E | J | B | I | Q | W | Q | U | T | Z | J | I | J | P | R | P | W | Z |
| L | Q | B | R | O | W | N | T | H | R | O | A | T | E | D | N | S | P |
| P | B | W | O | L | C | E | U | C | O | N | G | O | R | T | S | O | J |
| R | K | V | C | P | M | Y | P | X | H | U | R | H | E | K | I | S | Z |
| U | M | R | K | E | E | S | U | O | H | L | A | P | E | N | G | K | Y |
| P | P | E | R | U | V | I | A | N | D | N | A | S | O | C | P | Y | I |
| C | A | G | B | K | T | M | E | V | A | X | P | G | H | R | I | L | T |

BANDED
BROWN-CHESTED
BROWN-THROATED
CARIBBEAN
CONGO
GALÁPAGOS
GRAY-BREASTED
NEPAL HOUSE
PALE CRAG
PERUVIAN
PURPLE
ROCK
SAND
SIBERIAN HOUSE
SINALOA
SOUTHERN

Purple martins flock to North America for their summer breeding season. In the East, they nest almost exclusively in birdhouses, which they have done for a long time. Before Europeans arrived, Native Americans put up empty gourds for them.

## Mockingbirds

No. 187

| | | | | | | | | | | | | | | | | | |
|---|---|---|---|---|---|---|---|---|---|---|---|---|---|---|---|---|---|
| N | P | T | N | G | Z | G | F | T | S | E | Y | C | L | G | T | R | U |
| U | H | A | L | F | D | G | R | D | V | B | C | A | J | Q | E | L | F |
| P | J | R | L | N | M | O | T | I | F | G | B | D | L | B | B | B | X |
| W | M | B | L | R | P | U | C | L | F | O | R | B | R | F | S | L | J |
| C | B | I | B | I | Y | O | O | L | T | W | W | O | P | D | R | U | R |
| D | Q | W | C | W | S | S | O | S | X | U | W | F | O | N | D | E | R |
| H | F | A | M | V | X | R | I | N | C | N | C | H | A | Q | Z | A | X |
| A | L | Y | H | M | E | R | A | S | B | H | T | I | O | D | B | N | E |
| M | R | E | X | A | C | E | O | A | A | Z | N | K | E | O | D | D | N |
| A | J | L | N | N | L | C | C | L | A | O | M | N | F | L | D | W | N |
| H | N | A | A | I | O | K | K | M | G | S | L | C | E | Z | C | H | R |
| A | M | S | H | R | E | B | L | A | V | A | D | U | X | E | V | I | E |
| B | Q | C | R | D | R | Q | T | S | V | F | L | J | J | S | E | T | H |
| E | Z | O | V | O | I | A | Z | Y | V | B | Z | G | W | M | R | E | T |
| F | H | G | W | H | P | Y | G | A | L | A | P | A | G | O | S | W | R |
| E | R | E | Q | S | K | S | I | L | Q | G | S | J | L | R | N | O | O |
| N | D | E | H | D | E | D | N | A | B | E | T | I | H | W | E | J | N |
| O | L | O | N | G | T | A | I | L | E | D | K | Z | U | F | X | S | Q |

BAHAMA
BLUE
BLUE-AND-WHITE
BROWN-BACKED
CHALK-BROWED
CHILEAN
FLOREANA
GALÁPAGOS
HOOD
LONG-TAILED
NORTHERN
PATAGONIAN
SAN CRISTÓBAL
SOCORRO
TROPICAL
WHITE-BANDED

Northern mockingbirds are accomplished copycats. Males may learn 200 songs belonging to other birds in their life. And they sing incessantly. It is not uncommon to hear them carrying on well into the night.

No. 188

# Mockingbird Relatives

| | | | | | | | | | | | | | | | | | | |
|---|---|---|---|---|---|---|---|---|---|---|---|---|---|---|---|---|---|---|
| B | E | L | B | C | Q | A | M | G | X | G | N | X | Z | O | M | N | A | P |
| E | Q | O | R | A | G | G | V | K | F | Z | I | O | T | C | X | A | E | Y |
| N | W | N | O | L | R | R | H | Y | L | F | X | F | P | E | I | A | C | H |
| D | H | G | W | I | A | A | A | U | B | Y | M | Z | O | L | R | I | R | C |
| I | I | B | N | F | Y | Y | J | U | L | Y | Y | N | S | L | M | D | E | R |
| R | T | I | T | O | C | T | Q | U | J | D | G | X | Y | A | R | R | H | I |
| E | E | L | R | R | A | R | Z | S | H | D | T | E | P | T | E | I | S | S |
| S | B | L | E | N | T | E | M | A | N | J | Y | C | T | E | H | B | A | S |
| T | R | E | M | I | B | M | C | G | D | E | O | U | H | D | S | T | R | A |
| H | E | D | B | A | I | B | Q | E | D | O | V | R | Y | T | A | A | H | L |
| R | A | T | L | T | R | L | L | T | E | Y | U | V | L | H | R | C | T | T |
| A | S | H | E | H | D | E | H | H | I | V | J | E | V | R | H | K | L | H |
| S | T | R | R | R | S | R | S | R | N | V | C | B | J | A | T | C | E | R |
| H | E | A | N | A | A | X | Q | A | V | K | B | I | X | S | N | A | M | A |
| E | D | S | B | S | V | Z | H | S | N | E | J | L | T | H | W | L | U | S |
| R | N | H | H | H | W | D | Q | H | X | Z | Y | L | F | E | O | B | Z | H |
| Q | G | E | T | E | Q | S | V | E | B | X | E | E | Q | R | R | D | O | E |
| X | R | R | X | R | M | E | D | R | Z | R | V | D | Z | H | B | E | C | R |
| L | E | C | O | N | T | E | S | T | H | R | A | S | H | E | R | F | Q | F |

BENDIRE'S THRASHER
BLACK CATBIRD
BROWN THRASHER
BROWN TREMBLER
CALIFORNIA THRASHER
COZUMEL THRASHER
CRISSAL THRASHER
CURVE-BILLED Thrasher
GRAY CATBIRD
GRAY TREMBLER
LECONTE'S THRASHER
LONG-BILLED THRASHER
OCELLATED THRASHER
PEARLY-EYED THRASHER
SAGE THRASHER
WHITE-BREASTED Thrasher

The gray catbird sings a long song—sometimes 10 minutes long—and the volume may reveal the meaning. A male sings loudly to let rivals know he's staked a claim to the area. He sings more quietly around a nest.

## Wading Birds

No. 189

| | | | | | | | | | | | | | | | | | |
|---|---|---|---|---|---|---|---|---|---|---|---|---|---|---|---|---|---|
| G | B | O | V | H | E | L | K | G | K | V | Q | P | S | Q | Q | S | D |
| C | S | E | P | I | N | S | T | A | E | R | G | G | N | W | G | A | R |
| A | M | E | R | I | C | A | N | F | L | A | M | I | N | G | O | D | E |
| S | P | O | T | T | E | D | R | E | D | S | H | A | N | K | B | D | D |
| X | D | T | U | U | E | Y | C | W | F | X | Q | T | K | I | H | L | D |
| S | Y | T | N | I | T | S | D | E | O | T | G | N | O | L | E | E | I |
| P | I | E | D | A | V | O | C | E | T | B | Q | E | T | T | U | B | S |
| I | R | U | F | F | F | M | H | P | Y | N | N | Y | E | Z | U | I | H |
| U | V | E | D | A | R | P | S | I | Y | I | I | O | N | D | R | L | E |
| Y | R | E | D | P | H | A | L | A | R | O | P | E | C | X | U | L | G |
| S | B | O | A | T | B | I | L | L | E | D | H | E | R | O | N | E | R |
| Y | V | K | Y | P | I | P | I | N | G | P | L | O | V | E | R | D | E |
| Z | V | F | K | C | O | C | D | O | O | W | I | M | A | M | A | S | T |
| T | A | C | N | L | I | M | P | K | I | N | O | N | C | S | B | T | V |
| R | O | S | E | A | T | E | S | P | O | O | N | B | I | L | L | O | A |
| Y | Z | B | G | R | E | A | T | K | N | O | T | M | F | L | H | R | K |
| P | I | N | N | A | T | E | D | B | I | T | T | E | R | N | C | K | A |
| S | D | A | W | Y | P | J | I | A | B | U | V | J | X | H | M | H | F |

AMAMI WOODCOCK
AMERICAN FLAMINGO
BOAT-BILLED HERON
GREAT KNOT
GREAT SNIPE
LIMPKIN
LONG-TOED STINT
PIED AVOCET
PINNATED BITTERN
PIPING PLOVER
REDDISH EGRET
RED PHALAROPE
ROSEATE SPOONBILL
RUFF
SADDLE-BILLED STORK
SPOTTED REDSHANK

Piping plovers are small wading birds found along fresh and saltwater shorelines. They're particularly vulnerable to habitat loss because they frequent the same areas. Some pairs build their nests less than 130 feet from their last one year after year.

No. 190

# Hawaiian Honeycreepers

| | | | | | | | | | | | | | | | | | |
|---|---|---|---|---|---|---|---|---|---|---|---|---|---|---|---|---|---|
| M | L | F | E | A | N | I | L | E | U | D | R | A | C | N | I | A | Y |
| N | E | R | G | R | K | L | G | E | X | E | V | O | H | S | R | J | I |
| Y | A | I | A | W | K | I | O | W | L | U | I | O | W | I | O | S | X |
| W | Z | N | K | D | I | N | W | Y | Z | K | I | Y | V | H | H | J | Z |
| L | A | G | E | C | V | I | C | I | Q | G | W | M | X | I | R | Y | Y |
| V | K | I | P | K | N | L | W | J | K | S | N | L | H | K | W | G | A |
| E | O | L | A | B | I | A | Z | I | O | I | R | L | O | A | G | M | L |
| Z | H | L | S | R | H | Y | E | W | R | S | U | R | Z | M | C | P | A |
| Z | E | I | U | L | O | S | A | N | D | B | D | J | J | A | B | A | U |
| G | K | D | P | I | A | A | I | N | U | A | A | C | E | R | J | L | A |
| M | O | A | K | S | F | N | I | I | I | P | C | M | Y | E | J | I | H |
| P | H | E | U | H | I | F | F | E | G | A | D | D | C | S | N | L | I |
| W | E | U | A | V | N | I | H | Z | E | V | N | D | J | S | O | A | O |
| E | R | S | L | L | C | N | A | T | P | K | G | I | R | E | G | P | X |
| R | F | Q | A | K | H | C | M | Z | E | J | E | K | A | L | C | B | B |
| K | Z | T | W | V | X | H | R | W | W | A | L | K | N | U | J | J | D |
| V | H | G | I | O | U | W | T | A | R | U | Q | D | A | K | B | Z | Z |
| D | M | T | H | N | T | R | Y | A | K | I | K | I | K | I | A | R | E |

‘AKEKE‘E
‘AKEPAS
‘AKIKIKI
‘ĀKOHEKOHE
‘ALAUAHIO

‘ALAWĪ
‘ANIANIAU
CARDUELINAE
FRINGILLIDAE
‘I‘IWI
KIWIKIU

LAYSAN FINCH
LESSER ‘AMAKIHIS
NIHOA FINCH
‘Ō‘Ū
PALILA

Characterized by unique bill shapes, bright plumage, and a unique smell, Hawaiian honeycreepers are endemic to that archipelago. Many are endangered and survive only on specific islands. The ‘akikiki only lives on Kaua‘i. The ‘ākohekohe resides in the high forests on Maui.

## Cuban ____________ 

No. 191

| | | | | | | | | | | | | | | | | | |
|---|---|---|---|---|---|---|---|---|---|---|---|---|---|---|---|---|---|
| G | R | E | E | N | W | O | O | D | P | E | C | K | E | R | A | D | A |
| J | L | W | O | Y | M | G | Y | P | S | D | R | Z | M | U | G | F | Y |
| B | F | H | O | Y | E | T | Y | U | M | X | N | T | S | N | K | H | S |
| U | J | G | O | J | O | R | M | O | G | C | S | R | A | Q | E | S | U |
| L | B | R | J | W | U | L | O | A | B | M | I | T | P | V | R | I | K |
| L | O | A | B | X | P | K | G | U | C | G | C | T | A | C | O | M | E |
| F | F | S | D | Z | R | K | W | B | T | A | N | D | R | J | R | Y | M |
| I | W | S | T | Y | D | Z | A | A | T | O | W | E | R | B | I | G | E |
| N | O | Q | B | E | G | V | I | C | H | W | D | V | O | N | O | R | R |
| C | D | U | F | T | U | C | H | Z | Q | K | Y | Y | T | K | L | V | A |
| H | V | I | T | U | C | E | W | U | P | M | C | Z | G | S | E | X | L |
| R | Y | T | E | U | R | F | A | W | Y | S | B | A | S | M | L | R | D |
| S | S | O | L | I | T | A | I | R | E | N | F | N | L | O | I | C | L |
| M | U | L | X | A | P | A | R | A | K | E | E | T | G | B | C | Y | R |
| Q | F | C | D | U | T | R | O | G | O | N | W | U | B | F | O | H | B |
| I | O | Q | M | N | I | U | J | E | V | N | F | K | S | W | N | Y | N |
| K | K | N | Z | A | J | X | R | M | Z | U | E | O | D | K | R | N | K |
| Z | D | I | U | R | P | E | W | E | E | V | I | R | E | O | U | N | D |

BLACK HAWK
BULLFINCH
EMERALD
GNATCATCHER
GRASSQUIT
GREEN WOODPECKER
MACAW
ORIOLE
PARAKEET
PARROT
PEWEE
PYGMY-OWL
SOLITAIRE
TODY
TROGON
VIREO

Grassquits are tanager relatives found on islands and environs near the Caribbean Sea. The Cuban grassquit is found only on that island. Males have a black face framed by a brilliant gold swoop. Females are similar, with olive-green bodies.

No. 192

# Caribbean Birds

| | | | | | | | | | | | | | | | | | |
|---|---|---|---|---|---|---|---|---|---|---|---|---|---|---|---|---|---|
| M | T | R | I | C | O | L | O | R | E | D | H | E | R | O | N | U | B |
| L | B | W | B | L | A | C | K | B | I | R | D | O | J | D | M | S | L |
| Y | H | A | H | O | Y | H | Q | R | F | D | D | F | R | F | I | T | U |
| T | E | J | R | I | M | Q | J | Q | M | J | Y | I | H | R | N | R | E |
| P | A | L | F | E | S | C | B | B | B | V | B | Y | I | I | A | E | M |
| G | E | G | L | V | L | T | S | B | B | G | P | P | I | G | G | A | O |
| R | B | Q | Y | O | L | E | L | I | N | R | K | Y | A | A | U | M | U |
| E | G | J | J | P | W | O | G | I | C | Q | U | B | D | T | A | E | N |
| E | X | L | A | V | U | W | M | G | N | L | Q | E | N | E | W | R | T |
| N | F | V | Z | J | A | M | A | D | E | G | J | H | L | B | O | T | A |
| M | I | D | Z | M | U | Z | U | R | Z | D | D | K | Y | I | O | A | I |
| A | Q | P | R | H | S | F | D | M | B | D | O | U | O | R | D | I | N |
| N | D | Q | E | R | Q | W | H | I | O | L | U | W | C | D | S | L | V |
| G | L | E | Q | U | A | I | L | D | O | V | E | N | L | K | T | V | I |
| O | B | Q | U | O | V | E | N | B | I | R | D | R | S | O | A | Z | R |
| A | R | R | O | W | H | E | A | D | W | A | R | B | L | E | R | F | E |
| B | R | A | T | S | D | O | O | W | A | M | A | H | A | B | K | F | O |
| W | X | B | N | L | A | U | G | H | I | N | G | G | U | L | L | T | L |

American YELLOW WARBLER

ARROWHEAD WARBLER

BAHAMA WOODSTAR

BARE-LEGGED OWL

BEE HUMMINGBIRD

Black-billed STREAMERTAIL

BLUE MOUNTAIN VIREO

GREEN MANGO

Gray-fronted QUAIL-DOVE

INAGUA WOODSTAR

LAUGHING GULL

Magnificent FRIGATEBIRD

OVENBIRD

Red-shouldered BLACKBIRD

TRICOLORED HERON

West Indian WHISTLING-DUCK

Growing up to 5.5 inches long, the green mango is big for a hummingbird. The iridescent green bird is one of around 20 species endemic to Puerto Rico. It's seen in forested areas and on coffee plantations, and eats insects.

# Sandpipers

No. 193

| | | | | | | | | | | | | | | | | | |
|---|---|---|---|---|---|---|---|---|---|---|---|---|---|---|---|---|---|
| S | T | E | U | W | H | I | T | E | R | U | M | P | E | D | R | Z | R |
| P | K | N | T | T | K | O | S | F | O | X | K | M | J | H | C | P | N |
| O | A | S | O | A | A | Z | T | L | I | I | S | W | S | U | E | X | N |
| O | Y | K | M | H | J | W | I | I | R | F | M | H | R | Y | R | B | B |
| N | B | P | A | I | J | A | L | I | I | M | A | L | C | W | U | R | P |
| B | X | U | U | T | I | X | T | F | I | R | E | N | Q | F | E | E | S |
| I | V | O | T | I | P | I | R | L | P | W | R | D | F | Y | C | E | C |
| L | U | X | P | L | M | O | F | T | L | E | T | B | R | T | M | Q | R |
| L | A | S | A | A | P | R | A | W | I | A | R | A | O | I | F | D | G |
| E | L | B | T | G | H | I | R | T | D | E | T | R | P | I | P | N | Q |
| D | W | I | H | W | L | V | E | S | A | I | A | A | D | I | R | A | V |
| N | C | K | Q | E | Y | R | R | S | L | L | L | N | Z | I | I | L | E |
| V | D | I | D | J | E | O | T | O | Z | M | M | B | W | P | Z | P | V |
| E | Q | T | N | K | C | E | S | E | A | U | H | A | S | C | S | U | H |
| F | T | J | H | K | D | D | K | T | T | G | L | J | R | U | U | A | N |
| K | P | U | R | P | L | E | E | W | Y | Y | H | O | D | S | S | Y | A |
| M | I | X | L | T | H | D | C | A | X | C | W | H | L | S | H | W | O |
| H | V | S | V | I | T | J | K | M | O | O | R | E | A | K | Q | E | Y |

BUFF-BREASTED
CURLEW
KIRITIMATI
MARSH
MOOREA
PECTORAL
PURPLE
ROCK
SEMIPALMATED
SHARP-TAILED
SOLITARY
SPOON-BILLED
STILT
TAHITI
TEREK
TUAMOTU
UPLAND
WHITE-RUMPED

The solitary sandpiper doesn't let a good nest go to waste. It lays its eggs in nests left behind by several songbird species, including American robins and cedar waxwings. Out of 85 types of sandpipers, it is one of only two to nest in trees.

No. 194

# Snipes

| | | | | | | | | | | | | | | | | | |
|---|---|---|---|---|---|---|---|---|---|---|---|---|---|---|---|---|---|
| W | D | S | N | A | R | E | S | N | U | K | Z | J | E | S | T | G | Y |
| L | O | D | X | N | V | K | D | O | A | C | O | H | S | G | O | S | S |
| N | O | K | E | S | W | I | N | H | O | E | S | B | U | U | N | H | Q |
| C | W | B | B | L | P | G | K | Y | S | B | Z | K | B | T | U | C | Y |
| P | N | A | K | P | I | V | S | C | H | A | T | H | A | M | D | W | I |
| G | Y | F | N | A | K | A | K | O | A | Y | E | M | N | D | F | W | S |
| T | O | X | O | N | V | P | T | C | E | J | M | W | T | G | O | S | I |
| H | Y | A | B | T | K | K | G | N | I | T | A | A | A | G | U | F | J |
| M | I | M | L | A | Q | G | Z | M | I | V | G | P | R | Y | P | U | Y |
| L | K | B | E | N | R | A | P | V | O | P | E | D | C | H | S | E | L |
| K | Y | L | J | A | V | E | G | N | H | P | L | I | T | B | O | G | W |
| P | T | F | Z | L | R | P | H | K | P | O | L | G | I | E | L | I | C |
| Q | B | Z | E | I | U | Z | U | Y | H | M | A | R | C | L | I | A | J |
| A | T | E | A | S | A | Y | P | E | C | F | N | E | S | S | T | N | F |
| Z | W | L | E | Y | P | T | J | R | Q | A | I | A | K | Y | A | J | F |
| Z | T | A | L | C | M | N | Y | P | N | U | C | T | D | T | R | M | F |
| T | F | P | B | P | Z | U | M | C | M | P | U | N | A | M | Y | E | V |
| S | V | O | N | J | A | M | E | S | O | N | S | R | R | H | Z | E | N |

CHATHAM
FUEGIAN
GREAT
IMPERIAL
JACK
JAMESON'S
MAGELLANIC
NOBLE
PANTANAL
PIN-TAILED
PUNA
SNARES
SOLITARY
SUBANTARCTIC
SWINHOE'S
WOOD

Looking for a wood snipe might feel like a snipe hunt. A well-camouflaged and shy bird, it lives at high altitudes in the Himalayas and central China.

# Other Sandpiper Relatives

No. 195

| | | | | | | | | | | | | | | | | | | | |
|---|---|---|---|---|---|---|---|---|---|---|---|---|---|---|---|---|---|---|---|
| R | S | U | L | A | W | E | S | I | W | O | O | D | C | O | C | K | O | E |
| U | K | C | V | S | F | Q | P | O | L | O | O | N | H | G | Y | C | P | U |
| D | C | O | M | U | D | O | W | I | T | C | H | E | R | R | P | O | N | L |
| D | O | M | A | R | D | H | L | W | N | F | E | Z | E | E | R | M | V | O |
| Y | C | M | R | F | O | W | I | L | L | E | T | D | G | A | B | M | C | N |
| T | D | O | B | B | B | O | R | I | W | U | O | A | L | T | J | O | L | G |
| U | O | N | L | I | X | D | U | L | M | G | Y | A | K | E | A | N | O | B |
| R | O | R | E | R | S | Y | F | S | E | R | H | U | O | R | J | G | N | I |
| N | W | E | D | D | C | J | F | S | V | P | N | B | F | Y | Z | R | G | L |
| S | N | D | G | E | I | J | T | D | D | B | B | J | A | E | Q | E | T | L |
| T | O | S | O | S | A | N | D | E | R | L | I | N | G | L | U | E | O | E |
| O | N | H | D | V | D | S | K | T | O | D | K | S | M | L | E | N | E | D |
| N | D | A | W | H | Q | C | D | U | N | L | I | N | A | O | X | S | D | C |
| E | I | N | I | H | E | B | R | E | D | K | N | O | T | W | R | H | S | U |
| S | K | K | T | N | X | Q | G | X | L | J | L | O | T | L | P | A | T | R |
| J | U | L | D | H | I | Y | I | G | V | E | N | Y | C | E | Z | N | I | L |
| E | B | E | A | P | N | F | C | Z | W | O | M | E | X | G | B | K | N | E |
| U | R | Q | B | J | X | W | B | N | O | Q | Q | F | E | S | Q | B | T | W |
| H | U | D | S | O | N | I | A | N | W | H | I | M | B | R | E | L | U | M |

BUKIDNON WOODCOCK

COMMON GREENSHANK

COMMON REDSHANK

DUNLIN

GREATER YELLOWLEGS

HUDSONIAN WHIMBREL

LONG-BILLED CURLEW

LONG-TOED STINT

MARBLED GODWIT

RED KNOT

RED-NECKED PHALAROPE

RUDDY TURNSTONE

RUFF

SANDERLING

Short-billed DOWITCHER

SULAWESI WOODCOCK

SURFBIRD

WILLET

A ruff resembles many of its sandpiper relatives—until mating season. That's when the dandies come out. Breeding males have plumage unlike any other bird, including an ostentatious frill, or ruff, around their neck like a boa.

No. 196

# Urban Birds

| | | | | | | | | | | | | | | | | | | |
|---|---|---|---|---|---|---|---|---|---|---|---|---|---|---|---|---|---|---|
| M | N | Y | O | B | T | O | G | P | D | I | C | R | R | P | V | V | J | V |
| G | Z | P | G | R | B | S | N | I | H | I | R | O | D | P | G | S | W | A |
| W | A | E | N | O | C | A | I | E | C | C | I | C | I | Z | T | H | J | X |
| O | M | R | I | W | S | M | W | D | B | F | M | K | E | U | A | U | C | E |
| L | E | E | L | N | D | E | X | H | K | E | S | P | O | I | N | R | T | J |
| L | R | G | R | H | S | R | A | O | J | E | O | I | G | I | H | H | J | C |
| A | I | R | A | E | J | I | W | R | K | D | N | G | U | Y | T | O | O | H |
| W | C | I | T | A | T | C | R | N | I | H | S | E | R | B | D | M | L | O |
| S | A | N | S | D | I | A | A | B | L | V | U | O | O | E | M | B | L | U |
| N | N | E | N | E | T | N | D | I | L | S | N | N | N | O | T | L | I | S |
| R | C | F | A | D | I | R | E | L | D | Q | B | X | N | N | P | A | T | E |
| A | R | A | E | C | P | O | C | L | E | C | I | G | R | T | L | C | T | F |
| B | O | L | P | O | O | B | S | V | E | E | R | V | H | X | A | K | L | I |
| W | W | C | O | W | U | I | K | X | R | A | D | U | L | J | Q | K | E | N |
| F | O | O | R | B | N | N | L | X | C | Y | L | N | G | Q | H | I | T | C |
| U | S | N | U | I | A | S | J | K | C | Q | Q | F | D | Z | H | T | E | H |
| G | K | Z | E | R | M | T | L | O | I | A | U | C | F | Y | I | E | R | L |
| M | I | X | G | D | U | E | N | L | K | M | A | L | L | A | R | D | N | I |
| B | H | O | U | S | E | S | P | A | R | R | O | W | C | M | G | V | C | B |

AMERICAN CROW
AMERICAN ROBIN
BARN SWALLOW
BLACK KITE
BROWN-HEADED COWBIRD
CEDAR WAXWING
COMMON GRACKLE
CRIMSON SUNBIRD
EUROPEAN STARLING
HOUSE FINCH
HOUSE SPARROW
KILLDEER
LITTLE TERN
MALLARD
PEREGRINE FALCON
PIED HORNBILL
ROCK PIGEON
TITIPOUNAMU

Birds that have adapted to urban environments, like sparrows and starlings, are among the most successful in the world. But cities are loud. Some species have developed specific songs and dialects to be better heard over all the noise.

## Caciques and Oropendolas

**No. 197**

| | | | | | | | | | | | | | | | | | |
|---|---|---|---|---|---|---|---|---|---|---|---|---|---|---|---|---|---|
| E | T | N | D | Z | C | U | F | V | J | B | Z | X | T | P | Z | L | C |
| U | C | S | S | D | A | D | M | C | O | L | W | H | T | G | Z | R | R |
| Q | H | D | C | E | S | U | S | A | G | A | K | H | Z | X | E | S | E |
| I | E | Y | A | G | Q | S | A | M | R | C | U | Z | N | S | N | O | D |
| C | S | E | R | N | U | K | L | W | E | K | I | F | T | S | D | L | R |
| A | T | L | L | I | E | Y | K | R | E | O | A | E | R | E | E | I | U |
| C | N | L | E | W | D | G | W | P | N | R | D | I | U | L | L | T | M |
| N | U | O | T | N | O | R | N | W | O | O | B | B | S | V | I | A | P |
| A | T | W | R | E | R | E | W | Y | R | P | W | O | S | A | A | R | E |
| I | H | R | U | D | O | E | S | O | O | E | O | Q | E | C | T | Y | D |
| R | E | U | M | L | P | N | P | O | P | N | Y | P | T | A | D | C | C |
| O | A | M | P | O | E | E | U | V | E | D | A | L | B | C | N | A | A |
| D | D | P | E | G | N | Q | Q | F | N | O | C | T | A | I | A | C | C |
| A | E | E | D | D | D | Y | B | L | D | L | M | Z | C | Q | B | I | I |
| U | D | D | O | K | O | I | H | Z | O | A | L | N | K | U | U | Q | Q |
| C | C | L | O | Z | L | N | D | D | L | O | S | V | E | E | F | U | U |
| E | A | I | O | S | A | M | M | V | A | W | D | Q | D | H | Q | E | E |
| N | M | O | U | N | T | A | I | N | C | A | C | I | Q | U | E | Y | N |

BAND-TAILED Cacique
BLACK OROPENDOLA
CASQUED OROPENDOLA
CHESTNUT-HEADED Oropendola
CRESTED OROPENDOLA
DUSKY-GREEN Oropendola
ECUADORIAN CACIQUE
GOLDEN-WINGED Cacique
GREEN OROPENDOLA
MOUNTAIN CACIQUE
RED-RUMPED CACIQUE
RUSSET-BACKED Oropendola
SCARLET-RUMPED Cacique
SELVA CACIQUE
SOLITARY CACIQUE
YELLOW-RUMPED Cacique

Caciques and oropendolas weave colonies of unique teardrop-shaped hanging nests. Many, like the green oropendola, have a distinctive gurgling call, commonly heard in South and Central American rainforests.

No. 198

# Ornithology Words

| | | | | | | | | | | | | | | | | | |
|---|---|---|---|---|---|---|---|---|---|---|---|---|---|---|---|---|---|
| V | T | T | D | C | S | Z | J | R | R | X | C | O | W | W | T | O | K |
| E | N | R | U | O | B | Y | A | L | E | I | X | O | R | U | H | V | S |
| S | E | B | G | I | S | P | E | C | I | M | E | N | O | Q | W | V | Z |
| Z | M | V | P | Y | P | Y | D | U | D | S | O | B | D | I | Y | Q | R |
| M | E | N | O | I | T | A | C | I | F | I | S | S | A | L | C | H | N |
| C | R | Q | J | U | F | R | Z | R | T | E | G | O | P | E | H | M | I |
| O | U | M | I | S | T | N | E | T | R | M | I | K | A | M | K | C | M |
| L | S | Y | F | O | G | H | T | V | S | A | W | V | T | L | L | O | U |
| O | A | H | F | O | B | H | A | N | W | V | J | W | T | E | J | L | R |
| N | E | H | J | M | S | T | N | V | W | M | K | H | E | N | P | L | R |
| I | M | U | M | B | I | B | A | N | D | I | N | G | R | F | Z | E | E |
| A | B | I | F | O | F | F | C | P | D | H | V | F | N | U | H | C | S |
| L | C | O | N | S | E | R | V | A | T | I | O | N | P | N | C | T | E |
| I | S | B | U | P | L | R | X | M | A | G | S | W | A | N | U | I | A |
| S | H | G | L | U | A | W | F | Y | Y | V | O | G | I | E | L | O | R |
| M | C | F | I | B | Q | P | K | G | D | T | S | I | U | L | R | N | C |
| F | R | E | D | E | R | I | C | K | I | I | S | T | U | D | Y | K | H |
| S | U | R | V | E | Y | S | F | I | E | L | D | S | A | Y | I | P | O |

BANDING
CLASSIFICATION
COLLECTION
COLONIALISM
CONSERVATION
EMLEN FUNNEL
FIELD
FREDERICK II
MEASUREMENT
MIST NET
OBSERVATION
PATTERN
RESEARCH
ROXIE LAYBOURNE
SPECIMEN
STUDY
SURVEY

"Modern" ornithology may have begun in the thirteenth century, when the Holy Roman Emperor Frederick II authored *On the Art of Hunting with Birds*. Arguably the first ornithology-specific book ever written, it was influenced by his decades as a falconer.

## Unique Bird Orders

**No. 199**

| | | | | | | | | | | | | | | | | | |
|---|---|---|---|---|---|---|---|---|---|---|---|---|---|---|---|---|---|
| G | T | U | R | A | C | O | S | M | K | F | N | R | J | V | O | M | T |
| F | N | U | C | J | S | U | Y | A | P | A | L | P | O | I | C | E | R |
| S | S | H | N | U | I | P | E | D | N | I | Z | T | A | O | H | S | O |
| A | B | E | O | F | C | R | B | K | D | Q | C | E | L | S | S | I | P |
| N | Y | M | R | O | L | K | M | O | U | S | E | B | I | R | D | T | I |
| D | O | R | M | I | P | A | O | N | P | Q | K | I | F | C | H | E | C |
| G | Q | T | M | E | A | O | M | O | D | U | Y | A | L | B | B | S | B |
| R | F | R | D | Z | N | M | E | I | R | W | A | X | T | L | G | R | I |
| O | B | X | D | H | A | I | A | Y | N | O | W | O | P | R | O | K | R |
| U | C | X | J | P | W | H | O | U | E | G | L | J | C | O | A | C | D |
| S | W | O | O | D | H | O | O | P | O | E | O | L | W | I | W | R | V |
| E | J | D | Z | Q | B | N | N | F | H | C | B | I | E | N | A | A | M |
| T | Y | I | H | O | R | N | B | I | L | L | Z | Q | F | R | Y | P | V |
| P | L | A | N | T | A | I | N | E | A | T | E | R | U | Q | B | O | P |
| H | P | C | G | H | L | O | O | N | F | T | G | A | K | T | I | W | W |
| D | S | U | N | B | I | T | T | E | R | N | J | I | H | L | R | D | P |
| E | U | G | A | K | Z | T | I | N | A | M | O | U | Y | X | D | K | E |
| Y | Z | F | V | I | E | B | K | G | N | U | F | Y | P | Z | P | F | F |

CUCKOO-ROLLER
FLAMINGO
GO-AWAY-BIRD
HOATZIN
HOOPOE
HORNBILL
KAGU
LOON
MESITES
MOUSEBIRD
PLANTAIN-EATER
SANDGROUSE
SERIAMA
SUNBITTERN
TINAMOU
TROPICBIRD
TURACOS
WOODHOOPOE

Some birds are so unique they're difficult to group with others. This may result in orders composed of few, even single, families of unique species. Musophagiformes include turacos and the go-away-bird, so named for its cartoonish call to *g'wayyyyy*.

No. 200

# Kagu

| | | | | | | | | | | | | | | | | | | |
|---|---|---|---|---|---|---|---|---|---|---|---|---|---|---|---|---|---|---|
| U | G | Z | S | T | U | N | F | D | W | A | L | D | R | S | K | S | U |
| U | R | B | T | S | U | L | L | G | F | R | O | Q | S | B | C | U | Z |
| D | N | J | R | E | M | K | U | J | L | O | O | O | A | T | A | D | T |
| M | L | S | U | R | W | Y | U | Z | I | X | U | B | W | N | M | M | D |
| E | M | F | T | C | O | B | G | Z | G | T | T | S | O | H | G | S | U |
| E | J | O | C | D | A | N | E | X | H | H | U | B | Q | V | T | L | E |
| Q | E | U | H | T | P | U | J | P | T | D | I | G | S | I | J | L | T |
| M | H | W | U | T | H | C | A | J | L | O | H | J | R | S | Z | E | J |
| O | Z | S | X | G | O | C | D | C | E | Q | L | F | O | I | K | Y | P |
| K | K | C | C | R | I | X | L | C | S | S | F | Z | J | O | D | M | V |
| X | R | V | N | F | Y | V | T | E | S | P | A | N | F | N | H | T | B |
| O | H | S | I | A | P | O | W | D | E | R | D | O | W | N | S | K | R |
| E | P | C | B | K | W | L | E | B | U | T | I | U | M | L | I | T | T |
| K | P | W | X | K | A | G | U | Q | F | O | N | X | C | O | N | J | F |
| D | W | I | N | G | P | A | T | T | E | R | N | S | O | P | C | J | H |
| H | Z | U | Y | T | E | N | D | A | N | G | E | R | E | D | E | F | G |
| X | V | E | A | D | I | T | E | H | C | O | N | Y | H | R | F | Z | M |
| A | H | A | I | N | O | D | E | L | A | C | W | E | N | M | U | K | M |

CORNS
CREST
DIG
DUET
ENDANGERED
FLIGHTLESS
GHOST
JUBATUS
KAGU
NEW CALEDONIA
POWDER DOWNS
RHYNOCHETIDAE
SOUTH PACIFIC
STRUT
VISION
WING PATTERNS

Kagus come from New Caledonia. Locally known as the "ghost of the forest," they're fog-colored and flightless. A flash of their wings reveals startling patterns, and special nostril flaps called corns keep dirt out when they're using their beaks to dig.

## Sunbittern

No. 201

| | | | | | | | | | | | | | | | | | |
|---|---|---|---|---|---|---|---|---|---|---|---|---|---|---|---|---|---|
| F | P | L | O | Q | Q | C | W | A | G | G | K | Z | A | O | A | S | U |
| E | I | O | L | Y | R | E | V | E | L | T | R | A | T | S | C | D | S |
| F | U | K | W | E | S | J | Z | U | O | X | V | Y | I | T | E | J | H |
| L | Z | R | E | I | Y | I | I | L | P | W | K | L | S | L | U | F | A |
| U | G | K | Y | U | U | K | A | R | I | U | Q | E | C | R | R | H | R |
| N | S | W | N | P | P | R | V | Z | K | W | R | F | A | I | Y | F | E |
| I | X | T | I | R | Y | U | H | H | E | O | U | I | R | Y | P | I | D |
| Q | D | F | Q | N | E | G | V | G | F | C | D | S | N | T | Y | T | P |
| U | F | M | L | W | G | M | I | D | S | E | O | H | I | C | G | C | A |
| E | L | V | M | A | Q | S | I | D | Q | I | P | I | V | A | A | E | R |
| G | I | I | N | X | S | M | P | G | A | T | F | N | O | R | H | X | E |
| N | Z | A | I | M | U | H | X | O | E | E | U | G | R | T | E | Z | N |
| F | U | E | N | H | U | I | D | O | T | S | I | L | O | S | L | V | T |
| S | H | S | Z | Q | W | W | H | Z | F | S | R | U | U | I | I | R | I |
| C | A | N | D | S | A | M | E | R | I | C | A | R | S | D | A | G | N |
| W | T | H | V | H | U | C | L | F | F | L | P | E | T | Z | S | S | G |
| J | I | A | X | T | A | S | T | R | E | A | M | S | V | Y | N | C | C |
| C | A | U | R | L | T | O | O | L | U | S | E | N | R | Y | B | M | K |

C. AND S. AMERICA
CARNIVOROUS
CREEKS
DISTRACT
EURYPYGA HELIAS
EURYPYGIDAE
FISHING LURE
FLASH
HUMID FOREST
REMIGES
SHARED PARENTING
STARTLE
STREAMS
TOOL USE
UNIQUE
WING SPOTS

The shy sunbittern lives in equatorial American forests. If its nest is threatened, a parent pretends its wing is broken, revealing surprising wingspots to distract the predator. It eats aquatic creatures and has been observed using lures to attract them.

No. 202

# More Critically Endangered

| | | | | | | | | | | | | | | | | | | |
|---|---|---|---|---|---|---|---|---|---|---|---|---|---|---|---|---|---|---|
| S | A | P | P | H | I | R | E | B | E | L | L | I | E | D | P | P | R | P |
| S | B | E | N | G | A | L | F | L | O | R | I | C | A | N | K | L | M | A |
| X | B | U | G | U | N | L | I | O | C | I | C | H | L | A | N | A | U | R |
| X | V | K | R | D | R | E | H | S | I | F | G | N | I | K | S | I | C | A |
| I | K | F | H | E | L | M | E | T | C | R | E | S | T | A | K | N | R | D |
| F | J | A | N | Y | M | I | L | A | B | W | A | W | F | H | J | S | O | I |
| M | I | L | L | E | R | B | I | R | D | H | N | U | O | I | T | W | Y | S |
| Z | T | I | U | W | L | B | K | J | D | O | E | R | L | Y | Z | A | A | E |
| N | E | E | S | K | I | M | O | C | U | R | L | E | W | Y | G | N | L | F |
| C | A | L | I | F | O | R | N | I | A | C | O | N | D | O | R | D | C | L |
| F | Z | T | F | Q | C | J | T | R | T | A | B | I | F | R | W | E | I | Y |
| U | Q | S | W | O | K | K | A | J | D | P | A | L | I | L | A | R | N | C |
| H | T | T | I | A | I | Y | N | C | E | C | F | W | O | D | H | E | C | A |
| L | M | E | C | I | A | M | B | K | O | X | E | C | P | V | E | R | L | T |
| K | L | B | M | D | N | I | Q | E | E | U | C | Y | Z | C | H | L | O | C |
| S | O | C | I | A | B | L | E | L | A | P | W | I | N | G | D | Z | D | H |
| Y | A | T | P | R | Í | N | C | I | P | E | T | H | R | U | S | H | E | E |
| X | O | R | E | S | R | U | O | C | S | N | O | D | R | E | J | O | S | R |
| O | K | I | N | A | W | A | W | O | O | D | P | E | C | K | E | R | J | I |

BALI MYNA
BENGAL FLORICAN
Blue-bearded HELMETCREST
BUGUN LIOCICHLA
CALIFORNIA CONDOR
Cerulean PARADISE-FLYCATCHER
ESKIMO CURLEW
JERDON'S COURSER
Mangareva KINGFISHER
MASAFUERA RAYADITO
MILLERBIRD
OKINAWA WOODPECKER
PALILA
PLAINS-WANDERER
PRÍNCIPE THRUSH
ROYAL CINCLODES
SAPPHIRE-BELLIED Hummingbird
SOCIABLE LAPWING

The plains-wanderer is rarely seen in Australian grasslands and is the only species in the family Pedionomidae. Females are bigger and more colorful than the males. Males incubate any eggs and raise the chicks while the female seeks additional mates.

## "Bird" in Other Languages

No. 203

| | | | | | | | | | | | | | | | | | |
|---|---|---|---|---|---|---|---|---|---|---|---|---|---|---|---|---|---|
| O | E | K | G | G | H | L | X | T | G | T | M | X | G | Y | O | X | F |
| W | N | G | K | O | N | J | D | J | E | N | I | T | D | B | N | U | V |
| B | I | R | D | O | N | S | G | J | T | Y | G | P | Y | A | G | B | Q |
| T | J | U | W | C | R | G | N | M | I | J | R | F | W | L | O | N | H |
| O | O | W | C | C | U | I | U | X | N | B | I | S | O | J | D | A | Y |
| R | G | U | S | Y | H | H | R | F | A | U | Y | H | C | H | R | F | G |
| I | A | W | C | F | M | R | U | H | L | S | K | I | N | R | K | C | H |
| B | C | V | P | C | U | A | B | B | E | L | V | M | F | P | L | T | L |
| F | Y | Q | C | H | E | E | N | X | B | O | C | B | N | T | J | X | K |
| K | S | G | P | O | P | L | P | U | G | X | J | I | R | I | Z | M | B |
| R | Q | L | W | U | P | P | L | E | N | G | R | R | G | C | J | R | Q |
| T | X | O | R | I | A | A | L | O | Z | P | B | W | V | A | I | P | T |
| F | Z | Y | A | A | N | J | S | R | O | I | S | E | A | U | A | R | N |
| K | T | R | K | J | R | A | B | A | U | J | B | E | J | S | L | O | K |
| A | Q | B | U | U | V | R | E | I | R | Q | O | I | Y | T | N | K | M |
| Y | M | M | S | V | Y | O | J | A | C | E | K | L | J | F | L | S | M |
| E | E | H | E | R | V | F | O | K | D | G | A | J | E | K | Y | N | J |
| Y | I | B | C | Z | W | D | N | X | J | N | M | I | H | C | S | I | R |

BIRDO (Esperanto)
BURUNG (Indonesian)
CHIM (Vietnamese)
KUŞ (Turkish)
FUGL (Icelandic)
MANU (Hawaiian)
OISEAU (French)
PÁJARO (Spanish)
PASĂRE (Romanian)
PTICA (Croatian)
SHIMBIR (Somali)
TEYR (Kurdish)
TORI (Japanese)
TXORIA (Basque)
UCCELLO (Italian)
VOGEL (German)

Kuş dili, "Turkish bird language," was developed by Turkish farmers to communicate over long distances. The high-pitched sounds carried far enough that friends could speak from across mountain valleys. Since the advent of cell phones, the language has largely fallen into disuse.

## No. 204 **Birds—What Are They Good For?**

| | | | | | | | | | | | | | | | | | |
|---|---|---|---|---|---|---|---|---|---|---|---|---|---|---|---|---|---|
| P | E | B | W | L | A | G | R | I | C | U | L | T | U | R | E | B | O |
| R | N | E | X | F | F | Y | V | M | O | J | H | Z | I | T | L | E | H |
| P | V | L | M | H | T | L | A | E | H | C | I | L | B | U | P | W | T |
| E | I | L | N | D | J | G | R | R | H | Y | H | O | F | C | P | D | L |
| S | R | W | F | O | E | E | I | Q | A | R | S | A | E | H | O | H | A |
| T | O | E | X | E | I | E | B | S | Z | K | F | C | A | T | L | F | E |
| C | N | T | R | F | R | T | S | C | X | F | K | H | T | V | L | W | H |
| O | M | H | R | R | P | T | I | E | L | X | K | R | H | X | I | Y | T |
| N | E | E | D | E | L | R | I | S | S | T | T | K | E | I | N | U | S |
| T | N | R | X | D | C | L | O | L | O | R | U | H | R | I | A | U | E |
| R | T | S | E | D | T | R | O | T | I | P | E | X | S | P | T | Z | R |
| O | A | P | C | N | O | H | E | O | E | Z | M | P | C | L | I | T | O |
| L | L | E | F | L | U | B | G | A | I | C | A | O | S | S | O | L | F |
| S | D | C | V | Y | R | D | L | I | T | C | T | T | C | I | N | P | B |
| Q | A | I | P | S | I | D | E | F | L | I | V | I | I | E | D | D | O |
| S | T | E | L | V | S | W | Z | R | B | E | O | V | O | O | D | L | K |
| Z | A | S | R | Z | M | C | L | P | O | N | D | N | I | N | N | A | Y |
| M | E | S | S | E | N | G | E | R | S | N | G | G | G | U | K | I | L |

AGRICULTURE

BELLWETHER SPECIES

DECOMPOSITION

DELIGHT

DISPERSE SEED

ENVIRONMENTAL DATA

FEATHERS

FERTILIZATION

FOREST HEALTH

MESSENGERS

PEST CONTROL

POLLINATION

PROTECTION

PUBLIC HEALTH

RECREATION

TOURISM

Studies continue to show that global bird populations are declining. More concerted conservation efforts are needed, and without them there will be real economic costs. For example, Clark's nutcracker saves the United States over $11 billion annually on seed dispersal.

## No. 1

H B F R F L W J E R Y K V Y L W P Q
W R C I W C H E S T L Z Y J W M Q X
F E Z Y G O D A C T Y L A I M H X Z
S O B X M P S E Q Q Z E N U R E D S
Y L J D U Z R A E Y M G R R H T H J
N Y C D F E Y A C T J B W H T E Z G
D P E Z C F E A T H E R S Q P R B O
A Y R A T N E D D J R D M H R O Y P
C N B E A K R I N O G P Z P E D Z O
T P T H O L L O W B O N E S M A N Q
Y P J A L T E W U Q B G X R A C C F
L G V Y I B F S F L A N K U X T U V
E U W Z V L C I M N H C T M I Y V U
G C O V E R T S G I R R K P L L D A
G P A M P R O D A C T Y L U L R Q L
K H J T R W Y L L E B K P W A B H T
Z V Z L F K U O B R E A S T K W W Z
Y A N I S O D A C T Y L A I C J S W

## No. 2

R P Q G N T H R E E T O E D S A L E
P R T H E R O P O D P A D I Q H A N
E O S K X Z M M P G W Y N E G M R A
N T O T Q B P M U V Z R W G T U C N
N O S V E T H Q Y Q O B D O N H H T
A A R O M E R A L I V T O D B O A I
C V V E L O C I R A P T O R Z L E O
E I D P W A C E B K H V E S E L O R
O S C A W N T L R E Q W N P M O P N
U T P Q C S W N D R H P O P A W T I
S E X I A O T I N G I A B J D B E T
Y X T Z R X H Q X J K Y H L U O R H
J E O Y H X G L V C J L S T Y N Y I
X N S Q I C W F R G U U I R Q E X N
C S H A O U E G Z S H F W E A S N E
O I T G K E Z L Z A X N E X M R X P
B S C O N F U C I U S O R N I S S K
G S Q U A U R O R N I S X U I Q H B

## No. 3

P S E O B N Z P V Y G K Q T N U H P
P E M S T I N A M O U R D V Y X L F
K M L Z T A I E V Y C U E P Q A K P
E P C I S D R I B E M A G B F I W E
J N E Z C A X R H L T Z W S E N V N
B F X T Q A A N R E T T I B C O E G
I L J Y R O N R Z U P A U Z O T N U
K A E W F E J G D H S L I M R Q X I
S M M Z A Q L Z S H K B T H M C K N
F I C M V T E M E V C A H J O B W U
D N W I U O E A M G U T Y U R H U O
S G Q O C A R R V G Q R H R A T H P
T O F O G W O X F R K O P Q N S E Y
O C M F A I L D E O S S F B T Z R T
R S E T B P X O G T W S B V X E O R
K X E I K N F C O D A L G S L F N J
Z R S N Z T U U V N F Y C N G K E D
Z Q D F O W L E R A T I T E P J R W

## No. 4

V A S T X K P S B J Y T U N D R A J P
S G I Z A R U U K M N A E S C S X J X
G R V K Q I N C P F E H H P W K W B D
A I W F U Q H U E R P Z B A T O J I U
Q C R M A M D C M Q O J M D O P M B W
Y U A D T C R A G G L P R D B A S E G
C L C I I O Z I Q H A V L D C H U X R
R T E Z C N R X O T I A B W O G J F A
B U C N X I M K O F N Z M R E T M K S
F R E E A F H P P D O A E S N P G R S
Y A I H C E U D O B W L G U A T S Y L
E L M H P R G Y Z Z I T J O E H V D A
N F G A A O V V W N A B R U C Z H G N
F I Q Z R U N Q E K J K N D O O Y J D
K E J F I S E D B J Y A O I N M G Z K
C L J B K R H N I H R J W C E I K G Q
M D V H W Q H F O R E S T E P T U X O
V S S U H S W X N K X B H D O Y T X Z
Z S E K A L X B U R H S B U R C S B R

## No. 5

N F C R M F Z G G A T A N E E L V M
D N J Q E P R A Z I G Z U X F O L H
T V Q N G P T P L R H C J A J E L V
R K K H E N L I G U Y V C A T N P R
Q A Z T U A R R A B S W D D S H K T
T B Z K T E Q K A T A M I F E L I R
X U U A T F V Q T A M A G O D I L U
M F N S J A V O W Y J E Z B N J S N
N G B A R V X P L A J F J R L W V G
S U J S M H T S W L U R P F U A D Y
T L O C T A I P C E R X T N D G P D
J U Q V Q L U M O T B G I O R J E H
Z T K I K H P H E N W X G V H S E R
R K K I P L C Y J T P M N E E K M A
J K L P Y N I G D X G L O F N O B W
H Z W V F N R C T Y G V C V S W X H
V U O V O F N K W K O O J I K N E R
C Z N Y M S R U L E T X T R L X U Q

## No. 6

A K Y C Q E Z F B B B K B X T A B S
W K T A C Z A N O W S K I S O I T T
Z K U K J V S M G S W S E U L T M H
C U R V E B I L L E D E Y W E V Y I
M I I B A R R E D D K G P L T A F C
G D Q A N D E A N E R H T C J R S K
C L W F I Q Y X X E U R D K P I T E
T I I R O F P F Y O A X U A H E S T
C N N D L D V L L B C A N T O G T M
Q H X E K O E B J H P E D N O A M S
D I R J R G G F O U F L U K D T C C
F G U D G E W C A F L H L I E E C S
H H D E A W O T X B N Z A X D D D U
D L D X I A A U A X C W T H S L E E
X A F H E T U U S T G W E D S F M R
F N A T G L Y B K I I C D P F I H U
Y D F C T L R U S T Y V G A I Y T M
S O L I T A R Y U Q K C J O K Y W N

## No. 7

| | | | | | | | | | | | | | | | | | |
|---|---|---|---|---|---|---|---|---|---|---|---|---|---|---|---|---|---|
|S|B|J|A|L|E|S|S|E|R|R|H|E|A|K|F|P|L|
|S|V|S|O|M|A|L|I|O|S|T|R|I|C|H|A|I|K|
|E|E|T|B|R|O|W|N|K|I|W|I|B|F|E|T|B|Y|
|L|P|L|W|C|I|F|I|I|P|B|F|M|O|T|Z|C|G|
|L|W|J|E|R|Q|B|J|J|H|I|X|I|L|X|L|S|R|
|E|J|W|Y|P|C|D|B|U|W|U|O|E|X|K|K|S|E|
|E|E|O|K|Z|H|D|V|O|P|C|S|S|D|U|Z|E|A|
|K|M|M|V|R|P|A|N|D|Z|P|F|X|E|R|C|L|T|
|U|U|H|J|S|S|Q|N|M|O|F|M|L|Z|O|A|T|E|
|C|O|M|M|O|N|O|S|T|R|I|C|H|W|O|E|H|R|
|Q|J|S|L|D|U|D|T|E|B|N|A|D|D|M|G|G|R|
|U|S|J|O|N|Y|E|W|R|O|I|E|U|O|V|R|I|H|
|T|H|F|F|K|D|V|K|B|O|Z|R|X|A|M|A|L|E|
|O|Z|R|J|K|L|B|T|W|T|R|T|D|Z|S|L|F|A|
|F|T|H|I|N|K|P|S|P|S|B|O|A|S|V|P|G|R|
|G|C|W|O|P|U|N|A|R|H|E|A|A|Z|R|C|F|X|
|B|I|G|R|T|T|W|O|W|A|T|T|L|E|D|X|S|D|
|M|K|V|G|O|L|D|E|N|N|E|C|K|E|D|D|Q|Z|

## No. 8

| | | | | | | | | | | | | | | | | | |
|---|---|---|---|---|---|---|---|---|---|---|---|---|---|---|---|---|---|
|G|C|H|E|S|T|N|U|T|B|E|L|L|I|E|D|O|B|
|S|N|V|X|H|C|N|A|U|G|A|C|U|A|C|W|S|A|
|P|L|A|O|U|I|H|H|J|M|Y|S|R|S|V|B|S|R|
|Z|L|I|U|Z|Z|G|T|A|U|Y|M|V|K|O|E|F|E|
|K|P|A|A|G|V|T|H|A|F|U|A|N|Q|V|A|Q|F|
|Q|O|A|I|U|D|U|F|L|H|C|L|S|K|E|R|S|A|
|X|V|D|I|N|Q|E|L|X|A|A|E|H|A|B|D|P|C|
|U|Q|T|Z|U|C|N|G|T|B|N|O|Y|I|J|E|I|E|
|H|J|I|N|D|C|H|I|G|U|L|D|N|J|E|D|X|D|
|O|Q|R|H|J|G|F|A|A|E|R|B|G|P|G|G|S|C|
|B|C|U|P|I|E|K|Q|C|T|L|I|R|U|U|U|G|U|
|V|E|P|L|A|S|S|B|J|H|N|Y|N|S|A|A|U|R|
|N|V|S|P|A|C|A|S|J|P|A|U|K|E|J|N|A|A|
|P|I|P|I|N|G|G|U|A|N|K|L|O|S|N|M|N|S|
|B|R|U|S|H|T|U|R|K|E|Y|Z|A|M|U|Z|K|S|
|T|L|W|O|F|E|E|L|L|A|M|T|R|C|Q|D|C|O|
|W|O|S|S|A|R|U|C|T|A|E|R|G|D|A|H|J|W|
|A|D|E|D|A|E|H|Y|A|R|G|M|B|E|K|I|S|E|

## No. 9

| | | | | | | | | | | | | | | | | | |
|---|---|---|---|---|---|---|---|---|---|---|---|---|---|---|---|---|---|
|J|K|T|N|A|S|A|E|H|P|J|I|L|A|K|E|Y|R|
|C|A|L|I|F|O|R|N|I|A|Q|U|A|I|L|G|O|E|
|E|P|R|A|I|R|I|E|C|H|I|C|K|E|N|M|S|D|
|Z|G|I|N|D|I|A|N|P|E|A|F|O|W|L|K|I|J|
|I|V|D|S|A|T|Y|R|T|R|A|G|O|P|A|N|A|U|
|C|C|N|I|G|A|M|B|E|L|S|Q|U|A|I|L|M|N|
|A|D|Q|F|R|W|I|L|D|T|U|R|K|E|Y|Q|E|G|
|P|Z|C|N|P|T|U|E|T|L|S|H|O|T|L|T|S|L|
|E|G|D|I|R|T|R|A|P|N|A|I|B|A|R|A|E|E|
|R|I|H|I|L|L|P|A|R|T|R|I|D|G|E|V|F|F|
|C|P|E|A|C|O|C|K|P|H|E|A|S|A|N|T|I|O|
|A|A|C|Q|H|N|X|R|C|R|C|U|P|X|C|K|R|W|
|I|E|I|O|Q|R|O|P|T|X|A|F|F|E|S|K|E|L|
|L|C|J|M|Y|C|X|U|F|G|V|K|P|B|X|D|B|I|
|L|I|Z|P|I|M|S|Z|S|A|D|I|U|S|X|J|A|L|
|I|U|I|S|R|K|A|Z|X|H|Y|U|E|H|H|I|C|P|
|E|T|L|A|D|Y|A|M|H|E|R|S|T|S|C|J|K|U|
|V|L|R|R|O|C|K|P|T|A|R|M|I|G|A|N|P|Q|

## No. 10

| | | | | | | | | | | | | | | | | | |
|---|---|---|---|---|---|---|---|---|---|---|---|---|---|---|---|---|---|
|Z|F|L|V|G|E|I|C|D|A|P|C|W|L|P|V|E|O|
|D|A|Y|O|J|N|D|R|B|Y|P|E|N|A|H|T|N|R|
|T|A|P|O|G|P|I|E|L|C|Y|D|O|N|I|N|A|N|
|U|C|L|Y|R|T|S|S|U|O|S|A|R|O|L|A|R|A|
|F|O|N|M|E|L|P|T|E|C|O|R|T|M|I|S|C|T|
|T|C|O|W|A|H|I|E|J|K|T|W|H|N|P|A|D|E|
|E|K|E|S|T|T|N|D|A|A|P|A|E|A|P|E|E|H|
|D|O|G|A|C|P|I|P|Y|T|C|X|R|Y|I|H|N|A|
|T|F|I|M|U|O|F|A|J|O|A|W|N|A|N|P|W|W|
|I|T|P|R|R|L|E|R|N|O|Q|I|C|L|E|R|O|K|
|T|H|D|I|A|I|X|T|H|P|G|N|A|A|E|E|R|E|
|M|E|E|U|S|S|P|R|P|Y|E|G|R|M|A|V|C|A|
|O|R|N|T|S|H|I|I|Q|F|I|L|D|I|G|L|Y|G|
|U|O|W|O|O|Y|G|D|C|K|Y|I|I|H|L|I|E|L|
|S|C|O|P|W|R|E|G|G|F|M|H|N|C|E|S|R|E|
|E|K|R|A|I|M|O|E|T|Z|R|L|A|E|A|T|G|O|
|X|C|C|O|Y|R|N|Z|K|B|T|L|L|T|Z|N|G|M|
|X|T|E|U|R|A|S|I|A|N|H|O|O|P|O|E|K|G|

## No. 11

| | | | | | | | | | | | | | | | | | | |
|---|---|---|---|---|---|---|---|---|---|---|---|---|---|---|---|---|---|---|
|N|S|P|E|S|I|D|A|R|A|P|F|O|D|R|I|B|X|S|
|S|P|A|W|J|G|O|B|R|B|L|P|B|T|M|O|U|P|D|
|N|O|R|A|E|R|Z|E|Q|X|R|N|E|A|Y|D|A|C|B|
|O|T|A|H|W|O|V|F|I|T|U|C|T|G|Y|N|S|R|L|
|W|T|D|N|E|W|D|F|X|K|S|T|C|U|G|K|T|E|U|
|M|E|I|E|L|L|X|L|B|N|T|Y|T|L|C|O|R|S|E|
|O|D|S|S|B|I|C|O|G|V|Y|Q|E|A|V|O|A|T|E|
|U|B|E|S|A|N|P|W|D|U|T|D|L|B|M|B|P|E|Y|
|N|E|K|P|B|G|V|E|R|J|H|E|L|U|D|O|I|D|E|
|T|R|I|A|B|R|G|R|O|O|I|Y|D|T|E|O|A|S|D|
|A|R|N|R|L|I|T|P|N|D|C|V|B|C|N|B|X|A|C|
|I|Y|G|O|E|F|I|E|G|V|K|Q|J|H|A|S|Y|T|O|
|N|P|F|T|R|L|Y|C|O|T|E|B|T|E|M|U|D|I|C|
|M|E|I|I|V|E|S|K|S|H|T|G|Z|R|E|N|D|N|K|
|U|C|S|A|A|B|A|E|Q|O|B|J|J|B|R|A|Z|B|A|
|N|K|H|T|D|I|I|R|X|A|I|Y|P|I|I|M|Y|I|T|
|I|E|E|M|Q|R|I|R|M|C|R|H|L|R|F|Z|K|R|O|
|A|R|R|N|O|D|Z|W|Q|O|D|W|X|D|R|T|D|D|O|
|L|W|O|D|E|K|S|A|M|N|E|D|L|O|G|O|S|J|L|

## No. 12

| | | | | | | | | | | | | | | | | | |
|---|---|---|---|---|---|---|---|---|---|---|---|---|---|---|---|---|---|
|S|R|N|M|B|X|I|D|U|C|G|K|I|I|P|X|L|W|
|A|D|Q|L|L|A|R|C|T|I|C|F|S|X|S|S|Y|H|
|C|X|C|R|A|W|O|O|Y|M|S|I|U|W|S|E|G|I|
|I|L|J|E|C|A|Q|U|A|T|I|C|I|O|L|I|A|T|
|H|J|I|D|K|H|V|A|N|W|Z|M|L|L|Z|N|V|E|
|X|N|U|T|T|F|X|D|G|L|M|I|O|W|W|O|I|B|
|P|S|H|H|H|J|G|I|G|E|D|W|R|L|H|O|I|I|
|A|K|S|R|R|K|T|Y|R|B|B|L|J|C|W|L|F|L|
|C|C|Q|O|O|T|O|D|O|I|G|U|Q|O|E|V|O|L|
|I|W|X|A|A|V|I|N|L|S|J|L|G|M|B|H|R|E|
|F|R|E|T|T|C|E|L|W|T|U|C|T|M|B|B|M|D|
|I|A|K|E|E|S|E|H|M|N|L|Z|W|O|E|L|E|L|
|C|F|R|D|D|D|H|I|A|N|Y|C|J|N|D|A|S|O|
|L|Y|R|L|L|C|H|T|O|E|X|H|U|L|T|K|N|O|
|O|S|N|O|O|Q|I|H|F|A|F|D|J|O|O|E|U|N|
|O|O|O|O|O|C|U|F|U|K|S|X|S|O|E|S|C|H|
|N|N|Y|N|N|O|V|S|T|Q|S|X|G|N|S|U|E|Y|
|F|M|L|F|I|S|H|E|A|T|I|N|G|O|N|V|X|R|

## No. 13

| | | | | | | | | | | | | | | | | | |
|---|---|---|---|---|---|---|---|---|---|---|---|---|---|---|---|---|---|
| Z | E | M | P | E | R | O | R | L | L | I | T | T | L | E | T | L | I |
| C | C | H | I | N | S | T | R | A | P | X | R | T | T | V | Z | Q | D |
| A | L | D | A | X | F | B | S | Z | U | N | W | S | E | S | H | D | S |
| K | F | V | R | E | P | P | O | H | K | C | O | R | N | T | K | S | C |
| K | D | R | J | G | N | E | C | W | I | A | E | A | W | M | S | R | B |
| R | B | Q | I | W | T | K | B | N | I | C | R | F | M | F | Y | O | R |
| Z | J | I | R | C | G | R | O | K | T | E | L | I | H | L | E | Y | Y |
| R | M | N | M | J | A | R | S | C | S | H | I | O | B | C | L | A | I |
| D | P | D | M | A | A | N | R | W | S | T | T | R | L | Z | L | L | Q |
| Z | A | V | L | C | G | E | H | V | Y | T | T | D | V | E | O | J | G |
| M | Z | I | A | L | S | E | M | Y | Y | N | L | L | A | X | W | K | E |
| Z | Q | M | S | T | T | T | L | C | Z | Q | E | A | T | J | E | I | N |
| W | G | Q | E | P | Q | Z | M | L | J | P | Z | N | P | F | Y | N | T |
| K | V | D | L | R | J | D | M | Q | A | Z | E | D | D | D | E | G | O |
| H | U | M | B | O | L | D | T | Q | E | N | L | H | Z | T | D | I | O |
| I | V | L | V | R | K | V | A | D | E | L | I | E | K | F | S | B | L |
| C | G | A | L | A | P | A | G | O | S | Q | C | C | M | S | R | G | C |
| M | A | S | E | P | A | A | E | D | C | O | P | Z | Y | C | N | E | H |

## No. 14

| | | | | | | | | | | | | | | | | | |
|---|---|---|---|---|---|---|---|---|---|---|---|---|---|---|---|---|---|
| L | I | Q | Y | D | U | C | C | A | M | P | B | E | L | L | M | K | W |
| D | W | A | N | D | E | R | I | N | G | Y | I | V | A | K | W | L | B |
| A | F | F | L | S | O | M | X | S | W | A | V | E | D | P | P | C | Q |
| N | R | X | V | I | S | H | O | R | T | T | A | I | L | E | D | F | L |
| T | R | F | E | B | G | L | Y | S | T | S | O | O | T | Y | A | A | F |
| I | L | A | M | R | O | H | H | H | D | R | G | A | N | K | Y | U | B |
| P | I | M | B | O | B | Y | T | T | L | R | M | O | L | S | Y | S | L |
| O | G | S | K | Q | A | T | M | M | E | G | Z | W | A | U | L | G | A |
| D | P | T | E | M | Y | Y | L | Y | A | I | B | N | I | E | M | J | C |
| E | O | E | S | O | U | T | H | E | R | N | R | O | Y | A | L | T | K |
| A | Z | R | W | W | J | E | T | O | U | W | T | S | Y | R | R | R | B |
| N | V | D | O | K | A | S | B | Q | I | I | M | L | Q | Q | B | I | R |
| C | E | A | Z | D | N | O | S | R | B | U | L | L | E | R | S | S | O |
| Z | U | M | E | Y | E | L | L | O | W | N | O | S | E | D | Y | T | W |
| W | W | D | G | C | B | F | L | F | I | H | Q | D | W | B | K | A | E |
| Q | Y | W | S | A | L | V | I | N | S | X | A | O | Q | X | L | N | D |
| Z | A | F | E | B | L | A | C | K | F | O | O | T | E | D | R | Z | W |
| V | G | M | D | K | W | E | E | A | H | G | Z | J | X | T | D | O | U |

## No. 15

| | | | | | | | | | | | | | | | | | | |
|---|---|---|---|---|---|---|---|---|---|---|---|---|---|---|---|---|---|---|
| R | C | R | I | M | S | O | N | S | U | N | B | I | R | D | O | O | M | C |
| E | L | G | P | I | N | E | G | R | O | S | B | E | A | K | V | M | R | O |
| D | Z | A | M | I | Q | H | V | G | N | V | I | I | S | V | E | Y | E | M |
| B | R | V | N | A | D | F | A | D | Y | V | F | A | F | R | R | U | D | M |
| I | S | E | F | I | R | H | P | S | L | H | B | N | I | C | K | N | C | O |
| L | C | S | D | B | D | O | C | I | L | N | H | P | H | I | N | U | A | N |
| L | S | A | S | C | O | R | O | E | F | J | E | C | C | M | Z | X | P | R |
| E | C | B | S | Z | R | W | A | N | N | Y | R | Q | K | N | C | V | P | O |
| D | A | R | R | S | J | O | O | C | O | Q | B | K | L | C | R | J | E | S |
| F | R | E | C | R | I | M | S | O | N | R | O | S | E | L | L | A | D | E |
| I | L | H | Y | H | W | N | I | S | D | R | I | G | M | W | A | X | R | F |
| R | E | C | H | M | T | Z | S | B | B | P | E | O | H | D | F | Z | O | I |
| E | T | T | U | U | J | F | O | F | M | I | E | H | L | Q | T | E | B | N |
| F | I | A | R | H | D | V | N | O | I | Z | L | C | T | E | P | T | I | C |
| I | B | C | N | X | H | E | W | H | U | N | Z | L | K | R | M | W | N | H |
| N | I | Y | K | C | J | D | J | R | V | H | C | R | F | E | O | A | E | C |
| C | S | L | D | R | E | D | M | U | N | I | A | H | K | I | R | N | M | P |
| H | M | F | S | C | A | R | L | E | T | M | A | C | A | W | F | M | U | L |
| J | S | U | M | M | E | R | T | A | N | A | G | E | R | C | A | H | Z | C |

## No. 16

| | | | | | | | | | | | | | | | | | |
|---|---|---|---|---|---|---|---|---|---|---|---|---|---|---|---|---|---|
| A | B | E | R | M | U | D | A | F | R | M | N | F | B | D | S | G | F |
| N | C | L | B | N | Z | N | B | Z | P | N | C | C | A | P | E | R | D |
| T | J | P | B | L | O | V | G | F | E | G | F | D | P | Q | B | E | O |
| A | U | A | S | L | A | K | E | R | M | A | D | E | C | M | K | A | S |
| R | B | U | W | T | M | C | F | B | J | P | R | M | J | D | R | T | T |
| C | O | A | O | E | H | I | K | C | E | L | B | G | M | K | G | W | T |
| T | R | U | G | B | S | S | N | O | W | K | A | A | D | R | D | I | R |
| I | P | N | T | V | N | T | Z | C | P | S | S | A | E | U | J | N | I |
| C | C | K | U | Y | I | H | L | Y | T | C | Q | P | L | I | B | G | N |
| J | B | E | F | P | N | E | D | A | A | S | B | G | C | H | A | E | D |
| U | M | U | B | N | O | E | P | R | N | H | I | F | A | A | R | D | A |
| N | K | A | L | E | B | H | E | M | Y | D | C | Q | T | W | A | L | D |
| K | P | B | G | W | T | N | S | P | C | L | D | L | C | A | U | P | E |
| H | N | G | G | Z | E | K | T | F | V | K | P | Y | E | I | S | H | R |
| J | O | Y | R | J | M | R | Q | T | F | M | F | P | P | I | L | Y | E |
| D | B | T | E | P | J | W | S | K | B | M | Y | L | S | A | V | M | C |
| J | X | I | T | I | H | A | T | H | O | O | R | K | P | N | M | Y | H |
| N | X | I | N | Q | H | V | K | M | G | W | L | N | D | F | B | Y | T |

## No. 17

| | | | | | | | | | | | | | | | | | | |
|---|---|---|---|---|---|---|---|---|---|---|---|---|---|---|---|---|---|---|
| P | E | Y | C | X | D | I | T | B | H | P | E | Q | M | C | T | M | N | W |
| A | B | S | G | R | R | G | A | R | O | L | K | S | A | U | I | N | I | U |
| U | K | H | F | N | I | R | S | B | O | A | I | P | L | C | A | W | T | J |
| O | G | U | D | U | B | E | K | O | K | X | R | J | A | K | G | X | R | D |
| C | R | M | Z | D | E | A | A | S | B | P | H | G | G | O | M | V | A | O |
| D | O | B | B | A | V | T | A | U | I | Q | S | I | A | O | Q | J | M | E |
| E | U | L | A | R | O | E | B | N | L | F | O | A | S | H | X | I | E | S |
| T | N | O | N | E | L | R | U | B | L | F | O | N | Y | A | I | Q | N | X |
| S | D | T | D | D | D | V | T | I | E | F | K | T | K | W | M | P | E | F |
| E | R | S | E | F | E | A | T | R | D | W | C | C | I | K | I | F | R | I |
| R | O | H | D | O | D | S | O | D | V | E | U | O | N | C | L | L | A | S |
| C | L | E | K | D | A | A | N | A | A | M | C | U | G | C | J | U | C | H |
| D | L | R | E | Y | E | P | Q | S | N | O | Y | A | F | D | U | F | S | E |
| T | E | O | S | G | H | A | U | I | G | D | H | A | I | V | A | F | A | A |
| L | R | N | T | U | Y | R | A | T | A | A | S | D | S | K | V | T | M | G |
| D | D | F | R | F | E | R | I | Y | S | I | A | C | H | H | Z | A | H | L |
| Q | M | Y | E | L | R | O | L | P | P | J | D | B | E | K | L | I | P | E |
| I | K | J | L | X | G | T | S | N | K | C | T | W | R | A | M | L | Y | V |
| D | N | C | R | E | S | T | E | D | D | R | O | N | G | O | V | G | Q | K |

## No. 18

| | | | | | | | | | | | | | | | | | |
|---|---|---|---|---|---|---|---|---|---|---|---|---|---|---|---|---|---|
| R | T | M | A | M | A | R | B | L | E | D | D | U | C | K | S | A | F |
| A | G | R | A | C | E | F | U | L | P | R | I | N | I | A | L | F | H |
| J | S | Y | H | J | G | B | O | I | K | Z | K | G | N | G | A | I | B |
| T | P | Y | V | R | L | Y | H | W | S | I | O | D | E | H | M | L | A |
| H | O | N | B | J | Q | Z | B | Q | D | A | G | R | C | W | A | M | R |
| G | T | I | I | S | L | G | D | P | R | R | I | F | K | C | G | M | B |
| I | T | L | Q | G | G | N | C | X | O | A | F | R | K | M | H | I | A |
| N | E | N | E | W | F | R | M | U | N | I | A | W | E | W | R | S | R |
| D | D | U | B | M | Z | L | S | N | H | L | H | A | V | J | E | T | Y |
| E | E | D | Z | F | V | E | U | C | D | E | D | H | A | B | B | L | F |
| K | A | S | P | J | F | T | N | E | A | O | Z | U | B | H | M | E | A |
| C | G | V | J | G | H | A | T | T | W | N | K | S | S | L | A | T | L |
| E | L | X | R | A | I | S | E | P | J | G | G | I | I | G | G | H | C |
| N | E | L | T | R | E | A | I | P | N | B | L | Z | S | L | P | R | O |
| D | I | C | E | R | T | P | H | Z | B | E | D | F | H | M | I | U | N |
| E | H | B | C | E | I | L | W | O | E | L | T | T | I | L | E | S | V |
| R | I | O | R | T | P | M | E | W | B | W | H | Y | D | Q | M | H | W |
| N | O | R | T | H | E | R | N | B | A | L | D | I | B | I | S | I | E |

## No. 19

X K G F N A S T R E A K E D B C D B
B T A L F O K O A D N M Y A W E M E
A H L U C G X G O Q L E Z V T L A G
Q P A T C X V M T T L D D O Y U Q C
L B P T P A A G A K Y D O Q D W H V
I E A E O N G B O F E F W U U R Z E
S W G R X P W U C T K W B N I O T R
H H O I D B A J N N J O C S H X A S
T Y S N J N X E I T N A T K U S J C
O P L G M C V P P S V M M B Z N M O
R H M Z B K V B R W A Y G A T Y B P
N Q N G C K C O U S I Z Z L A A Z O
I E M A Y W C E O F N C A E E I A L
E Z L C A P E V E R D E Q A R U Z I
H B M O K T Q Q Z N P A C R G X T S
Q V B A R O L O U Q P O U I B R W S
Z W G Z Y R T N W L A W I C C D S I
X D Y K Y J Q C J B C G X R D L W E

## No. 20

X F W Z H O R N E D L G G H H R L H
S X D E S Q T S A M O G P C A W Y O
K D E D A E H Y R A O H H C K Z R O
R J T U X Y N X Y V N Q S M T Z X D
A Y S R W R L Y O B I A X P I B U E
L S E W N E C A X L G W U I T K Y D
C F R R X V M X K A F H A E I U J I
I Z C Y A L N D D C W I B D C W E V
L B T Z L I X A T K E T D B A L F I
A X A E A S M L N N S E I I C U F A
U X E R O L I J X E T T D L A V L L
Y S R H T E E E T C E U S L A X S L
Q U G V R A N Q Y K R F Z E I R I Z
K F P I A S V X K E N T Z D Q T L E
X H C U O T Z Z D D L E H V T A Q K
I Q R W N H Q G Z Y E D F L J Y M X
R E D N E C K E D H N X E P Q S G V
U D X O I W K M J E B K L L J M L V

## No. 21

L L I B E O H S M W W S D R A X Z M
Q Q V H M A R A B O U A U O B U Y Y
J S H T Z F G G D G Z E A L D M T D
Y T X A F U V R Z E Z A B L I R Y F
E P R P A X N G D J V V Y I M D L W
U G P R A C M O G M H U K B S O Y O
R Q I J R I O H D I N Q Q N L I I O
O Y X Y H W N Y Y L I B K E N O G L
P B L A C K F T J K C H H P W Z H L
E Q X I V Y W Z E Y S H A O O U K Y
A E V N G J E K B D D N Q N O I T N
N G R E A T E R A D J U T A N T B E
W N P L H X Y Y L R V R D C O V Y C
H A H Z P L S A D D L E B I L L X K
I W V I S A O A A X J Q F R N V I E
T Z R S M R O T S G L E J F U M R D
E C N X S X J A B I R U E A W O X V
U Y Y E L L O W B I L L E D K O F R

## No. 22

N R X T L K A T Q I D J K F B Z H L
W H I T E S H O U L D E R E D C T Z
V D E K C E N W A R T S O R C N G Y
A U S T R A L I A N B E Z F T H J H
J D V S A C R E D L O L I V E L I E
L U X E P P I H A D A D A G T V F K
X E Q A D A P C I H T G U C Y I Y T
E D V Q C T K M W D N D Y Y U T W I
S K Z S A F C G E Y A W W P I X S O
C L N Q A A R P S D I E L O K X A C
A A Z C J X A N T Y G U K A P G O W
R G E V E N S J I G M J V A U C T Y
L D E Q D F D G L B A L D S Q P O X
E U C E D N H O E U E S L Q N T M K
T W R I P I S O O D B Q E E H D E J
R O G K V S U C L C R E S T E D D Y
P E J C Y S J A J L R Q W Z W Y Y K
O G C E F I W A T T L E D P A Z A A

## No. 23

H G B L U E C R A N E Z W A U N S W M
M M A R A B O U S T O R K D P D S A A
P I N K B A C K E D P E L I C A N N F
H L Y D J U Z Y B O O B N W O R B D R
D J Y Z R G O L I A T H H E R O N E I
O O A F R I C A N P E N G U I N O R C
D S M T I I B N E O Y D Y S G C O I A
J L L X C B S Y L I E X Z L G R K N N
G A Y C W O O G R N A Z N U T I K G F
Z T B S R J P G G A O S T R I C H A I
A Y K K B V K M I A T Z Y U V R U L S
U E W U L G H J U Y B E X R M R L B H
L G I W E N W F X P Z K R E L F E A E
N R Z C A P E G A N N E T C J J W T A
I E F D G S T O X Z Z M D U E S I R G
W T Z M S I B I D E R C A S F S L O L
C R E S T E D G U I N E A F O W L S E
A F R I C A N D A R T E R Z C N F S Z
A F R I C A N S P O O N B I L L A P N

## No. 24

L D P A I N T E D S P U R F O W L H P
O N I C O B A R S C R U B F O W L A R
A N D A M A N W O O D P E C K E R A E
D P F O R E S T O W L E T Q X A N Z D
G C A R N U Q F J I P Z S Y D D G I W
R I N D I A N P I T T A H I A I O N A
E S D N T U P B H U V M S M P N S D T
Y W A N J D Y Q D Q Y E A S J D E I T
J N M K H F A T K E F N C A M I R A L
U S A H K L G F B L M E T R L A P N E
N T N M Y Y F J Y A F B P U L N E P D
G K T E B A W C S H J A I S I B N E L
L M E Q S P A K I T W Y E C B U T A A
E B A R E T E V B G H P B R N S E F P
F Y L K C D C V A Q V I I A R T A O W
O S Y H O D D U H J Y O H N O A G W I
W R E W G G C J K R U Q W E H R L L N
L R L T G T P K B O P K N S J D E Q G
I N G R E A T E R C O U C A L Z P O R

# No. 25

| | | | | | | | | | | | | | | | | | |
|---|---|---|---|---|---|---|---|---|---|---|---|---|---|---|---|---|---|
| M | M | U | A | U | S | T | R | A | L | A | S | I | A | N | F | Q | C |
| T | R | B | V | K | L | I | T | T | L | E | L | W | J | R | I | G | A |
| E | A | O | O | U | S | N | O | M | A | N | N | I | C | S | P | G | I |
| C | A | T | N | P | P | C | V | E | A | E | A | D | T | H | D | F | G |
| B | M | A | S | I | Q | X | Y | O | C | F | C | R | M | V | L | Q | G |
| G | E | U | C | N | S | K | U | T | N | Z | I | M | A | Y | Z | I | U |
| I | R | R | H | N | M | L | W | D | Q | P | R | L | S | Q | N | N | W |
| V | I | U | R | A | X | M | A | E | E | Z | E | N | L | I | V | F | W |
| K | C | S | E | T | O | G | Z | B | U | D | M | E | P | W | N | B | F |
| N | A | H | N | E | L | Q | A | Y | R | K | A | W | K | Y | I | R | C |
| S | N | I | C | D | F | C | Q | U | A | Y | H | Z | H | X | A | V | F |
| G | R | B | K | T | K | D | B | B | S | E | T | E | D | W | T | K | H |
| P | R | A | S | E | U | P | R | W | I | L | U | A | D | S | Z | C | O |
| D | O | R | D | V | P | G | M | N | A | L | O | L | A | E | C | A | A |
| S | G | D | D | G | I | X | P | M | N | O | S | A | H | G | D | L | F |
| D | U | I | A | T | L | E | A | S | T | W | U | N | D | S | D | B | V |
| H | D | P | K | B | V | I | Q | C | G | X | M | D | B | W | D | H | P |
| D | A | D | W | I | Y | C | F | G | A | Z | G | I | Z | V | C | C | I |

# No. 26

| | | | | | | | | | | | | | | | | | |
|---|---|---|---|---|---|---|---|---|---|---|---|---|---|---|---|---|---|
| V | T | E | B | Q | Q | O | G | O | L | I | A | T | H | M | T | D | P |
| V | T | I | Z | E | Y | E | J | A | Z | L | U | V | A | P | W | L | A |
| V | O | Q | O | Z | T | J | C | U | L | H | E | E | O | V | D | L | C |
| F | C | Q | D | C | T | R | I | C | O | L | O | R | E | D | E | I | I |
| K | B | A | A | W | O | V | W | Z | Q | J | L | T | O | L | U | T | F |
| D | O | K | P | C | V | C | H | L | A | V | A | A | Y | B | L | T | I |
| Q | A | B | W | P | G | G | I | E | M | Y | H | A | K | L | B | L | C |
| F | T | E | R | Z | E | C | T | L | U | A | P | I | M | A | T | E | R |
| U | B | H | W | Z | M | D | E | P | B | R | G | U | R | C | A | B | E |
| Z | I | C | S | J | C | U | N | R | A | P | S | A | Z | K | E | L | E |
| D | L | Y | D | V | F | O | E | U | B | H | R | O | M | F | R | U | F |
| Z | L | S | K | G | E | R | C | P | Y | D | U | D | U | I | G | E | R |
| P | E | W | V | B | D | Q | K | Q | S | M | B | B | T | W | G | M | T |
| Y | D | O | U | P | K | V | E | T | D | J | F | Y | W | E | M | J | U |
| K | O | J | X | L | W | H | D | K | D | P | X | Z | C | N | H | J | J |
| W | Z | D | P | Q | J | G | P | T | N | E | E | R | G | D | T | B | R |
| V | C | L | M | U | T | I | Z | I | G | Z | A | G | T | Q | X | K | A |
| S | V | Y | K | C | T | T | O | J | E | Y | E | R | G | S | N | K | R |

# No. 27

| | | | | | | | | | | | | | | | | | | |
|---|---|---|---|---|---|---|---|---|---|---|---|---|---|---|---|---|---|---|
| Q | F | C | G | R | E | A | T | B | L | U | E | H | E | R | O | N | R | B |
| X | I | A | I | O | W | X | G | R | N | A | B | H | C | I | Z | H | L | B |
| D | F | L | N | H | O | N | E | Y | C | R | E | E | P | E | R | U | C | L |
| R | X | F | D | O | O | C | R | U | F | G | K | H | P | S | E | E | X | U |
| I | Q | L | I | T | R | O | D | B | G | F | P | M | U | A | R | O | I | E |
| B | J | O | G | X | A | T | O | K | R | Y | Q | N | N | U | B | G | R | J |
| E | B | R | O | W | A | T | H | B | S | N | D | D | L | L | N | E | R | E |
| U | B | I | B | Y | Z | O | Y | E | A | A | Y | E | U | F | C | Q | T | W |
| L | A | D | U | W | G | A | L | D | R | E | A | E | F | R | F | A | R | E |
| B | R | A | N | U | J | P | Z | O | L | N | G | I | E | T | A | W | E | L |
| N | N | S | T | Q | O | P | B | L | W | R | P | I | Z | T | R | W | E | B |
| I | S | C | I | R | S | I | O | A | O | K | P | A | T | B | S | C | S | A |
| A | W | R | N | Y | N | W | R | S | F | R | X | M | R | L | C | D | W | B |
| T | A | U | G | J | M | B | B | H | E | Y | I | T | J | U | C | X | A | B |
| N | L | B | O | A | L | E | N | W | D | P | F | U | J | E | L | F | L | L |
| U | L | J | C | E | A | M | O | E | G | L | R | N | Z | J | B | A | L | E |
| O | O | A | R | K | D | L | H | O | T | P | M | B | M | A | G | K | O | R |
| M | W | Y | E | Z | F | D | E | S | R | D | D | O | B | Y | Q | Z | W | C |
| K | G | N | I | T | N | U | B | I | L | U | Z | A | L | E | N | U | X | Z |

# No. 28

| | | | | | | | | | | | | | | | | | |
|---|---|---|---|---|---|---|---|---|---|---|---|---|---|---|---|---|---|
| A | X | G | U | L | A | R | P | O | U | C | H | M | J | E | S | O | U |
| U | A | I | R | S | A | C | F | T | A | P | Q | Q | C | B | K | B | Y |
| S | H | J | R | D | C | Y | E | P | E | R | U | V | I | A | N | M | S |
| T | V | N | Y | X | T | G | R | A | C | I | L | I | S | P | A | C | O |
| R | O | D | E | S | S | A | N | U | S | V | Z | T | A | M | H | S | R |
| A | G | B | W | B | V | P | O | K | G | D | A | K | E | R | B | O | M |
| L | E | D | I | A | C | X | Q | E | L | Y | P | R | E | B | D | B | T |
| I | S | P | O | T | B | I | L | L | E | D | I | I | C | V | G | I | D |
| A | R | H | B | D | H | A | W | M | G | C | B | A | M | R | R | A | O |
| N | A | A | G | L | H | N | N | Y | A | E | D | O | E | A | L | G | L |
| P | O | L | U | S | G | K | N | N | R | I | Z | A | R | M | W | T | D |
| F | O | I | R | A | L | R | W | I | M | D | T | E | A | S | E | H | O |
| D | W | E | O | H | W | H | L | U | B | W | N | T | N | E | T | K | U |
| O | U | U | M | M | I | T | R | F | H | S | I | W | G | H | I | J | B |
| Q | J | S | D | T | K | K | X | I | I | A | O | Q | O | Q | K | I | F |
| Y | R | T | E | T | A | F | T | S | N | Z | Y | P | U | R | G | R | B |
| M | E | G | S | U | N | E | C | P | E | W | A | W | L | N | B | B | W |
| Y | M | Z | P | I | N | K | B | A | C | K | E | D | E | Y | J | L | B |

# No. 29

| | | | | | | | | | | | | | | | | | |
|---|---|---|---|---|---|---|---|---|---|---|---|---|---|---|---|---|---|
| U | T | D | A | B | L | N | A | I | D | N | I | P | E | H | U | N | O |
| G | L | D | S | D | T | I | Z | M | I | C | W | E | Z | I | G | Q | E |
| G | B | E | A | B | S | C | T | K | H | C | B | L | F | M | G | K | U |
| U | O | D | V | E | R | T | U | T | A | P | N | A | W | H | C | H | R |
| A | Z | K | N | P | E | A | G | J | L | Z | O | G | P | F | P | O | S |
| N | M | Y | N | R | R | Y | N | Z | R | E | H | I | G | Y | Q | G | O |
| A | K | C | K | L | E | E | T | D | Y | D | B | C | A | P | E | V | C |
| Y | N | I | E | R | H | D | E | K | T | T | J | L | E | E | N | O | O |
| J | J | P | F | S | E | Y | L | D | N | S | M | T | A | G | C | T | T |
| S | B | O | K | A | T | D | W | E | H | A | F | E | S | C | L | U | R |
| L | S | R | Z | J | S | U | F | A | G | J | B | D | Z | N | K | R | A |
| R | Q | T | D | U | H | L | I | A | C | G | W | D | N | X | I | X | O |
| T | K | O | D | O | U | B | L | E | C | R | E | S | T | E | D | P | T |
| G | R | E | A | T | O | H | L | J | B | E | H | D | N | Q | W | V | B |
| N | J | N | Q | R | L | E | S | R | P | T | D | I | C | X | W | A | W |
| E | M | G | Q | T | T | S | O | P | M | N | Q | H | G | M | J | X | Y |
| Y | A | A | U | S | T | R | A | L | I | A | N | P | I | E | D | A | G |
| S | S | E | L | T | H | G | I | L | F | Y | K | V | E | N | Y | Y | F |

# No. 30

| | | | | | | | | | | | | | | | | | |
|---|---|---|---|---|---|---|---|---|---|---|---|---|---|---|---|---|---|
| A | T | Y | Y | J | A | A | S | C | G | V | P | T | P | A | Q | G | A |
| R | N | E | E | Y | R | S | Q | Q | R | J | K | P | B | R | O | R | R |
| A | A | M | M | E | A | I | Q | F | E | I | L | H | D | A | A | A | A |
| B | R | E | E | M | B | R | D | W | A | B | M | A | C | B | R | R | B |
| I | O | N | N | E | I | M | F | F | T | G | J | R | I | I | A | A | I |
| A | M | W | T | N | A | A | O | W | E | P | X | A | G | A | B | B | A |
| N | R | A | H | L | N | G | G | K | R | W | N | O | O | N | I | I | N |
| W | O | R | R | I | S | P | B | F | H | W | G | H | L | W | A | A | P |
| H | C | B | U | N | E | I | L | J | O | L | K | E | D | A | N | N | A |
| E | A | L | S | N | R | E | U | O | O | G | T | A | E | X | B | S | R |
| A | R | E | H | E | I | C | D | J | P | G | Z | G | N | B | U | C | T |
| T | T | R | A | T | N | P | N | Q | O | Y | E | L | W | I | S | O | R |
| E | O | Q | D | Z | E | E | X | X | E | J | D | E | I | L | T | P | I |
| A | C | T | A | C | U | Z | C | T | L | W | H | O | N | L | A | S | D |
| T | O | J | K | H | K | U | E | R | A | O | Y | W | G | X | R | O | G |
| E | S | E | P | S | N | M | Z | C | R | B | M | L | E | L | D | W | E |
| R | R | D | V | F | G | Q | Z | N | K | V | H | R | D | E | V | L | U |
| P | H | I | L | B | Y | S | P | A | R | T | R | I | D | G | E | V | O |

## No. 31

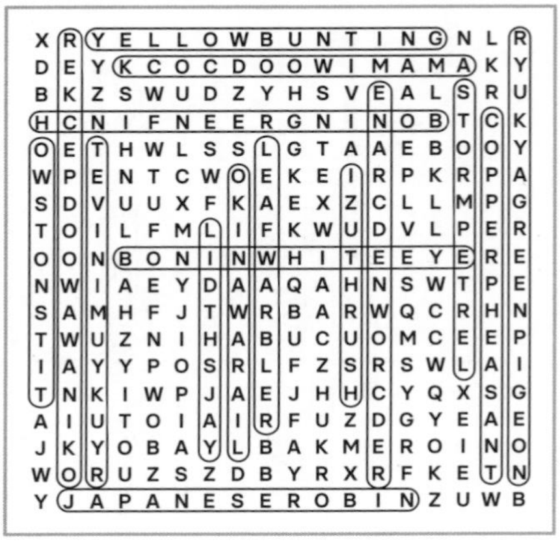

## No. 32

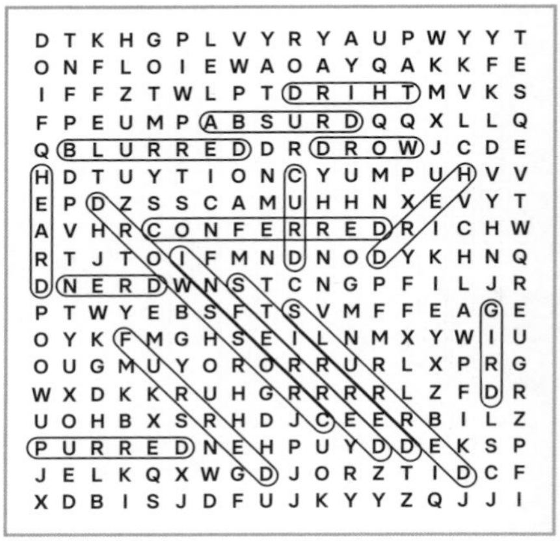

## No. 33

## No. 34

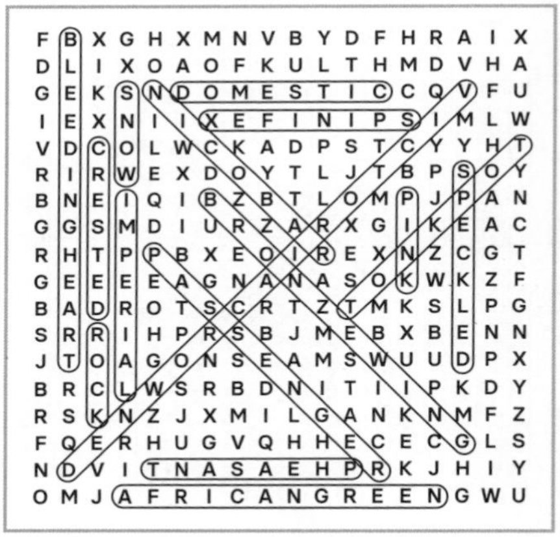

## No. 35

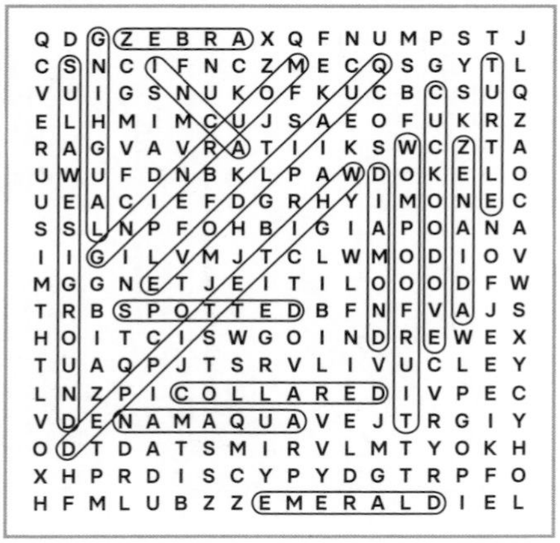

## No. 36

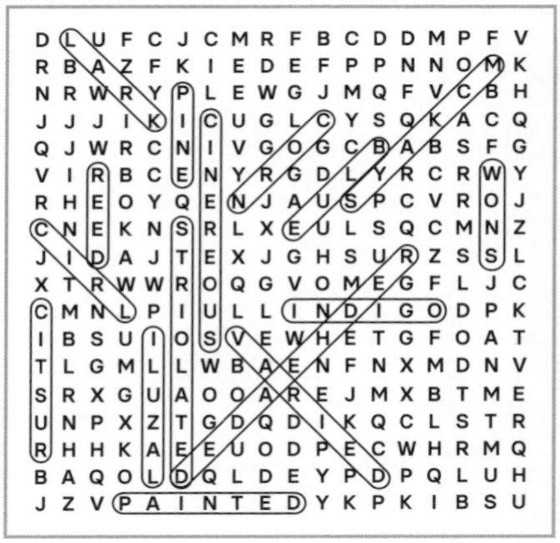

## No. 37

| | | | | | | | | | | | | | | | | | |
|---|---|---|---|---|---|---|---|---|---|---|---|---|---|---|---|---|---|
| P | R | M | N | O | R | E | H | D | E | T | A | I | R | T | S | B | R |
| B | E | D | P | J | Q | G | O | L | H | O | E | L | D | V | L | N | T |
| L | T | B | U | P | P | E | G | G | T | X | E | J | L | Y | W | F | E |
| U | N | A | R | R | A | J | B | X | Y | A | D | A | T | F | K | A | R |
| E | U | Y | P | E | S | W | F | N | F | H | R | H | L | B | M | I | G |
| F | H | A | L | L | N | U | U | B | S | G | S | O | D | A | I | R | E |
| L | R | W | E | B | E | E | I | T | E | F | R | Z | I | B | L | Y | F |
| Y | E | E | H | B | O | R | A | N | R | E | G | M | U | F | K | B | E |
| C | D | A | E | A | D | R | I | O | S | W | I | L | U | W | Y | L | E |
| A | I | V | R | B | L | L | G | M | F | B | B | F | W | Q | S | U | R |
| T | P | E | O | I | T | M | I | N | Y | U | K | O | C | B | T | E | C |
| C | S | R | N | A | O | N | U | Y | L | Z | N | R | R | H | O | B | I |
| H | O | G | V | U | I | X | G | D | V | I | B | K | T | R | R | I | F |
| E | Y | A | T | V | N | A | Q | A | Q | W | V | T | H | T | K | R | I |
| R | O | H | E | E | L | Q | F | O | O | S | A | A | F | G | R | D | C |
| S | O | T | V | Y | X | X | V | P | P | N | N | I | D | X | U | N | A |
| D | A | S | I | A | N | O | P | E | N | B | I | L | L | N | H | R | P |
| U | I | X | C | T | R | O | P | I | C | B | I | R | D | E | O | E | K |

## No. 38

| | | | | | | | | | | | | | | | | | |
|---|---|---|---|---|---|---|---|---|---|---|---|---|---|---|---|---|---|
| O | G | T | Y | D | W | M | W | N | M | W | R | D | Z | N | S | Y | Y |
| B | L | A | D | E | V | G | R | E | D | Z | E | D | J | O | L | E | A |
| S | U | K | K | U | H | U | Y | W | F | O | H | Y | F | C | L | Q | O |
| F | S | A | K | V | C | F | B | Z | F | T | I | L | R | L | K | K | W |
| B | K | H | T | A | E | A | I | E | C | N | T | K | O | A | C | Z | I |
| I | I | E | O | H | K | C | L | A | O | S | E | W | N | F | H | S | M |
| W | W | C | M | H | C | A | L | L | E | O | E | M | I | D | A | J | N |
| S | I | R | T | N | K | N | V | A | C | Y | O | U | B | N | T | U | I |
| I | H | N | I | H | L | M | U | N | E | C | R | X | O | A | H | L | C |
| L | S | O | T | F | T | J | O | D | J | G | R | K | R | L | A | R | Z |
| V | P | L | T | D | C | R | P | R | B | X | B | U | K | A | M | I | K |
| E | F | L | Y | T | U | E | F | O | E | R | O | W | C | E | S | F | A |
| R | U | K | H | K | N | L | S | C | R | P | F | X | A | Z | H | L | C |
| E | J | E | K | G | D | Z | J | K | Q | P | O | N | L | W | A | E | G |
| Y | L | A | U | E | Z | J | B | W | S | C | T | R | B | E | G | M | A |
| E | P | I | S | H | U | S | A | R | U | M | U | S | K | N | O | A | S |
| J | N | P | X | X | Y | U | P | E | E | E | W | A | A | L | V | N | U |
| K | A | K | A | P | O | P | G | N | T | P | K | D | A | B | H | B | O |

## No. 39

| | | | | | | | | | | | | | | | | | |
|---|---|---|---|---|---|---|---|---|---|---|---|---|---|---|---|---|---|
| R | S | O | M | B | R | E | N | I | G | H | T | J | A | R | O | J | O |
| A | R | Y | W | H | I | P | P | O | O | R | W | I | L | L | U | C | C |
| J | L | U | S | X | Y | A | N | Q | R | M | U | X | E | N | E | H | C |
| T | L | C | T | J | I | U | R | J | R | J | C | M | G | L | U | A | S |
| H | I | A | A | A | W | R | S | Q | V | B | O | L | L | C | Y | P | I |
| G | W | T | R | V | F | A | U | C | D | V | E | A | K | E | A | I | L |
| I | R | A | S | M | T | Q | X | A | W | N | T | W | N | L | G | S | K |
| N | O | N | P | R | E | U | D | P | I | E | I | N | A | P | R | B | Y |
| D | O | P | O | S | M | E | N | G | D | L | E | U | P | W | P | O | T |
| E | P | O | T | I | J | R | H | P | L | N | N | U | P | I | Q | N | A |
| L | D | O | T | A | A | T | O | S | I | I | X | B | Q | V | U | A | I |
| K | E | R | E | T | J | O | W | G | G | V | M | F | C | E | Y | P | L |
| C | R | W | D | A | R | I | H | H | N | C | Q | E | C | U | X | A | E |
| E | A | I | R | W | D | T | T | T | K | H | H | Q | I | P | E | R | D |
| R | E | L | I | O | J | J | P | A | H | E | A | I | F | K | P | T | N |
| F | U | L | W | A | A | Q | Z | R | H | N | K | P | P | E | D | E | I |
| I | L | M | R | R | P | R | I | G | O | G | I | N | E | S | F | S | R |
| T | S | C | H | U | D | I | S | N | I | G | H | T | J | A | R | J | W |

## No. 40

| | | | | | | | | | | | | | | | | | | |
|---|---|---|---|---|---|---|---|---|---|---|---|---|---|---|---|---|---|---|
| O | V | M | L | G | L | F | T | G | V | G | R | E | G | A | M | Q | Y | G |
| F | I | I | H | E | Q | Z | T | G | N | L | M | M | R | N | T | A | K | R |
| Y | O | F | K | S | J | H | V | R | H | I | F | E | E | M | H | C | V | E |
| O | L | F | I | M | I | Y | P | E | U | S | R | R | E | N | A | E | G | E |
| Y | E | O | N | Y | J | G | X | E | M | T | U | A | N | Z | W | B | R | N |
| O | T | X | G | D | H | N | J | N | M | E | I | L | I | Y | A | B | E | B |
| C | G | S | F | Y | Z | K | U | B | I | N | T | D | S | J | I | U | E | R |
| A | R | L | I | X | B | C | R | E | N | I | E | T | H | V | I | D | N | E |
| R | E | S | S | F | K | N | Y | E | G | N | A | O | P | P | A | G | B | A |
| U | E | T | H | G | O | M | P | E | B | G | T | U | U | I | M | E | R | S |
| T | N | S | E | E | E | K | C | A | I | G | E | C | F | Z | A | R | O | T |
| Q | S | M | R | I | T | C | H | T | R | R | R | A | F | W | K | I | A | E |
| W | W | U | N | Q | H | Z | Q | E | D | E | U | N | L | M | I | G | D | D |
| V | A | S | O | Z | B | R | I | R | T | E | R | E | E | Z | H | A | B | M |
| P | L | S | Z | A | P | R | G | K | Y | N | H | T | G | W | I | R | I | A |
| T | L | N | O | R | T | H | E | R | N | L | A | P | W | I | N | G | L | N |
| F | O | R | A | M | A | C | A | J | T | A | E | R | G | C | X | O | L | G |
| Z | W | C | F | C | H | J | M | O | Q | R | N | K | H | R | A | H | Z | O |
| F | M | M | Y | G | P | O | B | G | R | E | E | N | J | A | Y | B | E | N |

## No. 41

| | | | | | | | | | | | | | | | | | |
|---|---|---|---|---|---|---|---|---|---|---|---|---|---|---|---|---|---|
| S | R | P | G | R | E | E | N | H | E | A | D | E | D | K | S | C | R |
| F | F | U | L | V | O | U | S | H | E | A | D | E | D | W | Q | O | K |
| T | T | V | E | R | M | I | L | L | I | O | N | X | A | H | W | G | S |
| V | R | H | A | D | E | P | M | U | R | L | A | P | O | N | E | A | H |
| W | S | P | O | T | T | E | D | J | T | V | N | A | Z | D | E | R | R |
| T | G | Q | S | U | M | M | E | R | S | E | R | A | L | V | N | I | P |
| V | A | R | R | U | T | G | O | L | D | E | N | O | I | R | N | S | A |
| O | C | K | V | X | O | O | D | M | S | K | G | Q | G | E | Y | H | R |
| A | Z | U | R | E | S | H | O | U | L | D | E | R | E | D | F | X | A |
| L | F | I | O | P | R | N | D | D | N | O | F | S | Y | N | S | P | D |
| A | G | F | F | C | M | A | E | A | Y | N | R | N | V | E | C | R | I |
| G | E | Z | I | I | Q | L | N | X | Y | K | Q | V | W | C | R | J | S |
| P | Z | Y | O | E | K | E | H | Z | Q | X | K | P | N | K | U | E | E |
| L | I | H | S | C | E | T | U | R | Q | U | O | I | S | E | B | O | F |
| G | D | D | E | R | O | L | M | I | V | N | Z | G | T | D | F | W | F |
| M | S | P | G | G | L | A | U | C | O | U | S | Y | O | W | O | T | V |
| M | S | H | R | I | K | E | L | I | K | E | Z | O | O | D | U | Y | P |
| B | L | U | E | W | H | I | S | K | E | R | E | D | V | C | S | E | G |

## No. 42

| | | | | | | | | | | | | | | | | | |
|---|---|---|---|---|---|---|---|---|---|---|---|---|---|---|---|---|---|
| I | E | G | V | K | Q | M | A | G | P | I | E | E | O | I | D | S | N |
| D | E | W | O | R | B | E | U | L | B | Y | M | P | T | S | V | F | N |
| S | B | P | A | R | A | D | I | S | E | U | A | H | C | N | L | O | S |
| M | A | C | N | X | V | H | M | S | A | L | J | A | X | A | B | I | B |
| S | M | F | B | S | V | F | R | U | C | C | R | U | M | R | L | Z | L |
| P | Y | T | F | B | O | T | Z | R | K | L | L | E | A | V | Z | S | A |
| A | A | W | Z | R | I | A | O | I | E | G | F | S | E | N | E | S | C |
| L | N | W | M | T | O | W | F | T | M | A | S | R | Y | V | T | F | K |
| M | K | A | Y | W | N | N | L | S | C | Y | T | W | E | X | M | G | G |
| K | J | O | C | E | E | U | C | E | B | H | V | N | M | N | S | I | O |
| H | U | O | D | A | F | M | D | R | R | G | C | Q | S | O | M | L | G |
| D | H | N | D | F | Y | J | E | O | O | O | Q | J | T | M | A | T | G |
| O | A | N | J | U | F | A | A | R | L | W | X | H | A | A | S | E | L |
| T | V | R | K | Y | S | T | S | O | A | P | N | R | Z | N | K | D | E |
| T | Y | I | F | T | E | X | R | P | Z | L | E | E | T | N | E | G | D |
| E | W | E | E | D | F | E | J | Y | L | Y | D | L | D | I | D | E | G |
| D | Q | D | W | Q | D | R | R | S | U | K | S | Z | W | C | Q | D | R |
| I | L | Q | Q | D | I | N | T | D | O | N | B | J | Y | P | Q | A | S |

## No. 43

V M V V R E M P E R O R D H Q L V P
Y C B L U E B R E A S T E D B B A Y
W E V P D O D R Z S O E C N S V R N
H P T Z U S S W T Y R T S Q P B I G
I U K L Y R D S I E A J C U L R E W
T R Q G A M P F A N N Y I O E O G L
E P Q P H O K L I U G J A H N A A Y
S L M C D I W S E C E E V G D D T R
H E U A E A Y P W C C U D X I B E J
O B J M K V O S A S R D L U D I D V
U A Z P C D J G L N O O A X P L D S
L C A B A X G M L W W P W Z U L J U
D K V E B D S R A S N L Q N Z E W P
E E X L D W T G C X E W T Y E D T E
R D G L E O J K E X D G G E M D O R
E T Q S R P Z I S J Q N F E T Y Z B
D E G N I W E T I H W Z X A B E I K
C C K U P L O V E L Y M P V Z K W N

## No. 44

S D W W W B B R V D U G L V W G A M L
W Q P V E Z L E V G Z B A D D O S E Z
U W Y F D Z A N G M A R U X S U P I A
E K D J G M C I M L U A G C U L L P I
C I P F E H K M O R B I H P P D E G K
C N A B T D S Y N E A N I Y E I N A R
A G F C A W W S I E R B N F R A D M A
S P T V I K A I U B K O G R B N I N L
S A K L L Z N O G V I W K O F F D A E
O R K Y E M J N N H N L O G A I F I I
W R F R D Q B S E B G O O M I N A L P
A O O E E R R P P C O R K O R C I A G
R T Z B A H M Y E W W I A U Y H R R A
Y O W I G H I G L U L K B T W W Y T M
T C D R L V T Q T Y V E U H R D W S D
I W K D E D B R T J M E R G E Q R U K
K G A L A H H M I U C T R O N M E A K
S P L D G X I O L X W D A B H C N B K
M U A J T O M X M K L R X R O A H R E

## No. 45

N F V C C B M L O P R G T E U W K C P
K T F B T L G S P I E N U A J H S Z U
K Y S S S A E H I L K W R S X I M R R
D W W E M C X U P E K O K T H P A I P
J I W E J K E M I A I O E E N P N N L
L L M H P V E M N T L D Y R A O G G E
O D C W K U A I G E L D V N W O R B G
F T N O V L H N P D D U U S A R O I A
T U T T F T I G L W E C L C R W V L L
M R W N W U N B O O E K T R B I E L L
C K J R R R G I V O R Q U E L L C E I
Q E T E E E A R E D Y M R E E L U D N
S Y Q T Z M H D R P N W E C R R C G U
R E D S H O U L D E R E D H A W K U L
J H A A Y L J O W C J X L O H M O L E
Z C K E G Z F P J K L H F W R K O L I
O C J T G V X J Y E E J Q L N I Z C N
R T I V R W O V Y R H P M D B Z F S B
F E I J R L D P W O O D S T O R K B Q

## No. 46

D E T N I A P V Y J A I U R S Q U A
B A G Y S F V Q Z P A I F P B B O H
D E L L I B G N O R T S I G L F S D
J J O C M S P I D R Y N C A Q F Q C
C Y W R Y Z D Q J B Y D C T I W L E
A Q O E K C S N X C E K Y A W E E U
A N T S I M Y N H P C J U W G P O B
R P E C Q H R E I H S C D N L R B A
E U L E E X E R I W Q A V Y I E W N
I N R N O K T N P S E J J C Z G N D
X U A T E S N T U Q D L O R H E I E
T P C D J E U C X J E U M O G N C D
H P S V D Y C E T K H D E W U T C D
I P X A G N E W H O L L A N D E U E
V W H I T E E A R E D I M E D D D I
O S O H A V V E I G M F S D W P C P
Z Q X E W D E C A F E U L B K G W P
T E R M Z T S I N G I N G A C E I S

## No. 47

O I F G J R Q I B E D U O A X J A E
O S B F A Y W F O H E A A Z I N G N
D E C M L E V L U X S W F Q T N B E
E S G O Z L X P L O K D E E R W T O
T I O D A L W P D U T F A O Z A M H
N C O Y R O G C E J A T E U E I O G
O K R Z N W G H R M I Y E X K H O J
R L A B O B C O I N W F R U O E R N
F E N O T R R L G L M L A R A R L G
E W G R S E I A R T P W H H X E A S
T I E Q M A M K M V S V A O H R N T
I N S P R S S S V N I U P W L O D W
H G C N T T O E H Y R S C U I J H M
W E Q Y V E N I T R A C T R A C M Y
Y D T K R D G Z Y L S A F F F M D R
N W B D Q T R Z P S M T O B L B Y T
S O O T Y I U Q Y E L L O W K R O O
W Y C M F U J O K K A R O O I E M F

## No. 48

M S Y N V N U T T I N G S J U L G N
R W P A N A M A N I A N P Q A X G M
J A S A D H S M Y R A E V D F R X K
J I F H Y L Z H U O F P H Q E T P L
D N L K O V Y F T S H J I N V P W A
M S D C S R O U G H P C A C I G L S
O O C U P U T Q C I R D M H A L H A
B N L L S I E C L A A O H O E L W G
K S H J A K Y W R C T B A W Q D M R
Q H O F C Y Y B U E W A Z T Q P S A
O U I T U T Z C P K S Y N K E S T S
A V W N R B D K A D E T I P W D O A
P A L E E D G E D P R O E X J D L L
Y J G B M X M C S P P S T D N I I U
S L L V E M Z I U A X E E T U K D A
R Q S P C S S V B Z C D D U D Y Q K
P M S O O T Y C R O W N E D S B M U
C Q N A C I R O T R E U P D V M W W

## No. 49

G L C X M D A E J T O Z A C C P U D
R L A M K I S U B O S C I N E S B L
H U T S R A C M E B F C B R D Y D K
S F C V Q L H P S R O K C P U T X C
L C G Q E E Q A P O L H E U R N D X
O B O S E C P A A H I R G A I Y B J
S J O L S T S I F N C E O R Y R V B
C Y L T O S P L G H D B Y J G I I S
I H K U E R H T E B M S K B I M E O
N T S R X K E R Q O E Z T D R I P N
E L I B O N S D E A O H O W Y T Y G
U X U Y D K N J E X K E O N N A B B
N Y M O M G V Y W G K B L K O T J I
I N N T Y R A N N I G Y S C N O S R
A U F O U R T O E D R S M W S R U D
A L T R I C I A L W M H E G J S N J
Q R I U U A N I S O D A C T Y L Q P
E H A L L U X D A L S F J L P M N T

## No. 50

D F V U V J Q Y R A M I R P M E S J
S H F M T R U H T W F C N W F J E W
G O U D U L O D D A F D C C C B W T
M N Y M N S E C O N D A R Y A H D N
Q S I A E B P Z P T S Q Z L R Z Z A
W C S M M R P Z M Z B Q D Y P X A E
X W X S M A A P O I N T E D O S R L
D P T L N I P L H O Z C M Q M A U L
I H H Y C J W L C K M E T L E L J I
W A A W R P N S O L Y H A K T U D P
E L S S E L Z L N S K I L O A L E T
L A Q O S U H U M E R U S R C A T I
I N I A D N T M Z T O S Y Z A N T C
G X G R R G R T E K R U Y Z R G O A
A M P I H I R T M E C P L X P S L L
Q R D N E N S G L I D I N G U K S A
F Z I G M G C H Q C P W A U S E U S
C B Z Q A C N N I H R A D I U S W D

## No. 51

Z C W O O D L A R K S E L V T I X E N
I O O G C K B E Y M P N Y K W C U C S
T L T R E H Q R Q X O R F W Z R B O C
T L D E I U T Z A Y T T G A A I A R O
I A R Y P K V E Y L T X N S R M L S T
N R A H G K U N B E E K I S G P E I T
G E Z E A H O A N U D A W Q O E A C I
C D Z R M B B R E D N C X U L R R A S
I P U O N J V C O S U L A A D I I N H
S R B N A E D N P O T E W C E A C N C
T A Y X I N M O P Q C P N C N L W U R
I T E G R V O M K U R E A O O E A T O
C I N T E N N M H Y A Y I H R A R H S
O N O Q B C K O Q J C A M E I G B A S
L C H I I F J C J T K U E R O L L T B
A O L I V T T K P I E L H O L E E C I
J L V F G F G Y W D R J O N E X R H L
U E A U K S T A E R G S B C M O V O L
E H G N I L D E E R D E D R A E B M Z

## No. 52

P Z E S G K Y B O P H C R X E X Q I G
A H S G R D E I U X S O N A A X F O N
C O W O E H L U V R P M V T S Y L A W
I O E L A V L A J C E M A B T D E D E
F D X D T M O R L A N O K D E Q V X S
I E N E K R W L S N S N S N R C E S T
C D E N I Z H S U A B I B P N O N C E
P W G C S A E P N R O O T R Y V I U R
A A G O K M A H B Y W R M O E R N I N
R R O N A F D U I E U A E T L S G N T
R B L U D B E Y R C T Z A H L Y G E A
O L D R E R D B D F U L D O O W R A N
T E F E E Z I M A J J N O N W O O A A
L R I V W R N K S T A X W O R V S E G
E F N L D I V I I E T O L T O R B O E
T M C M T F X A T T I L A A B O E E R
Y Q H W W J S B Y Q J Y R R I V A R H
E Y X Y Q C R Y P I I V K Y N B K R M
B L A C K N A P E D O R I O L E E C E

## No. 53

K Y D Z N X U B F B N B X T T J C M Y
L R A W R B C A G F O C N B N Z K E G
E H U S E G Y L R X T A D B A L L D A
S Y D A T N M E Y K Z S A U R K B I H
S W O N D V Q A T E V P L Z O K L T S
E H U D E M T R S N X I M U M E A E N
R W I W L J Z I L T Y A A E R V C R A
C H N I L Z Q C E I S N T S O X K R E
R M S C I K V S N S S T I T C B H A N
E B G H B E A H D H R E A O Y U E N A
S I U T L Y F E E P Z R N R M Z A E R
T Z L E L U X A R L V N P M G Y D A R
E R L R U W R R B O U G E P Y Y E N E
D X T N G W N W I V W K L E P P D G T
T H H D A L V A L E P X I T N B G U I
E X F T K S O T L R W G C R M W U L D
R V E I A Y X E E L I Y A E E I L L E
N R Q M F A W R D P Y T N L Y Y L N M
S L E N D E R B I L L E D G U L L W A

## No. 54

F P S L C O C K A T O O A J D N H F
Y B E G V N N C H X L T E P V K M Z
T P I G E O N R A I L G R B K O M Y
Q I T F A L C O N L L U A V N I K D
X Z Q D U L P X Y M F D O V E A W S
D R I B C I P O R T D T R I G W K A
O B F S C T U K S V Q Y Y U K B C N
Z G A F R D U G J R E Y R P Z O R D
A X H N A A V M G R J J A I F K P G
U P X K N A D A P A T R G U L L D R
K D P Z E E N F B V R C D F U R D O
Y U U F F N O U F O N H E S A W R U
T P X A E S S I T P P B W L Z V Q S
V R V T D T C A R A C A R A E D O E
R Q D R A E S U N B I T T E R N F K
D D I R M I M W H U N F R N G C M H
L B D V J E S X F D K E C C C L P H
W D W A D E R R K R G P M N M S T D

## No. 55

M E G A L A P T E R Y X W F E B S J
E Z B S F H T L S U T U N I M T U R
R D E D O P A G E M E L B O N I A U
R R U T L U V O T S I E L P L T L Q
I G C E S O C S B K S T E W H A W L
A A X O A P V O M K A T O A A N E O
M F D X N X Y H B D E T V E A O L W
S E W S N V F G Z V N O W C S H E L
T Q M T B C E E E A G J D Z T I P A
E I U A G T B X I G L V Z O S E H N
R J L W Y I A G B W N J U Q E R A D
A V X B L H N L X I W I T S A A N K
T C S L K A Q G M Q L W W R G X T A
O V E G B E Q L F P M L Y L L H B G
R H Z U L J E R G F F C E M E S I U
N Y C W X E N I C I B I S D W S R B
S W F N E W Z E A L A N D M O A D B
C E D E M I H I R U N G Z Q B M F D

## No. 56

E V U A M K T J B F V S H K J H M Y
T L K I X X P U H O R C R O W N O G
O F P B R E A S T R D Z Q U B O A J
F P H S M Y N G W M U Y S W H F N F
W S O M U I L I C R E P U S N R L F
G G P W V L E O H L R B Q S O I R L
T R A I L I N G E D G E S L G W A A
S U R N C Y R J V W S X O H M A L S
C B A G G Y T V L P F C T X A T U H
D N B T U P L T E G N F B K L R C F
G S G I S T A C F I E Y W E A E I V
Z P N P Y I T V A A E D P X R V R H
H X I S L A Q M T E A N J C Z O U G
S U W C C Y P H F C I T I F E C A B
K L L L N N E N I L E Y E R D R K U
M M E L M R C S Z X G I R O E A K V
W S Q I S Q K H E Y E R I N G E V Z
E L I G H T A N D D A R K X M Y Y D

## No. 57

N D Q B F T M X L N D K L P P T T L
L R E D F O O T E D B O O B Y L V G
C B P Y A N A B S U B R I N Z W R A
H L E P B A S O S L N R F O O E K U
R U R C B Z C W E F R A W R A K T S
I E U A O C E Z R J S L E T B P M T
S F V P T A N Q F E V F F H R G A R
T O I E T B S L R G Y R N E O S S A
M O A G S O I Z I S I N M R W U K L
A T N A B O O U G G S Q H N N L E A
S E B N O B N W A B U Q L G B I D S
I D O N O Y N T T L Q X E A O F B I
S B O E B V E H E X W F R N O O O A
L O B T Y B Q M B W O F O N B R O N
A O Y G I R K Z I V D A P E Y M B J
N B M R W I W H R Z U P L T K E Y T
D Y D T C S U Q D H F Q D B Q S F P
V S O F M A G N I F I C E N T P I H

## No. 58

D A X Z G G N E F N D O F I S Z A S
L R R B C O W K W K N V S E V N M P
I D A A A D L I O M Q H R F P I E A
Z P V Z C L V D W O I P P K P L R R
A D V T Z A Z A E K E M G W K R I R
R S R E A U R J R N H U C K I E C O
D S I Y Q O B A T C E D W O O M A W
B N X U P R S E C W Q A X F Y X N H
U D R H Q P A P C D H X G K Q C K A
Z C Q T A G B E R S E X E L V M E W
Z K L A L J J I O E A T Y U E U S K
A C K E Z Z I G F Z Y S S R V N T C
R P F S N A I L K I T E Q E N N R B
D S E C R E T A R Y B I R D R E E Y
P E R E G R I N E F A L C O N C L T
R D L I F B H S Q N J J T L F G V W
P S U Z E T B A L D E A G L E G J Z
M P X A M M B A T E L E U R E W D X

## No. 59

O B C S P N K G U S C J P I Z O B S
H O F E J A U O U L Y C X E W P E Y
V U T G J N G O F J A L R L A X A E
P B K Q N O E S E P M A U I B H R K
R F I W A R N L E N W P P C A S D V
T E N E E D W E D R V P P E B E E Y
X Z G N K L I N T K Z E E M T G D E
H T I K A N N D Z B K T L O U B K L
Z C J U C A D E K L M F L G R B W L
T H I N H Y I R H S N A S Q K P E O
O O C S X A A B R Q M C A A E A K W
T M X G Z L N I W C O E L E Y L R H
B N W F P A T L D S X D P E I M B E
I F R J Z M S L L G R I F F O N L A
U T K Y X I S E U R W N L X N U A D
V Q B Q S H S D W S E L K Y P T C E
O L H O O D E D Q C U J Z D O H K D
Q X N A I T P Y G E T Z O Q K V C G

## No. 60

J Z B O O T E D E A G L E W L V E O
B O N E L L I S E A G L E S E N L Q
I M P E R I A L E A G L E E S Q G T
O T X X H G O L D E N E A G L E A W
U B J Q A H T R N F A F J S N A E A
U D V J W L N A Z I Q W T M X T D H
K J K V K P E J W Y V E Q H K L E L
K K R F E I Y B B N P Y H B A S T B
Y E E H A V B E A P Y T A S L A T E
J Q K N G Y I F E L S E O T Q O O R
D Z H C L M S E I Z D Q A X E X P G
W H I T E T A I L E D E A G L E S S
Q M L L G G S N A K E E A G L E N E
S T E L L E R S S E A E A G L E C A
A O M E S E A E A G L E G F L O N G
N G E X E K F Z R J O G W I O E P L
W O F B L K H A R P Y E A G L E L E
V K G S E R P E N T E A G L E H M Y

## No. 61

B L A C K B I L L E D M A G P I E L L
E S U O R G E G A S R E T A E R G W P
L A U D U B O N S W A R B L E R O Y I
O Y L E B U O C C V H Q T F R D E A L
G E R E G A N A T N R E T S E W V J B
G P W M L A Z U L I B U N T I N G B L
E N A T P R I C E T Z T T L I J F U A
R O A D R U N N E R U O T Q A M W R C
H J A Y L X B H U X P L B F S Q S C K
E E Y F E Y E U D S P T G Z E H Y S R
A M O U N T A I N B L U E B I R D D O
D C A L I F O R N I A Q U A I L G N S
S B T O X U E Q M T L N Q A Z T P A Y
H I H H W H W D K Z W U T M L H T L F
R X N P T N A C I L E P E T I H W S I
I M G R V T V V H L I I R S D N E I N
K G O L D E N E A G L E E L Z T K J C
E N X B U L L O C K S O R I O L E Q H
C A L I F O R N I A C O N D O R D B B

## No. 62

K Y W K Z F D O E C T Z T L O G S D
R E D F O O T E D B O O B Y K L T R
H A W A I I A N H A W K B C X L U I
H R Y O H D M Y P P K J B H F E F B
O M A R B L E D M U R R E L E T T G
N Y V A P Y R X A K K Y C X S H E N
E X M S L J I B I U K U L A N S D I
Y G Y P R B C G I A O I L P P Q P M
C Y D H T P A L Z H J K Y A C Y U M
R F W M I A N T O Z K I E P A R F U
E W G D V L D H R I Z W Z A R V F H
E T M K Z I I L I O M I S N D I I S
P Q P S K L P F U O S K T E I Y N U
E L P X J A P N Y N Z S A Y N J D O
R P O E T I E X A T J H O O A I Z F
F N A G I M R A T P K C O R L W R U
V A R I E D T H R U S H L Z Q P F R
B R T H A W A I I A M A K I H I M G

## No. 63

E D W W B L A C K R L U V X S P W O
G B P E B N P A L L I D P U S X M B
L X J H S R E U N I O N O X L O F A
J T J A R T Q K A H V E S S N P F B
Y L B U D A E A C N R P R T K R W B
D O U U E O Q R O E O T A M I E W W
C G J O I Y X R N T E G A C M B Y Z
L I N K P D T I T M U L A C W W R L
D M F Y P H C E J S A N N V S C S P
Y E R E E K D K L G M R L X W P Y A
E W Q R I R K A A A I N S B A F G P
B S N X A D F S R V N A F H M T M U
P V Q Q K V Y S W Y N C Y V P R V A
F P Q Q Q X H W V Z D M M W Q Q T N
X A L M D E G N I W G N O L P N L Q
T B R C U O L U R S G Z A I R Q Z U
H E N Z M S R Z L H C F E X Q W Q Z
Z Y E A S T E R N M A R S H T L I T

## No. 64

T N F X K H C A S K R J V T S L G B
U S W M W Y I I O O D Q C B C R A O
Q W O I I A R S A A U V Z S P U Q E
K Y P O P L O T S L U P P C Y C T R
O O Q K G L J Z Y I R K V U Z O R X
C Q K U O H L M V T U O K C I C D M
F O Y E U N O B K K U K X U C K J G
X C C S K Q G O X I U I H R S A Y H
V O Z A R O U K R T U O K I D D K O
W C X P D P K U O O M H Z G L O I O
O O N E P W L K R R O N Y U J O K G
W R F L D Q D K O I O G Y V B D I H
O I C D I Q J L D K Q N H A A L R O
W C F Z B L D Z D B W U G O W E I O
O O U P Q O G G J W H E K O O D K L
M G A G G A L A G O F R O P K O I E
I D F D T H Q J C A H S B H B O Z E
I H C I R I H C C I H C E E D I E E

## No. 65

S D E L I A T W O L L A W S D Y G F
S C I S S O R T A I L E D M O Q W K
D E T S U H C K U K X M S I U U M H
L E E U S S N A I L I H S S B H H Y
H Z R O V Q R M O R U N I S L W F L
T T E E P E U B B Q B V Y I E E N E
O Y E B D G F A C J W E N S T Y K T
D O W M E L O P R A P F J S O N H T
D O C U U U U Q K E W Y B I O I O E
F E G L C F S O Q E T F E P T M O R
X S R P U H T P H O K A E P H H K W
K Y Z Q B S H M A S Y X I I E A B I
W H I S T L I N G P K W N L D R I N
I M R B K X G P R E C C C A E B L G
A O E T N Y H T M A D A A A O D L E
Z G I N G D E G F R T X D L U N E D
I V F U J C D T K L H J J W B Z D F
K X A B L A C K E A R E D E E V J J

## No. 66

F G B L A C K G U I L L E M O T A O
L K G U C T E R G E K C A L B H A J
B S P A C I F I C L O O N I L S N P
L I L M E K C C C R O W Z P M A D U
A K D S K W R B M L X A Z O J N E M
C G M S D W H O R H Y U O G R A A B
K T W R H X A B T A S T J Z A W N R
W U I W C Z H H M S H N T M V S T E
O F C X K L O C K B K E K I E K Y L
O T Y Q P I E Z I C F C R K N C R L
D E U U M M T L Z Z A J A O J A A A
P D P F A F L O A C A L T L Y L N B
E D X N V E U G Z T F L B J B B T I
C U I N D S E E D F I N C H U D M R
K C H A T U F T E D P U F F I N I D
E K N B L A C K H E R O N M L H Z W
R I A J B N J C G K T W B J L M B M
S V B L A C K V U L T U R E H M V Y

## No. 67

| | | | | | | | | | | | | | | | | | |
|---|---|---|---|---|---|---|---|---|---|---|---|---|---|---|---|---|---|
| S | K | K | Z | E | C | Y | C | M | N | E | A | E | X | V | N | M | S |
| D | W | S | W | K | S | H | M | F | W | D | R | G | W | O | C | H | J |
| F | A | A | H | A | Z | E | S | N | F | H | N | I | R | D | A | K | B |
| M | H | V | I | I | H | A | N | Y | K | I | D | T | A | R | O | H | R |
| N | S | F | N | N | K | S | E | A | T | Z | H | U | P | C | H | W | O |
| I | R | E | D | R | S | R | O | N | P | E | M | S | L | A | A | H | A |
| K | E | H | K | S | H | O | A | G | R | A | H | V | R | P | S | I | D |
| K | P | T | A | W | P | H | N | N | D | I | J | R | E | C | C | T | W |
| Y | O | I | F | R | C | A | G | S | N | E | I | U | Z | N | Z | E | I |
| C | O | W | O | K | R | O | R | N | H | E | T | A | T | P | I | H | N |
| S | C | C | R | E | S | I | E | R | R | A | Q | S | R | X | M | A | G |
| D | O | A | C | H | K | D | S | H | O | G | W | L | E | Z | Z | W | E |
| G | D | A | A | U | H | M | A | S | B | W | J | K | K | R | F | K | D |
| J | S | W | T | A | J | W | H | Q | H | E | H | H | U | Y | C | L | H |
| Y | K | L | W | T | K | J | M | D | N | A | S | A | Q | T | Q | W | A |
| X | M | K | T | X | P | V | R | S | X | F | W | R | W | G | G | D | W |
| R | E | D | T | A | I | L | E | D | H | A | W | K | A | K | J | W | K |
| K | W | A | H | D | E | L | I | A | T | E | N | O | Z | X | B | J | G |

## No. 68

| | | | | | | | | | | | | | | | | | | |
|---|---|---|---|---|---|---|---|---|---|---|---|---|---|---|---|---|---|---|
| R | O | C | K | H | O | P | P | E | R | P | E | N | G | U | I | N | W | J |
| C | G | M | H | A | N | T | A | R | C | T | I | C | T | E | R | N | A | D |
| F | E | M | P | E | R | O | R | P | E | N | G | U | I | N | R | B | N | A |
| C | F | A | I | R | Y | P | R | I | O | N | S | H | U | X | R | A | D | D |
| S | O | U | T | H | E | R | N | F | U | L | M | A | R | O | C | U | E | E |
| G | O | P | I | N | T | A | I | L | N | T | S | P | A | G | H | K | R | L |
| A | H | J | A | P | Q | Z | D | I | O | Y | G | D | A | U | D | S | I | I |
| P | S | M | T | M | F | X | X | E | C | I | B | H | M | I | O | R | N | E |
| D | N | P | Y | V | G | Y | K | U | A | I | S | N | V | A | T | A | G | P |
| U | O | M | Z | C | R | I | G | N | L | C | S | I | S | L | A | L | A | E |
| S | W | E | B | S | A | M | T | L | I | D | N | L | L | P | R | O | L | N |
| K | P | Z | B | T | O | P | E | T | U | G | R | U | O | J | D | P | B | G |
| O | E | N | E | T | E | D | C | J | P | X | G | O | J | B | Q | H | A | U |
| J | T | V | J | T | P | R | S | E | Y | P | H | P | G | G | I | T | T | I |
| I | R | Q | R | R | A | S | T | F | L | A | P | A | R | R | X | U | R | N |
| W | E | E | I | T | P | R | F | E | Z | G | K | A | M | U | Q | O | O | O |
| B | L | O | N | K | E | D | K | G | Z | H | J | P | U | D | H | S | S | I |
| P | N | A | Q | L | T | K | Q | L | N | W | Y | E | S | S | D | D | S | O |
| L | S | N | O | W | Y | S | H | E | A | T | H | B | I | L | L | H | S | Q |

## No. 69

| | | | | | | | | | | | | | | | | | |
|---|---|---|---|---|---|---|---|---|---|---|---|---|---|---|---|---|---|
| P | V | S | R | S | C | K | Q | L | A | P | N | B | H | W | Z | G | S |
| H | N | N | O | P | L | I | S | O | T | E | V | R | A | R | P | L | R |
| R | Y | O | U | E | A | N | O | N | L | C | N | E | A | S | O | A | D |
| E | A | W | G | C | P | G | I | G | A | T | O | G | R | O | L | U | J |
| D | R | B | H | T | L | E | G | T | N | O | R | E | C | D | O | C | B |
| P | C | U | L | A | A | I | H | A | T | R | T | A | T | T | N | O | V |
| H | T | N | E | C | N | D | B | I | I | A | H | J | I | R | G | U | N |
| A | I | T | G | L | D | E | C | L | C | L | E | C | C | E | T | S | D |
| L | C | I | G | E | L | R | S | E | P | S | R | I | R | E | A | G | K |
| A | W | N | E | D | O | B | L | D | U | A | N | T | E | S | I | U | J |
| R | A | G | D | E | N | Y | T | J | F | N | F | I | D | P | L | L | T |
| O | R | C | H | I | G | M | N | A | F | D | U | S | P | A | E | L | W |
| P | B | C | A | D | S | J | D | E | I | P | L | A | O | R | D | G | Q |
| E | L | M | W | E | P | H | Y | G | N | I | M | R | L | R | D | G | T |
| E | E | P | K | R | U | J | Q | E | M | P | A | A | L | O | U | P | B |
| N | R | K | L | P | R | X | Z | R | T | E | R | P | F | W | C | S | T |
| J | J | S | N | O | W | Y | O | W | L | R | U | M | C | C | K | N | L |
| Z | R | E | D | T | H | R | O | A | T | E | D | L | O | O | N | P | L |

## No. 70

| | | | | | | | | | | | | | | | | | |
|---|---|---|---|---|---|---|---|---|---|---|---|---|---|---|---|---|---|
| J | J | U | Q | S | E | C | R | E | T | A | R | Y | O | C | M | F | F |
| E | J | O | U | N | D | E | K | B | E | J | Q | S | M | S | C | X | D |
| D | B | G | W | M | S | N | W | W | E | R | X | M | N | S | X | S | L |
| V | N | R | R | W | O | C | G | Y | X | T | O | A | L | V | Z | A | G |
| Q | A | B | G | O | O | N | P | H | Y | O | K | O | S | Y | S | V | O |
| M | T | T | Z | D | U | L | O | Z | B | E | E | E | S | A | T | A | Q |
| U | I | A | J | X | U | N | B | G | H | O | R | G | A | T | A | N | G |
| P | S | T | C | M | C | A | D | U | A | P | F | G | D | W | M | N | I |
| C | P | B | E | A | F | M | N | H | E | M | L | S | L | T | P | A | H |
| A | O | V | O | R | C | T | Y | N | U | O | O | O | K | E | E | N | C |
| Q | H | U | I | L | E | I | T | N | S | N | N | U | C | N | H | G | C |
| M | T | C | R | R | Z | A | A | H | R | G | T | Z | S | D | T | H | H |
| U | A | T | L | T | R | T | S | T | L | N | L | E | I | E | G | O | A |
| C | C | D | K | I | S | I | U | E | R | Z | Y | R | R | M | K | D | S |
| Q | R | S | U | J | O | H | G | X | M | E | C | O | A | I | F | U | E |
| V | D | S | L | V | U | S | I | M | O | Q | E | B | Q | C | Y | A | W |
| R | P | F | G | L | C | G | I | P | G | N | V | P | Q | E | Z | C | B |
| Q | Q | S | R | A | R | C | H | E | R | P | G | O | Z | Z | C | X | P |

## No. 71

| | | | | | | | | | | | | | | | | | |
|---|---|---|---|---|---|---|---|---|---|---|---|---|---|---|---|---|---|
| J | G | E | U | L | Y | O | P | E | N | W | A | T | E | R | W | I | E |
| P | U | P | I | S | C | I | V | O | R | O | U | S | T | K | O | R | K |
| J | A | R | O | M | J | R | M | M | G | X | P | R | E | W | R | N | C |
| D | W | N | E | T | V | M | E | I | P | V | E | B | E | A | L | H | O |
| M | F | M | D | V | N | A | M | C | G | E | S | I | P | H | D | Y | S |
| N | A | S | B | I | E | X | X | V | O | R | I | P | I | A | W | S | M |
| A | E | J | U | S | O | R | T | Z | M | V | A | J | R | E | I | P | O |
| B | V | S | L | B | I | N | S | F | X | R | E | T | W | S | D | I | P |
| U | L | N | T | Y | S | C | H | I | K | G | K | R | O | E | E | C | O |
| N | I | Y | G | P | X | P | Y | A | B | X | J | E | E | R | V | U | L |
| D | S | T | N | S | L | D | E | B | L | L | R | I | T | D | S | L | I |
| A | Q | G | L | N | M | A | I | C | F | I | E | L | B | B | Y | E | T |
| N | M | S | B | J | R | W | T | U | I | U | A | T | Y | F | H | S | A |
| T | B | T | N | Z | F | F | I | F | R | E | K | E | O | H | X | Y | N |
| D | B | Z | Q | I | W | T | X | X | O | N | S | A | T | E | B | W | K |
| U | R | Z | S | N | I | M | F | A | Y | R | A | X | X | U | K | E | T |
| K | H | H | P | P | Q | P | A | W | X | S | M | L | P | B | S | C | M |
| C | L | O | S | A | B | L | E | N | O | S | T | R | I | L | S | L | G |

## No. 72

| | | | | | | | | | | | | | | | | | |
|---|---|---|---|---|---|---|---|---|---|---|---|---|---|---|---|---|---|
| Y | P | B | A | R | B | A | R | Y | F | A | L | C | O | N | R | H | F |
| X | W | E | X | C | Z | B | L | R | V | O | T | F | F | V | N | U | E |
| D | L | L | R | Y | I | D | O | D | A | M | O | L | P | A | P | L | U |
| S | A | A | U | E | Z | N | C | B | C | P | V | R | H | V | R | E | R |
| P | N | G | G | O | G | F | P | R | J | R | D | W | W | B | A | R | A |
| O | N | G | N | R | O | R | E | A | V | E | F | Y | Y | A | I | T | S |
| T | E | A | I | F | E | K | I | M | Y | O | W | F | M | T | R | S | I |
| T | R | R | K | V | A | O | R | N | X | N | C | U | Z | F | I | E | A |
| E | F | F | Z | S | L | N | Z | K | E | F | R | M | N | A | E | K | N |
| D | A | A | W | R | M | K | E | G | N | F | R | P | D | L | F | N | H |
| K | L | L | K | P | B | S | S | K | A | U | A | U | O | C | A | A | O |
| E | C | C | Z | S | T | B | S | L | A | T | V | L | O | O | L | C | B |
| S | O | O | G | R | O | X | C | Q | G | P | S | U | C | N | C | I | B |
| T | N | N | E | F | X | O | N | I | P | S | Q | D | F | O | O | R | Y |
| R | V | L | T | N | N | D | C | S | D | J | Q | O | F | U | N | E | O |
| E | R | E | D | N | E | C | K | E | D | F | A | L | C | O | N | M | T |
| L | I | N | Z | P | N | O | C | L | A | F | Y | T | O | O | S | A | Y |
| C | F | K | A | G | N | D | D | M | E | R | L | I | N | D | P | Z | Y |

## No. 73

H X E E Q Z L L U D W I G S N W B T
A E F S A V I L E S P M E R H T M O
I H U Z R Y Q U Q Y S Q A I Z T A U
N O G G U W L H G R E A T M F J C N
U U N O L Y K A D G H E U R P R Q U
B B R A M I F Y X E B N H E C T U P
I A Q J I W N O J E N W G L V R E D
A R E O N L V S L C Z H I V E C E X
N A V P I N A L F W F T A D M T N Q
T H K D B S I R C E T J C M S Q S S
R P Y X I E J K T L F R F E S Q C P
X O Q G D E D O E S E D R C E K A I
Y J F C U F T R B S U C O M M G M L
Q N R P V Z A I T F F A V I D O M T
S T G G E J T E S F K Z S W Z F V B
R I W C N J D E U D E N H A M S I X
M R E J H Y O B W Z G A Q J O W A D
J S X N A I B A R A C W I N L J Q A

## No. 74

M I F J C F B I Z J F Q C K M I B H
P G W X E O P K O I X D H E U E K U
A E T H O N G A P A N G Y X F V H G
I R F T H U N D E R B I R D Z F F I
N Q W P T E K P H V L I H B H U E N
A W H U C E X G H W K H I F E D N N
T E H O K I O I M O D U Z Y N R G A
U A C J V V Z P B T E C L P N E H N
X Y A D N U R E B A D N A G I F U D
A W B X V N A M G A X T I H A P A M
G A R U D A K L K I T X Z X O T N U
H O L A W A K A I A N B I H D S G N
X Z G U F Y E K X C O Z X O T T E I
S R A D A R N A R M A M O V I E S N
Q Y I T S U M A D E U N W B B R H N
R Z O P W K R O C D S T T B J L X S
Y U H B D P I A S A E X J O P G W W
B A B X G N A C H T K R A P P Q E R

## No. 75

Y K S V L L I Z R C X A I G X A B Y
Y I N R E T A W A J U W H J K Y S Q
G N O H L M L V T P R Q Z O D Q K K
R G R P W S I Z K P A H G K D D Q C
F I I O W F F P C L U T R U W I L O
A I N I G R I V L U A A A X X A O A
Q V G V X K S J U M Z U X R P H L X
I R B S I K L P K B T S M P C S I K
R D M B B S R G G E E T E J L I C Q
W H D A D W I J P O C R A X I K A C
I Q E O N L B B O U F A P M I C L O
Z B T O W G Z O L S I L T R A A A V
T W T D H A R J G E L Y Q S M L Y E
S C O W G X U O L O W O C R X B A H
D E P F H V Y U V A T A T K B L N H
T J S Y K P X V S E L A A Y A C Z B
U D H N R E U N I O N K Y L G K N M
K W N L J W K R V S G H M R Q I V B

## No. 76

E X T D X O U D U P N C L B I V T N D
K B U C O L S J A C V I Y I I V D F N
I C O Z U J N P N G U A M D L P B V A
C T V G G Q S V E W A K G K A U V N L
K J Y Z F X F U Y C S D O R F L Q I S
Z U G X L O T E E L K H Y F G G T W I
I O S H I K C U E E X L B D K E M B E
S F A W G I X Q I D Z A E G I X I U L
W R K G H N W Y G R N T I D H D P G B
I D A F T A H X G D I L N K V B U Z I
N M L X L W C H E S T N U T Y D R T S
H I A E E A Z D S A Z B A R R E D Y S
O F V O S B A R E E Y E D O F F K E E
E X A U S U V K V O A N A I V O R L C
S H C R J C C S P A Y O H T S F V L C
Y G S U G N E L U K N B X G O A O O A
G O Q N G X X B L A C K M Z A R E W N
Y Q G T P S T P X D U A L A T W N I I
E A Q F Y C Z C B A R C F S W R M G I

## No. 77

W A R B L E R L W E A V E R A D O O
Y K J F V Y A A A X Q A X F A J C Y
B R U S H F I N C H M V J O C O B Q
B O E R T E T R A K A V B K P U P B
S P I D E R H U N T E R A N L A L L
G V U R V V K R T H R U S H R X R B
F V Z V E W U R X A J I B R T E L X
Z P M T Y D I I Q Z T W O T G U S O
K W T M Y D S B I N E T B A B G M N
Q S H B A R L T Q U B O N L P A T K
G J B I I V A Z A I J A U N T A R T
H Z A P T B F N L R T B K T U L B N
T F R H F E A L T K T L E K W U J M
S E W K X Y E U W P J V G V I B Y W
D Z I Z I L A Y R W L F Y J V D P E
W Z N J C C A C E U T C D H I V S Z
O T G K M N N O F M O N A R C H U P
P Y E X F L O W E R P E C K E R I T

## No. 78

N E C B B N U D E Y E E T I H W X V
G G U Z W W T M A J R I K L J R E Y
L B L A C K B I L L E D X A E P V N
A Y Y R Q K L Z E M J L O X K W X G
U Q V P P V C C P G N A B I Q I K P
C G X F W B Z L P Q I V O R Y P L C
O D O L P H I N K P N A J S U G J N
U D D E D E D A E H K C A L B M A G
S G R I N G B I L L E D J K P I A F
W K J J D U B S K U V I B J N F Z X
I C E L A N D O S E O F B E S P O D
N P N A K Q X Y G N R Y M N D R S J
G D L C U Z D A H D P R O L E L T R
E Y J E K F Z W F Q A F L L Z J J U
D M O H K B K J Q W W U I D U B D B
V I P D T P O P A E E C E J L R S D
G X Z S O O T Y B L T I V J Y G W D
F M T S B X P V L A U G H I N G G Z

## No. 79

A I D Y H B R G F Q K K N T S B U R
N L E O N K H A X I M R A V M A O T
D E L G V I I F W V R O C T S S B A
E R U S R N N I M W T T U B E L L M
A T O W W G O H X H E S O A P S A E
N E T O S V C L R I Z D T P R H C R
C P H R C U E E D T H E D E E O K I
O M A D B L R G L E S L E U D E S C
N R O B L T O Y R P C L L I C B K A
D O Y I A U S P O E F I L O R I I N
O T Z L Z R R O Q L L B I A O L M A
R S X L Z E N J N I A E B H S L M V
L T R E K B K R S C M L L I S S E O
D N E D I N Y H W A I D E A B T R C
J A A L N U C F R N N D E Y I O T E
I I L O T X J S C N G A K Z L R B T
K G S Z M D Z I S A O S M C L K D V
C O L L A R E D A R A C A R I Q Z K

## No. 80

M R P R W O B T A T H H F Z I N L K
B H I Q U S K E G E E K G M J A E T
B I G N L Q O L R L U A C A E E A H
L N E A J A H E E K A P Z R L H N I
A O O C F T F R A U D R K B J O C C
C C N I I L L R T A Q Y I L O R I K
K E G L S A T U A T X L L E M N E B
G R U E B N X M U E L H E D S E N I
U O I P G T D S K E I R A M P D T L
I S L E R I F Z D K T A S U E P M L
L A L T W C X T J A T Z T R C U U E
L U E I Y P O I K R L O A R T F R D
E K M H K U F L G A E R U E A F R M
M L O W C F T T D P A B K L C I E U
O E T A N F X T F Y U I L E L N L R
T T N Z B I P I T H K L E T E B E R
L B L V N N G K Z A I L T M D J T E
W H I S K E R E D A U K L E T F D H

## No. 81

B U R C H E L L S U K C A M T O Y M
X K J S U R H F X H D H Q W R J E A
Y H T I B E T A N B X E Z P F H L D
C K M X X Z S O N A E S X I O B L A
C I L I B G S H Q Q R T F N U L O G
D D X I I S F B R B R N P T R A W A
E O C H C L C E U P Q U A A B C T S
I U R G H H D W D F F T L I A K H C
L B O U M I T D R P R B L L N F R A
L L W X R P S E K L Q E A E D A O R
E E N U E S A H N S E L S D E C A A
B B E O X J P I L S Z L S V D E T X
K A D J D E F O N N T I Y K Z D E V
C N C C S W O R T T Q E B J S L D W
A D F E Q T D N Z T E D I Q J D V T
L E N A M A Q U A X E D R N L H V X
B D P H A H C E W R V D T D S M E N
X Y E G F D T Z K P H R F N P S R B

## No. 82

Z J W M A N Y C O L O R E D U B W U
P X E E S Z A N A Q E H A U S R B T
I G T B G R C A S T T F W B U G E B
N P A W R N C J G L O I L Z L N A P
K K N H H D A E X A T L V W A D U O
S K R I G Z R R J E H I L D H T T R
P N O S X A U A O V Z W M U N V I V
O Z W T D E N W O R C C A L I L F V
T M Y L P A C M P Z D H W A E K U V
T A M I L L U S R E V E D B R B L R
E K X N S I L B A N D E D N B D W M
D A Z G M T A Q O M D D N E C F V S
C T V G W L T R E O G W Z L I T M U
H E R M X X E L T F P D K C L T O P
E A A N O W D F A H V M E P R Z O E
M O E R M P G R E J F N O R I C S R
L U X X P G E E L V I N K W A G A B
Y M Y D W I J A M B U X X Q S O F K

## No. 83

G C K K W V R M W E X Z J R J D H W
K U I C O R O E T M C C Z E V H S Y
I V T A O I S Y J S M A L Y O R R B
N R L B D N Y S J S D W N O H O U K
G U N S D G B T X Q W O D X R F O M
E D C A U E I E K D Z E Y Q F Y I H
I D Q V C D L L K U D K B L P K N A
D Y V N K T L L R M A W E U F Z D R
E D V A U E U E E J A H F S G M I L
R U Q C C A L R N D E P C H E A A E
E C N S A L G S T A X P H O Z L N Q
W K X H X A P E D R Q F W V G L R U
U L Y M N I R I N J C U K E G A U I
T U H S O M R D H R J J X L W R N N
W F E Z N A D E Q I D D M E L D N F
U R L E R N C R W E M S J R G O E R
S U R F S C O T E R D F H R P H R L
A M E R I C A N W I G E O N W W R T

## No. 84

X S M Z D E J A V Q U P D Z F E F L T
J K A K A P O N U C Z S C A E M U U A
K P G J Q L A E T L L E B P M A C Q S
D E E R K T Y T V S L A L I V E C K M
S N K I I J E Y R H E A O H R M V H A
U G O U W K B Q G T T G R U V Z E E N
Y U G K I U E W N Y I L D G E B G N I
C I S D A J R N G A T H H G I G J D A
A N T K R M G J N W F G O I O E M E N
S V E K S T A T D F S O W L S B A R N
S W A V M T C V K Y P H E N T P N S A
O G M O A O A X L K S O W R R L R O T
W E E N O V C I C I L R O E I S O N I
A R R T M U I N C Q L Y O M C O M C V
R V D T E C T K B B W W D D H R X R E
Y W U A N H I K G M H F H L D Q V A H
Q X C G R L T V L H R O E H L H B K E
O B K T N A R O M R O C N B A S P E N
Y Z A D L I L N Q D K P R S C G H P U

## No. 85

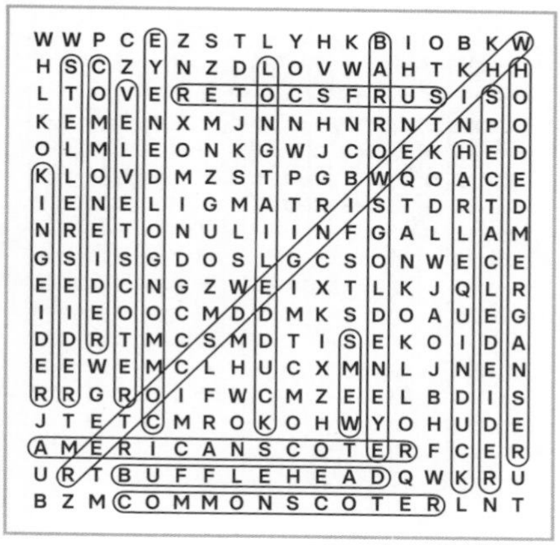

## No. 86

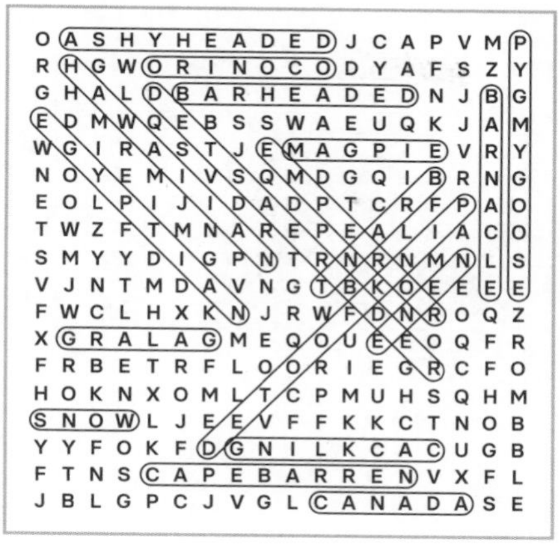

## No. 87

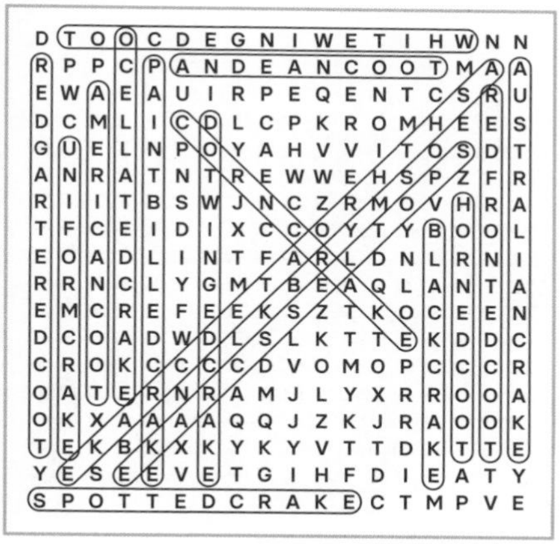

## No. 88

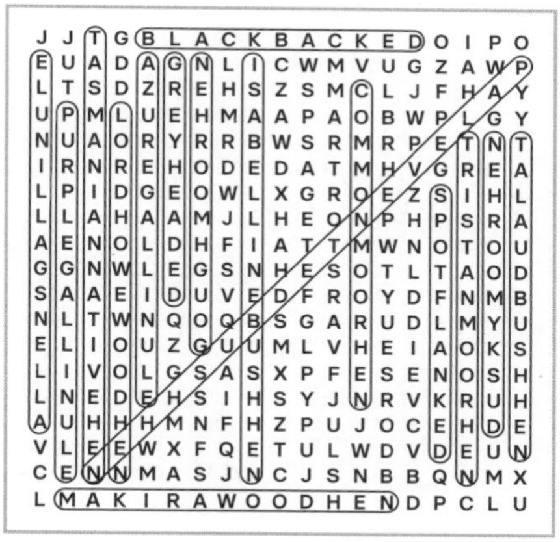

## No. 89

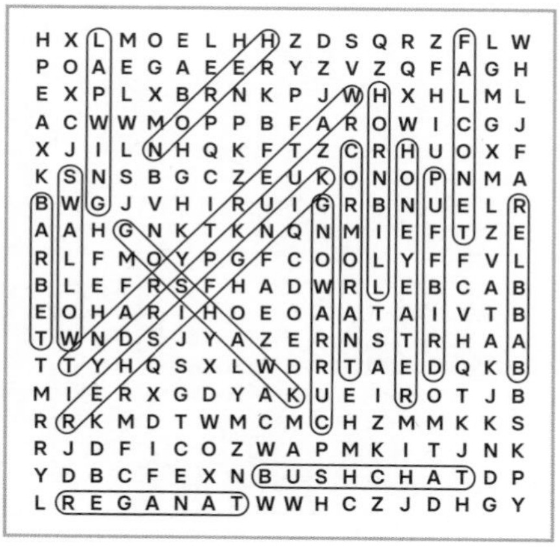

## No. 90

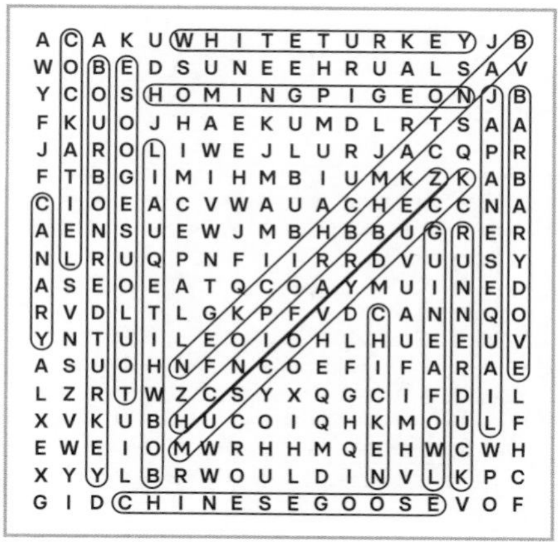

## No. 91

T S H O E B I L L A P Y V V P W T V
A G Z I S A C R E D I B I S U W R N
C J L T T I H S I N J F T Y Z X I V
T H W I S C A R L E T I B I S I C L
E I E T T E R G E E L T T A C D O S
R W J Z B T G L J W G N O H J J L H
G H G D Q G L C G V I Q O U P O O G
E I G X V X E E R R A H R O P H R R
H T F A P Q B T B C Q I H V S A E E
S E Z W U A I W C I G N D W A R D A
I P M N Y N O R E H T H G I N X H T
D E U R A S I A N B I T T E R N E E
D L B L U E H E R O N K E A V D R G
E I S I B I A D A D A H V R V O O R
R C U F M H B P H X B D Z Z N E N E
J A U Y V P O K R E M M A H E E Q T
P N U S P O O N B I L L T P G W B N
S B R O W N P E L I C A N A T Q J Z

## No. 92

P I R I F H W A I T X L N H X I L A
A V E N U H S T A N J S Q Z C U M J
I A T D X L G A J O R X R O A A H P
N R A I C P R H O R E N M R Z S S Y
T I E G Z X O C B T G N M O I E U R
E E D O G A S D Q H A V N O N E M R
D D E B L L B E O E N I Y L D D M H
B B E U A G E T B R A R O I I E E U
U U S N U T A A H N T M T V G A R L
N N S T C J K O G C T X B E O T T O
T T S I O V X R M A N W R T B E A X
I I I N U V O H E R A W Q A U R N I
N N N G S S P T O D Y R K N N M A A
G G A N B B U Y P I T C V A T Q G X
Z Z B E L B I E E N O H T G I O E A
P Z A Z U L R R A A O Q S E N X R P
I K C I E S Y G I L S W R R G S W N
R E D B R E A S T E D C H A T S V Y

## No. 93

C O H E P A T I C T A N A G E R P T R
R R I K J V Q D J K X V B A T O F Q O
O S E E D E A T E R O E L R R C L I S
S O W S G O Q Y V Z P R B E E H A Y E
E L G W T D Z B G U I M L G D R Z E B
B Q U T Y E A N A L O I S A A E U L E
R C L Y B R D E Y P X L V N N B L L L
E P T M K B J A K H D I P A D R I O L
A Z R F M D X X N I T O D T B E B W I
S P A I F X D T C T M N Q T L A U G E
T B M U E C D K F Z T C G E A S N R D
E D A G E Z C Q W A X A C L C T T O B
D K R U X I K P L M G R N R K E I S U
C Q I Q S C I A F T T D Q A Q D N B N
H R N S A O E R C E M I U C G X G E T
A G E N K U Y N K B E N N S X E B A I
T L E M O N S P E C T A C L E D R K N
B L U E B U N T I N G L Q D V Y M E G
R E T A E D E E S L A Z I R R A C D C

## No. 94

A P X X T R Y O R X F A M U L P E S
F J J F E Z A X A L C X G G X V E W
E P N K Z D B D Z B F L C U R D T B
U E Z M R B A A L J O S U H G R Y A
K R P J L W A C O N X A P B X V Z P
L R Z M J N W O G D H P F F Z Q I L
X I D Y A S U V D S I E G Z X H Q U
L K H P G R U B C R I Y F C U Q A M
C H O I N U F K U M W M F L Z M B O
B D N L G P F L I Y H H U O K M Y I
U B R E T B G K A U J H O I U B U E
L A N J O L E W L U U S T B C B U Z
U U C Z Z U R F I L R Y B J N P A W
K H T Y W M L H U L Y E E Y I D P A
A Y B F M A M W C S B D D U Z G E P
R E K I M S O E N B C K M E J P R E
T W O E V O D L L C R A C X F R O Z
C M T F P P L U M E G S W E Z R M N

## No. 95

C M I B R O W N H E A D E D P M X X
Q R E G A W S I B E R I A N K J E O
O F S U W C N R Q C H I N E S E R M
N K F H J K E K J Y E V D W X W B G
V Y A X P G F L D B F B V N G R D I
K E V S Z P R Z E V A L S K I S P A
G C L W H B N K X A W H X H L L F N
O O Q V E M E N L Z Y J A W D T B T
C R P Y E N I A T A G X Y M C D U O
J S Q B C T C R U J R X E O A G H H
Y I S I U I F F M T C X U T O F K Y
U C O L D R Y R E D I U L H H H Q R
N A L R I M M X O C I F B B U S Q R
N N J O G Z B E J N Y E U I M G K E
A I N Y T N U W S R T C O L N V A M
N Z P K Y C Z M Y E N E M J L M S D
J K R U P E R S K V Q C D L A O P E
X X C L J Q E T E U R A S I A N P W

## No. 96

R V S A N D H I L L C R A N E S P V
T E E R E D K N O T J E C S O A E A
F F L G R E A T S N I P E O A D C R
I J P B Z S H I C V S A T X I E T E
W W D N R D E T D H Q Y Y S M L O T
S U W P W A Y S E D S Z C G Q I R A
N Z E J I N W A A H H A T N P E A E
O R X G N E R L E N N Y O I P P L T
M K E E I W D A L A Z Q O L F E S A
M J G T A F R W D O W L W R Q N A E
O J O T C W Z A H O P K L A Z G N H
C F E N A I G C P E J K C T T U D W
Q R D T E O T T E B A M C S N I P A
N F E X O Y X C L W H T U A I N I Q
K R L S F R G D R K P J E V L Y P S
J D E A M S E L C A T S M A O B E D
B A R H E A D E D G O O S E R A R O
A B A R T A I L E D G O D W I T Y I

## No. 97

| | | | | | | | | | | | | | | | | | |
|---|---|---|---|---|---|---|---|---|---|---|---|---|---|---|---|---|---|
| Y | F | I | G | M | K | P | I | L | A | L | X | A | H | X | R | J | O |
| Y | A | W | X | Y | G | C | A | N | T | B | I | R | D | W | V | G | R |
| F | D | S | I | V | O | G | N | A | T | P | I | T | T | A | A | L | C |
| T | Y | R | A | N | T | F | L | Y | C | A | T | C | H | E | R | R | Y |
| P | G | I | O | G | S | P | S | T | M | S | B | Y | D | M | E | N | I |
| X | R | C | Y | R | D | C | E | T | I | T | Y | R | A | S | R | U | R |
| O | V | E | N | B | I | R | D | L | L | O | R | X | C | T | E | M | A |
| W | O | O | D | C | R | E | E | P | E | R | F | E | Z | V | A | L | G |
| M | N | D | A | T | N | H | O | W | Q | A | N | U | L | N | I | N | E |
| L | A | N | H | Z | G | O | X | O | N | T | B | L | A | Y | A | C | L |
| S | A | P | A | Y | O | A | F | T | C | A | I | K | O | T | O | S | L |
| E | V | N | M | A | L | Z | T | H | G | B | I | G | E | T | H | U | B |
| P | K | B | K | W | T | H | E | E | D | N | A | A | I | G | W | Y | X |
| I | K | B | D | A | R | S | M | A | S | S | T | N | T | E | L | H | X |
| T | P | K | M | U | T | K | O | S | I | E | G | P | W | A | P | M | G |
| T | E | U | S | R | T | R | P | T | R | A | M | I | T | Z | E | T | N |
| A | N | H | E | G | B | V | Y | T | A | P | A | C | U | L | O | D | C |
| W | Z | B | S | F | Y | P | E | Z | N | V | D | P | X | J | C | X | Y |

## No. 98

| | | | | | | | | | | | | | | | | | |
|---|---|---|---|---|---|---|---|---|---|---|---|---|---|---|---|---|---|
| O | M | E | N | H | P | F | R | G | O | F | B | N | Y | R | A | T | Q |
| B | E | S | C | R | U | B | B | I | R | D | S | W | E | O | U | L | W |
| U | T | R | W | E | I | W | K | Z | A | O | U | L | M | F | Y | R | F |
| S | E | K | D | H | X | H | N | R | J | G | B | X | Y | K | A | E | B |
| W | T | R | H | P | I | U | X | P | S | B | W | A | S | Q | G | L | O |
| P | K | A | S | P | R | T | O | K | A | Q | U | J | T | R | C | L | W |
| D | S | V | R | Y | E | F | E | B | P | W | O | R | S | E | U | I | E |
| N | H | I | Q | L | C | D | L | H | Q | N | E | F | W | N | C | R | R |
| M | O | L | T | X | I | E | P | Q | E | E | U | X | A | N | K | T | B |
| I | N | Y | B | T | W | N | P | B | C | A | X | N | L | U | O | M | I |
| K | E | R | D | E | E | X | G | R | L | R | D | N | L | R | O | A | R |
| D | Y | E | J | G | R | L | E | F | W | V | M | Q | O | G | S | R | D |
| K | E | B | L | O | P | E | L | W | R | E | N | V | W | O | H | T | S |
| Z | A | I | O | B | P | F | N | A | A | Q | X | K | Y | L | R | I | X |
| T | T | R | V | E | F | N | R | N | T | I | I | Q | Z | A | I | N | Q |
| L | E | D | R | J | S | N | E | R | W | Y | R | I | A | F | K | D | J |
| P | R | S | M | Q | W | A | X | W | I | N | G | Q | U | U | E | D | Q |
| W | O | F | P | S | E | U | D | O | B | A | B | B | L | E | R | V | O |

## No. 99

| | | | | | | | | | | | | | | | | | |
|---|---|---|---|---|---|---|---|---|---|---|---|---|---|---|---|---|---|
| Z | O | I | E | M | L | D | U | F | M | F | C | A | C | E | D | C | T |
| G | Q | Z | B | M | S | U | N | B | I | R | D | X | X | B | A | K | V |
| H | Y | A | V | H | D | L | D | E | R | J | L | H | H | F | O | B | I |
| F | L | O | W | E | R | P | E | C | K | E | R | B | Y | L | W | V | R |
| I | A | T | S | Z | S | N | D | X | M | Z | A | W | L | A | E | Y | E |
| F | A | I | R | Y | B | L | U | E | B | I | R | D | I | R | A | F | H |
| A | C | A | R | D | I | N | A | L | F | N | R | Q | A | K | V | I | C |
| R | E | H | E | W | J | B | K | T | N | U | E | M | A | R | E | N | T |
| E | E | A | P | U | M | U | E | H | M | T | G | Q | J | I | R | C | A |
| P | D | O | Z | B | L | L | Y | T | P | H | A | X | L | Y | K | H | C |
| P | A | K | X | H | G | B | K | Y | W | A | N | V | B | K | W | C | T |
| I | K | G | R | N | S | U | K | T | P | T | A | A | Q | Q | E | N | A |
| D | C | V | I | C | Z | L | I | Z | C | C | T | D | Q | N | D | P | N |
| W | I | K | H | I | A | E | J | N | K | H | I | B | F | N | E | D | G |
| Z | H | P | Z | Y | Z | R | E | K | C | E | P | X | O | T | J | R | V |
| W | C | J | U | V | B | D | R | O | N | G | O | M | Y | T | A | Q | E |
| L | U | L | I | K | S | M | B | U | N | T | I | N | G | U | K | D | I |
| S | P | A | F | B | N | D | J | R | U | R | M | W | X | K | M | R | I |

## No. 100

| | | | | | | | | | | | | | | | | | |
|---|---|---|---|---|---|---|---|---|---|---|---|---|---|---|---|---|---|
| F | K | M | T | P | A | C | U | C | K | O | O | Y | R | A | D | B | G |
| G | N | I | T | S | E | R | I | E | M | A | Z | B | H | O | E | S | E |
| K | X | B | N | R | W | W | R | X | W | W | S | U | Z | L | I | T | Y |
| M | M | Q | A | G | A | I | D | B | U | L | M | R | H | Y | T | D | E |
| G | O | Z | R | O | F | C | F | F | J | M | Z | M | K | G | P | G | A |
| T | U | P | S | E | W | I | Y | T | I | R | I | E | X | N | A | Q | H |
| R | S | M | O | S | L | X | S | N | W | J | Y | S | B | I | S | V | O |
| S | E | R | S | H | I | L | G | H | N | Q | T | I | Q | G | S | P | O |
| E | B | T | E | R | O | B | O | S | E | R | L | T | A | H | E | O | P |
| D | I | R | M | K | I | R | M | R | C | R | U | E | H | T | R | J | O |
| F | R | O | T | R | C | H | N | H | O | Z | M | J | N | J | I | D | E |
| B | D | G | D | T | Y | E | O | B | E | O | K | R | S | A | N | B | R |
| G | E | O | H | H | U | A | P | X | I | O | K | G | L | R | E | B | F |
| Z | R | N | K | F | T | R | A | D | V | L | W | C | K | S | I | O | J |
| Y | Q | C | K | Z | P | L | A | B | O | S | L | L | U | U | Y | V | R |
| O | E | R | I | C | F | F | G | C | E | O | Q | P | Y | C | Z | B | W |
| T | G | N | I | R | L | C | Z | A | O | W | W | S | J | N | T | A | U |
| G | G | Y | K | Q | M | W | A | C | D | N | A | C | U | O | T | S | Y |

## No. 101

| | | | | | | | | | | | | | | | | | |
|---|---|---|---|---|---|---|---|---|---|---|---|---|---|---|---|---|---|
| Z | F | R | O | V | I | O | L | E | T | T | U | R | A | C | O | I | O |
| P | I | O | C | A | Z | A | X | L | L | Z | M | Q | L | D | C | C | S |
| U | S | S | A | E | K | Q | S | E | I | R | B | I | N | A | A | Y | M |
| R | C | S | R | R | N | Z | I | J | V | O | I | M | S | R | R | S | P |
| P | H | S | U | L | Y | J | L | C | I | B | D | K | U | Y | U | C | L |
| L | E | T | T | L | S | P | O | Q | N | A | T | T | E | G | T | H | A |
| E | R | U | A | Z | N | U | P | Q | G | R | D | H | Q | O | E | A | N |
| C | S | R | E | V | A | G | S | T | S | E | A | X | Z | A | U | L | T |
| R | T | A | N | I | T | S | U | U | T | F | R | E | H | W | L | O | A |
| E | U | C | I | V | U | J | R | S | O | A | Q | H | I | A | B | W | I |
| S | R | O | U | K | R | B | E | Q | N | C | K | P | H | Y | T | S | N |
| T | A | U | G | Z | A | R | C | X | E | E | B | K | P | B | A | T | E |
| E | C | F | V | J | C | C | N | R | S | D | S | Q | P | I | E | U | A |
| D | O | Z | P | D | O | W | I | H | Q | O | V | K | R | R | R | R | T |
| K | S | H | E | D | E | T | R | X | P | K | Q | Q | S | D | G | A | E |
| O | P | R | W | U | N | F | P | G | P | I | K | N | C | Z | U | C | R |
| P | H | A | R | T | L | A | U | B | S | T | U | R | A | C | O | O | D |
| R | W | E | N | Z | O | R | I | T | U | R | A | C | O | X | K | B | C |

## No. 102

| | | | | | | | | | | | | | | | | | |
|---|---|---|---|---|---|---|---|---|---|---|---|---|---|---|---|---|---|
| H | A | O | B | O | W | E | R | B | I | R | D | T | L | X | I | Y | J |
| E | X | W | M | S | D | W | T | A | R | Y | C | L | Q | E | P | F | H |
| S | I | L | W | B | G | J | N | C | P | O | K | N | C | C | E | P | Y |
| O | O | F | I | N | F | O | O | T | E | A | V | C | U | H | F | T | S |
| L | E | A | F | B | I | R | D | Z | Q | V | L | K | G | F | T | O | O |
| G | N | A | T | C | A | T | C | H | E | R | L | I | N | D | F | R | O |
| B | O | M | M | L | K | E | C | J | R | S | B | W | S | O | R | R | G |
| C | A | I | P | A | P | U | G | B | J | G | A | I | S | T | U | A | M |
| V | V | N | J | T | C | B | R | O | T | A | T | L | A | S | I | P | W |
| M | V | O | T | R | E | V | Y | R | W | F | T | S | H | S | T | G | V |
| V | E | Z | D | P | T | E | Q | Q | Q | Y | L | O | W | H | E | N | A |
| F | J | S | U | T | I | R | K | T | I | I | V | V | E | B | A | I | O |
| E | G | R | C | W | W | T | O | A | U | J | V | M | A | O | T | N | E |
| J | X | H | K | V | B | J | T | G | R | R | Q | X | V | O | E | I | B |
| F | C | Y | A | Y | O | J | K | A | O | A | T | I | E | B | R | H | M |
| M | R | C | O | J | F | N | N | W | A | N | P | A | R | Y | T | S | P |
| K | Q | L | O | Q | B | N | E | K | R | H | E | Z | Y | K | Y | Z | P |
| K | U | Y | J | E | N | U | S | D | R | I | B | T | N | A | C | F | Y |

## No. 103

D U R O D O R O U S X P B K Z N W J
P N J P F P Q W M W A T U P O X E M
G I S I O N H Q T A D A T I M T I B
L Q A S T G W X J L Y A T M U A Y W
M U U T D C K N L C U A O O D O I D
A E E H N K X X N G T L A Q R Y J R
N G G O T N E F R N D A L M I B S I
G U E C P B A A E I A A F O B V F B
R Y B O J O Y M S W F P G H K X O E
O A M M Y N R Z Y B R G V A N I L L
V N G U L E C Y O L T R E W I N I I
E A F S F P C E P U N S Z K T M V T
S H Z C K L Q B S Z E C Q G S C O P
T S E R O F N I A R N O Z A M A R E
Y K C A N J E P H E A S A N T L E R
Q E A E H O A T Z I N Y Y N O H R B
S H U S K U N K B I R D D V R O A H
A G N I T S A T D A B E V A Z Z F P

## No. 104

X C K T N U A R E D H M I R O Y Q B
Y H P A L L I D C V W G Y T L D K E
C B L A C K E A R E D A H Y Q O V C
V O T E H C M V D I W F R W A O Z H
T I M W S P Q A A B O Y E F R K Y B
S R O M V S Q S D J Z L X G E E S J
U H Y L O E E F P A L R N I Z V Q F
N T I R E N L R P W G A I P Y L U X
D N K M M T N X A V M A L B A U I Y
A A P E A R L Y B R E A S T E D R T
B I D P P L I H G M I B V C Z N R Y
Z Y K M W P A L C N W L J W A K E F
U X D P R Y Y Y T Z H I I Z I R L R
S K C P J F C I A Y E M E M K K B F
G B R U S H V M Z N L S I U J O F F
N H E H B E A E F Q L P U L S S U X
O G Z I I V V D I E D E R I K J Y C
L S U L A W E S I R O T N A R K U D

## No. 105

R E C O S T A R I C A N D X L B W L
G A N D E A N C Z N A E S V H H L X
R F Q A M E H I A L N Y V K S K W G
E X V J Y Q H M P N T Y D D P G Q O
A Q O H W L L I I O S Y N Y O S S I
T R M F V P N H O U W X T M T C I X
D G A O L E C S K V A K H S F A F R
U U D P T E H Z U B L R P C R R A Z
S T N A T T Z T P K L L M H O C L D
K Z G I R V L N V E O Y F I N E Q R
Y P H D O K K E T S W W X M T S G H
T W I B P J R A D U T V I N E Y I S
K T X J V S R U O O A S X E D R L J
A U P J K K B W M H I W N Y Z C T R
W Q F C W P G A F P L Z M X W M F F
Y S I P A C I F I C E J C H V O L T
R S Y C X C E T J Y D D T T T R V D
P A S I A N P A L M Z C P G D X O B

## No. 106

N G A N N E T G T E F Q S Q Y Z Q M
W B D T E R N X B Y U G V P J D Y Z
G W Z S S G U L L E L L C B I U P I
I A A N H K L L X T M T C V R T V B
S H A L G E U L F F A X I T E R O D
X P J B B H A A H C R N I X M O S Q
R E S C Z A O R P J G L U J M P D I
H L H A K F T R W P B D F T I I R Z
B I F S A A I R E A D M K N K C I R
L C W B O O N T O Q T Q E A S B B F
N A M A N G R R M S O E D R Q I E R
R N A M N E R T Y Z S P R O V R T I
I V N U L S D G W I I K Z M Y D A W
D D H Q K B O O B Y D V F R X T G L
G A D F L Y H B S P K G P O X W I C
E O S T O R M P E T R E L C L A R R
L B D K J B G Q S I S T B I D C F F
Z N L Z D Y R E P P N X M R D J A P

## No. 107

Z I B U A B G S H Q W F U E O R H Y
R G K V T V H V O L C A N O X P Q P
R I E U N I F O R M B V L J X L J J
I A D S X W K P L U M E T O E D Y J
S N D G D S S E P R W X D E Q Q P G
Z T X G E C P Y G M Y C R I B G N V
C H R I S T M A S I S L A N D M Z O
D Z Q A B S O W X B Q V P W O X S B
P M G B O T E P T Y A J L U Z D U D
V Z V Z R X X S J P A I N E O G L O
B Q R M N X B V Y V Z T N J P U A Q
D X Y F E T E N G G A R A Q U U W P
Q P X Z A Q J J T I V B N S X X E I
X Z T A N X Q A N W G T G Z N Y S Y
N Q M O S S Y N E S T I Q N M T I A
I T P S E D I B L E N E S T C C M J
G R E Y R U M P E D G L O S S Y Z F
S K Z O T V E R E I D R A B C W Z V

## No. 108

G M A L A B A R T R O G O N S B R Q L
B T D E L I A T E C I T T A L M E L X
C I T R E O L I N E T R O G O N S Q M
P O P C W X Z M P T K X T R D C P G E
C M R A H H X X Y R G Z K E E U L A L
R E A A V O F Q G D F W J F D B E R E
E A J S N O C I K W Q D L R A A N T G
S R D O K G N O R X S S T X E N D E A
T E E F F E E I T M I R C C H T E R N
E D R M J O D B N R P J V V N R N E T
D Q O X A T R T R E O J E R E O T D T
Q U L I Y J D K R E Q G S M D G Q T R
U E T H L Q O H E O A U O M L O U R O
E T B B K F F Y J O G S E N O N E O G
T Z K O E H P K T L I O T T G N T G O
Z A R Q A J V D T H N Z N E Z G Z O N
A L T M I E S A N J L J J Q D A A N Q
L Z C I N N A M O N R U M P E D L D X
I X R E D H E A D E D T R O G O N Z S

## No. 109

```
S A K K X Q L W D M Y L D H Q J P L
V Z U D R B L A C K C A P P E D U I
O C L H L I T T L E H F V C Y D N H
V H K H A F R C E C L B D D V A P N
Z E W N W Z C N W M I Z P J R Q S Q
U O T D H B R O W N W I N G E D L T
Q M S E I G P I E D M Y O N K Y T K
V A T D T C E Y P O D L B J M N F S
D M O A E W H P E Q F M C Y A W N D
E H R E T K E W A C A O D I X G M N
R K K H H D U V D R M U G K R R M H
A E B Y R V F F D M A Y R T C E B O
L S I A O U D K O A A D B N L E E Q
L J L R A L G N R Z X A I Q E N L Y
O P L G T T E V U U U B C S M Q T T
C K E O E B G V L R R I N G E D E J
X T D Z D C W X H E F E T Q D H D U
J X K Y E L L O W B I L L E D D L I
```

## No. 110

```
W A Z Q T U K Q E F Q N I D Q U O A
H S K W A M A Z O N T B T E Z M G Z
B O A D Y D D U R M D L N D O N U P
N F O R E S T C L A N U F N N I A W
Q S A K S K U G I N A E A A B E M D
B R C D B W A E C G L E E B Q J E O
Z W U I E I D W W R D A P V J D N G
T K H F F P L Q O O O R A D N B L L
V N C Q W R P L N V O E N A M I S M
Z A Y G Y G F A E E W D B A T T O A
S T R I P E D Y C D F O A T Z Y U L
X J O M Z X O G I Y G I E S D Z C A
H I D O Z Y O G Y I T R P Q Y A C C
F A V Q S W F Z D M I S R D E S P H
J K N R D W J N Y N R L U M J J L I
N P R S M D I G G D Z R L R B T X T
R U F O U S C O L L A R E D A X U E
Z O B L X C V I J S A C R E D N K I
```

## No. 111

```
U A P Q S E V H A E G D S O M U B I D
E E T D P D G B B R Q E O R I H A D U
R U C B I I X A Q U D G C E H A R G L
S R O P H B X U X G F I I N B M N B F
P O M H O L O T P B M L A R D E S R X
E P M X N E P B Z R A A B O O R W U B
N E E C T N F O P D L W L H R K A S L
D A L G P E C W B U L O E S O O L H A
U N G B O S I E H F E O W U P P L T C
L B A G Q T S R S G E D E O E O O U K
I E E N R S T B N S F P A F N M W R K
N E D O W W I I I D O E V U D O V K I
E E L T S I C R K W W C E R O P H E T
T A A X J F O D Y T L K R W L D Q Y E
I T B Y H T L L J Y P E T Z A D U X U
T E I N Z L A L P X Z R L B U X D Z P
X R R Q M E J V G F T J J S Q I H N Y
R U D F S T W S G E F F S Z Y U C Q B
K C O M M O N T A I L O R B I R D I M
```

## No. 112

```
B T O N C F H B N T S T L E O J V R
S L H S R A I N B O W J W L L V V I
U N U W B L J A T C D D C D Y H B W
D D W E U R O P E A N V I G V N L H
E E S C M D A D C G E L N J C O U I
K D W S S O A P R K C K N P O R E T
E A A G R T U E Q E O E A C S T B E
E E L N E P E S J H H L M F O H E F
H H L U D N H L T P L G O I M E A R
C T O O B F A H A A G N N L A R R O
E U W F E G H L Y Q C W C Z L N D N
U N T G A O T T R D M H H H I C E T
L T A J R B E O S K B R E G Z A D E
B S I C D M S W C M O P S D G R G D
D E L I E Y S A O R H E T A J M U O
L H E B D B L L B Y M I E G A I Q Z
V C D T N B D G C E S P D S N N H L
R P L I I P I H T B K C M J R G D A
```

## No. 113

```
B L U E B E L L I E D R O L L E R R P
P B Y W H O O P I N G M O T M O T U U
B R A C Q U E T T A I L E D R H R S B
K O I H B D Q U L X Q Z N O Q P J S T
I A B Y S S I N I A N R O L L E R E U
N D L C O D Q C W P O Z A E M X Y T R
D B H Y Z T C L K O W Y W U T H G C Q
I I Y F K C P C W H B I C T K I C R U
A L P E U R O P E A N R O L L E R O O
N L M F Q W N Q V G F I A B A Y O W I
R E L L O R E S E N I H C O D N I N S
O D E M P B G D B C B C B H K V S E E
L R F H N T R T O D Y M O T M O T D B
L O E Q T O M T O M N A E D N A Z M R
E L R L L L J C T M D A Y M I Z F O O
R L R L I L A C B R E A S T E D S T W
O E E R P N Z K J W M H O W V I Z M E
V R W L R U F O U S C R O W N E D O D
K E E L B I L L E D M O T M O T S T J
```

## No. 114

```
U N G G R C C L F J M R N F G B Z M Z
G C S R E G O A F N T X C V V T M O H
R R I O D N M V D C R A C Y Q R A N U
E N L U B M M O O L C P N C E U D T A
E V V N I U O N G L A I J H E M A E K
N N E D L U N D P I S P B U O P G I Z
W P R H L P S E A B Q I A O P E A R D
O I Y O E E C R B N U N Q A O T S O X
O E C R D B I D Y R E G W Q O E C S N
D D H N H N M E S O D H H K H R A H K
H H E B O E I C S H H O Z K J H R O P
O O E I R S T K I F O R Q W D O H R I
O R K L N A A E N R R N V S S R O N Y
P N E L B D R N I A N B C H S N O B S
O B D Q I E B S A W B I I B W B P I N
E I R W L V I I N D I L N V E I O L M
E L J X L Z L R R S L L B O N L E L F
I L Y N U H L D S F L F E Z S L A F P
F O R E S T W O O D H O O P O E Y Q J
```

## No. 115

X G L H Y S X X M C D C F S R C K T V
F I I Y D P M Z T I C Y S I F H G V A
B N N A H E J U X E G S P C N I P E U
T M A J N C F R O Q Y Y O H R N E L R
I N L L I T K D T X S H O U E E R G I
K X A W J A G S T Z T J N A T S E A E
M A U S N C N R S N C T B N D E D E S
H C G O A L C G E B X M I P E M A A N
O R H K J E M O G Y W X L A T O V E I
O E I I X D H W G R S U L R S N I S G
D S N B C F U P W X O H E T E A D S H
E T G I U U A M K G G U R R R L S R T
D E T S R L J L O C Q B N I C A O E J
C D H B M V O G I Q O O A D K H W L A
R I R I W E S A D V M C G G J E L L R
A B U L V T N U F R M T A E J A S E K
N I S L V T K F R X B V Y E L G Y T O
E S H L F A J S C O Q Y S S P M O S Y
C J C A B O T S T R A G O P A N W H Z

## No. 116

R Q V O K I W L Y B O K Y D K M F L
D D F M W C R S I L A E E Y S D Q G
N I N K R A B R W A M R N W P R F V
F G E O I H F A M L T I B X L I T Q
K N J L G F T E M E E K I E M B H L
W O O D D O V E P B A R R O T F L P
D O C H P G Q R G S O G T O R F B S
F Q F T L T M R C N D O L S F U M X
C V W G P V M M Y D C A W E E P O H
R W O O D P E C K E R Q Q R T K N X
O D A D M E M E V Y Z Z O D E N G Z
C V Z S V Y O W L E T T Y I R N O V
I O T B J E W E L B A B B L E R Q I
A B U Q H V F R U I T D O V E X R E
S H H D A R U H T O N C I O D J A Z
S H E L A C H U R A M U U B O N U F
Y R L V Q N I G H T J A R Q D Q T P
B M J Q H O N E Y G U I D E J N U Y

## No. 117

X G W J L S C X F K W O Q E C Y S U
F R H D B A R K I N G Z W E C J U Y
K E O Z H D E C A F Y H S A K O U M
P A E R C R Y E E A G L E O W L H H
B T X O E W A L S J T X I S T Z S D
Q H N D E N B S P B N A I M C D C F
S O E W R S E G E Y F X W B P A O P
Y R W E C H V M C G G S X N D G P T
M N U Q S L Y H T S J M G U Y F S C
O E X T S I B P A T M W Y O C D E N
R D T A P K A J C N O E G M Q N Y E
E F C P O B R V L Y Z M L D Y C A K
P F H B T K R R E M W J G F W R I A
O B J P T Q E B D P R K L E O R X V
R A H Z E G D L N D V C M V N A B X
K R Q Q D A L F K J G A A M S N H B
L N M S L T X V U R A L Q O I C S B
F D C Z J J Q W V I L R M K H D G H

## No. 118

J G U K O D J I U N K U F G J M Q Z
K F S P Z K H W B M H L T T O H Y K
J I M M Y T H E R A V E N Z O G O P
A K O D A F A Q D G O W A C M X U X
Q G L H B I N M M M T R A B I B G I
E F D I P U M V S Y T N V M D J Q K
Q V A E O M W O Y S U G L K C C R F
Y Q B W L I C F S C X M E T F M L H
K O E Y L R Z T K A W N S R A I F X
Z D V J C M A H F H H N T R Z K N W
Y H N B U R Z J A N O T I Z D E L V
F S W A L L E W M W K O R D W G V G
I E I I B F U U B A C C J A Z I H R
H B N N D D A A H E R B I E M J J E
F G U Y Z V L E Q X K W V J O O U C
M B A B X L V F E R G G B Z T E R I
D T K M U Q C F H G M G D V L Z U A
T U Q Y X F O L I S D N A Y O R E A

## No. 119

Z H H T E L T O R R A P O L L E H C
P K S N F S W Y Q P G T S M A A T G
K I S S F Q M T D P J H S G R S X F
E G M N L M G F U O P O E V G T E E
A E U A G E A X W R I G E V E E M P
A D C S S G M H Y R Q R D Z F R O G
T T S L B K H Y E Z N U G X I N B D
P W S N E D E D A A L E O T G R Y I
B D E L U C F D L Z R A V I R O M L
M T C I T A T H S I L P L E S S I D
J T N Q N L A U L H G W G B S E Z R
A V I B W N J P S C I I Q M K L O A
R K R R G G Q V D G T N Q Q M L W C
H X P I K A K A P O I Q I R X A O U
D I N O A Q N W E M C D F N V A R L
Q G S U P E R B E E L T I A G Y L A
F Q L G R A Y L O V E B I R D O A M
Q V T E O F U Y Y Q A K C Q O X D O

## No. 120

A L L E R O C E L T T I L G E X X M
M O L U C C A N N D C S Y F S Y M K
H C F Z X L W W P O A G U L X E J C
C Z G A P D B B C K J X L M S L A A
Y Z H Q Y I W K U X G E Z U P L A L
M L A P K C A L B J H Y L O H O X B
Z B O A R T N A W C R P U G S W U D
F B A N I N G O T A H T X A N C M E
K K L E G Z Z I R U K Q Z N R R Y L
K G L A P B M V R T R V S G E E W I
X Q B T Y R I C O T I O F G D S F A
H C A S O H R L C L L C Y A V T F T
X B C J A E B N L O Y S I N E E R D
N U A T S X D X M E H G N G N D D E
J M D T R W Q O L Y D V G W T J L R
M U E D X C N G A L A H T F E A F P
Q D Y V H S U M B R E L L A D J T K
Y M S B L U E E Y E D X D N Z Z I M

## No. 121

A I J W G T P L U M H E A D E D G I
D I X C V E P N F G I F O D T Y Q S
E O V A C X S I R E G O T O R B Y A
T G U L A A Y D E R B Y A N Y Q T D
S N B E P S R Y J A N D A Y A R N D
E I F X H C D I M J A L S P E J B L
H W X A D L J L N W H R N D K E U E
C O I N S E U V Z G K S B S V H D B
T R Y R P A M C I C N R C W X R G A
E R Z I A R T T U R E E M M O Q E C
L U K N N B A B Y A H D C O N D R K
R B R E G O A E S A X D N K N U I G
A S X K L D D T Q D S T I V E K G D
C F P K E Y E G I M V M M G R D A M
S E F P P D E C A F N E D L O G R H
E N G L I S H B U D G I E W K G Z H
J G O U O P A L I N E Z D I W P Z B
C A R O L I N A E E D Z J B H B H P

## No. 122

B L U E A N D Y E L L O W Z H V G X
R X J D I U X Z J F D F O M W O R C
Z D L E B C J W M X S I D E L C E F
T W E T L V P M P T L J V D H V D E
Y M A A U R R H L Q Y L E E W Y S Y
S I R O E Z D M V V I N S U D W H P
O L S R W P W N G C C T L Q B Z O N
G I R H I Z O C U O N A D L E K U W
L T E T N J M V L U X W U L H P L R
A A D E G K L L T S W E J S T O D E
U R B U E I A F M A H V P N N U E M
C Y E L D R R K M E Q I N S I I R W
O L L B E O R I A H X J G Z C F E A
U P L D N J Q D Y S L X Z M A V D J
S O I T C F E L J I R B M E Y P Q Q
P S E R E D A N D G R E E N H M D K
I D D M G R E A T G R E E N T C U K
U C A S F Y W F T E L R A C S P M M

## No. 123

Z R A V E N A N J Z K A M R A T Y A L
T W K D S D N O W G A L A H B P C U O
O G A M A K X Z P H D I U G Y W E S N
R S E O U A F A H Z J M J S S W U T G
R M M M C S P M F T W O R C S F N R B
A T O O H C K A P Z Q K T F I M V A I
P F H M N V N D W W Z J T C N O D L L
Y D O E Y K F E U C L I F O I C W I L
E C Z E A N P D L C V M J C A K V A E
R Q N I A E A A Y D K J E K N I L N D
G L N B U D G E R I G A R A L N L M C
N G Z O Y P Y H E A B D T T O G F A O
A D N Z C A S W B P K H X O V B J G R
C T T A P X E O I Y Y E C O E I Z P E
I P G S A E R L R I M L E Q B R N I L
R J L O J V G L D L F D L T I D E E L
F B O W J L T E B D R O U R R M A D A
A W V T S A J Y O G Z I G F D L M D Y
F J R I S M M A C A W R P I U X C K M

## No. 124

A W R E R A E B R O S I V B C L U E
N L A N C E B I L L G X R O W U C T
S T A R T H R O A T M A R M R C V P
E R I H P P A S R G Z O X K T I Z P
T H N Y F M D Q T I N I B J O F R C
R H P A O Q V L L E H M M L P E U O
L K O M J V H I T D E G E H L R B L
Q Q H A Y D A T D G I T Z U O I Y L
A N D E A N H I L L S T A R V R T A
T Q R L R S D D N A H O L N E A H R
J J L U V M C O B B D G I Z R E R E
X G B V N X I R O G T X X D C T O D
T Y U T N B E T X W G T T S R E A I
Z N U B S W W S G X H I T K E L T N
Y A N U I X Z S E P T R I Q S O E C
G M L N G E L F F U P X Q N T I D A
Q O G Z O L S U N A N G E L U V M O
H B R U B Y T O P A Z S T D U Q A P

## No. 125

M O W H I T E T H R O A T E D B Z D
O B X D E D N A B Y N A M T T V T W
I N C J O S D H Z Q H W X E B E J C
B R E H Y T Q L S A O P B D N A O U
Q D A Y A O X R A X S R V A N L M C
X E E C F N E U U R A J C F L O O H
K P D P A I N D G B E U O A C K U O
T M L E V R M E N U O M R R N C N C
O U T U T G A A L T M E E A L M T O
U R C I S S C D N B D L C Z F W A J
C N A H C U E O E A I U Y L Z Z I I
A O X P O S R R R R O L R W E T N H
N S N T N F X A C T E L L A H Y B C
E M P Z F T C S O L I T P E G V K J
T I D A T A U C E R R Y T M D N N J
Q R S U R E O G V S M U F E W G H Z
V C Q I S T E V G A M X C K L L P D
M X J R E D B R E A S T E D Z B Z D

## No. 126

J K G R O U N D B X S D R Z T C L F
A H G E L S A P S U C K E R D U L E
C T P C C F W I O H L Y W I D I N U
O P A B Q R H O B K K I P U C U G H
R O L G C X E K T L K Y V K B T I H
N E R E P H A I C E Q U E I P V I G
V O E O L A R N V S K R A Z O H H O
Z V D K N J T A M H S N T R D W H L
U L H M X E S W O J R E Y E C B X D
V W E Y L S P A C K R B T T R T I E
G V A M T M O Q H Y I A G O C P C N
X B D M X R T Q N L E M B J G W E G
N K E H X P T B L L N U Q J B H X R
S N D Y G W E E I J S M B O Y Y A E
A D A I R C D P C T J Y R I A H E E
B J V Y E L L O W F R O N T E D B N
M B L A C K Q P P O A F N X Z I D M
E E M I Y O D O W N Y F V X N Q O Y

## No. 127

B U F F O R P I N G T O N N O J F E
M B C T K E X S R M S W N S E B O U
O D Z N N H S N E W O A R I Y J P B
D L A Z X A G T Y B K V L B E P P U
E V E R T G M A Z E R A J R E L W T
R V A Y E Y N E D H Y I S S Y S V T
N D S M Y D M N R A R E G M O F L E
G E A S O O E Q M I Y T O H N D E R
A K L T I C K C Y G C U U I T W G C
M P T Z K L E O I P T A H E Y K H U
E E R E Z M K A H H O C N I Q D O P
X T W C A I N I R A O L K A R J R N
Y B I N G T R O E C M D I B B P N Z
I K I D A B C F A Q V A K S E T V E
H O A A N K H V Q E X V V U H Z M A
U R H O D E I S L A N D R E D W P E
X B T A P X T K N V I J P A N U A U
H D O M I N I Q U E K L M T C C D X

## No. 128

H U K U S H I A C R N E F S P R P G C
L W P G S T M I I E O J R I E O T R Z
B Q S E O S R N C D B O I J R D C A P
F S H O R Y U C E T M A G T E N Z S V
N Z E V T D R A P A T N A M G O G S Z
T Z A G A S O T C I X T T K R C M H B
U W R Y B P Y E G L M A E S I N G O A
R U W P L R V R E E F R B D N A B P L
K H A B A A P N L D I C I U E E G P D
E A T B G V O Q M H N T R V F D Z E E
Y R E V N E K W Z A U I D E A N W R A
V P R M I N J B D W J C X G L A S B G
U Y P P R E H Q V K O P Z A C C O U L
L E B L E R T S E K D E T T O P S Z E
T A P L D L W A D K B T U H N N P Z Q
U G A L N I C V Y A X R C W B P R A O
R L P Q A Z N S Z P Z E Y X K R E R O
E E J V W S U X H K K L H I P G Y D F
U S S A N D H I L L C R A N E T J R W

## No. 129

N K X I O I A E B U S H H E N N E N
H N R L L U B N E E R G O U F U I X
T A O E U J E C Z B V T T V M G H P
R F X E K L P U C Q K F X O H O L Y
W U K T G C G Z I K T S U T N B C Y
I K X A Y I E U P Y G N J E T H Y Y
X E A N K M P P P X T A Y T A L W A
E E D O I J M A R A R E F C G A P I
P N S X E T R I I E A I H U S N J N
D J O X N A R N V T W A W G U T U I
X O G G K H F A E S L O K W N V D R
K K O E Y I M R M A Z I L Z B I Z P
B C E H N R Z C C B D N X F I R I X
V T A C Q M E A Y Y V I O T R E A F
D T H O H J U G T H K R A A D O A E
Z A Z R E L B R A W F A E L N D Y I
I F E Q T W S G T Q D U M T J S B S
Q B H V F V R D K H Q B V D I D J Y

## No. 130

G V U L T U R G R Y P H U S X F L P
N C A S U N A I N R O F I L A C A S
I A B I L W P D C X H V Z M I R M R
V L M Z C I I G I O N K Q A T G R M
I I O Q J N B G J M U O N H R J O O
L F N G O G W Z R N M D E A W N C S
G O O R Q S A O T B E N N G O H A G
N R G A I P G U E A O D X T K D T M
O N A E Y A R T N G C V Y R C A H P
L I M J M N Q C E A X P E P I P A W
J A O A X C O N N F A C P Y P N R Y
I C U P L N E Y M U O C E J Y I T X
E O S H D S O A H V Y W U D T J I H
Y N G O I N S C E M C O L O O K D E
L D R S Q P E R O J S O A R N B A E
Y O L H J U Y M I F T H Z T O W E A
J R T Z Q E I G N U B T H U M H M R
O Y C O L C A C A N Y O N G T U R C

## No. 131

Z D N S P E C T A C L E D I W N P X
S Y B O L P U R P L E C D B L A O R
U B R G O L D F I N C H L B S I V E
L T L Y V J G G V K Q A U S C D K T
M U R A Z S Y I A I C T T A H L U E
O Y D E C V L A H K C V S N N U W P
N O N L E K D H T I J S U T C O U M
G O U D C J R H L U I H O R Y G B U
O D O G S I R O I N W D I E A D P R
L Z R X Z O N B S G R J U O G H M T
I O G X A P N A P Y W R S Q B R U F
A A M T V K D G E K O Z I V X S L E
N O E O A P S U Q P M U U N Q M S A
Y D D W O O D P E C K E R I D U J O
F X M I P L A A G M P Z O A O V E Q
F M V A V X N S N R H J X H N E C L
Y Y D S C A R L E T Q I V X L A O M
R O X M M A S T A R M O B C N X S Q

## No. 132

S H I L L B A B B L E R A E Y N R B
U W X M Q F U L V E T T A D I E C V
B U O T I D K I E J M Y Z J L U I I
A P A R R O T B I L L B K B S R C N
L H T W S G A T I Z Y E R N P A T O
P H D D A X Z P Z R B A G V E S E U
I K R A L G N O S N W O R B C I R S
N B G V L Y P V V C F E Q X T A I T
E L M C C Q K C I M B P W U A N N H
W A E G Z S W R E N T I T N C B E R
A C A O H Y A W H O D O R U L L W O
R K Y M Q E V E D D R Q Y T E A A A
B C T L L W F S D Y K K X W D C R T
L A C A Z O S R W E N Z O R I K B E
E P B Y J Y M H V Q H E P N X C L D
R S B A N D E D P A R I S O M A E H
S E D G E W A R B L E R G V E P R I
C A P E G R A S S B I R D W E N K H

## No. 133

```
O A R H O O D E D W A R B L E R V B
E M L M B F Z V E H S H Y G G P L Y
R Y O Y U U W T J S I E K O N A K P
I W F U A W S O D F L C L I C D Y G
V R A P R H A Z R L G D H K O E B R
A H L R P N E T O M E M T A L B L E
I Y A X B T I W E N E H C L T Q A L
H G F I Q L T N W R R A O D I Z C B
P K A E X H I I G O T W T Y Z O K R
L L W N R X N N A W W H J I F D A A
E I I O S G G T G A A A R Z N A N W
D G A O E M E O R V Y R I U C G D C
A T P D U D N B Q H I C B I S H W I
L C S F B W L O A Q F R Q L B H H T
I R V L B E L L S V I R E O E D I C
H Q U J R G A F C N N V J O T R T R
P E W P R O T H O N O T A R Y E E A
T R A T S D E R N A C I R E M A G E
```

## No. 134

```
T R E S O O G A D A N A C A C X N C
E E T N I U G N E P O O T N E G V V
Z D H I S X S M U T E S W A N T I L
E H I F A N I H I N G A Z T U E N B
C E C F P X L F S T M G K F S N E R
Z A K R X Z G C O N A D T Q G N J O
V D B F H X K P W G F E Q H Q A L W
P K I R F E Z Z J C D K W X K G C N
G A L A P A G O S P E N G U I N A P
H R L W J Z O S U E B S O K X R N E
G R E G D P M F N K P N H H I E V L
S L D N R X F O K F O V Z Q C H A I
M M M T C I A F J A E K K U Q T S C
A H U P N N E X E M U M U K T R B A
K U R A M E R I C A N C O O T O A N
P G R H O O D E D G R E B E Z N C Q
G R E A T C O R M O R A N T B G K J
V P T K Z H C O M M O N L O O N S P
```

## No. 135

```
P Q B G X I F Y Q L D J W X O H V C
A U C R K T A X Y S I I J F T M O N
I V X A O X N X Z G P U U W W A T E
T S F C G N D E R U O S E J D N T D
O R P H R T Z E C E E L K E R U Y O
R A O A D E A E P I V X L F C C K C
A G P K R T S B P E F L K B M O I U
P G E G E A W C W A I I Z X H D U N
N I R R O U D I E B R K N V D E I A
R A R G M L R I E N Z O E G U O P M
E N S N H E D L G R T X T V A L P T
T A C A D P A I S A U C K I K M G E
S K N A N P K Y E J L P A G A R X P
E W E F L S O L L S V L V P U O N M
W O R C E S I D A R A P A W E O M U
R I F L E B I R D J Z R C D A D T R
S P L E N D I D A S T R A P I A K T
N K I N G O F S A X O N Y E P E W G
```

## No. 136

```
N H F F F R I G A T E B I R D Q O R
I E L S I B E R I A N C R A N E E T
L L O Z I E A Q T E X W X S I D P R
O M R D R A Z T J L A X W W V W S I
C E E Y R T U X Z U M I O E M O I S
N T S T Z A R S K O F T N Z G S L T
A E H W U C H J C T P T G I S S V A
R D A C Z B T C P O E A A R N A E N
F H W S Q D G A O D P N K Z J R R A
I O K M Q Q R D C P T S W A X U Y L
T R E W G R G O Q I S J O L K C P B
U N A R O S C F B M X R K W I D I A
O B G T G K K I R U N J E Y L E G T
B I L U A Z S W B R A E B A B N E R
I L E T A S A N D P I P E R B R O O
J L O R S T O R M P E T R E L O N S
D O H O O D E D V U L T U R E H P S
O X I M P E R I A L A M A Z O N C N
```

## No. 137

```
V A K B N Z V X Z G O N W Q B A B F
P K X R J Y S F X V K X J U X R D W
Z P L A G J M Y L A M X R J A I X L
J E I B T Z X N C C F H B A C N R E
W K M R S W Q T B P C K A N P I N H
F P U A W A C M S O H Q Y I K U C L
G E Q I H B A Z I S C U Y X V L H A
Z K J E M C A N W A I R U R Y G N L
B R P X B S F H A V U J A Z X E Z O
L L Q A D Q F Q T F I K G P Z K J S
G J Y L R Q K W K K Y L T A X V A B
I S X O A P L U C L S M G U A A V C
F P V O K J A I A C D Z Q E X K C N
K O M C K S E R U F Z M L W J K V O
H U I M W S T F Q S O N L X U Y W U
A U U L A A U Q A U Q K A J P D R L
P V A V K P Z B F U I U X I L D U N
O Q W S P R A A K S W P H V V I Z B
```

## No. 138

```
I A B R S Z C M S B F I P D O N P C S
J A E E P B R E P U T V E A R E K O C
J J S D A O D L O K S N R Y C R I L A
I T C W M A R O T H A X U E H U B O R
F Y R I P T I D B U F S V L A S A M L
C K E N A T B I R P F F I L R T L B E
O Z A G S A K O E P R X A O D Y T I T
M B M E M I C U A M O P N W O B I A H
M C I D E L A S S S N S M R R L M N E
O U N B A E L B T B C T E U I A O M A
N F G L D D B L E O O F A M O C R U D
G R C A O G E A D B W I D P L K E W E
R U O C W R L C O O L V O E E B O J D
A Q W K L A O K R L E V W D K I R J D
C U B B A C I B I I D K L J B R I J Y
K Z I I R K R I O N J Q A O I D O L U
L V R R K L O R L K T V R U R K L V C
E N D D X E R D E N O A K C D Q E X J
S Y D T K F L D U S K Y G R E E N G K
```

## No. 139

```
H A M I I A V R O I A Z A Q C W E B Q
H G U O H C E N I P L A N K S R H O E
N V K G V T P D B L U E J A Y G M R I
N F S C R L K M A I S H P E Y P N N P
R E S A W I O L J B O C X G S B Z E G
S E U R A S I A N J A C K D A W Z A A
A Z U R E W I N G E D M A G P I E N M
L D O I D A L Y S J P W G M C N E G E
B B M O H O O D E D T R E E P I E R U
W M I N Z A S G R E E N J A Y U K E L
F T G C E M W N A K N A L I R S P E B
W R P R Y T H U L S H V R T G J A N I
T E K O T C O M M O N M A G P I E M U
E E Y W E U R A S I A N J A Y V W A C
P P G R O O K F M V S F O E S A U G D
X I Q G V E O S F E D E M K F S R P I
G E B U W H W K G I Q C K W Q B Y I B
P I E D C R O W Z Z S U D Q A B J E J
R V R C O M M O N R A V E N H H E H R
```

## No. 140

```
Q T Z Z S V B Z A W Z V O H G P X N
R J P F P Q C E L T U K E C A E T Z
E D I Y O F V O A H N M Y H N R J E
D A A W T S V O L I I P A R A V R I
B U P S T D L T A C C F J N N A T P
I R I B E Y A I S K O I S X R R W G
L I A E D G B Q R B L V R C H A Q A
L A C A N S Z U H I O H E A O C M M
E N U U U E F I D L R K L Y O K A N
D J O T T W G C C L E T L E D E G A
C A R I C E K A V E D Q E N E T P I
H C N F R A N X D D J I T N D T I R
O K D U A I Q O K R A J S E C A E E
U D M L C F O H O A Y L G J R I J B
G A U J K Y Q Y W V B D Y A O L A I
H W A A E L P G K E W D O Y W E Y R
U Y C Y R B H O W N J N E Q T D E B
Q C O L L A R E D T R E E P I E X E
```

## No. 141

```
Y E C W W Y F G C H Q Q Q R Z P O B
F Y C T F A O K I B I S B I L L I J
P L O D W U K R X B K L L S H S E T
A O A U D I T O F I C S S A X P P J
M B O M I T R T G T F H F N C O V M
N E Y J I D X S A L K E I D X O O K
Q Q S I A N C E U I U A H P V N Z P
Q O T M B C G X I T T T D I N B Z D
V J E M V G A O W S R H F P W I Z D
R A R W M E T N D D A B G E Y L K H
H N C H C E J N A J I I G R O L T H
W E A K A M W J R T L L V P R M C Y
T G T H M M D F H H I L F F R T R S
B R C T Z M T E X I Y Y D B V E A N
X E H L I K R A L F B F V E E B N I
K T E O Q O D Y F T P I R Q R S E P
B A R U N R L P J O C P S D R I O E
Y W D G B C W Y E O P L O V E R E Z
```

## No. 142

```
T R G N Q Z E A O C C O F S C M Z C
N I B O R S E E D E A T E R I H D H
Y D F H T L S W A X B I L L G G M A
S J T I Q O G I S Y M H E K H W E T
R V T F I E X Y S K F O D K F N R T
I R Y K E X C Q A K I O D S I A E Y
U Y Y B V S F R C J I F U S R T M R
T E L U N N A R Y T R N C A W O O A
P Y E H L N Q F K W B I D P N I M N
B Z Z Q A T O C A I T H S S K L E T
P R I N I A L T R L H I I U D Y L D
M I D Z A G T D D O N R N C I H A U
L Z H I F L A W L E C Q C K C C B Z
W P L P E S F A A U I Y A E Y Y U F
L T C E I J V L L T K S D R R C I W
Z H Y T G M E N K B V O B U T R H T
Z E Y F B T G E R Y G O N E P P V P
F A I R Y F A N T A I L C S T I D E
```

## No. 143

```
T E V I T A R O C E D O T A X T P I
T M S A T K E V O T R D E X E R M K
P G R G F F A D N A R T M U I N U X
X L I I E N O M T I U G S M F G S J
L F L N P X Y W O L O K A X E V I S
O I R S I R E Z U F D R N G Y C E Q
S N W U D A G P R E Y D T W T C E U
E X I L E C A L D A O R S B O K U I
M B N A R H M U L T R H K N D Y I L
I A G T M I U M M H I E D R N Z F L
P T F I A S L E N E V A R Z G V L K
L H E O L I P C W R R E I I W Y I D
U D A N M V L D O Y H O J P B N G A
M Q T D B A R B D T Z O L P E H H G
E A H G C W A D A R E F L I U L T U
O R E Q S D Y E F T C T F N T C F S
F J R A W G F M Q X H Z K G Y A O Z
F C K Y W R Y O W G K X O F N J T C
```

## No. 144

```
C H W I Y B M P O W P D W P R G L W E
V I T E L L I N E M E M B R A N E R J
N D X O L S E M B R Y O O G K M V O D
E Q O S H E L L M E M B R A N E P I B
M M O K U H L F D B S Y S S G D U H L
U P I A I R C E L L E M M E G L P T A
B M A O U L V C W A W M R V F V D H S
L U Z U Z N G U O Y B M Z C A N S I T
A O A I H C Y F B D I T I P F K J C O
N S L H Y T U A A N Q T L Q J J N K D
I H A L K E T T A W O C X A J F D A E
H M H H Q X Z L I I Q P Y L L X O L R
T Y C J I E D U N C W O S H E L L B M
X E C B Q I H M C D L E X V E B D U R
Z K W F S O A I S K O E A P P V A M W
D N U C L E U S O F P A N D E R P E H
Q K I C U J X P E F Z N M Q R T W N G
Z V E F P E D X N O Y F K Q J R E Y V
Y F B A L L A N T O I C F L U I D U I
```

## No. 145

| | | | | | | | | | | | | | | | | | |
|---|---|---|---|---|---|---|---|---|---|---|---|---|---|---|---|---|---|
| M | S | V | V | I | A | L | U | C | A | T | T | I | S | P | A | P | T |
| Z | Q | E | X | A | Q | D | D | T | T | C | P | N | H | K | A | T | B |
| F | C | C | P | X | N | Q | I | S | E | A | V | S | M | L | K | E | Y |
| R | O | Q | Z | T | J | M | V | F | U | Q | V | G | L | J | S | J | C |
| S | N | K | L | A | E | I | P | P | F | G | H | I | Y | R | C | R | P |
| E | I | W | R | C | Z | N | E | R | T | I | D | H | C | U | A | W | M |
| T | R | V | M | U | P | R | T | Q | O | U | C | Q | X | S | N | X | A |
| A | O | L | R | T | Z | K | Y | R | S | P | T | I | S | O | D | O | G |
| B | S | I | Z | I | M | Z | A | I | I | O | I | I | L | B | E | H | N |
| O | T | N | W | R | V | P | Y | O | J | O | R | N | O | I | N | Y | I |
| I | R | O | O | O | R | N | D | D | F | O | N | Q | Q | J | S | N | R |
| L | I | R | U | S | U | M | A | O | S | P | D | A | C | U | R | X | O |
| E | S | N | M | T | K | F | R | T | E | S | J | O | L | Y | A | O | S |
| H | V | A | G | R | J | T | R | A | S | F | L | Z | F | I | J | K | T |
| I | F | T | G | I | I | I | Y | U | X | F | V | U | A | J | S | W | R |
| X | B | A | W | S | S | P | A | R | V | U | L | U | S | K | X | Q | I |
| W | Z | A | S | O | N | I | G | I | L | U | F | J | E | H | E | F | S |
| J | O | L | I | V | A | C | E | A | F | N | F | U | S | C | A | H | K |

## No. 146

| | | | | | | | | | | | | | | | | | |
|---|---|---|---|---|---|---|---|---|---|---|---|---|---|---|---|---|---|
| E | N | Z | J | I | Z | O | N | G | Z | L | W | R | E | K | F | N | S |
| F | H | O | A | X | N | O | A | O | I | E | G | S | Y | U | W | P | L |
| S | A | H | B | R | J | T | C | G | V | T | T | C | T | Z | A | H | A |
| U | R | O | I | W | D | O | U | R | Q | T | U | U | B | N | U | V | U |
| N | P | R | R | W | R | P | O | E | U | E | E | A | G | A | M | S | G |
| B | Y | N | U | N | E | T | T | E | F | R | K | L | W | C | B | P | H |
| I | E | E | S | C | X | A | O | N | W | E | E | S | W | R | R | E | I |
| T | A | D | T | F | G | E | C | O | L | D | M | E | O | I | E | C | N |
| T | G | S | O | I | A | R | O | R | C | A | G | U | O | M | L | T | G |
| E | L | C | R | P | T | G | T | O | H | R | W | Q | D | S | L | A | F |
| R | E | R | K | M | S | D | T | P | O | A | J | I | P | O | A | C | A |
| N | B | E | V | Y | M | I | B | E | A | C | Z | C | E | N | B | L | L |
| F | R | A | A | D | N | I | S | N | T | A | Z | A | C | T | I | E | C |
| I | D | M | J | G | Q | Y | W | D | Z | R | L | C | K | O | R | D | O |
| F | B | E | A | L | Q | Y | H | O | I | I | L | Z | E | P | D | O | N |
| R | S | R | Z | B | R | L | S | L | N | L | B | S | R | A | N | W | Y |
| T | A | N | A | G | E | R | O | A | H | N | M | J | R | Z | Y | L | L |
| C | Y | J | S | C | A | R | L | E | T | M | A | C | A | W | D | P | G |

## No. 147

| | | | | | | | | | | | | | | | | | |
|---|---|---|---|---|---|---|---|---|---|---|---|---|---|---|---|---|---|
| C | L | S | E | A | G | I | W | I | R | M | F | Y | M | N | U | O | G |
| O | G | U | B | V | R | C | Z | K | O | Q | T | M | Z | A | O | R | G |
| S | W | B | U | U | O | L | O | I | G | N | F | R | F | M | E | E | I |
| T | R | L | R | Z | U | L | S | S | V | Z | J | P | U | A | V | V | L |
| A | Y | W | R | L | N | J | T | C | Z | R | B | P | T | Q | J | A | A |
| S | M | O | O | R | D | H | R | R | Q | U | Y | E | S | U | G | E | W |
| H | A | F | W | S | J | C | I | J | W | R | R | A | E | A | A | W | O |
| U | M | L | I | N | A | R | C | F | R | R | G | L | J | S | M | W | O |
| M | U | E | N | J | Y | I | H | H | O | B | Z | P | U | A | B | O | D |
| M | R | D | G | U | X | H | U | A | U | F | A | E | F | N | E | R | P |
| I | F | K | O | R | X | L | D | S | T | Q | M | P | I | D | L | R | E |
| N | A | O | W | H | O | R | T | G | V | D | J | O | K | G | S | A | C |
| G | L | J | L | X | U | A | B | E | J | R | R | N | M | R | Q | P | K |
| B | C | B | I | N | R | W | R | K | E | W | E | I | C | O | U | S | E |
| I | O | A | N | D | D | D | Z | E | W | H | Z | A | L | U | A | C | R |
| R | N | E | O | U | I | A | Y | C | Q | Q | F | H | L | S | I | O | I |
| D | R | F | Z | N | F | C | L | K | A | B | E | P | T | E | L | X | P |
| A | C | J | A | G | N | E | R | W | S | U | T | C | A | C | C | R | T |

## No. 148

| | | | | | | | | | | | | | | | | | |
|---|---|---|---|---|---|---|---|---|---|---|---|---|---|---|---|---|---|
| C | A | K | G | C | U | N | A | E | R | U | C | I | P | E | C | R | J |
| C | Q | D | A | O | S | C | Z | H | G | V | I | X | Z | L | G | J | E |
| C | U | X | C | N | X | E | P | D | T | E | X | L | J | W | O | S | A |
| O | A | O | I | A | A | W | L | H | O | O | H | Z | X | H | Q | G | N |
| N | T | S | R | B | U | M | E | F | T | G | X | A | N | B | Q | D | R |
| S | I | V | E | K | P | G | S | S | T | O | Z | J | I | B | P | Y | A |
| E | N | O | M | E | G | X | W | R | H | A | A | E | U | T | K | F | B |
| R | T | Z | A | N | U | V | N | G | E | M | U | Z | S | C | I | R | I |
| V | P | W | F | G | C | J | E | U | E | I | Y | G | U | I | Z | M | N |
| A | E | A | O | L | X | N | K | S | G | W | T | T | H | Z | H | S | E |
| T | X | R | S | A | Y | Q | A | P | H | I | N | N | P | T | Z | I | X |
| I | K | T | D | N | Q | U | V | V | A | E | D | C | O | R | F | L | I |
| O | I | I | R | D | D | U | R | R | K | U | H | F | Z | R | P | D | G |
| N | P | S | I | U | G | N | I | D | N | A | B | R | I | B | F | C | S |
| I | L | T | B | U | X | A | A | J | Y | O | U | H | S | B | O | M | B |
| S | C | O | M | P | L | I | C | A | T | E | D | E | Z | Z | F | B | V |
| T | N | B | O | T | D | T | S | I | L | A | R | U | T | A | N | D | G |
| T | I | V | S | L | A | V | E | O | W | N | E | R | B | K | G | X | H |

## No. 149

| | | | | | | | | | | | | | | | | | | |
|---|---|---|---|---|---|---|---|---|---|---|---|---|---|---|---|---|---|---|
| U | A | G | L | P | D | D | C | X | F | X | S | V | O | F | J | Y | S | C |
| N | D | R | A | R | P | L | S | E | W | Z | F | E | R | E | N | I | E | S |
| G | T | T | T | I | B | T | U | V | R | Z | K | Y | B | D | U | F | C | P |
| C | Q | Z | E | M | T | K | P | I | E | E | S | T | I | T | C | G | O | I |
| R | Z | Z | R | A | X | D | E | U | Y | W | T | J | T | S | H | I | N | T |
| J | F | T | A | R | L | G | R | V | E | Q | X | T | A | E | A | K | D | L |
| X | R | P | L | Y | D | A | C | M | L | S | L | Y | L | R | L | O | A | A |
| I | X | C | C | C | S | C | I | A | I | O | L | E | S | J | C | M | R | I |
| G | O | R | R | O | N | O | L | N | N | P | J | N | K | O | O | A | Y | T |
| C | E | H | O | V | F | K | I | D | E | D | Y | O | I | V | L | X | C | R |
| D | G | N | W | E | N | E | A | I | W | Q | G | O | N | U | L | I | O | E |
| F | Q | S | N | R | W | L | R | B | I | R | K | G | L | O | A | L | V | T |
| E | Q | T | S | T | L | B | Y | L | V | M | Z | A | X | K | R | L | E | L |
| X | C | R | T | S | K | Q | Z | E | L | O | F | D | C | E | U | A | R | Z |
| V | Q | S | R | S | P | E | C | U | L | U | M | J | P | T | C | H | T | U |
| M | E | D | I | A | N | C | R | O | W | N | S | T | R | I | P | E | S | K |
| K | B | L | P | O | C | N | C | M | J | T | K | C | Z | R | R | F | O | U |
| B | J | U | E | Y | E | R | I | N | G | T | V | I | A | T | R | Q | Y | G |
| S | A | K | B | B | S | R | A | B | G | N | I | W | Z | Y | R | A | J | S |

## No. 150

| | | | | | | | | | | | | | | | | | |
|---|---|---|---|---|---|---|---|---|---|---|---|---|---|---|---|---|---|
| M | W | T | H | V | P | O | S | B | G | L | D | P | Q | T | W | H | U |
| P | X | S | U | C | Y | U | C | B | I | R | D | H | A | T | P | M | H |
| T | A | S | N | O | W | Y | E | G | R | E | T | B | T | E | I | H | H |
| F | U | O | C | F | O | D | C | Z | J | B | M | E | L | G | A | P | L |
| U | D | W | T | T | M | B | B | C | A | B | A | I | R | R | H | H | M |
| N | U | K | M | I | N | N | A | D | O | P | C | A | R | A | R | A | A |
| D | B | V | A | Y | S | D | V | Y | A | A | T | I | W | C | S | J | Y |
| R | O | U | C | A | C | O | C | R | N | O | E | K | Z | S | F | M | M |
| A | N | S | C | G | C | O | T | I | R | T | M | F | A | C | J | N | I |
| I | S | Z | R | A | T | I | S | Y | O | O | O | C | M | A | Z | Z | L |
| S | O | I | T | T | E | L | B | H | U | Y | H | C | J | V | H | J | L |
| E | C | E | R | S | A | I | B | N | W | U | J | G | E | X | N | K | I |
| R | I | Z | F | N | R | W | T | B | S | A | P | C | O | K | N | I | N |
| Y | E | V | D | D | M | A | P | E | K | H | G | G | Y | Y | G | P | E |
| W | T | K | A | R | I | S | T | K | B | M | A | T | Y | A | O | H | R |
| Z | Y | C | U | N | D | T | D | A | X | S | U | U | V | Z | W | B | W |
| L | T | X | O | J | S | W | R | R | K | O | R | E | D | G | E | Y | P |
| V | P | X | P | L | U | M | E | J | B | Z | C | B | K | J | Y | O | U |

## No. 151

A O I V O R Y B I L L E D P R S F Q C
S D O O H G O O T R U X S O Q B R A A
H C N R U I P O B E L L S L N E U T R
R H P L I R N L M T O C D O D O I B O
I R A L A Q F K M N R T S C R L T L L
O I S Q G A O L J U D V R F C Y D U I
X S S N M P S W U H H D R M V P O E N
V T E O F Z P O V E O Z E D U F V M A
Z M N R X L E G R E W G U S L I E A P
F A G F X D C N C R E G N L U S L C A
G S E O Q L T I B T S W I U T A V A R
M P R L V Z A H C C W N O Z Z G S W A
A U P K W P C G H I A R N P C V U H K
M G I K F T L U Q T M T I O J V X D E
W A G A R I E A E P P K B O C I K G E
W P E K H A D L T Y H V I U J F K P T
M T O A P D D L V R E Z S L Y H Q G S
Y P N K X S I P B C N L H I W S P O H
Y M H K W A B I G K U A T A E R G F D

## No. 152

M A U R I T I U S V A Y Y U U X D I
O F L I G H T L E S S G G Y A O N O
Q H B Y P I G S H J U H U Z O V W N
Z T C P O O W E M K U D L T A M E K
M D V T Q H X M R M Y K S S X A X N
A E I F U E S T A R Q R I A O R T I
L T V B X D J N S H E V H J S E I C
I N J N W B I A Y D E C B S P A N O
G U T G H M I G N S C W T C E U C B
N H S G P L O U P W S A D M C X T A
E G Z A O H S E U Q I Y F R I S I R
D W C R K I C I O X Q S I J A O O P
T T S X M I S O L A T I O N L N N I
E V H J E U U M M P I J F R I G D G
L S M S S M C I C F N U J F Z E X E
Z W G Z K P V U S M F J E M E S A O
L V Q F V O P T Q C O E Q I D T X N
I Z S X T K C O T S E V I L F S Q H

## No. 153

G F G A B Z M D P L T S T K E P C H
E G N I H C T A W D R I B Y W G X F
K C I T I Z E N S C I E N C E H H M
I L A N L W F Y A G T V P Z Q P Q C
B I N O C U L A R S S K S J G E B B
U K H Q G K Y D C A M E R A A R I A
G F P C C X Y D Z C E S Y Y N U G C
T D F F I E L D G U I D E O O Y Y K
E E B D N E T S I L T P I B B B E Y
L I N R O T I N O M W T S Q I Q A A
E H W X K R Q D D M A E M O D V R R
S C E N S U S P B E R O Y W B R A D
C B A M A T E U R V R R W G H L F G
O K W F N G X C E L W W B R O J C A
P K A R R P E G U I D E B O O K N S
E Z E M O R D W Q D J G Q U U B B D
K S B V G D V R V U J T Y F N G V N
T C O U N T K W H H W I F P U D P N

## No. 154

J H J D A C O U C A L R Z C M S F X
G V K Y H C C B M O W L A Y N Z A A
N W T P I Y H F R Q G H L S C P D D
A M W G P U F M O T M O T P X B E R
T F Q S P I N E T A I L K U I M R I
E T B C X J N M U C E D R C K M B B
A C W K A L V B N I G H T J A R C G
T J X W M F M O K X Q E R D M W B N
E I H A R I R X Z S O F P R K X S I
R C P H B S P X H G J N I M S Y A M
E T O B X H M O F W Z B C B A G B M
Q E T A E I R B F U S W U F I O R U
G X O R T N K V K V X W L J Z I E H
T F O C B G T I P Y R F E V F V W Z
S J A I L O O T G O R S T I L G I H
K T L K M W T W I S T W I N G I N U
V L S N H L G S J Y H I Q U Y Q G H
B G R C A C H O L O T E A H L K M Q

## No. 155

O X R F K C T H I A U R U U K V I I
V B S H A P E Q H H N C B F I V U D
E S I Z E J D F C C C Q M O B N A I
R C O L O R P A T T E R N R M O O U
A I P P P M A D Z P W D H A S S F B
L P Y R L P T Z X L U A E G O I L T
L B F H O U C U G G A E R I N R I O
I D E V C P M C U B P H M N G A G R
M S Z H F S O A C Z I Q A G A P H F
P A K L A D E R G C A L L P I M T X
R T O R M V B A T E B H L C Q O S X
E D G H V B I B S I D F P R W C T I
S P V A T W K O X O O E S J A U Y W
S M V X Z P C T R G N N T G N O L C
I S C B F I E L D M A R K A E D E M
O Y I N E R U T S O P A D J I D V E
N Z Q E M X V X J S N P J B Y L N H
V Z F A W Q Y V H A B I T A T R K B

## No. 156

S X E S G F D I S H P Q L T V D F D
C E X C I P F B X Y D Q E R I Z A J
A L A I A C R O K V E P D O V R W C
R D W S N L H Q J E X U R P W T E A
L E B S T I M I K R C J X I G H S S
E T F O K E U V W M Y E N C R I T S
T A O R I A R E F I L S Z A A C E I
F O R T N H C N P L F L U L Y K R N
L R K A G T G B K L B H X K K B N S
Y H T I B Y R E Y I S L Z I I I K K
C T A L I O J C T O N E A N N L I I
A Y I E R T A U W N D G V G G L N N
T W L D D T V C N K K F B B B E G G
C O E U C R T A S E J O Z I I D B B
H N D H X N G E K P I H D R R P I I
E S E Y L O G G E R H E A D D D R R
R R W H I T E T H R O A T E D S D D
C L C O U C H S K I N G B I R D O H

## No. 157

| | | | | | | | | | | | | | | | | | |
|---|---|---|---|---|---|---|---|---|---|---|---|---|---|---|---|---|---|
| H | B | S | T | R | I | P | E | N | E | C | K | E | D | I | L | B | P |
| M | N | Z | W | S | N | G | W | V | J | S | T | M | T | G | A | Y | C |
| S | O | C | Y | Y | G | E | T | H | N | S | O | F | P | A | N | H | I |
| P | F | R | Z | I | Q | K | Y | E | I | K | F | O | D | Z | N | R | N |
| B | F | O | C | E | N | S | T | B | L | T | M | I | P | F | I | M | N |
| L | E | Y | R | J | F | H | Y | W | G | J | E | E | R | H | F | G | A |
| A | W | Y | R | K | L | F | Z | F | A | U | A | E | A | J | U | B | M |
| C | D | C | E | A | T | I | B | W | Y | R | Y | N | Y | J | T | O | O |
| K | O | U | G | R | M | A | Z | S | L | N | G | H | H | E | D | A | N |
| T | C | E | C | M | I | J | I | Y | Q | N | J | S | S | A | D | T | B |
| H | S | B | E | T | O | N | V | L | E | Y | O | E | Y | R | V | B | R |
| R | V | R | Z | Y | X | E | G | S | E | X | H | V | N | S | J | I | E |
| O | S | Q | C | Q | N | H | T | E | K | D | A | X | G | Q | N | L | A |
| A | E | Y | D | T | H | M | E | L | D | U | N | T | A | X | P | L | S |
| T | A | P | E | L | Z | E | L | N | S | T | N | Q | S | I | S | E | T |
| E | C | D | Y | L | A | C | R | E | U | U | E | B | U | E | I | D | E |
| D | S | R | E | F | P | M | E | A | K | M | S | G | V | W | W | T | D |
| O | K | Y | Q | V | V | N | Z | O | F | Z | D | U | Y | A | W | C | R |

## No. 158

| | | | | | | | | | | | | | | | | | |
|---|---|---|---|---|---|---|---|---|---|---|---|---|---|---|---|---|---|
| Z | I | U | N | Q | S | S | D | Q | Y | A | X | D | D | J | Z | I | A |
| R | X | S | F | W | A | P | Z | V | F | D | T | G | U | S | M | W | N |
| P | Z | R | R | F | B | I | R | I | V | N | P | E | S | B | W | D | M |
| D | N | U | N | X | O | K | B | V | P | S | H | G | K | B | E | A | Z |
| E | T | D | E | P | T | E | I | S | I | Y | T | T | Y | S | D | E | Z |
| L | J | D | C | F | A | H | G | U | N | I | H | S | E | A | Z | I | T |
| L | P | S | H | U | F | E | N | Z | K | S | H | R | G | R | I | A | C |
| I | Q | Q | N | O | K | E | G | G | B | O | T | A | R | E | B | X | I |
| B | D | N | X | A | R | L | J | P | R | X | S | J | F | D | I | L | F |
| K | A | Y | Z | I | T | E | C | T | E | C | D | P | C | W | B | B | E |
| C | J | U | V | B | V | D | C | B | A | H | B | J | O | I | H | E | D |
| I | W | D | Q | M | V | L | C | R | S | D | M | C | B | N | Y | E | U |
| H | R | N | F | H | A | G | I | K | T | X | H | F | A | G | C | S | N |
| T | U | C | N | W | Y | J | J | Q | E | B | Y | L | J | E | T | L | E |
| Z | R | A | E | K | A | R | O | O | D | V | K | N | V | D | J | E | K |
| A | Q | D | D | B | P | E | S | R | C | W | S | R | O | X | F | Y | C |
| M | A | Y | S | B | A | R | T | A | I | L | E | D | B | W | M | S | I |
| I | N | F | Y | F | F | A | W | N | C | O | L | O | R | E | D | N | Z |

## No. 159

| | | | | | | | | | | | | | | | | | |
|---|---|---|---|---|---|---|---|---|---|---|---|---|---|---|---|---|---|
| M | G | Y | I | Z | O | J | D | A | N | G | O | L | A | N | D | H | K |
| O | M | R | S | R | H | L | C | V | A | Y | Y | G | E | E | G | F | J |
| N | F | A | X | K | K | V | C | Y | I | T | C | T | T | W | R | M | T |
| O | C | O | S | O | T | N | R | R | O | H | Y | I | N | A | F | Q | P |
| T | R | Z | M | K | B | U | U | Y | C | U | P | J | S | R | H | A | C |
| O | C | K | P | E | E | B | S | S | C | L | C | O | W | U | G | R | Y |
| N | O | X | I | U | L | D | I | I | R | O | R | F | G | F | D | D | Z |
| O | T | I | N | N | S | O | Q | A | X | S | E | X | I | O | D | N | C |
| U | U | L | K | S | F | U | D | C | J | A | S | R | O | U | S | A | F |
| S | C | F | B | W | R | B | R | I | F | N | T | G | G | S | F | L | R |
| B | W | O | I | F | T | E | A | U | O | D | E | M | Q | N | H | A | R |
| V | Z | B | L | H | L | M | T | X | M | U | D | L | C | A | H | C | Q |
| H | J | U | L | L | A | A | O | A | D | H | S | V | F | P | R | E | F |
| S | F | E | E | J | A | G | P | Q | L | U | P | R | I | E | K | D | U |
| V | M | O | D | M | B | R | R | P | U | C | C | C | C | D | Y | N | Q |
| N | I | I | U | T | F | N | E | X | E | M | S | K | Q | T | D | F | E |
| P | T | X | T | H | A | S | D | D | S | T | Q | H | J | V | P | O | N |
| R | D | F | H | O | R | N | E | D | K | E | L | A | C | V | X | J | I |

## No. 160

| | | | | | | | | | | | | | | | | | |
|---|---|---|---|---|---|---|---|---|---|---|---|---|---|---|---|---|---|
| H | L | Z | Y | T | W | N | I | G | H | T | H | E | R | O | N | W | O |
| K | N | U | R | K | F | K | K | K | K | Z | R | C | A | X | B | T | W |
| E | J | B | M | B | H | G | W | S | P | A | X | R | L | J | B | N | L |
| F | R | W | D | G | S | C | U | J | W | O | K | O | E | Q | R | I | E |
| D | P | O | E | R | E | F | R | W | N | B | T | A | D | U | K | G | T |
| S | T | O | N | E | C | U | R | L | E | W | B | O | P | F | S | H | N |
| R | D | D | M | K | U | U | I | T | U | C | S | W | O | O | X | T | I |
| H | I | C | E | I | V | O | C | P | K | D | G | D | T | J | N | P | G |
| X | U | O | C | W | F | R | O | G | M | O | U | T | H | Y | J | A | H |
| P | I | C | H | I | X | E | Y | D | Q | D | V | S | G | L | Y | R | T |
| L | Z | K | L | I | T | T | L | E | P | E | N | G | U | I | N | R | J |
| N | I | G | H | T | J | A | R | K | J | I | I | C | B | Z | L | O | A |
| G | L | E | R | T | E | P | M | R | O | T | S | Y | H | S | A | T | R |
| U | B | H | Y | A | E | D | F | V | O | W | L | T | G | J | G | X | H |
| J | G | J | H | Y | P | M | X | W | J | U | I | H | E | N | L | G | I |
| C | C | Q | F | Q | N | V | R | P | O | O | R | W | I | L | L | M | W |
| V | Y | C | T | J | A | I | D | S | E | Y | B | W | Z | L | C | E | I |
| F | V | P | V | P | A | U | R | A | Q | U | E | E | P | E | Q | A | I |

## No. 161

| | | | | | | | | | | | | | | | | | |
|---|---|---|---|---|---|---|---|---|---|---|---|---|---|---|---|---|---|
| K | I | Q | F | K | Z | I | R | V | N | T | K | Q | Z | G | D | C | M |
| K | N | D | K | F | I | E | X | M | L | S | V | V | Q | Y | A | B | A |
| J | D | X | A | I | A | A | S | A | J | O | K | E | H | E | R | H | K |
| R | K | F | B | S | R | O | L | W | G | P | Q | E | C | D | K | T | I |
| N | J | H | W | W | S | L | L | T | Y | I | R | P | U | G | S | K | R |
| M | S | Y | X | A | L | S | E | D | Y | M | X | W | R | M | I | C | A |
| P | I | E | D | I | I | X | N | V | I | X | O | E | J | B | D | O | P |
| X | R | Q | V | N | Q | L | K | T | F | O | Y | K | B | Z | E | T | V |
| J | R | B | X | S | G | K | C | J | D | C | N | P | G | S | D | B | R |
| E | I | A | K | O | D | I | I | O | H | T | A | A | J | N | U | E | L |
| H | T | S | Q | N | G | A | B | E | Q | L | Y | M | L | I | A | N | F |
| Y | D | S | A | S | C | P | E | E | X | T | A | A | S | L | H | I | K |
| L | H | I | B | X | C | K | K | Y | D | B | L | M | D | G | Y | P | O |
| N | V | A | S | A | E | A | Z | L | P | V | A | I | B | I | C | L | G |
| K | D | N | U | D | M | V | L | R | I | Q | M | A | Y | R | L | A | Y |
| O | B | V | S | N | S | B | Y | Y | U | J | I | V | W | I | T | Y | E |
| N | X | Z | S | I | C | H | U | A | N | P | H | R | I | Q | Y | I | W |
| Y | S | U | N | D | A | W | Q | U | J | T | B | L | G | T | J | F | Z |

## No. 162

| | | | | | | | | | | | | | | | | | |
|---|---|---|---|---|---|---|---|---|---|---|---|---|---|---|---|---|---|
| Y | R | Q | N | P | E | A | F | T | F | V | R | E | W | I | N | T | Q |
| H | S | N | T | N | W | F | Z | N | Z | F | B | U | R | U | W | A | G |
| N | H | C | H | E | S | T | N | U | T | C | A | P | P | E | D | C | R |
| K | Q | U | M | T | O | W | M | A | R | E | S | O | A | M | R | Q | O |
| C | U | F | I | F | R | E | D | B | A | C | K | E | D | O | O | T | U |
| J | Q | R | M | E | M | G | U | D | K | H | O | G | R | N | P | H | N |
| S | H | H | R | T | J | Z | H | N | V | S | F | A | E | G | J | B | D |
| M | T | F | S | I | N | O | F | F | P | E | N | V | S | K | X | J | S |
| I | B | G | S | U | C | N | N | K | F | G | T | D | W | V | C | T | C |
| S | W | F | L | O | M | H | T | A | E | A | G | N | O | S | G | M | R |
| T | A | G | M | S | R | P | A | S | G | I | H | O | A | W | S | B | A |
| L | Q | P | H | E | S | O | I | N | M | G | K | D | X | U | R | Q | P |
| E | V | X | F | D | A | D | M | I | E | X | N | W | A | P | O | Y | E |
| W | Z | W | B | S | E | G | W | O | A | D | N | E | G | I | L | X | R |
| J | Q | R | H | D | C | M | R | A | C | T | S | P | Z | L | I | E | H |
| P | I | Y | X | S | P | O | T | W | I | N | G | E | D | N | V | Y | Z |
| G | Y | T | K | D | E | K | C | A | B | Y | T | A | L | S | E | U | E |
| U | S | A | M | B | A | R | A | F | G | M | P | Y | T | F | Z | P | I |

## No. 163

N J I Q O J A V A N C O C H O A A G
C O M M O N B L A C K B I R D N D A
F B O U L D E R C H A T E W D Q R M
A G D U F R U I T H U N T E R O I E
C R B F P U A I O H I Y A Z M V B R
U A P U T A F P S K H N D A X U E I
N N H D T S F I Z F S C O A G J U C
A D R H W O M J E O W T F I S M L A
O A N E Z N G N L L D I A E A D B N
W L K E D R Y I Z V D H W S T L N R
L A T W S W T H L I E F L P N C R O
U N L I J A I X I Y L E A J D Q E B
J H G I I W G N K O U O R R O Y T I
N R Q R T S A F G Z D B G Y E I S N
E W E P P U R P L E C O C H O A A U
D X G R I Q N S B D W O O C G W E J
A O H C O C N E E R G U C B C H V O
V A R I E D S O L I T A I R E V F R

## No. 164

E S P O T L E S S Z F C B I N Q B H
Y V S F J S E D A O E J B M T N G I
E I N V M H J W W U V D A D S K R L
M O M Q S E H U R X Z D J P W I E D
E L I F Y L G O J Q A E L A H O A E
R E T Z T L P G Z G S E I T I A T B
A T M R J E I A A Z N X E C T M E R
L B R R A Y R S H D J F O A E D R A
D A O N C S C V I W M T I P B K B N
Y C S P A A A D D T T B G E I E L D
G K Y S R I G Z K H V L B T L S U T
S E A Q U L D T Z C C P S E L R E S
Y D O F O X F Z A S H Y I L E X E F
R N Q S B U R C H E L L S E D T A K
V Z S L Q E F N J S Z C R M D P R F
D Y Z D A Y F W A Q U G X X K R E K
Z Y Q T P B B P X A W J N O M Y D D
P F S U P E R B B N V S W B H M O N

## No. 165

D X I O H U K L S N A T X F P E C Q S
A K Y X Q N N H S Y V P A Y Q D S S N
L X H C I R T S O N O M M O C O Z O O
M L G K Y V K S R N E R A H D M H U R
A A K L F E D E T A B M V C B E B T T
T L I W A M S B A W Y P U R K S H H H
I Q N L G P W T B S T A F O D T C E E
A R G E R E H F L R R E Q F R I I R R
N X P S E R O R A E G H V R A C R N N
P S E S A O O I G T A R D M T T T C C
E O N E T R P W N E N R J H S U S A A
L N G R B P E F I P A E O U U R O S S
I G U R U E R J R M W T W I B K I S S
C Q I H S N S I E U S A S W I E L O O
A L N E T G W R D R E E B K R Y A W W
N A Z A A U A Q N T T R D O O T M A A
U L C R R I N Z A A U G M J K K O R R
G J U Z D N S Z W N M V D P F L S Y Y
O O Y R A W O S S A C F R A W D V P K

## No. 166

N R D T U I B Y J N R Z B W P X Z H
C T H Q W E O F Z O H M E G C U Z X
M D R A C E B V E B R A W G K R H L
J F T O Z F D U K I V N A Z W E M F
R L C C A D M B S E Z A R C O G B L
P L V Y Q F I Z R Q Q K B L O A Q Y
Q U A I L T H R U S H I L P D N D C
P P E R T Q L O T U W N I T P A O A
X U R E Q B T O M S Z T N P E T B T
M L R R E P D M S A K Y G K C H W C
B N I W I C I L A E T R F L K L K H
E J L K T N X H Q I J A I M E I U E
A B J C B K L G Z V D N N I R I Z R
Q D K I O E X N Y V G T C A B K V M
U K R A Y U M W R G J G H P O T S Q
F D E X A T T I L A G N S A N B X Z
G A G R O U N D D O V E Z C B R G Q
R U S C R E E C H O W L V Y E V G R

## No. 167

V M P I E D A Z A D I D J Y A F X Y
E L P F Z E V Z I K L L D S I C C J
W P O X D E T S E R C E P N O B M U
G A A N W S V B U N K C C T A A U N
G S H L G C D Z W C I H W L M R F G
O F G W E C X D E V B J I B R E A L
L G G F W B R N P I E R D Z H E T E
D M R F U F E E L N X C K E H Y A I
E R Z C K T A L S O V R L D E E M Y
N H X J I W E W L T K M N L B D B M
R F D H A D X I R I E M A Y I I T Y
Q W W A B I E E V T E D U T H H I R
Y D P B H B Z O E Y U D Q J M Y V U
C O I J M I I D E G G B F Y A B I Q
E R K H U J B V G R E A T X F U K E
P P D D S U C O L L A R E D P V H P
Y E L L O W F A C E D C Y U G W C B
P M I O K G L V Z S W B T T Z L H N

## No. 168

B M L D P U R P L E N Y K B G V W N
V F C R I M S O N V N A L O I X P B
Y S D L U O G S R M G G H M S L L I
M B J D E P M U R E L P R U P I A F
H D U M W K T W W C N D I I W C I L
N N D F S E T I H C A L A M F R N O
G R G F F V O K S R P L A I N I B T
B R O W N T H R O A T E D X I M A E
U Q B R Y G H T H H S Y O N G S C N
H N P V L I R R U C J E M U O O K S
Q D X Q K A A S O I G G O Q O N E B
A J G Q Z N L L D A Y C T Z I B D V
P I P D U T Y W S V T O T W J A M G
H C O L L A R E D F L E S W D C A F
X A D F P S Q H X Y E J D C J K E M
D E D T B E A U T I F U L Q Q E P D
F I R E T A I L E D O C W X T D O E
E B O L I V E B A C K E D D F T U H

## No. 169

| | | | | | | | | | | | | | | | | | |
|---|---|---|---|---|---|---|---|---|---|---|---|---|---|---|---|---|---|
| H | G | L | B | J | F | V | Y | J | D | J | D | R | X | Z | F | H | N |
| S | R | D | L | V | C | R | M | A | N | G | R | O | V | E | O | F | T |
| E | E | F | U | C | I | E | E | S | T | O | N | H | C | R | U | H | A |
| L | E | I | E | W | H | O | Z | O | G | L | O | R | A | D | Y | R | R |
| E | N | K | H | E | K | X | L | U | M | I | W | N | O | U | F | A | E |
| G | T | P | E | M | P | O | N | E | O | V | G | P | F | K | V | M | D |
| A | A | A | A | S | G | O | S | Y | T | E | E | S | M | A | N | E | T |
| N | I | L | D | R | B | A | E | I | T | B | N | Y | G | N | V | T | H |
| T | L | E | E | Y | G | F | Q | U | W | E | A | L | V | C | A | H | R |
| J | E | S | D | D | K | X | F | S | O | L | Y | C | R | H | Z | Y | O |
| N | D | T | G | B | F | T | L | Q | Q | L | B | W | K | I | B | S | A |
| E | V | I | X | R | E | P | P | O | C | I | C | X | O | E | F | T | T |
| N | B | N | R | D | U | I | V | A | C | E | Q | J | F | T | D | V | E |
| F | S | E | H | U | Z | R | Q | U | H | D | S | V | Q | A | Q | X | D |
| H | F | O | R | K | T | A | I | L | E | D | D | K | W | S | O | S | V |
| B | A | P | U | R | P | L | E | N | A | P | E | D | T | V | X | G | U |
| M | B | H | B | R | O | N | Z | Y | H | D | G | E | I | O | T | T | B |
| N | K | N | E | L | B | A | I | R | A | V | G | H | Q | L | D | W | R |

## No. 170

| | | | | | | | | | | | | | | | | | |
|---|---|---|---|---|---|---|---|---|---|---|---|---|---|---|---|---|---|
| D | L | R | O | I | G | A | R | C | S | Z | V | I | S | I | P | E | X |
| W | C | I | T | Y | R | K | B | J | C | I | S | T | I | A | E | C | R |
| H | N | L | N | D | E | Z | U | N | L | U | D | U | A | W | A | X | J |
| E | T | E | E | B | E | E | R | P | I | S | T | R | E | E | T | M | F |
| A | T | E | S | A | T | Q | T | T | E | C | C | T | X | J | R | F | E |
| T | Z | N | I | Y | T | K | E | T | T | A | E | H | C | J | I | D | E |
| L | B | G | E | F | O | O | M | C | U | L | C | B | S | E | A | T | T |
| Q | E | T | A | B | J | U | S | P | R | Y | H | W | H | M | S | U | T |
| A | S | U | T | T | W | R | W | P | B | P | G | C | A | G | N | A | A |
| F | X | H | R | D | J | D | U | P | R | C | I | H | M | U | Q | L | Z |
| K | T | Z | C | X | V | L | D | F | Q | S | E | B | D | O | U | I | E |
| A | E | C | T | B | P | G | D | V | M | A | S | L | T | M | Q | R | Q |
| J | E | X | A | L | E | C | G | H | T | G | N | E | R | E | I | A | E |
| Y | W | W | E | B | K | X | L | V | M | R | U | A | E | E | F | W | O |
| F | S | A | M | T | F | P | S | F | V | B | E | T | A | N | T | J | Q |
| X | T | E | A | E | N | E | A | T | G | M | G | Z | T | S | B | J | M |
| Z | J | X | G | H | Z | A | J | F | E | R | M | G | D | W | P | H | V |
| W | A | F | W | S | W | C | W | V | T | Q | I | Q | S | L | T | L | D |

## No. 171

| | | | | | | | | | | | | | | | | | |
|---|---|---|---|---|---|---|---|---|---|---|---|---|---|---|---|---|---|
| A | R | E | H | A | M | L | A | H | L | F | K | A | F | R | E | W | M |
| P | G | Z | S | V | W | V | N | H | M | H | R | X | Z | E | W | Z | K |
| I | D | B | D | M | F | J | D | V | J | V | C | N | O | D | L | H | K |
| Q | L | Q | L | B | U | Z | Z | I | N | G | V | C | Z | K | B | P | S |
| O | O | W | L | O | M | O | T | T | L | E | D | G | I | E | D | H | U |
| T | U | W | O | P | O | S | T | R | I | P | E | D | U | E | E | Q | H |
| G | I | C | T | K | L | D | R | E | W | B | U | R | U | L | R | K | G |
| E | S | N | I | A | L | P | B | C | J | Y | P | Z | U | E | O | Y | N |
| X | I | P | H | T | N | Q | E | R | Y | R | E | X | Y | D | L | G | B |
| X | A | R | M | S | F | B | S | Y | E | C | N | C | H | S | O | A | X |
| H | D | K | D | R | U | Q | X | S | X | A | G | E | S | L | C | Y | F |
| Q | E | Y | V | P | F | F | G | S | P | J | S | T | A | V | I | R | E |
| F | D | S | R | E | L | N | Y | H | Z | F | D | T | Y | E | B | M | T |
| M | I | S | T | L | E | T | O | E | B | I | R | D | E | M | O | E | E |
| X | W | H | I | S | K | E | R | E | D | I | H | D | L | D | J | O | O |
| U | P | Z | F | E | X | K | F | G | Q | I | U | M | J | V | E | A | I |
| F | I | R | E | B | R | E | A | S | T | E | D | L | P | G | X | H | N |
| G | L | Z | S | P | E | C | T | A | C | L | E | D | X | Q | L | R | J |

## No. 172

| | | | | | | | | | | | | | | | | | | |
|---|---|---|---|---|---|---|---|---|---|---|---|---|---|---|---|---|---|---|
| D | A | L | M | A | T | I | A | N | P | E | L | I | C | A | N | H | C | W |
| N | Y | B | W | M | P | A | G | F | N | D | J | Y | S | F | I | A | A | D |
| C | A | K | E | K | N | K | N | N | R | O | E | O | D | M | U | N | L | R |
| I | D | C | A | A | Y | M | T | T | T | H | U | W | A | X | D | M | I | E |
| N | R | A | I | P | R | T | N | A | I | T | Q | L | Y | E | D | A | F | A |
| E | S | O | X | L | R | D | K | V | H | P | A | E | R | E | M | R | O | T |
| R | F | G | D | Q | E | A | E | E | B | Y | O | I | D | S | K | A | R | W |
| E | F | F | W | N | G | P | R | D | A | E | N | D | T | L | S | B | N | A |
| O | M | C | H | F | O | N | E | N | V | G | I | E | E | L | B | O | I | I |
| U | X | J | I | L | R | C | V | T | A | U | R | Q | D | A | I | U | A | T |
| S | I | Z | A | O | P | U | N | L | I | D | L | S | T | P | N | S | C | E |
| V | K | F | Y | T | L | R | B | A | A | H | A | T | H | C | F | T | O | P |
| U | J | A | O | T | O | A | R | M | E | U | W | G | U | M | Q | O | N | E |
| L | L | C | U | C | T | S | H | C | V | D | Z | T | U | R | O | R | D | C |
| T | D | R | N | R | Q | Y | F | R | U | J | N | Y | A | E | E | K | O | I |
| U | E | P | O | X | X | W | Z | B | Z | J | N | A | D | E | S | X | R | C |
| R | H | S | M | N | A | W | S | R | E | T | E | P | M | U | R | T | W | A |
| E | S | N | O | R | T | H | E | R | N | R | O | Y | A | L | R | G | K | E |
| T | R | I | S | T | A | N | A | L | B | A | T | R | O | S | S | E | Y | Q |

## No. 173

| | | | | | | | | | | | | | | | | | | |
|---|---|---|---|---|---|---|---|---|---|---|---|---|---|---|---|---|---|---|
| S | F | G | C | R | H | C | N | I | F | T | O | R | R | A | P | F | X | G |
| C | R | O | I | O | L | J | J | A | S | J | V | D | A | E | W | G | R | B |
| A | E | U | N | C | R | A | S | K | Y | O | J | G | F | W | M | E | R | E |
| L | D | L | D | K | E | V | B | W | L | G | E | C | V | Y | E | L | E | A |
| Y | E | D | E | F | E | A | F | M | A | Y | Q | A | B | N | C | I | I | U |
| B | A | I | R | I | E | S | S | E | V | K | C | E | W | C | O | A | D | T |
| R | R | A | E | R | C | P | C | Y | E | I | S | I | U | R | M | T | A | I |
| E | E | N | L | E | S | A | P | X | N | J | N | T | B | H | M | E | N | F |
| A | D | F | L | F | H | R | Z | V | D | G | T | P | C | T | O | R | E | U |
| S | F | I | A | I | I | R | I | E | E | H | D | N | N | L | N | I | R | L |
| T | I | N | W | N | B | O | L | D | R | F | I | M | D | B | W | F | G | F |
| E | R | C | A | C | T | W | P | O | W | F | T | H | J | T | A | D | E | I |
| D | E | H | X | H | K | Y | A | X | A | K | I | C | H | U | X | N | L | R |
| M | T | U | B | T | T | T | X | R | X | B | H | Y | O | P | B | O | P | E |
| U | A | C | I | I | T | U | B | V | B | U | R | C | D | R | I | M | R | T |
| N | I | I | L | M | J | E | G | I | I | D | P | S | W | H | L | A | U | A |
| I | L | I | L | Y | Z | W | H | W | L | V | L | Y | P | X | L | I | P | I |
| A | A | N | S | P | H | O | T | E | L | F | U | L | R | M | B | D | S | L |
| G | R | E | E | N | B | A | C | K | E | D | T | W | I | N | S | P | O | T |

## No. 174

| | | | | | | | | | | | | | | | | | |
|---|---|---|---|---|---|---|---|---|---|---|---|---|---|---|---|---|---|
| M | A | U | R | I | T | I | U | S | F | O | D | Y | J | Z | S | R | H |
| P | R | I | N | C | I | P | E | W | E | A | V | E | R | A | O | G | G |
| V | V | O | C | B | A | M | W | O | T | G | X | K | C | N | C | B | O |
| C | J | G | J | E | P | A | M | E | B | W | B | U | S | Z | I | Z | L |
| B | R | X | D | V | N | R | M | N | C | I | L | J | P | I | A | V | D |
| U | E | E | A | J | C | S | F | Q | Y | D | A | U | A | B | B | I | E |
| F | V | E | S | I | W | H | Z | Z | H | O | C | O | R | A | L | L | N |
| F | A | B | K | T | R | W | N | H | J | W | K | Q | R | R | E | L | P |
| A | E | M | P | J | E | I | E | K | R | B | B | B | O | R | W | A | A |
| L | W | I | Y | P | B | D | D | M | N | I | I | G | W | E | E | G | L |
| O | E | L | D | V | Q | O | M | B | X | R | S | M | W | D | A | E | M |
| W | G | A | O | Q | N | W | Z | A | S | D | H | I | E | B | V | W | W |
| E | N | M | F | U | I | B | T | I | L | M | O | B | A | I | E | E | E |
| A | A | A | D | U | D | I | P | M | K | I | P | I | V | S | R | A | A |
| V | R | L | E | X | M | R | W | N | L | I | M | E | E | H | Z | V | V |
| E | O | O | R | V | L | D | X | Q | B | U | J | B | R | O | J | E | E |
| R | W | G | B | Y | E | L | Z | G | W | D | L | E | E | P | S | R | R |
| H | U | C | A | R | D | I | N | A | L | Q | U | E | L | E | A | A | U |

## No. 175

```
W N E L I C O U R V I W E A V E R B P
M O N T A N E W I D O W B I R D L O R
I S H S J Q C E B H K M N K E U H N E
B A T D C D F X U T O Z X N E S S K V
A O G R S A A K C O F V A B I M P C A
D T G K E G L G N A U L I B N O F I E
A O R K E A V Y V G D L D H H D O N W
N M Z J T S K K F A L E A S U K R N D
M E C N O U G E B E K L I U Q G E A E
A W V V V M E R D C A B P X V A S M D
L E S G S X A M A W W T K V W B T O A
I A Y F E F A B D O E O H D C X F N E
M V O B Q L N R L R D A G E K H O W H
B E G D I E Y L P Y L N V Y R B D E D
E R Y M D S E B J O C N D E R E Y A E
J D B L X Y Z D G G L Y Y U R F D V R
M E O C C O M P A C T W E A V E R E X
T G C H E S T N U T W E A V E R N R U
G R E D B I L L E D Q U E L E A L I B
```

## No. 176

```
L S H T Z R K T M C H N N B X J O G
U L E B L B V A K U B P X K K E B S
H O H D C Y R B N F A Y C S Q Y C V
A W N O G C C V M D N Q A T C A U G
O W H R H E F R B O X X A S R T U X
Q Y J O B I C O L O R E D O Z C Z N
F A S C I A T E D W I X L M U I O N
Q X J K Z C A N Y O N I J S S G A Q
A A X X H X H L K Y N D D R Q W R C
W G P A O L D O H A M N S X B C A P
J R D W B G S S U O V L U F Z C G W
R J W U R Y D R J S A K S A T C I F
S H P A T G V T O V E P O U T N Z K
E O S A N N B L V F K K S T T W R I
K S N G C G K X V U M Y H E W S Q H
F L Y G M O U N T A I N R K G K S Z
F C L S M Y Q P A C I F I C N V G A
H D O Q D K F G D E T T O P S W W C
```

## No. 177

```
G H C N I F D L O G R E S S E L G R E
P X F I R E C R E S T C O F W V C A T
E T K H U D V T C R D N Y P T L N T S
T R B P F L O W E R P E C K E R C S L
W H N U T H A T C H F W M R P K F D N
T I T H S U B N A C I R E M A W K O I
C A P E P E N D U L I N E T I T V O D
O U R B E E H U M M I N G B I R D W R
S P O T T E D P A R D A L O T E A S E
G O R U K C O S T A S S V M M T Z A V
C C O R D O N B L E U E O Y S O N D Z
M R N T Y A P H P E L P W E U Q A L Y
S T O R M P E T R E L B R S O P V A O
A F C E A L K X L O N C E K C Q B R N
H G R N A R Y A F J D R H V E A I E X
N U Z T Z F C A L L I O P E M U M M W
I U U H C M H L O U W E E B I L L S C
U C N M Z H E G Q D A C C G K K D E L
K Q B X L Q C Y A M D J I Y Y V E P B
```

## No. 178

```
R Q O I L L Q F P C L Q A T V Y N T
E Z N D A Y T C A I Z D A J L A O F
D T O E I W Y A L C N D F W C R I X
T I R T R P S B E T A R Z L O S A R
A N T A T L G A O E Y E A O C V M L
I Y H O S A D N L R M U L H I O F U
L G E R E C I I I I X I E E N K H B
E R R H R I B S V N V R R T Q V E N
D E N T R D E S E E S S A T X C V E
L E B E E G A G G G G N A D J U Z E
E N R T T R R R R R E V F W T L K R
A B O I C E E E E E Y D A U S Z D G
F U W H J E E E E E I J T G I U L E
L L N W N N N N N N C P J U S L G V
O E B B B B K B B B M K G S S V X I
V F U U U U V U U U Q S E C A O X L
E L L L S L V L L L M D I Y S Y J O
L U B N E E R G S E P R A H S R D B
```

## No. 179

```
F T I B Z W D N H A Y E N M F R M W
V T Y R H A B H Y A Y V S F Q T U U
M Y V E N R Z Z D X R P W D H S J C
O R T A J B H C N I F R U D E D N O
U A A S F L D F Z G E N I N K J Y N
R N N T L I N T K R O A K E Y I G E
N T T E V N K G A O N U D V R A J B
E N S D T G X I B U N T I N G V T I
R U H S T F D J Q N R Y T N O U I L
Y E R P I I F T G D W L T T M L N L
G E I I T N U J K T K U H T W T A F
E P K N U C B L U Y M B Y B C U M T
G L E E D H L W O R U L I E G R O L
I H X T A G U Z A A Q U H C E E U S
X M C A W J I W X N X B Q A R X V C
R W X I I C E T G T U W X R P E U G
B M C L L F P S H W K P U D Y P P K
L L Z U R G L F U D D P R R P S V R
```

## No. 180

```
P W A F M A L A G A S Y M C V J L B
J H Y K K H S Q W R H S A G I N Y R
X E I Q S X R Y O P G T U R S B I O
F V S L B E T K U D R R R A A R Q W
M U Q T I G N A I I L E I N Y A E N
P S U V V P K J I P A A T D A W O E
H E A S R F P I E O V K I C N Q U A
M Y R G K Q N I H R X B U O J Z N R
O C E Z A M F V N V K R S M U A O E
H H T A G I Y O T E O E V O U M I D
E E A D E N A W R Y A A S R B B N W
L L I W C D V S K N I S G O T O U B
I L L U H O B L A C K T D W L A E X
Y E E N A R O T Y D T E V K E N R L
E S D L U O R M Z L T D D Q K G U I
P A K H S I W O L L E Y W A U A O U
Q N Q I H V C V V N E N T H O U A F
N I U G I M A C R I D Y D M Q J E L
```

## No. 181

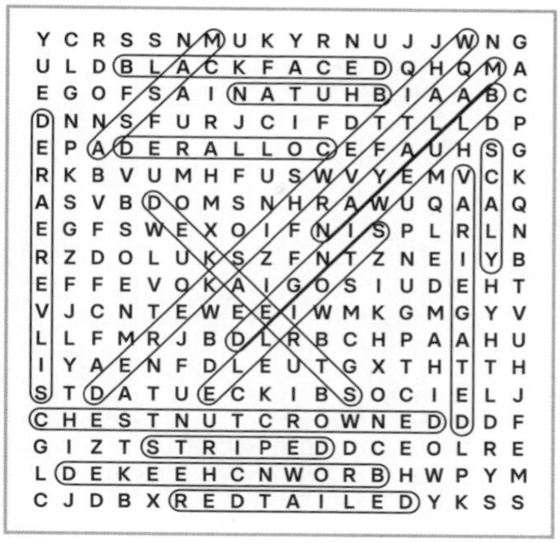

## No. 182

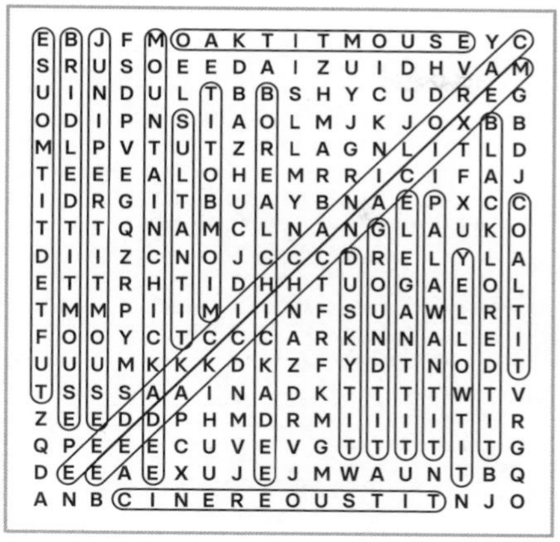

## No. 183

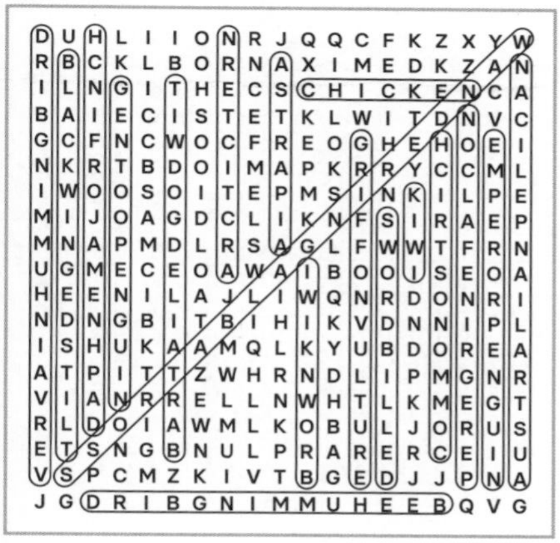

## No. 184

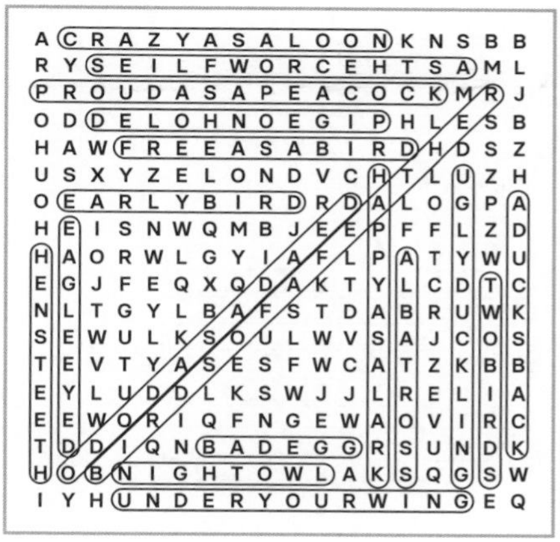

## No. 185

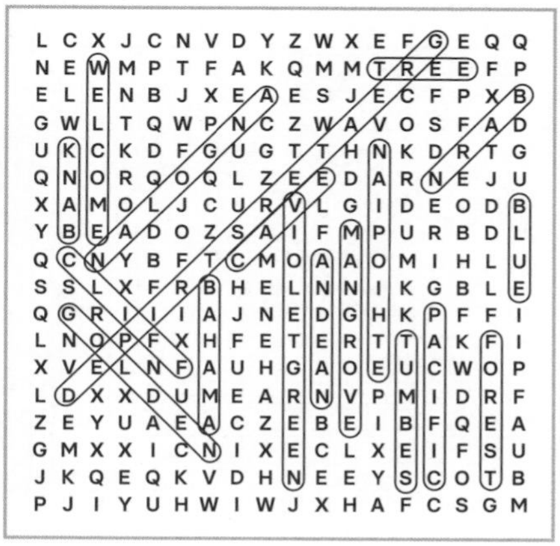

## No. 186

## No. 187

```
N P T N G Z G F T S E Y C L G T R U
U H A L F D G R D V B C A J Q E L F
P J R L N M O T I F G B D L B B B X
W M B L R P U C L F O R B R F S L J
C B I B I Y O O L T W W O P D R U R
D Q W C W S S O S X U W F O N D E R
H F A M V X R I N C N C H A Q Z A X
A L Y H M E R A S B H T I O D B N E
M R E X A C E Q A A Z N K E O D D N
A J L N N L C C L A O M N F L D W N
H N A A I O K K M G S L C E Z C H R
A M S H R E B L A V A D U X E V I E
B Q C R D R Q T S V F L J J S E T H
E Z O V O I A Z Y V B Z G W M R E T
F H G W H P Y G A L A P A G O S W R
E R E Q S K S I L Q G S J L R N O O
N D E H D E D N A B E T I H W E J N
O L O N G T A I L E D K Z U F X S Q
```

## No. 188

```
B E L B C Q A M G X G N X Z O M N A P
E Q O R A G G V K F Z I O T C X A E Y
N W N O L R R H Y L F X F P E I A C H
D H G W I A A A U B Y M Z O L R I R C
I I B N F Y Y J U L Y Y N S L M D E R
R T I T O C T Q U J D G X Y A R R H I
E E L R R A R Z S H D T E P T E I S S
S B L E N T E M A N J Y C T E H B A S
T R E M I B M C G D E O U H D S T R A
H E D B A I B Q E D O V R Y T A A H L
R A T L T R L L T E Y U V L H R C T T
A S H E H D E H H I V J E V R H K L H
S T R R R S R S R N V C B J A T C E R
H E A N A A X Q A V K B I X S N A M A
E D S B S V Z H S N E J L T H W L U S
R N H H H W D Q H X Z Y L F E O B Z H
Q G E T E Q S V E B X E E Q R R D O E
X R R X R M E D R Z R V D Z H B E C R
L E C O N T E S T H R A S H E R F Q F
```

## No. 189

```
G B O V H E L K G K V Q P S Q Q S D
C S E P I N S T A E R G G N W G A R
A M E R I C A N F L A M I N G O D E
S P O T T E D R E D S H A N K B D D
X D T U U E Y C W F X Q T K I H L D
S Y T N I T S D E O T G N O L E E I
P I E D A V O C E T B Q E T T U B S
I R U F F F M H P Y N N Y E Z U I H
U V E D A R P S I Y I I O N D R L E
Y R E D P H A L A R O P E C X U L G
S B O A T B I L L E D H E R O N E R
Y V K Y P I P I N G P L O V E R D E
Z V F K C O C D O O W I M A M A S T
T A C N L I M P K I N O N C S B T V
R O S E A T E S P O O N B I L L O A
Y Z B G R E A T K N O T M F L H R K
P I N N A T E D B I T T E R N C K A
S D A W Y P J I A B U V J X H M H F
```

## No. 190

```
M L F E A N I L E U D R A C N I A Y
N E R G R K L G E X E V O H S R J I
Y A I A W K I O W L U I O W I O S X
W Z N K D I N W Y Z K I Y V H H J Z
L A G E C V I C I Q G W M X I R Y Y
V K I P K N L W J K S N L H K W G A
E O L A B I A Z I O I R L O A G M L
Z H L S R H Y E W R S U R Z M C P A
Z E I U L O S A N D B D J J A B A U
G K D P I A A I N U A A C E R J L A
M O A K S F N I I I P C M Y E J I H
P H E U H I F F E G A D D C S N L I
W E U A V N I H Z E V N D J S O A O
E R S L L C N A T P K G I R E G P X
R F Q A K H C M Z E J E K A L C B B
K Z T W V X H R W W A L K N U J J D
V H G I O U W T A R U Q D A K B Z Z
D M T H N T R Y A K I K I K I A R E
```

## No. 191

```
G R E E N W O O D P E C K E R A D A
J L W O Y M G Y P S D R Z M U G F Y
B F H O Y E T Y U M X N T S N K H S
U J G O J O R M O G C S R A Q E S U
L B R J W U L O A B M I T P V R I K
L O A B X P K G U C G C T A C O M E
F F S D Z R K W B T A N D R J R Y M
I W S T Y D Z A A T O W E R B I G E
N O Q B E G V I C H W D V O N O R R
C D U F T U C H Z Q K Y Y T K L V A
H V I T U C E W U P M C Z G S E X L
R Y T E U R F A W Y S B A S M L R D
S S O L I T A I R E N F N L O I C L
M U L X A P A R A K E E T G B C Y R
Q F C D U T R O G O N W U B F O H B
I O Q M N I U J E V N F K S W N Y N
K K N Z A J X R M Z U E O D K R N K
Z D I U R P E W E E V I R E O U N D
```

## No. 192

```
M T R I C O L O R E D H E R O N U B
L B W B L A C K B I R D O J D M S L
Y H A H O Y H Q R F D D F R F I T U
T E J R I M Q J Q M J Y I H R N R E
P A L F E S C B B B V B Y I I A E M
G E G L V L T S B B G P P I G G A O
R B Q Y O L E L I N R K Y A A U M U
E G J J P W O G I C Q U B D T A E N
E X L A V U W M G N L Q E N E W R T
N F V Z J A M A D E G J H L B O T A
M I D Z M U Z U R Z D D K Y I O A I
A Q P R H S F D M B D O U O R D I N
N D Q E R Q W H I O L U W C D S L V
G L E Q U A I L D O V E N L K T V I
O B Q U O V E N B I R D R S O A Z R
A R R O W H E A D W A R B L E R F E
B R A T S D O O W A M A H A B K F O
W X B N L A U G H I N G G U L L T L
```

## No. 193

```
S T E U W H I T E R U M P E D R Z R
P K N T T K O S F O X K M J H C P N
O A S O A A Z T L I I S W S U E X N
O Y K M H J W I I R F M H R Y R B B
N B P A I J A L I I M A L C W U R P
B X U U T I X T F I R E N Q F E E S
I V O T I P I R L P W R D F Y C E C
L U X P L M O F T L E T B R T M Q R
L A S A A P R A W I A R A O I F D G
E L B T G H I R T D E T R P I P N Q
D W I H W L V E S A I A A D I R A V
N C K Q E Y R R S L L L N Z I I L E
V D I D J E O T O Z M M B W P Z P V
E Q T N K C E S E A U H A S C S U H
F T J H K D D K T T G L J R U U A N
K P U R P L E E W Y Y H O D S S Y A
M I X L T H D C A X C W H L S H W O
H V S V I T J K M O O R E A K Q E Y
```

## No. 194

```
W D S N A R E S N U K Z J E S T G Y
L O D X N V K D O A C O H S G O S S
N O K E S W I N H O E S B U U N H Q
C W B B L P G K Y S B Z K B T U C Y
P N A K P I V S C H A T H A M D W I
G Y F N A K A K O A Y E M N D F W S
T O X O N V P T C E J M W T G O S I
H Y A B T K K G N I T A A A G U F J
M I M L A Q G Z M I V G P R Y P U Y
L K B E N R A P V O P E D C H S E L
K Y L J A V E G N H P L I T B O G W
P T F Z L R P H K P O L G I E L I C
Q B Z E I U Z U Y H M A R C L I A J
A T E A S A Y P E C F N E S S T N F
Z W L E Y P T J R Q A I A K Y A J F
Z T A L C M N Y P N U C T D T R M F
T F P B P Z U M C M P U N A M Y E V
S V O N J A M E S O N S R R H Z E N
```

## No. 195

```
R S U L A W E S I W O O D C O C K O E
U K C V S F Q P O L O O N H G Y C P U
D C O M U D O W I T C H E R R P O N L
D O M A R D H L W N F E Z E E R M V O
Y C M R F O W I L L E T D G A B M C N
T D O B B B O R I W U O A L T J O L G
U O N L I X D U L M G Y A K E A N O B
R O R E R S Y F S E R H U O R J G N I
N W E D D C J F S V P N B F Y Z R G L
S N D G E I J T D D B B J A E Q E T L
T O S O S A N D E R L I N G L U E O E
O N H D V D S K T O D K S M L E N E D
N D A W H Q C D U N L I N A O X S D C
E I N I H E B R E D K N O T W R H S U
S K K T N X Q G X L J L O T L P A T R
J U L D H I Y I G V E N Y C E Z N I L
E B E A P N F C Z W O M E X G B K N E
U R Q B J X W B N O Q Q F E S Q B T W
H U D S O N I A N W H I M B R E L U M
```

## No. 196

```
M N Y O B T O G P D I C R R P V V J V
G Z P G R B S N I H I R O D P G S W A
W A E N O C A I E C C I C I Z T H J X
O M R I W S M W D B F M K E U A U C E
L E E L N D E X H K E S P O I N R T J
L R G R H S R A O J E O I G I H H J C
A I R A E J I W R K D N G U Y T O O H
W C I T A T C R N I H S E R B D M L O
S A N S D I A A B L V U O O E M B L U
N N E N E T N D I L S N N N O T L I S
R C F A D I R E L D Q B X N N P A T E
A R A E C P O C L E C I G R T L C T F
B O L P O O B S V E E R V H X A K L I
W W C O W U I K X R A D U L J Q K E N
F O O R B N N L X C Y L N G Q H I T C
U S N U I A S J K C Q Q F D Z H T E H
G K Z E R M T L O I A U C F Y I E R L
M I X G D U E N L K M A L L A R D N I
B H O U S E S P A R R O W C M G V C B
```

## No. 197

```
E T N D Z C U F V J B Z X T P Z L C
U C S S D A D M C O L W H T G Z R R
Q H D C E S U S A G A K H Z X E S E
I E Y A G Q S A M R C U Z N S N O D
C S E R N U K L W E K I F T S D L R
A T L L I E Y K R E O A E R E E I U
C N L E W D G W P N R D I U L L T M
N U O T N O R N W O O B B S V I A P
A T W R E R E W Y R P W O S A A R E
I H R U D O E S O O E O Q E C T Y D
R E U M L P N P O P N Y P T A D C C
O A M P O E E U V E D A L B C N A A
D D P E G N Q Q F N O C T A I A C C
A E E D D D Y B L D L M Z C Q B I I
U D D O K O I H Z O A L N K U U Q Q
C C L O Z L N D D L O S V E E F U U
E A I O S A M M V A W D Q D H Q E E
N M O U N T A I N C A C I Q U E Y N
```

## No. 198

```
V T T D C S Z J R R X C O W W T O K
E N R U O B Y A L E I X O R U H V S
S E B G I S P E C I M E N O Q W V Z
Z M V P Y P Y D U D S O B D I Y Q R
M E N O I T A C I F I S S A L C H N
C R Q J U F R Z R T E G O P E H M I
O U M I S T N E T R M I K A M K C M
L S Y F O G H T V S A W V T L L O U
O A H F O B H A N W V J W T E J L R
N E H J M S T N V W M K H E N P L R
I M U M B I B A N D I N G R F Z E E
A B I F O F F C P D H V F N U H C S
L C O N S E R V A T I O N P N C T E
I S B U P L R X M A G S W A N U I A
S H G L U A W F Y Y V O G I E L O R
M C F I B Q P K G D T S I U L R N C
F R E D E R I C K I I S T U D Y K H
S U R V E Y S F I E L D S A Y I P O
```

## No. 199

G T U R A C O S M K F N R J V O M T
F N U C J S U Y A P A L P O I C E R
S S H N U I P E D N I Z T A O H S O
A B E O F C R B K D Q C E L S S I P
N Y M R O L K M O U S E B I R D T I
D O R M I P A O N P Q K I F C H E C
G Q T M E A O M O D U Y A L B B S B
R F R D Z N M E I R W A X T L G R I
O B X D H A I A Y N O W O P R O K R
U C X J P W H O U E G L J C O A C D
S W O O D H O O P O E O L W I W R V
E J D Z Q B N N F H C B I E N A A M
T Y I H O R N B I L L Z Q F R Y P V
P L A N T A I N E A T E R U Q B O P
H P C G H L O O N F T G A K T I W W
D S U N B I T T E R N J I H L R D P
E U G A K Z T I N A M O U Y X D K E
Y Z F V I E B K G N U F Y P Z P F F

## No. 200

U G Z S T U N F D W A L D R S K S U
U R B T S U L L G F R O Q S B C U Z
D N J R E M K U J L O O O A T A D T
M L S U R W Y U Z I X U B W N M M D
E M F T C O B G Z G T T S O H G S U
E J O C D A N E X H H U B Q V T L E
Q E U H T P U J P T D I G S I J L T
M H W U T H C A J L O H J R S Z E J
O Z S X G O C D C E Q L F O I K Y P
K K C C R I X L C S S F Z J O D M V
X R V N F Y V T E S P A N F N H T B
O H S I A P O W D E R D O W N S K R
E P C B K W L E B U T I U M L I T T
K P W X K A G U Q F O N X C O N J F
D W I N G P A T T E R N S O P C J H
H Z U Y T E N D A N G E R E D E F G
X V E A D I T E H C O N Y H R F Z M
A H A I N O D E L A C W E N M U K M

## No. 201

F P L O Q Q C W A G G K Z A O A S U
E I O L Y R E V E L T R A T S C D S
F U K W E S J Z U O X V Y I T E J H
L Z R E I Y I I L P W K L S L U F A
U G K Y U U K A R I U Q E C R R H R
N S W N P P R V Z K W R F A I Y F E
I X T I R Y U H H E O U I R Y P I D
Q D F Q N E G V G F C D S N T Y T P
U F M L W G M I D S E O H I C G C A
E L V M A Q S I D Q I P I V A A E R
G I I N X S M P G A T F N O R H X E
N Z A I M U H X O E E U G R T E Z N
F U E N H U I D O T S I L O S L V T
S H S Z Q W W H Z F S R U U I I R I
C A N D S A M E R I C A R S D A G N
W T H V H U C L F F L P E T Z S S G
J I A X T A S T R E A M S V Y N C C
C A U R L T O O L U S E N R Y B M K

## No. 202

S A P P H I R E B E L L I E D P P R P
S B E N G A L F L O R I C A N K L M A
X B U G U N L I O C I C H L A N A U R
X V K R D R E H S I F G N I K S I C A
I K F H E L M E T C R E S T A K N R D
F J A N Y M I L A B W A W F H J S O I
M I L L E R B I R D H N U O I T W Y S
Z T I U W L B K J D O E R L Y Z A A E
N E E S K I M O C U R L E W Y G N L F
C A L I F O R N I A C O N D O R D C L
F Z T F Q C J T R T A B I F R W E I Y
U Q S W O K K A J D P A L I L A R N C
H T T I A I Y N C E C F W O D H E C A
L M E C I A M B K O X E C P V E R L T
K L B M D N I Q E E U C Y Z C H L O C
S O C I A B L E L A P W I N G D Z D H
Y A T P R I N C I P E T H R U S H E E
X O R E S R U O C S N O D R E J O S R
O K I N A W A W O O D P E C K E R J I

## No. 203

O E K G G H L X T G T M X G Y O X F
W N G K O N J D J E N I T D B N U V
B I R D O N S G J T Y G P Y A G B Q
T J U W C R G N M I J R F W L O N H
O O W C C U I U X N B I S O J D A Y
R G U S Y H H R F A U Y H C H R F G
I A W C F M R U H L S K I N R K C H
B C V P C U A B B E L V M F P L T L
F Y Q C H E E N X B O C B N T J X K
K S G P O P L P U G X J I R I Z M B
R Q L W U P P L E N G R R G C J R Q
T X O R I A A L O Z P B W V A I P T
F Z Y A A N J S R O I S E A U A R N
K T R K J R A B A U J B E J S L O K
A Q B U U V R E I R Q O I Y T N K M
Y M M S V Y O J A C E K L J F L S M
E E H E R V F O K D G A J E K Y N J
Y I B C Z W D N X J N M I H C S I R

## No. 204

P E B W L A G R I C U L T U R E B O
R N E X F F Y V M O J H Z I T L E H
P V L M H T L A E H C I L B U P W T
E I L N D J G R R H Y H O F C P D L
S R W F O E E I Q A R S A E H O H A
T O E X E I E B S Z K F C A T L F E
C N T R F R T S C X F K H T V L W H
O M H R R P T I E L X K R H X I Y T
N E E D E L R I S S T T K E I N U S
T N R X D C L O L O R U H R I A U E
R T S E D T R O T I P E X S P T Z R
O A P C N O H E O E Z M P C L I T O
L L E F L U B G A I C A O S S O L F
S D C V Y R D L I T C T T C I N P B
Q A I P S I D E F L I V I I E D D O
S T E L V S W Z R B E O V O O D L K
Z A S R Z M C L P O N D N I N N A Y
M E S S E N G E R S N G G G U K I L